FLORIAN MÖRBITZ & DANIELA SEIFFERT

Makramee Schmuck

Schritt für Schritt geknüpft

stiebner

Inhaltsverzeichnis

Vorwort

Meine Leidenschaft für das Knüpfen von Makramee Schmuck wurde während einer längeren Asienreise 2017 entfacht. Ich hatte zwar schon vorher aufwändig geknüpfte Schmuckstücke für ihre Ästhetik bewundert, hätte mir aber nie träumen lassen, dass ich etwas annähernd Schönes irgendwann mal selbst machen könnte. Doch nachdem ich wieder und wieder auf Makramee Künstler:innen traf, hat es mich in einem Dörfchen in Nordthailand endgültig gepackt. Ich kaufte mir eine Rolle Garn, übte unermüdlich jeden Tag, knüpfte mich durch brasilianische Videotutorials und fragte jeden, der etwas darüber wusste, Löcher in den Bauch.

Anfangs waren meine Knoten noch krumm und schief und meine Kreationen oftmals viel zu kurz. Doch mit der Zeit wurde ich sicherer und konnte immer häufiger auch meine eigenen Ideen umsetzen. Und das hat so viel Spaß gemacht, dass ich diese Freude unbedingt weitergeben wollte. Also fing ich an, Workshops zu geben und gründete im Januar 2019 meinen Youtube Kanal »Makramee Anleitung«.

Mein Wissen rund um das Knüpfen von Makramee Schmuck habe ich in diesem Buch für dich zusammengetragen. Von den absoluten Grundlagen bis hin zum Umsetzen komplexer und detailreicher Schmuckstücke teile ich alle meine wichtigsten Tipps und Tricks mit dir, sodass du nach und nach deinen ganz persönlichen Stil finden kannst. Dich erwartet eine bunte neue Welt aus Knoten, Steinen und Perlen. Ich freue mich wahnsinnig darauf, dich ein Stück auf deinem Makramee-Weg zu begleiten. Aber sei gewarnt: Makramee-Fieber ist hochgradig ansteckend!

Viel Freude beim Nachknoten,

dein Flo

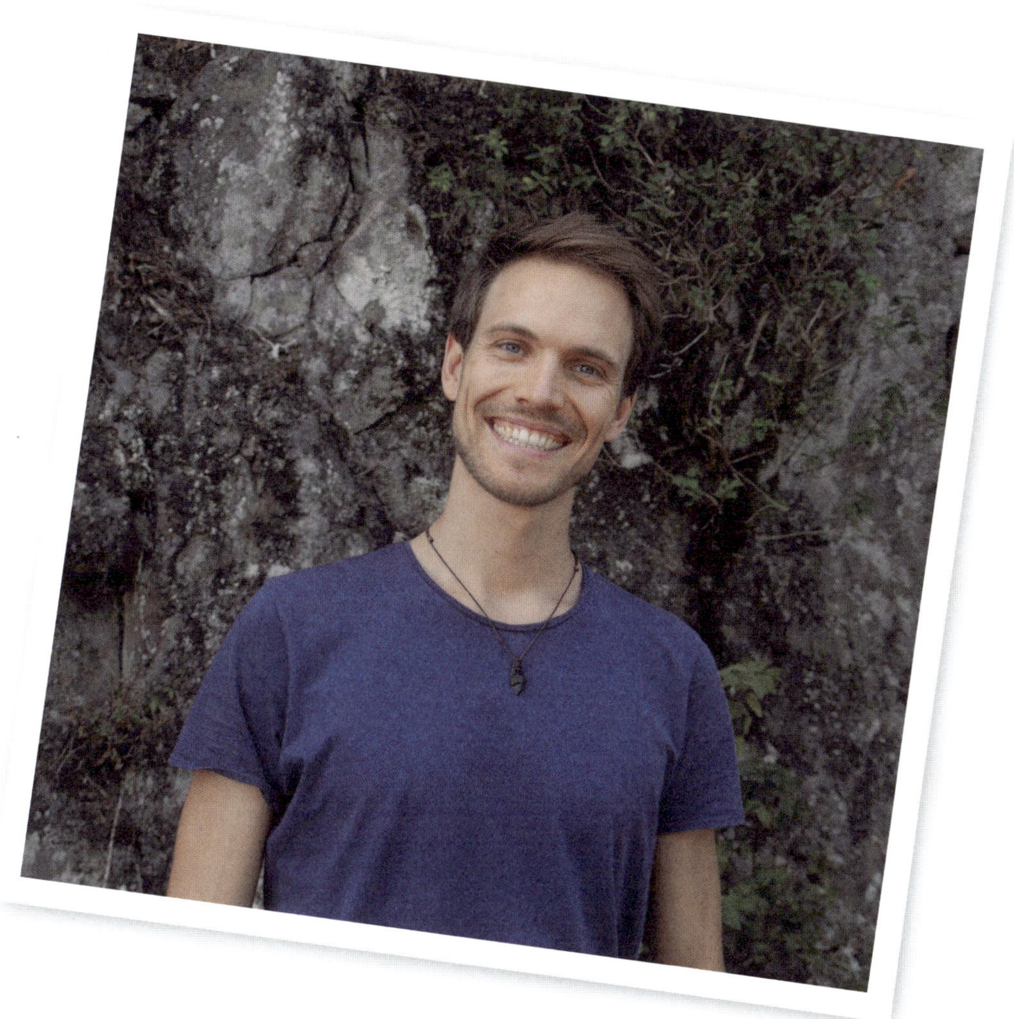

Wie du dieses Buch benutzt

Da ich selbst ein eher systematischer Mensch bin, war es mir wichtig, dass jeder Teil dieses Buches so ineinandergreift, dass du auf jeder Seite dein Wissen zu dem vorher Gelernten vertiefen kannst. Wenn du also gerade erst mit Makramee angefangen hast, dann empfehle ich dir, dieses Buch einfach von vorn bis hinten durchzuarbeiten.

Deine ersten Knoten lernst du im Abschnitt »Grundknoten und Grundtechniken« (S. 12). Je mehr Zeit du dir hier lässt, desto besser. Es ist wichtig, dass du dein »Finger-Gedächtnis« stetig trainierst. Das kann vielleicht etwas trocken wirken, ist aber am Anfang essentiell, um später flüssig voranzukommen. Lass dich nicht frustrieren, wenn du dabei vielleicht Fehler machst, und habe ein wenig Geduld mit dir.

Die anschließenden Makramee Projekte sind in 3 Teile mit wachsendem Schwierigkeitsgrad eingeteilt. Auch innerhalb der einzelnen Projektteile steigert sich die Komplexität der Anleitungen stetig, sodass du nach und nach deine Technik erweitern und verbessern kannst. Ich habe außerdem darauf geachtet, dass du am Ende eine möglichst bunte Mischung an unterschiedlichen Mustern in dein Repertoire aufnehmen kannst.

Dir kribbelt es jetzt schon in den Fingern, und du möchtest sofort mit einer Anleitung loslegen? Je nach Level an Knüpferfahrung kannst du auch ganz einfach von Projekt zu Projekt springen und dir die dafür benötigten Knoten einzeln aneignen. Du findest daher bei jeder Anleitung unter dem Punkt »Knoten und Techniken« die Grundlagen, die du für das jeweilige Schmuckstück benötigst. So kannst du ggf. gezielt Knoten üben und musst nicht unbedingt alle Techniken beherrschen, bevor du startest.

Um dich beim Erlernen der verschiedenen Techniken zu unterstützen, findest du bei den Anleitungen verschiedene QR-Codes, hinter denen sich meist ein Link zu einem Video auf meinem Youtube Kanal verbirgt. Manchmal kannst du dort auch eine Variation zur Anleitung im Buch lernen.

Zum Öffnen der Codes benötigt du ein Smartphone. Oftmals hast du schon in deiner Kamera-App die Möglichkeit, QR-Codes zu scannen. Alternativ findest du in deinem App-Store viele kostenlose Programme zum Scannen von QR-Codes.

Materialien & Werkzeuge

Weißt du, was ich an Mikro-Makramee so toll finde? Du brauchst nur sehr wenige Dinge, um wunderschöne Schmuckstücke herzustellen. Die ersten Monate habe ich mit einer Rolle Garn und einem Papierclip für unter 2 Euro in jeder freien Minute geknotet und dabei unglaublich viel gelernt.

Um mit Makramee anzufangen, brauchst du nicht erst zu warten, bis du die perfekten Materialien gefunden hast. Mach es dir so einfach wie möglich und nimm für den Start erstmal das, was du am einfachsten besorgen kannst. Vieles hast du vielleicht schon Zuhause. Deine ersten Knoten kannst du beispielsweise ganz einfach mit ein paar Schnürsenkeln und einer großen Sicherheitsnadel üben.

Wenn dich das Makramee-Fieber dann so richtig gepackt hat – und das wird bestimmt nicht lange auf sich warten lassen –, können dir die richtigen Tools deine Reise aber deutlich angenehmer gestalten. Auf den nächsten Seiten werde ich dir einen kurzen Überblick über alle wichtigen Materialien und Werkzeuge geben, bevor es dann an deine ersten Knoten geht.

Hier findest du eine Liste mit meinen persönlichen Materialempfehlungen: makramee-anleitung.de/buch

Garn

Die Wahl eines geeigneten Makrameegarns ist entscheidend, damit du Spaß am Knüpfen hast. Mein erstes Garn, das ich in einem Kleinwarenladen in Thailand gekauft hatte, war ganz furchtbar: super grob, wenig flexibel und schwierig zu verarbeiten. Heute benutze ich für alle meine Anleitungen ausschließlich doppelsträngige Makrameegarne aus gewachstem Polyester.

Gewachstes Polyestergarn eignet sich aufgrund seiner Eigenschaften ganz besonders für das Knüpfen von Makramee Schmuck. Im Vergleich zu Naturmaterialien wie Baumwolle, Hanf oder Bambus, kannst du es wunderbar mit dem Feuerzeug schmelzen und so die Garnenden dezent »verschwinden« lassen. Außerdem ist es sehr langlebig, stabil und wasserfest.

Ein weiterer Vorteil: Es gibt eine riesige Farbauswahl. Gerade am Anfang fand ich das ganz schön überfordernd und tat mich schwer mit einer Entscheidung. Am liebsten hätte ich alle haben wollen! Aber lass dich nicht sofort vom Materialwahn anstecken. Für den Start reichen ein paar wenige Garnrollen in deinen Lieblingsfarben völlig aus. Rein theoretisch würde nämlich schon eine einzige Rolle (ca. 170m Garn) reichen, um alle Anleitungen in diesem Buch zu knüpfen. Wenn du die Schmuckstücke gern 1:1 nachknoten möchtest, findest du unter den Materialangaben jeder Anleitung die spezifischen Farbnummern meines Lieblingsgarns (von der brasilianischen Firma Linhasita).

Die meiste Zeit arbeite ich mit Garn in 1mm Stärke. Gerade für den Anfang ist das eine gute Stärke. Wenn du später merken solltest, dass du einen filigraneren Stil bevorzugst, kannst du auf Garn in der Stärke 0,75mm oder 0,5mm wechseln. Um dir einen Eindruck zu vermitteln, habe ich bei manchen Anleitungen ein dünneres Garn verwendet. Du kannst aber alle Anleitungen mit 1mm Garn knüpfen.

Perlen und Anhänger

Je nach deinen persönlichen Vorlieben kannst du für deine Makramee Projekte Perlen und Anhänger aus jeglichem Material verwenden. Ich persönlich benutze sehr gern Messing- und Halbedelstein-Perlen. Die beiden Perlengrößen, die ich am häufigsten benutze, haben einen Durchmesser von 2,5mm mit Bohrung für 1 Faden und einen Durchmesser von 3,8mm mit Bohrung für 2 Fäden. Neben der klassischen Kugelform habe ich bei den Schmuckstücken in diesem Buch auch ein paar besondere Perlenformen, wie Doppelkegelperlen oder Perlen mit Rille, verarbeitet.

Messingperlen und -anhänger aus Vollmaterial (keine Hohlperlen), sind ein guter Kompromiss zwischen Qualität und Erschwinglichkeit. Auch bei Ohrhaken verwende ich Messing, du kannst aber auch hier verschiedene Materialien finden.

Bei der Wahl der richtigen Perlen ist neben Größe, Form und Material vor allem der Bohrungsdurchmesser entscheidend. Gleiches gilt für Anhänger mit Ösen, an denen du einen oder mehrere Fäden befestigen kannst.

Eine Bohrung von 1mm reicht in der Regel für ein Garn von 1mm Dicke. Für 2 Bänder sollte die Bohrung ca. 1,4mm bis 1,6mm groß sein. Bei einer 2mm Bohrung haben bis zu 4 Bänder à 1mm Platz.

Achte daher immer genau auf die Produktbeschreibung, falls du deine Perlen online kaufst. Selbst Perlen mit gleichem Außendurchmesser können manchmal einen völlig anderen Bohrungsdurchmesser haben. Ich bin mehr als einmal euphorisch mit einer Sammlung an Perlen nach Hause gekommen, um dann enttäuscht festzustellen, dass die Bohrungen zu klein sind. Um keine Überraschungen mehr zu erleben, habe ich seitdem immer 2 kürzere Makrameegarnstücke zum Testen in meiner Geldbörse dabei.

Schmucksteine

Sehr typisch im Makramee ist das Einfassen von flach geschliffenen runden oder ovalen Halbedelsteinen, sogenannten Cabochons. Steine nur mit Makrameeknoten einzufassen, kann gerade als Anfänger:in eine knifflige Angelegenheit sein, die ein wenig Geduld und Erfahrung braucht. Als ich gerade erst mit Makramee angefangen habe, hatte ich großen Respekt vor dem Thema. Heute macht es mir richtig viel Spaß, so viele unterschiedliche Einfassvarianten wie möglich auszuprobieren.

Ich zeige dir in diesem Buch drei unterschiedliche Möglichkeiten, von relativ einfach bis anspruchsvoll. Für diese Varianten brauchst du 3 verschiedene Steinarten: Trommelsteine (Kette mit eingefasstem Stein), Donutsteine (Kette mit Donutstein) und einen Cabochon in Tropfenform (Kette Medusa).

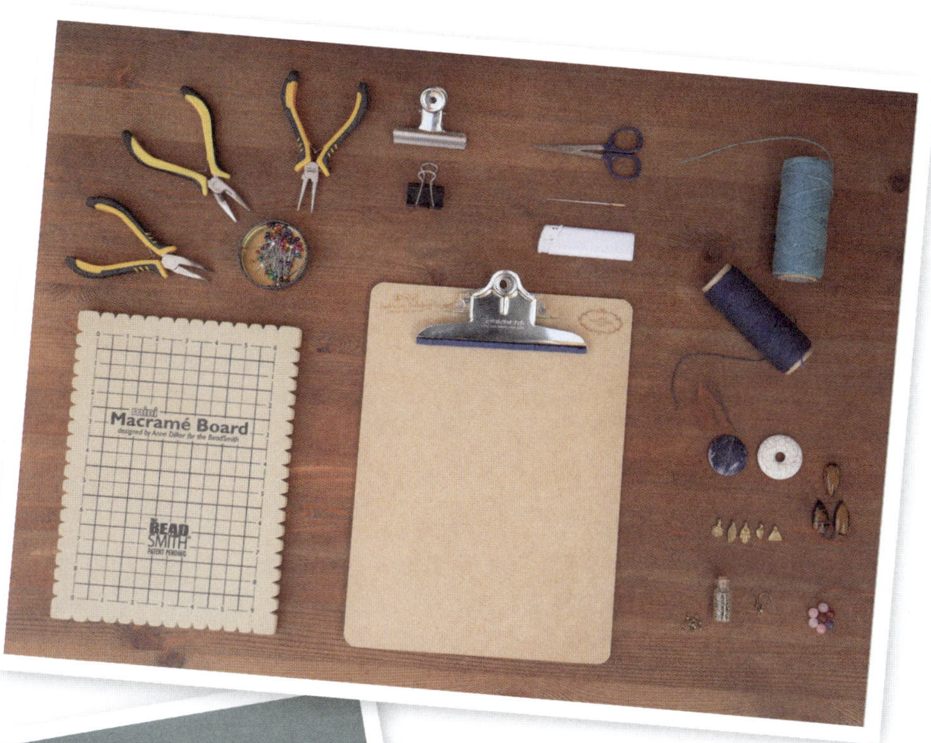
Macramé Board

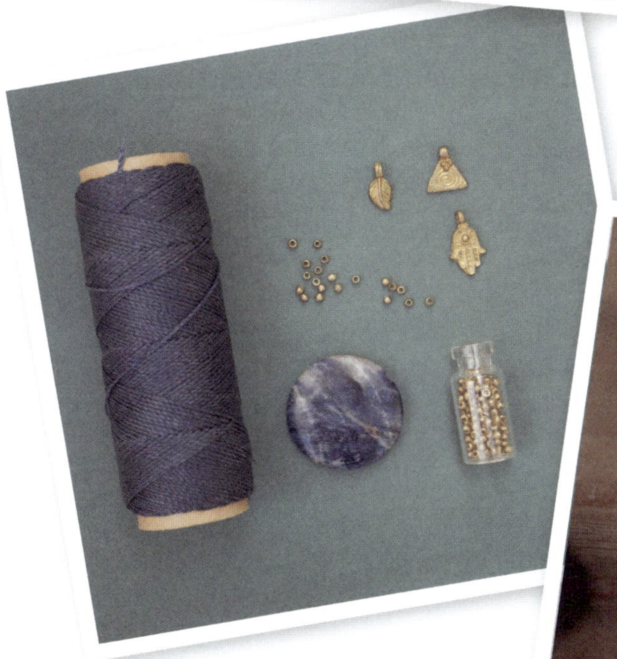

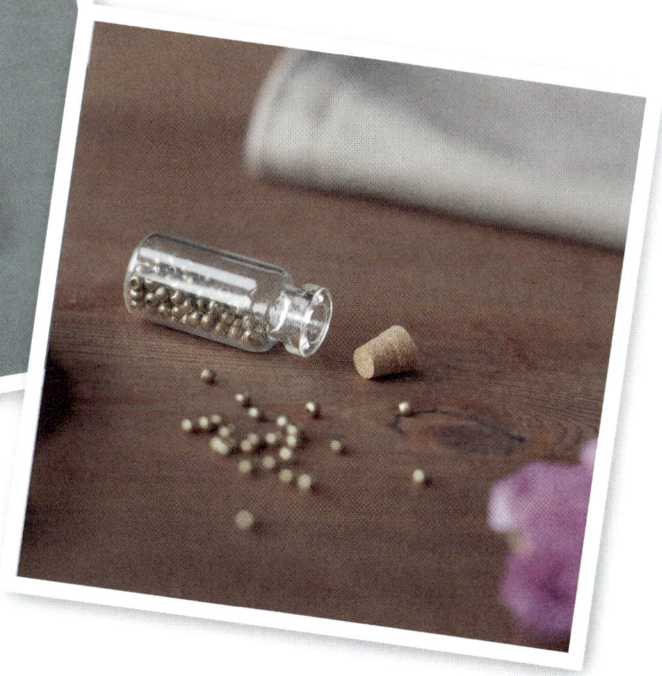

Klemmbrett und Makramee Board

Dein mit Abstand wichtigstes Werkzeug beim Makramee ist eine vernünftige Knüpfunterlage. Du wirst ziemlich viele Stunden damit arbeiten, also lohnt es sich, unterschiedliche Optionen auszuprobieren. Die zwei meistgenutzten Unterlagen sind **Klemmbretter** und **Makramee Boards** aus Schaumstoff.

Ich persönlich bin ein großer Fan von klassischen Klemmbrettern, bei denen du deine Arbeit nur an einer Stelle fest einspannen kannst. So ein Klemmbrett bekommst du ganz einfach und günstig in jedem Schreibwarenladen. Perfekt also, um sofort loszuknoten. Die schnelle Ein- und Umspannmöglichkeit passt perfekt zu meinem Workflow. In Nullkommanix kann ich so ganz einfach meinen Knüpfwinkel ändern. Solltest du dich für ein solches Brett entscheiden, ist es wichtig, dass du eine oder zwei richtig starke Spannfedern an deinem Clip hast, sodass deine Fäden nicht verrutschen. Um deine Materialien zu schonen, empfiehlt sich außerdem das Anbringen eines Kantenschutzes oder Gewebebands. Achte auch darauf, dass die Klemme komplett mit dem Brett abschließt, damit du deine Bänder fest einspannen kannst. Manche Klemmbretter haben eine gebogene Klemme, die dir das Arbeiten erschwert.

Viele Künstler:innen schwören auf ein spezielles Makramee Board aus Schaumstoff, bei dem du deine Arbeit mit Nadeln fixieren kannst. Doch auch für Makramee Anfänger:innen eignet sich das Board. Vor allem, weil du damit alle Makrameebänder sehr fest und sicher einspannen und feststecken kannst – die Knoten richtig festzuziehen ist damit also ein Klacks.

Mein Tipp:

Bevor du dich für etwas entscheidest, experimentiere erstmal mit den Dingen, die du Zuhause findest. Mit einem Sofakissen, einer Kork-Pinnwand und ein paar Stecknadeln kannst du wunderbar testen, ob ein Schaumstoffboard das Knoten für dich erleichtert oder ob dir eher die Flexibilität eines Klemmbretts gefällt.

Scheren

Spezielle Fadenscheren sind besonders gut geeignet, um deine Fäden sauber und ohne Fransen zu kürzen. Generell kannst du aber jede kleinere und spitz zulaufende Schere verwenden, die gerade und scharf schneidet. Es lohnt sich, für eine gute Fadenschere ein paar Euro mehr auszugeben, da du sie sehr häufig benutzen wirst und sie deine Arbeit erleichtern wird.

Feuerzeug

Ein herkömmliches (Einweg-)Feuerzeug, bei dem du die Größe der Flamme einstellen kannst, ist optimal für das Herstellen von Makramee Schmuck. Du brauchst es, um nach dem Knüpfen die überstehenden Fäden abzubrennen (siehe S. 33).

Sturmfeuerzeuge oder ähnliches mit sehr heißer und großer Flamme sind eher ungeeignet, weil du diese viel schlechter kontrollieren kannst. Somit steigt die Gefahr für ungewollte Brandspuren, die dir im schlechtesten Fall sogar dein fertiges Schmuckstück beschädigen können.

Falls du gern mit einem Garn aus Naturmaterial arbeiten möchtest, kannst du diese Methode jedoch nicht anwenden. Da sich Baumwollgarne nicht verschmelzen lassen, verwendest du für das Fixieren deiner Fadenenden am besten einen durchsichtigen Klebstoff.

Zangen, Nadeln und andere Tools

Es gibt noch ein paar andere nützliche Werkzeuge, die dich bei verschiedenen Makramee Projekten unterstützen können.

Gerade wenn du ein Paar Makramee Ohrringe knüpfst, vereinfacht eine **Schmuckzange** das Öffnen und Schließen der Metallohrhaken. Meist bist du damit genauer und schneller als mit der bloßen Hand.

Beim Einfassen von flachen Steinen benötigst du eine Nadel, durch die du bequem ein 1mm dickes Garn fädeln kannst. Ich benutze dafür am liebsten eine **Stopfnadel** mit stumpfer Spitze. Damit hinterlässt du keine Kratzer am Stein – und an deinen Händen.

Wenn du dich für ein Makramee Board aus Schaumstoff entscheidest, kannst du deine Arbeit zusätzlich mit **Stecknadeln** fixieren. Für mehr Halt am Klemmbrett verwende ich hin und wieder **Dokumentenclips**. Häufig benutze ich auch eine **Klemmenzwinge** oder eine **Schraubzwinge** aus dem Baumarkt, um das Klemmbrett selbst am Tisch festzumachen. Das erleichtert das Arbeiten sehr, weil nichts mehr verrutscht.

Grundknoten und Techniken

Wie du eben gesehen hast, brauchst du nur wenige Materialien und Werkzeuge, um mit Makramee starten zu können. Und so minimalistisch geht es auch bei den Grundknoten weiter.

Tatsächlich bin ich immer wieder davon fasziniert, mit wie wenigen unterschiedlichen Makrameeknoten sich richtige kleine Kunstwerke zaubern lassen. Nicht die Menge an komplizierten Techniken macht dein Schmuckstück besonders. Es kommt vor allem darauf an, wie geschickt du die immer gleichen Knoten miteinander kombinierst und wie sauber du das Ganze ausführst.

In diesem Buch wirst du vor allem mit dem für Makramee typischen Rippenknoten arbeiten. Aber keine Sorge: Langweilig wird es trotzdem nicht, denn die Kombinationsmöglichkeiten sind schier endlos.

Für den einfachsten Einstieg in die Welt der Knoten legst du dir am besten dein Klemmbrett und ein paar dickere Schnüre (z.B. Schnürsenkel) in unterschiedlichen Farben bereit. Besonders wenn du noch keine oder nur wenig Knüpferfahrung hast, kannst du die einzelnen Schritte so viel besser nachvollziehen und ausführen.

Je mehr Zeit du mit dem Üben der Grundknoten verbringst, desto einfacher werden dir später die einzelnen Anleitungen fallen. Versuche zu Beginn erstmal, den Knoten an sich zu verstehen und verfeinere dann nach und nach deine Technik. Generell gilt: Je fester du die Knoten ziehst, desto sauberer sieht dein Resultat am Ende aus. Keine Angst, die Fäden reißen nicht – versprochen.

Haltefaden und Arbeitsfaden

Das Grundlegendste, was du beim Knüpfen von Makramee Schmuck verstehen musst, ist die klare Unterscheidung deiner Fäden in **Haltefaden** und **Arbeitsfaden**.

In der Regel brauchst du für jeden Knoten mindestens 2 Fäden. Dabei ist einer dein Haltefaden (auch Trägerfaden oder Leitfaden genannt), den du als »Basis« mit einer Hand straff hältst und nicht bewegst. Dein Arbeitsfaden hingegen ist immer in Bewegung und schlingt sich um den Haltefaden herum, umknotet ihn also. Welche Fäden Haltefäden und welche Fäden Arbeitsfäden sind, wechselt sich in den meisten Anleitungen ständig ab. Gerade zu Beginn deiner Makramee-Reise kann es daher leicht passieren, dass du deinen Haltefaden und Arbeitsfaden aus Versehen miteinander vertauschst.

Rippenknoten (horizontal – nach rechts)

Der horizontale Rippenknoten ist mit Abstand der wichtigste und am häufigsten verwendete Knoten in diesem Buch. Der Name »horizontal« ergibt sich daraus, dass du den Haltefaden hier horizontal (bzw. auch leicht diagonal) hältst. Um eine horizontale Reihe von links nach rechts zu knüpfen, brauchst du einen Haltefaden und mehrere Arbeitsfäden.

Haltefaden: Orange
Arbeitsfäden: Blau

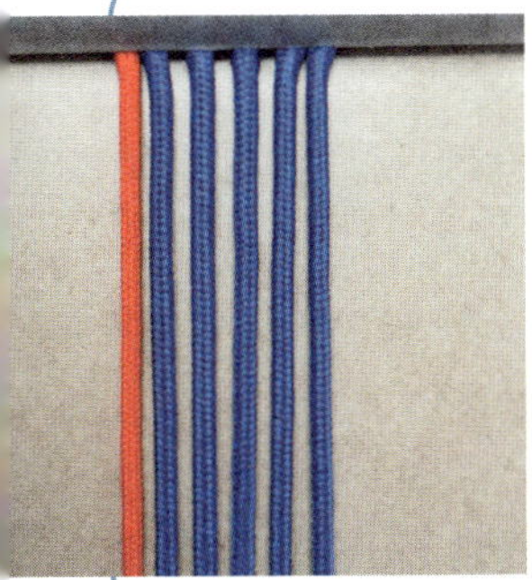
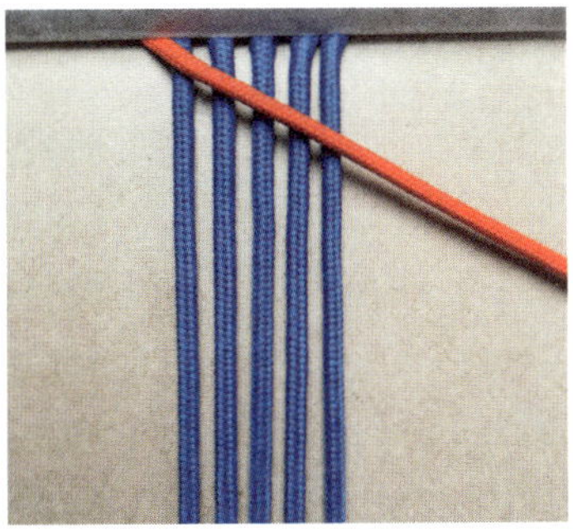

Schritt 1:

Du beginnst auf der linken Seite und arbeitest dich nach rechts vor. Dein Haltefaden ist daher der äußerste linke Faden (orange). Lege den Haltefaden nach rechts über die Arbeitsfäden und halte ihn straff. Dein erster Arbeitsfaden ist der erste blaue Faden von links.

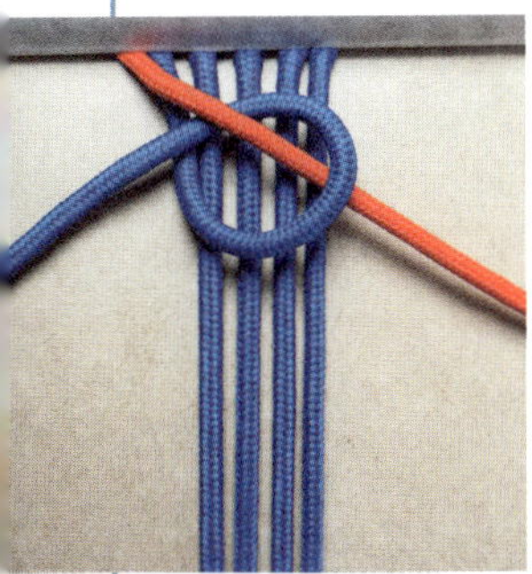
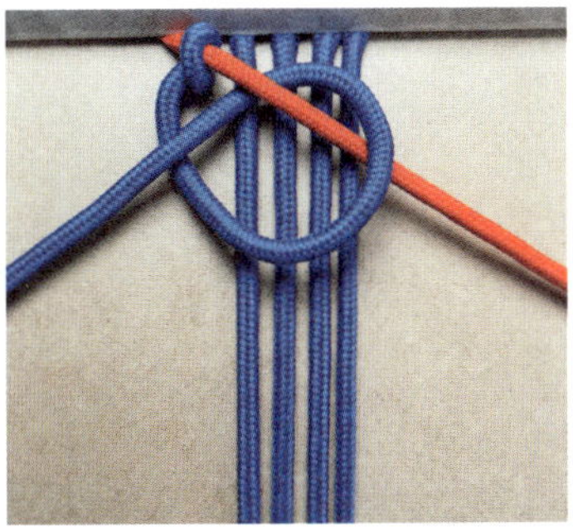

Schritt 2:

Lege deinen Arbeitsfaden (blau) ***über*** deinen Haltefaden nach oben (Richtung Clip) und führe ihn direkt wieder nach links ***unter*** dem Haltefaden (orange) hindurch. Achte beim Festziehen der entstandenen Schlaufe darauf, dass du den Haltefaden (orange) straff hältst, damit sich dieser nicht verdreht. Wenn du die erste Schlaufe, den sogenannten »halben Schlag«, festgezogen hast, machst du genau das gleiche noch einmal mit dem gleichen (blauen) Faden.

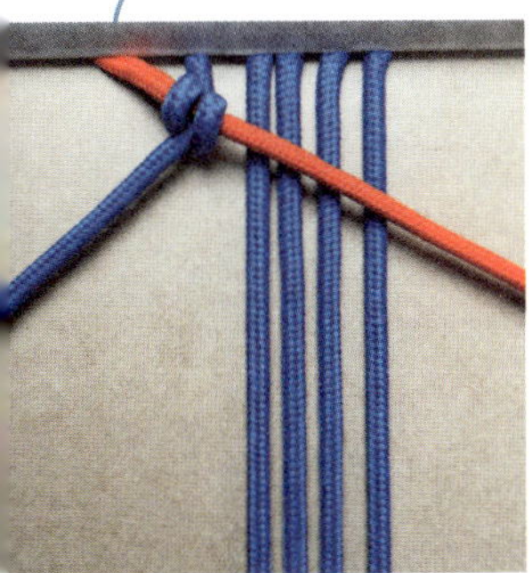
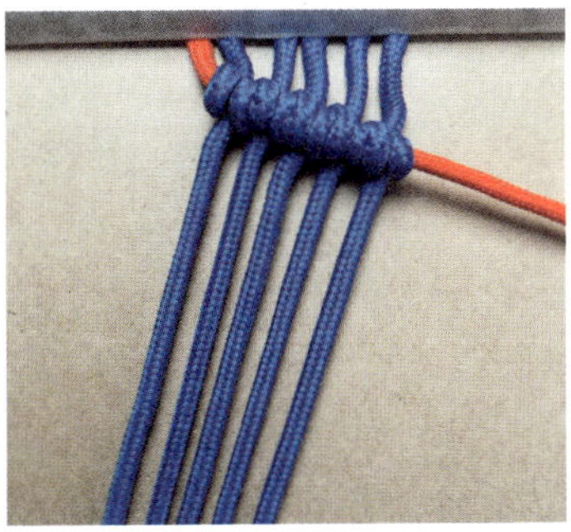

Schritt 3:

Die beiden halben Schläge sollten sich nun zu einem ersten Rippenknoten fest zusammengefügt haben. Führe die Schritte 1 und 2 mit allen weiteren Arbeitsfäden aus, um eine horizontale (bzw. diagonale Reihe) zu knüpfen. Am Ende schaut dein Haltefaden (orange) nach rechts außen heraus. Wenn deine Knoten in der Reihe richtig sitzen, sollte dein Haltefaden (orange) nicht zwischen den Arbeitsfäden hervorblitzen.

Rippenknoten (horizontal – nach links)

Für eine horizontale Reihe von links nach rechts, spiegelst du nun deine Arbeitsschritte genau.

Haltefaden: Orange
Arbeitsfäden: Blau

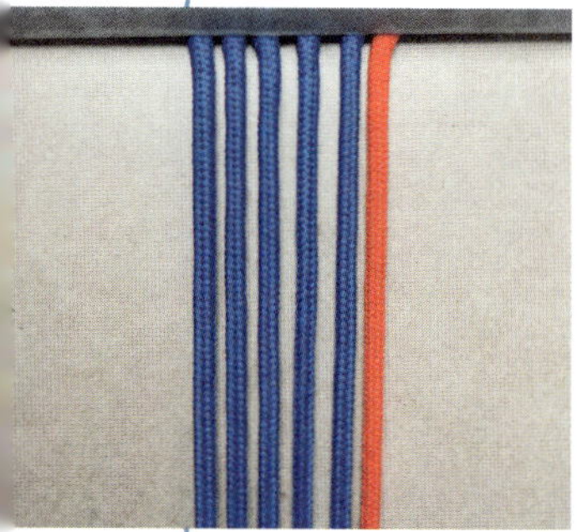
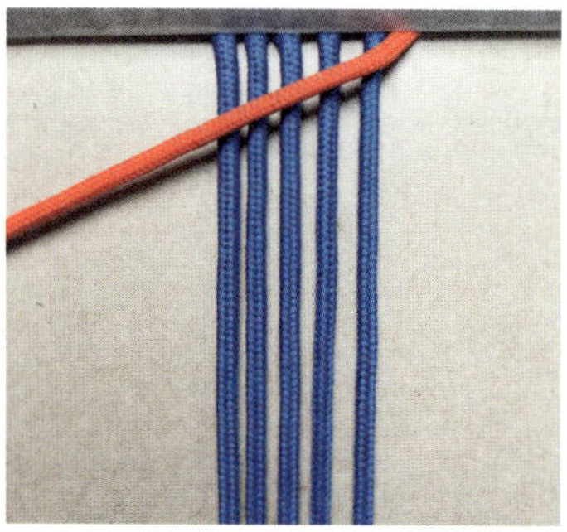

Schritt 1:
Du beginnst auf der rechten Seite und arbeitest dich nach links vor. Dein Haltefaden (orange) ist der äußerste rechte Faden. Lege den Haltefaden (orange) nach links über die Arbeitsfäden (blau). Dein erster Arbeitsfaden ist der erste blaue Faden von rechts.

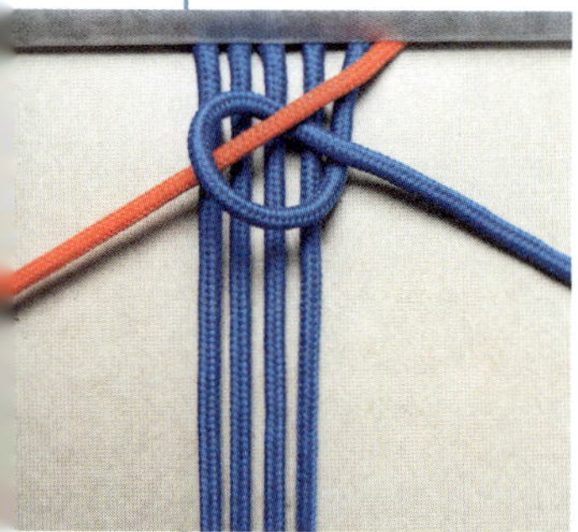
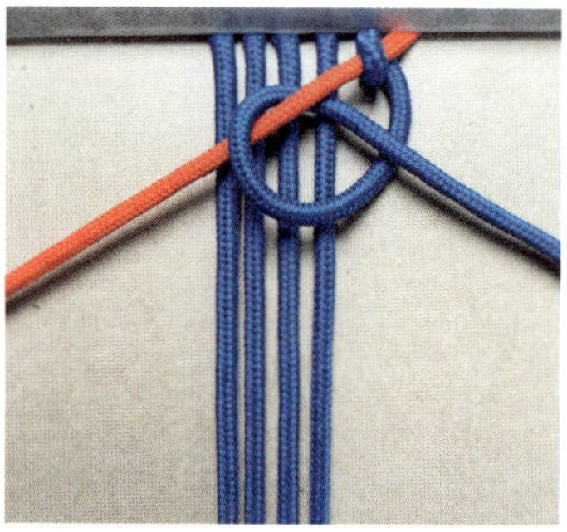

Schritt 2:
Lege deinen Arbeitsfaden (blau) ***über*** deinen Haltefaden nach oben (Richtung Clip) und führe ihn direkt wieder nach rechts ***unter*** dem Haltefaden (orange) hindurch. Achte beim Festziehen der entstandenen Schlaufe darauf, dass du den Haltefaden (orange) straff hältst, damit sich dieser nicht verdreht. Wenn du die erste Schlaufe, den sogenannten »halben Schlag«, festgezogen hast, machst du genau das gleiche noch einmal mit dem gleichen (blauen) Faden.

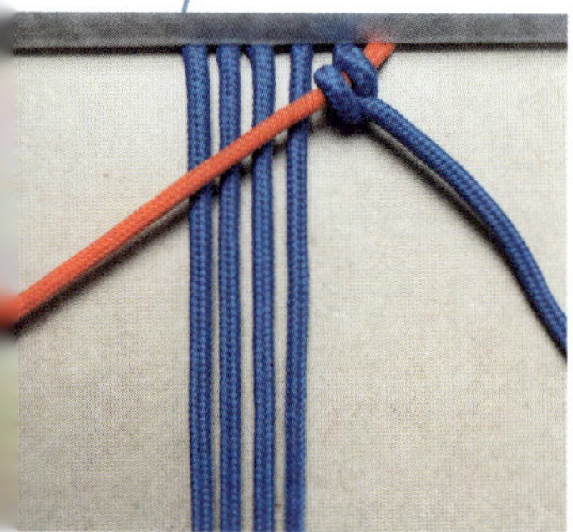
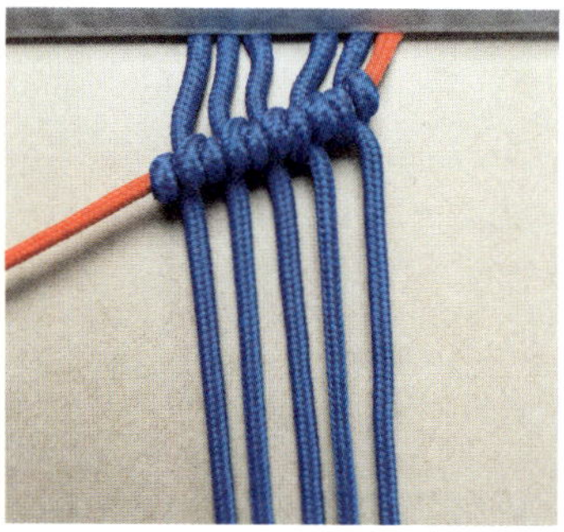

Schritt 3:
Die beiden halben Schläge sollten sich nun zu einem ersten Rippenknoten fest zusammengefügt haben. Führe die Schritte 1 und 2 mit allen weiteren Arbeitsfäden aus, um eine horizontale (bzw. diagonale Reihe) zu knüpfen. Am Ende schaut dein Haltefaden (orange) nach links außen heraus. Wenn deine Knoten in der Reihe richtig sitzen, sollte dein Haltefaden (orange) nicht zwischen den Arbeitsfäden hervorblitzen.

Hier findest du ein Video zu der Technik:

Rippenknoten (vertikal – nach rechts)

Im Vergleich zum horizontalen Rippenknoten gibt es beim vertikalen Rippenknoten mehrere Haltefäden (ACHTUNG: diesmal blau) und nur einen Arbeitsfaden (diesmal orange). Der Name »vertikal« kommt daher, dass die Haltefäden vertikal nach unten straff gehalten werden. Bei einigen Anleitungen in diesem Buch wirst du diese Technik verwenden, um Farbakzente zu setzen (»Ausmalen«).

Video zur Technik:

Haltefäden: Blau
Arbeitsfaden: Orange

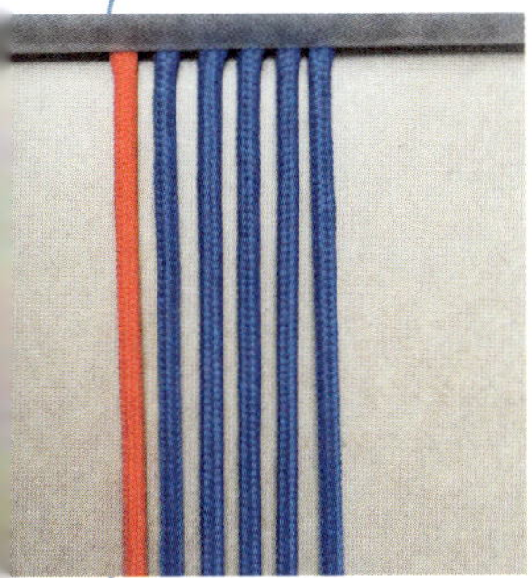

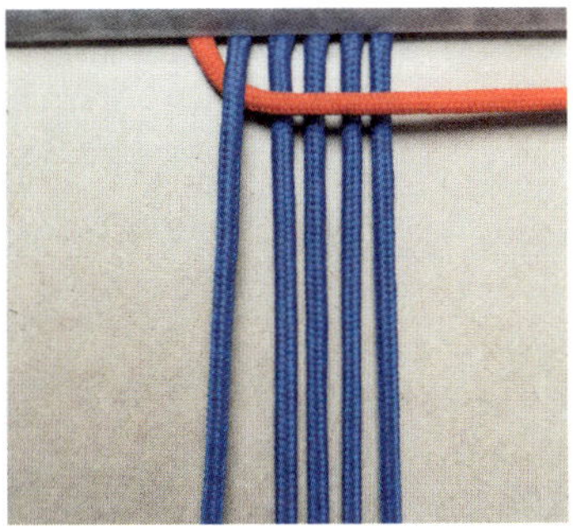

Schritt 1:
Führe deinen Arbeitsfaden (orange) nach rechts ***unter*** dem ersten Haltefaden (erster blauer Faden von links) hindurch.

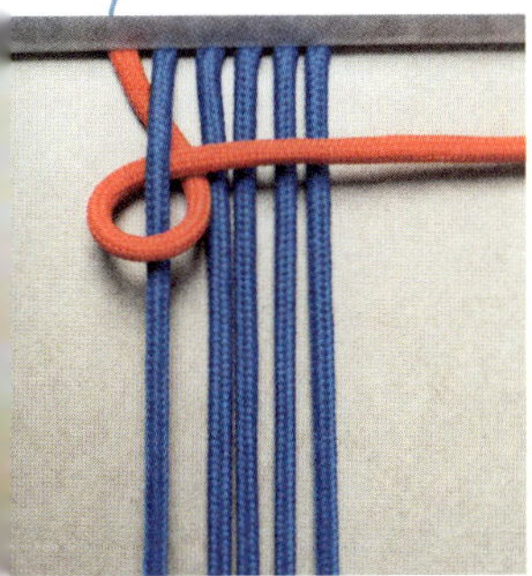

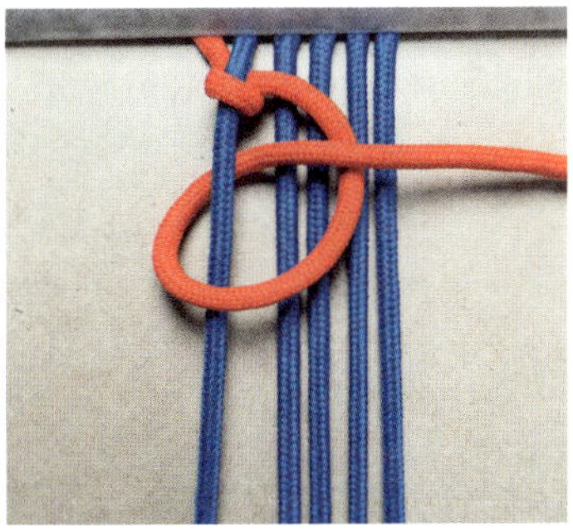

Schritt 2:
Lege den Arbeitsfaden (orange) nach links ***über*** den 1. Haltefaden (blau) und führe ihn direkt durch die entstehende Schlaufe nach rechts wieder unter dem Haltefaden (blau) hindurch. Achte beim Festziehen darauf, dass du den Haltefaden (blau) schön straff nach unten hältst, damit sich dieser nicht verdreht. Wenn du die erste Schlaufe (»halber Schlag«) festgezogen hast, machst du genau das gleiche noch einmal mit demselben Arbeitsfaden.

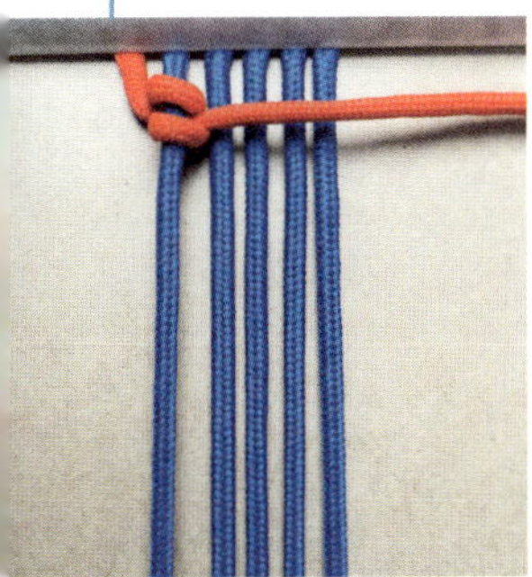

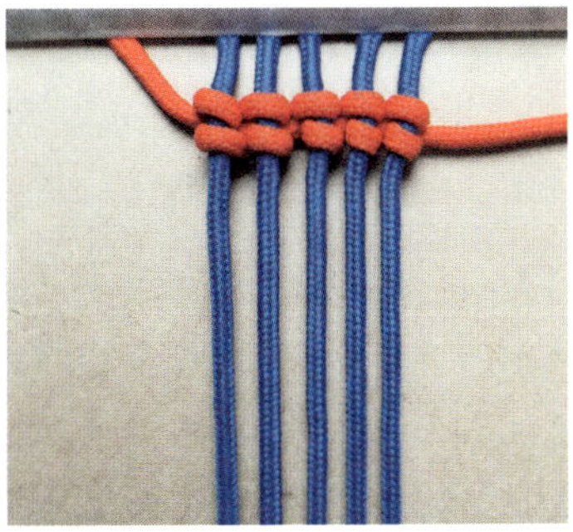

Schritt 3:
Die beiden halben Schläge sollten sich nun zu einem ersten Knoten fest zusammengefügt haben. Führe die Schritte 1 und 2 an allen weiteren Haltefäden (blau) erneut aus, um eine Reihe von vertikalen Rippenknoten nach rechts zu knüpfen. Achte dabei darauf, dass der nächste Haltefaden nah am bereits geknüpften Teil anliegt, um Lücken zu vermeiden. Dein Arbeitsfaden (orange) verdeckt nach und nach die Haltefäden (blau) und zeigt am Ende der Reihe nach rechts.

Rippenknoten (vertikal – nach links)

Nun kannst du das Ganze spiegelverkehrt ausführen, um eine Reihe von vertikalen Rippenknoten nach links zu knüpfen.

Haltefäden: Blau
Arbeitsfaden: Orange

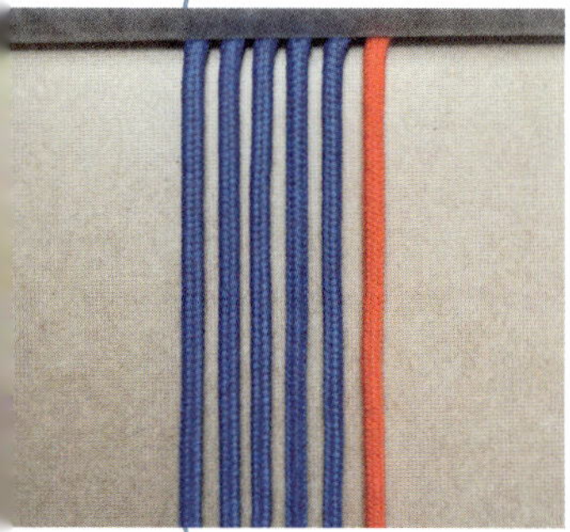
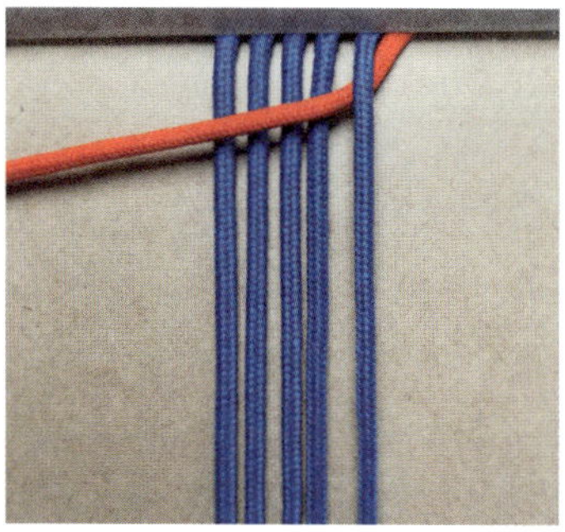

Schritt 1:

Führe deinen Arbeitsfaden (orange) nach links ***unter*** dem ersten Haltefaden (erster blauer Faden von rechts) hindurch.

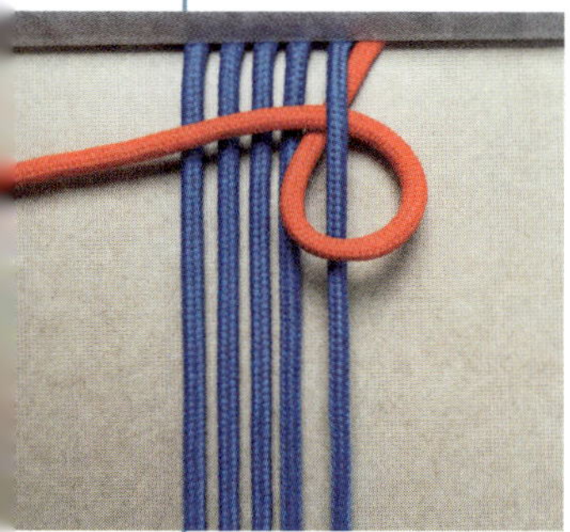
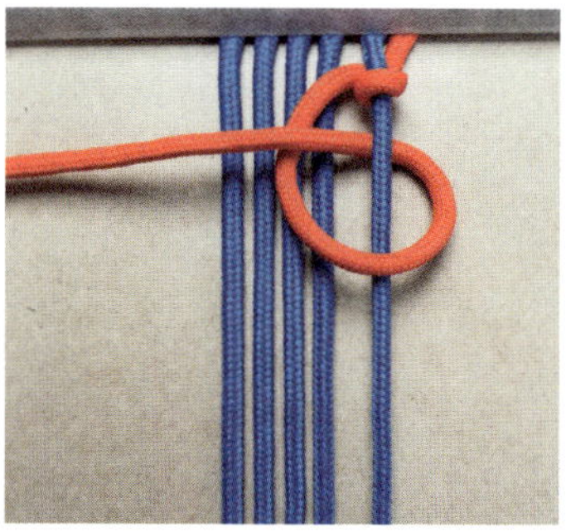

Schritt 2:

Lege den Arbeitsfaden (orange) nach rechts ***über*** den 1. Haltefaden (blau) und führe ihn direkt durch die entstehende Schlaufe nach links wieder unter dem Haltefaden (blau) hindurch. Achte beim Festziehen darauf, dass du den Haltefaden (blau) schön straff nach unten hältst, damit sich dieser nicht verdreht. Wenn du die erste Schlaufe (»halber Schlag«) festgezogen hast, machst du genau das gleiche noch einmal mit demselben Arbeitsfaden.

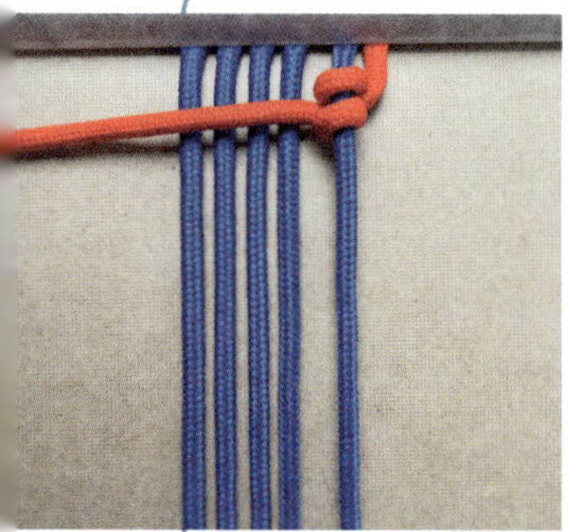
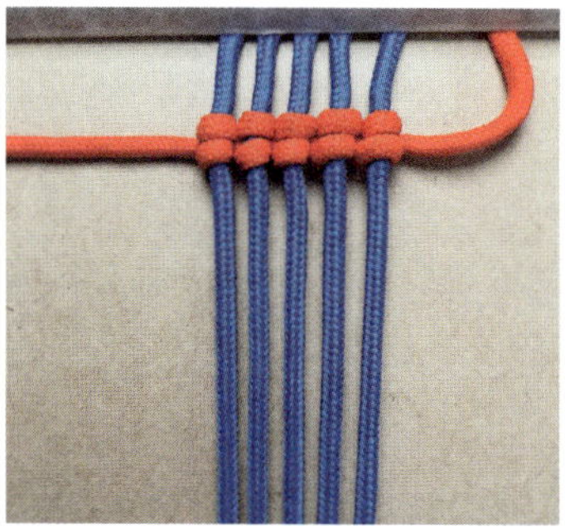

Schritt 3:

Die beiden halben Schläge sollten sich nun zu einem ersten Knoten fest zusammengefügt haben. Führe die Schritte 1 und 2 an allen weiteren Haltefäden (blau) erneut aus, um eine Reihe von vertikalen Rippenknoten nach links zu knüpfen. Achte dabei darauf, dass der nächste Haltefaden nah am bereits geknüpften Teil anliegt, um Lücken zu vermeiden. Dein Arbeitsfaden (orange) verdeckt nach und nach die Haltefäden (blau) und zeigt am Ende der Reihe nach links.

Wenderippenknoten (von links)

Beim Üben der horizontalen und vertikalen Rippenknoten ist dir sicherlich aufgefallen, dass du pro Knoten immer 2 halbe Schläge in die gleiche Richtung ausführen musst, damit das Ganze hält. Beim Wenderippenknoten hingegen wechselst du die Richtung innerhalb des Knotens, d.h. du knüpfst abwechselnd halbe Schläge von rechts und links, sodass du damit beliebig lange Bögen bzw. Rahmen knüpfen kannst. Diese Technik brauchst du vor allem, um luftige und filigrane Designs wie zum Beispiel Spiralen umzusetzen.

Haltefaden: Orange
Arbeitsfaden: Blau

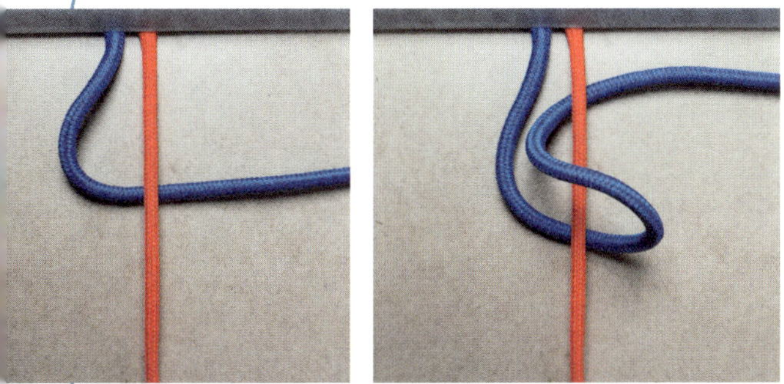

Schritt 1:

Dein Arbeitsfaden (blau) liegt zunächst links. Führe ihn nach rechts ***unter*** dem Haltefaden (orange) hindurch. Lege den Arbeitsfaden (blau) wieder nach links ***über*** den Haltefaden (orange) und führe das Ende direkt ***unter*** dem Haltefaden (orange) nach rechts hindurch. Ziehe die Schlaufe fest.

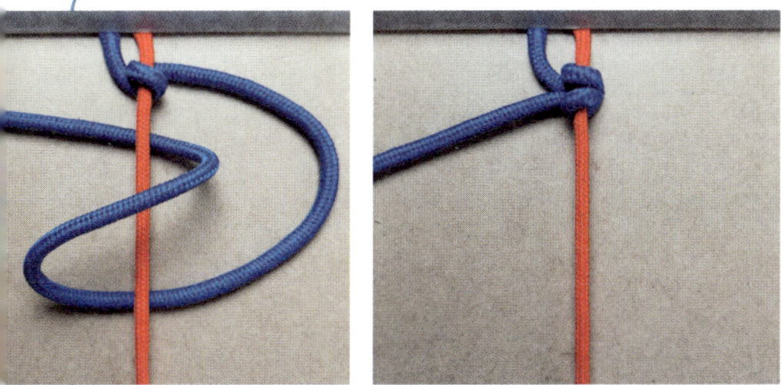

Schritt 2:

Führe den Arbeitsfaden (blau) wieder nach links ***unter*** dem Haltefaden (orange) hindurch und lege ihn dann wieder nach rechts ***über*** den Haltefaden (orange). Das Ende führst du gleich wieder ***unter*** dem Haltefaden (orange) nach links hindurch. Ziehe die Schlaufe fest. Glückwunsch, dein erster Wenderippenknoten von links ist damit fertig! Der Knoten sieht im Prinzip aus wie ein vertikaler Rippenknoten, mit dem Unterschied, dass der Arbeitsfaden (blau) von links kommt und auch wieder links endet.

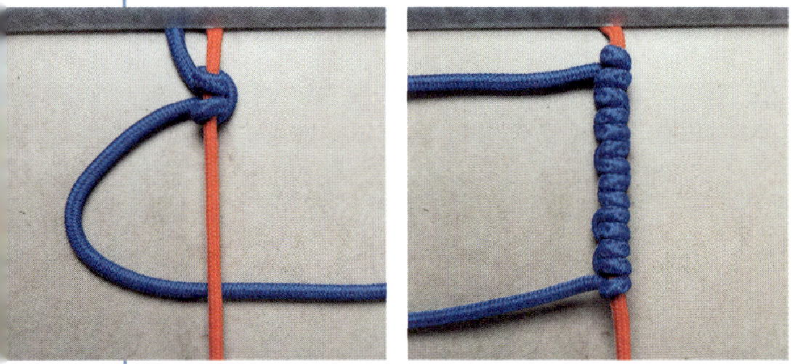

Schritt 3:

Wiederhole die Schritte 1 bis 2 beliebig oft, um die Reihe nach unten zu verlängern. Im rechten Bild siehst du das Ergebnis nach 7 Wenderippenknoten. Beachte auch hier, dass der Arbeitsfaden (blau) von links beginnt und auch wieder auf links endet.

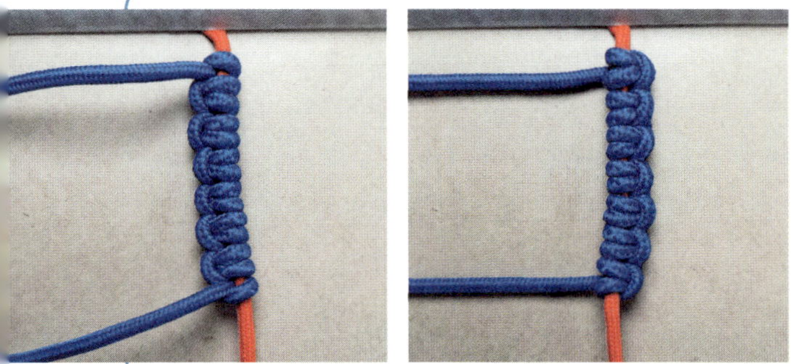

Tipp:

Zur besseren Orientierung kannst du auch die kleinen »Hügelchen« der Schlaufen zählen, die sich auf beiden Seiten bilden. Für unser Beispiel mit 7 Wenderippenknoten kannst du 6 Hügelchen auf der linken und 7 auf der rechten Seite erkennen. Auf der Seite, an der der Arbeitsfaden startet und endet, gibt es also immer ein Hügelchen weniger.

Hier findest du ein Video zu der Technik:

Wenderippenknoten (von rechts)

Um einen Wenderippenknoten von rechts zu knüpfen, führst du die Schritte nun wieder spiegelverkehrt aus.

Haltefaden: Orange
Arbeitsfaden: Blau

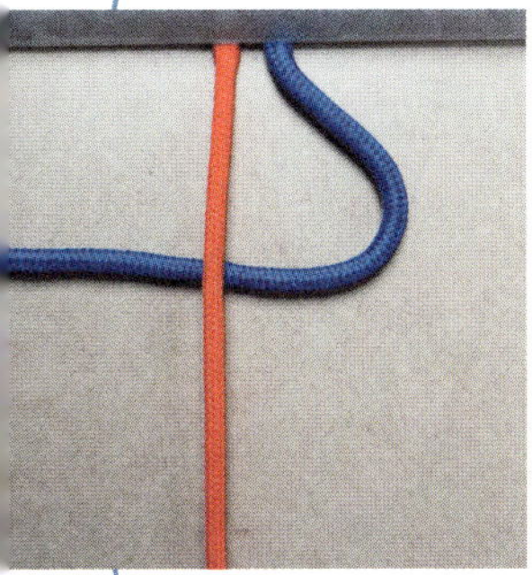

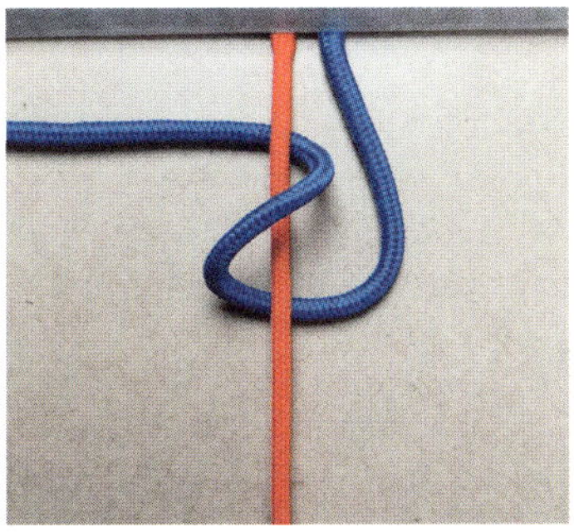

Schritt 1:
Dein Arbeitsfaden (blau) liegt zunächst rechts. Führe ihn nach links ***unter*** dem Haltefaden (orange) hindurch. Lege den Arbeitsfaden (blau) wieder nach rechts über den Haltefaden (orange) und führe das Ende direkt unter dem Haltefaden (orange) nach links hindurch. Ziehe die Schlaufe fest.

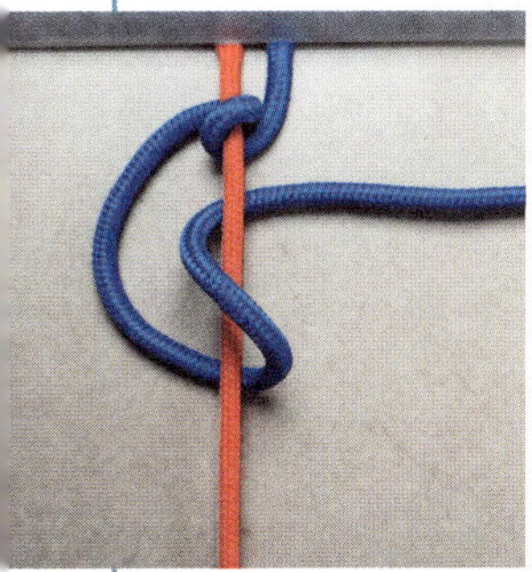

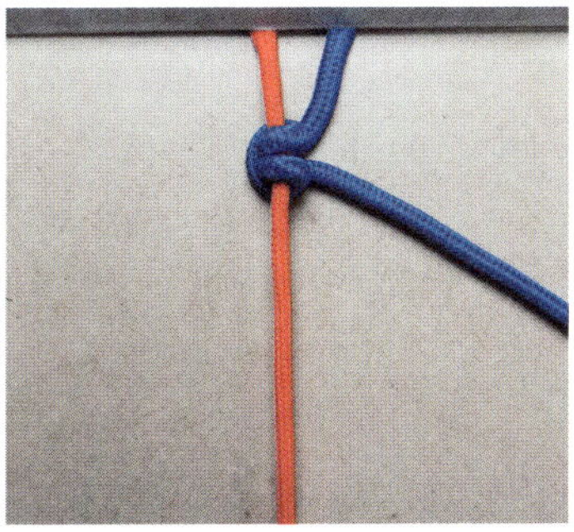

Schritt 2:
Führe den Arbeitsfaden (blau) wieder nach rechts unter dem Haltefaden (orange) hindurch und lege ihn dann wieder nach links über den Haltefaden (orange). Das Ende führst du gleich wieder unter dem Haltefaden (orange) nach rechts hindurch. Ziehe die Schlaufe fest. Glückwunsch, dein erster Wenderippenknoten von rechts ist damit fertig! Der Knoten sieht im Prinzip aus wie ein vertikaler Rippenknoten, mit dem Unterschied, dass der Arbeitsfaden (blau) von rechts kommt und auch wieder rechts endet.

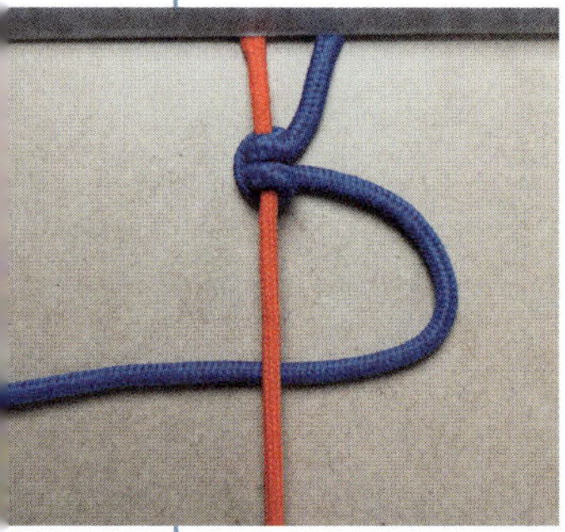
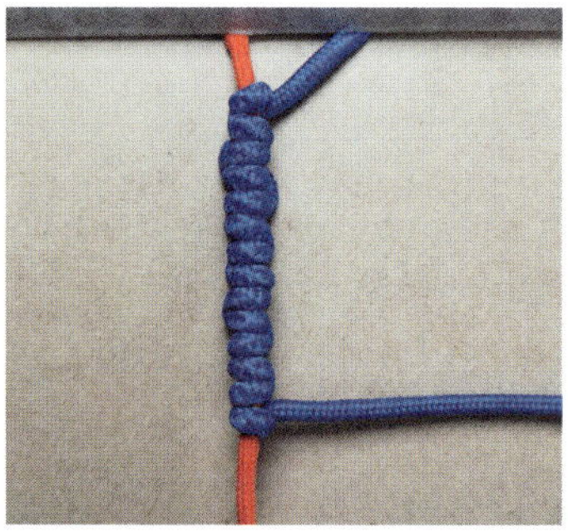

Schritt 3:

Wiederhole die Schritte 1 bis 2 beliebig oft, um die Reihe nach unten zu verlängern. Im rechten Bild siehst du das Ergebnis nach 7 Wenderippenknoten. Beachte auch hier, dass der Arbeitsfaden (blau) von links beginnt und auch wieder auf links endet.

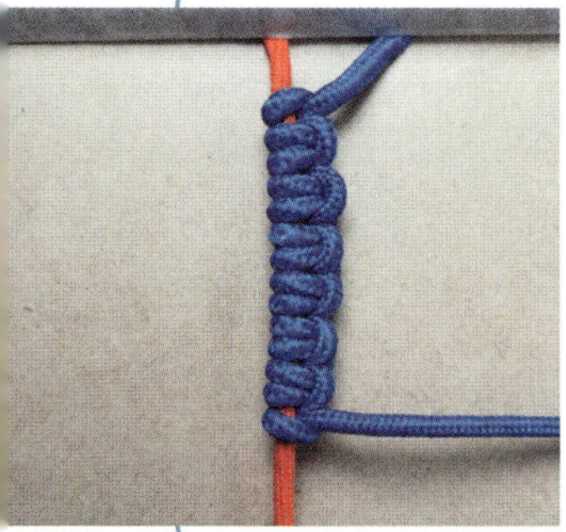
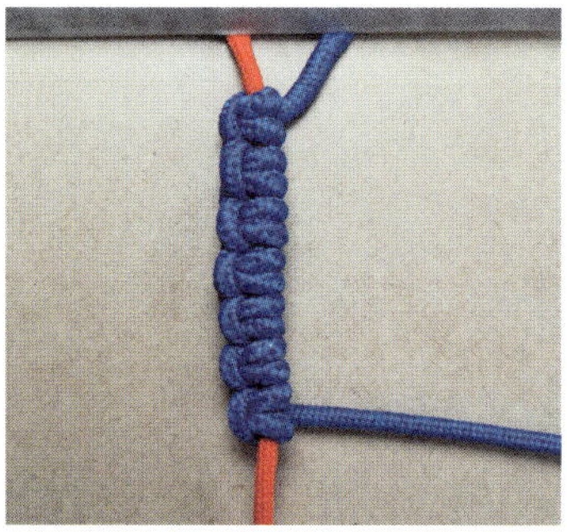

Tipp:

Zur besseren Orientierung kannst du auch die kleinen »Hügelchen« der Schlaufen zählen, die sich auf beiden Seiten bilden. Für unser Beispiel mit Wenderippenknoten kannst du 6 Hügelchen auf der linken Seite und 7 auf der rechten Seite erkennen. Auf der Seite, an der der Arbeitsfaden startet und endet, gibt es also immer ein Hügelchen weniger.

Hier findest du ein Video zu der Technik:

Ankerstich (von links)

Den Ankerstich verwendest du im Makramee vor allem, um deinem Schmuckstück während des Knüpfens neue Fäden hinzuzufügen. Es gibt eine einfache Variante (Bilder 1 bis 4), die sich durch zusätzliche Arbeitsschritte (Bilder 5 bis 8) erweitern lässt.

Haltefaden: Orange
Arbeitsfaden: Blau

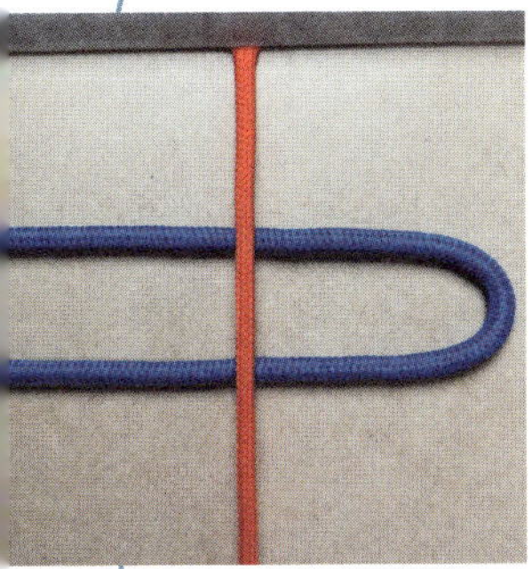

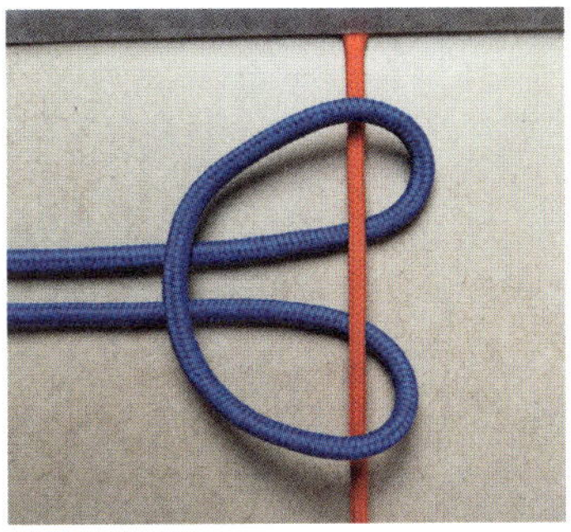

Schritt 1:
Lege deinen Arbeitsfaden (blau) bei halber Länge in eine Schlaufe, sodass beide Enden die gleiche Länge haben. Führe die Schlaufe von links ***unter*** dem Haltefaden (orange) durch. Lege die Schlaufe nun wieder nach links ***über*** den Haltefaden (orange).

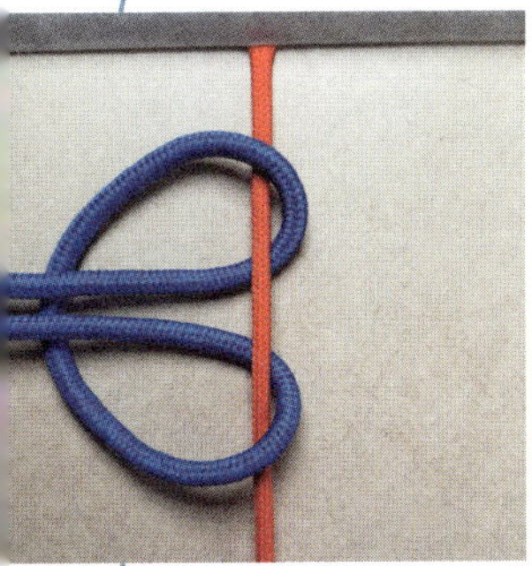

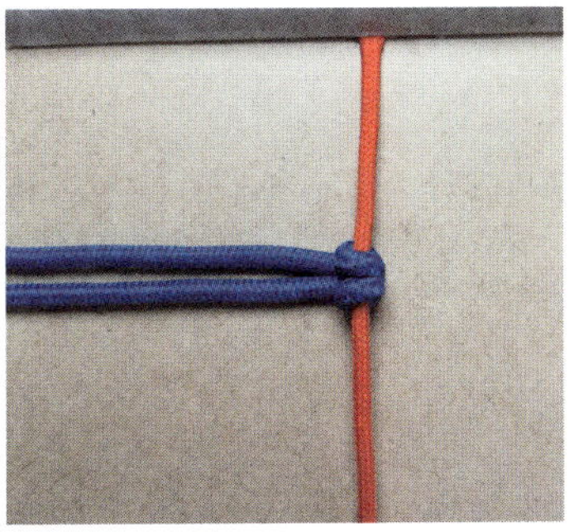

Schritt 2:
Ziehe nun die beide Enden des Arbeitsfaden (blau), die nach links zeigen, nach ***oben*** durch die entstandene Schlaufe heraus und ziehe alles fest.

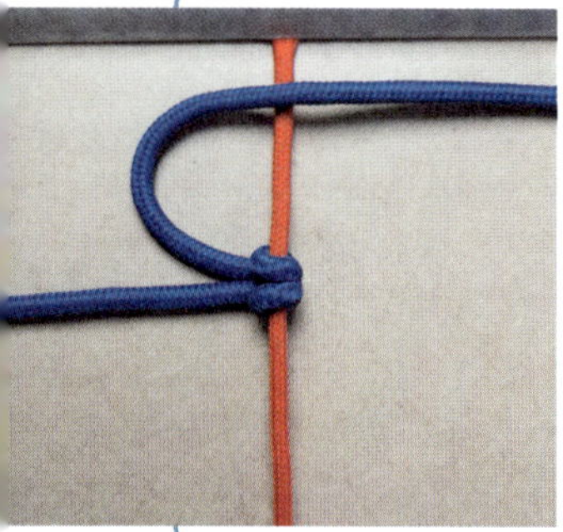

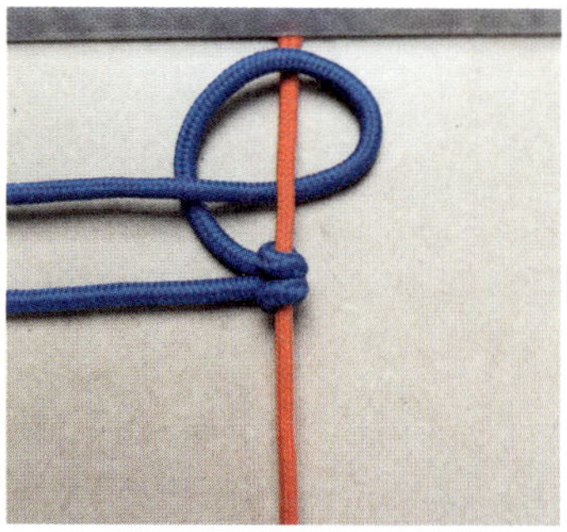

Schritt 3:

Lege das obere Ende des Arbeitsfadens (blau) nach rechts ***über*** den Haltefaden (orange). Führe den Arbeitsfaden (blau) dann direkt wieder nach links ***unter*** dem Haltefaden (orange) hindurch und ziehe ihn ***über*** die Schlaufe des Arbeitsfaden heraus.

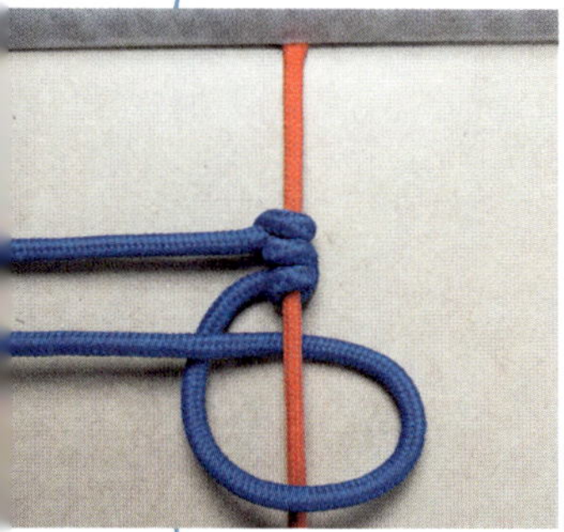

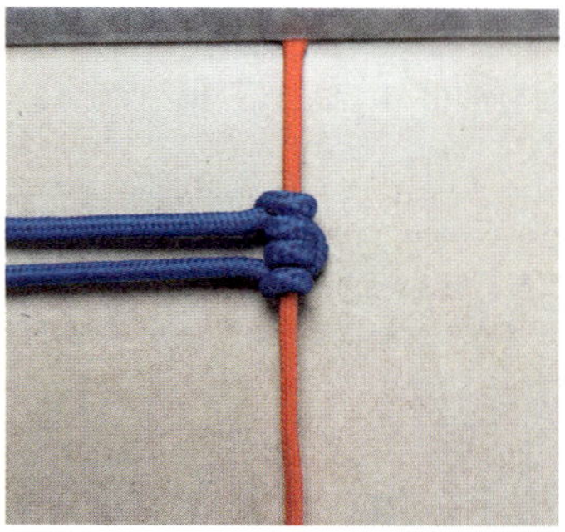

Schritt 4:

Lege nun auch das untere Ende des Arbeitsfadens (blau) nach rechts ***über*** den Haltefaden (orange). Führe den Arbeitsfaden (blau) dann direkt wieder nach links ***unter*** dem Haltefaden hindurch und ziehe ihn ***über*** die Schlaufe des Arbeitsfaden heraus. Es entsteht eine Reihe von Knoten entlang des Haltefadens.

Hier findest du ein Video zu der Technik:

Ankerstich (von rechts)

Wenn du deine Arbeitsschritte nun spiegelst, kannst du den Ankerstich von rechts knüpfen. Auch hier gibt es die einfache Variante (Bilder 1 bis 4) und die erweiterte Variante (Bilder 5 bis 8).

Haltefaden: Orange
Arbeitsfaden: Blau

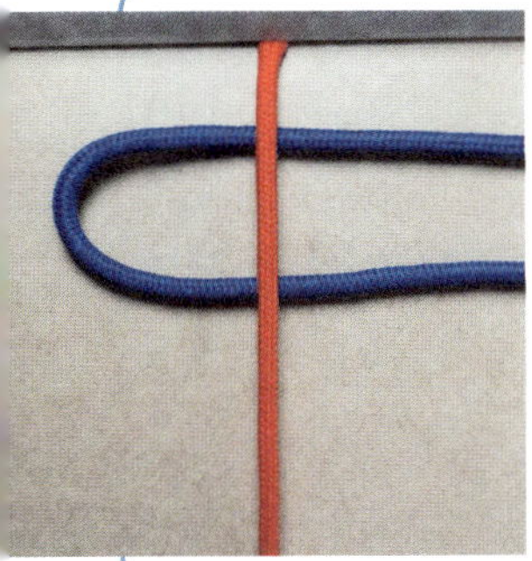

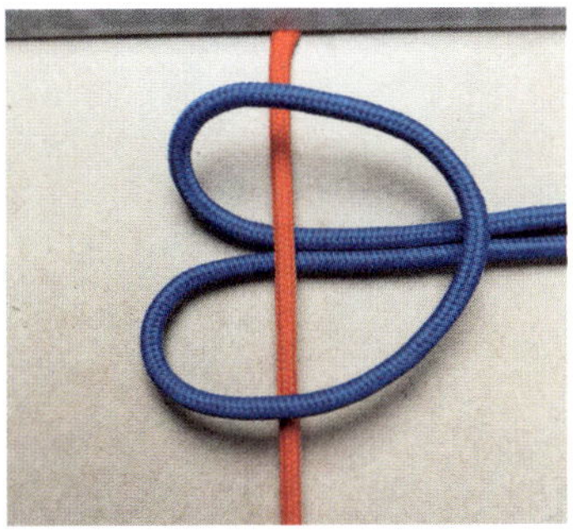

Schritt 1:
Lege deinen Arbeitsfaden (blau) bei halber Länge in eine Schlaufe, sodass beide Enden die gleiche Länge haben. Führe die Schlaufe von rechts ***unter*** dem Haltefaden (orange) durch. Lege die Schlaufe nun wieder nach rechts ***über*** den Haltefaden (orange).

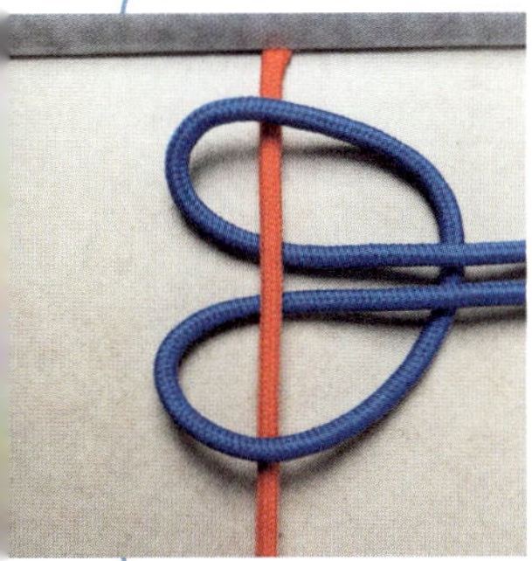

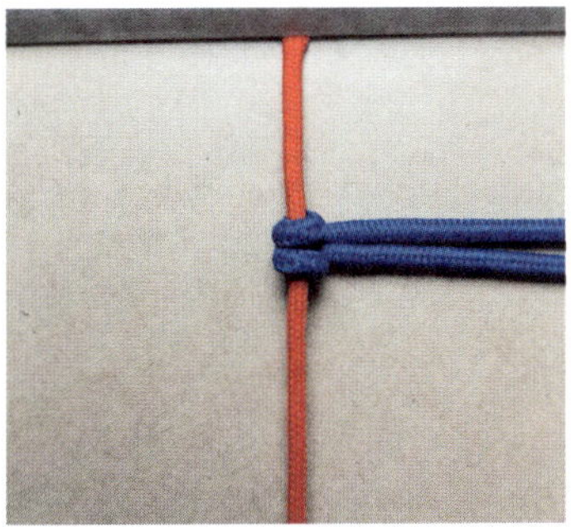

Schritt 2:
Ziehe nun die beide Enden des Arbeitsfaden (blau), die nach rechts zeigen nach ***oben*** durch die entstandene Schlaufe heraus und ziehe alles fest.

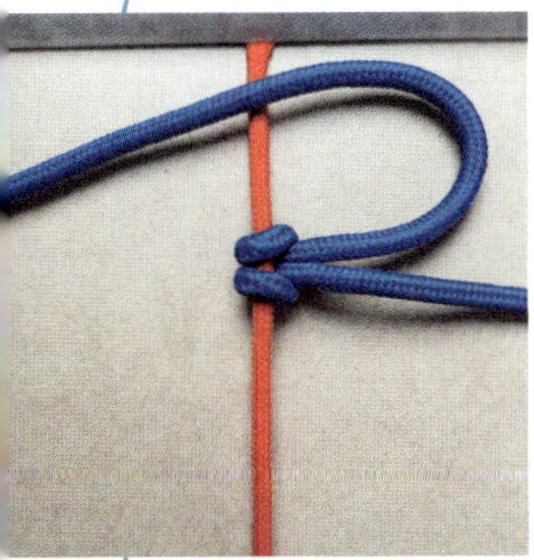

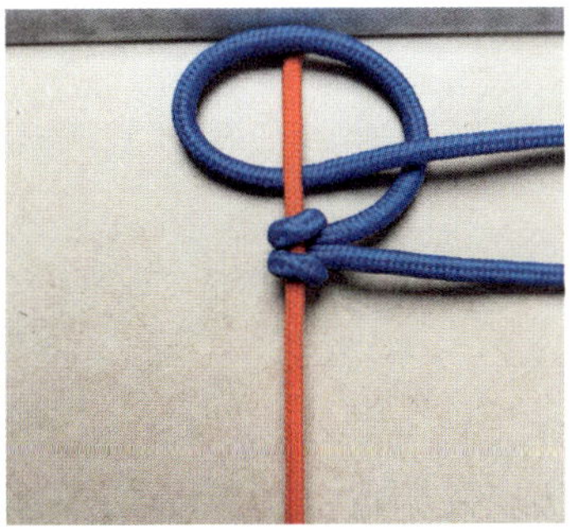

Schritt 3:
Lege das obere Ende des Arbeitsfadens (blau) nach links ***über*** den Haltefaden (orange). Führe den Arbeitsfaden (blau) dann direkt wieder nach rechts ***unter*** dem Haltefaden (orange) hindurch und ziehe ihn ***über*** die Schlaufe des Arbeitsfaden heraus.

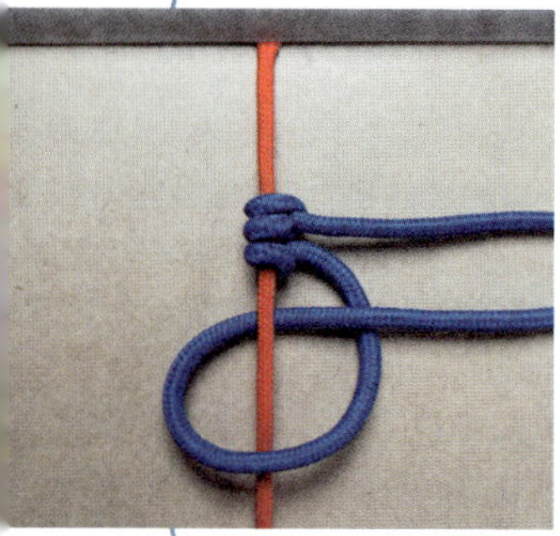

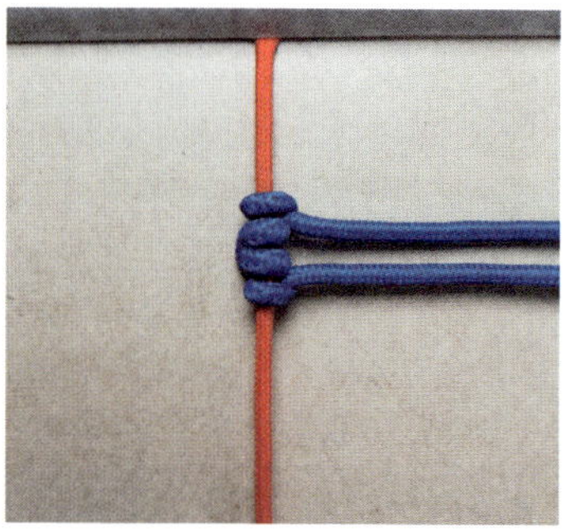

Schritt 4:

Lege nun auch das untere Ende des Arbeitsfadens (blau) nach links ***über*** den Haltefaden (orange). Führe den Arbeitsfaden (blau) dann direkt wieder nach rechts ***unter*** dem Haltefaden hindurch und ziehe ihn ***über*** die Schlaufe des Arbeitsfaden heraus. Es entsteht eine Reihe von Knoten entlang des Haltefadens.

Hier findest du ein Video zu der Technik:

Spiralknoten

Als ich mit Makramee angefangen habe, war ich total fasziniert von diesem Knoten. Er ist zwar super simpel, doch lässt er wie von Zauberhand nach und nach eine hübsche DNA-förmige Spirale entstehen. Die Anzahl der Haltefäden kannst du variieren, um den Durchmesser der Spirale zu erhöhen oder zu verringern. Ich zeige dir den Knoten mit zwei Haltefäden.

Hier findest du ein Video zu der Technik:

Ein oder mehr Haltefäden: Orange
Zwei Arbeitsfäden: Blau

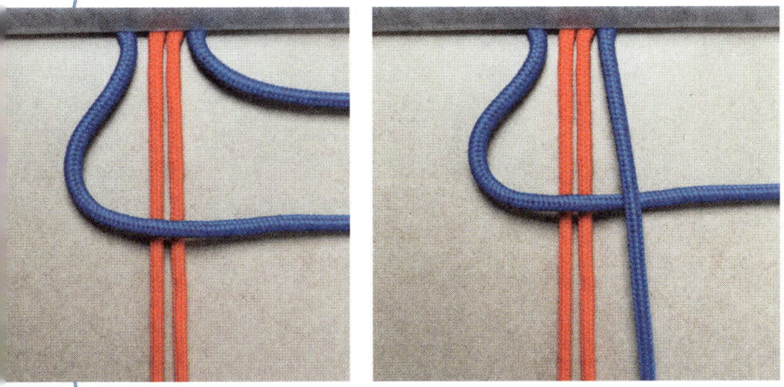

Schritt 1:
Spanne zwei Haltefäden (orange) ein, die von je einem Arbeitsfaden (blau) links und rechts umrahmt werden. Lege den rechten Arbeitsfaden zur Seite. Führe dann den linken Arbeitsfaden nach rechts ***über*** die beiden Haltefäden, sodass eine 4 entsteht. Lege nun den rechten Arbeitsfaden (blau) ***über*** den anderen.

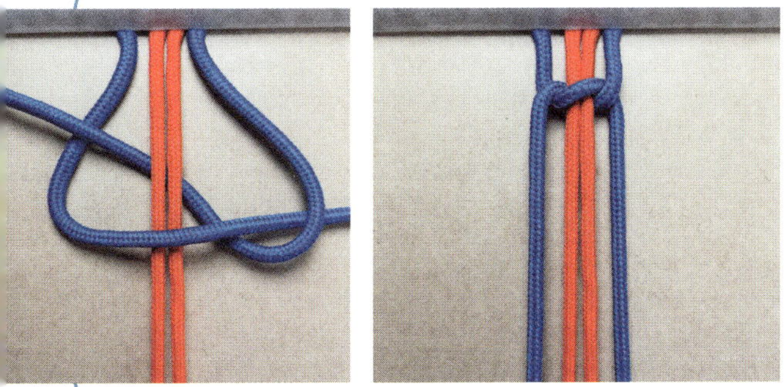

Schritt 2:
Führe den rechten Arbeitsfaden diagonal ***unter*** den beiden Haltefäden (orange) nach links durch. Das Ende des Arbeitsfadens ziehst du ***über*** der linken blauen Schlaufe wieder nach oben heraus. Es entsteht dabei eine Art Brezelform. Ziehe an beiden Arbeitsfäden (blau) gleichmäßig, um den Knoten zu schließen. ACHTUNG: Das Ganze kann sich immer noch lösen, solange du den Ablauf nicht mindestens ein weiteres Mal wiederholt hast

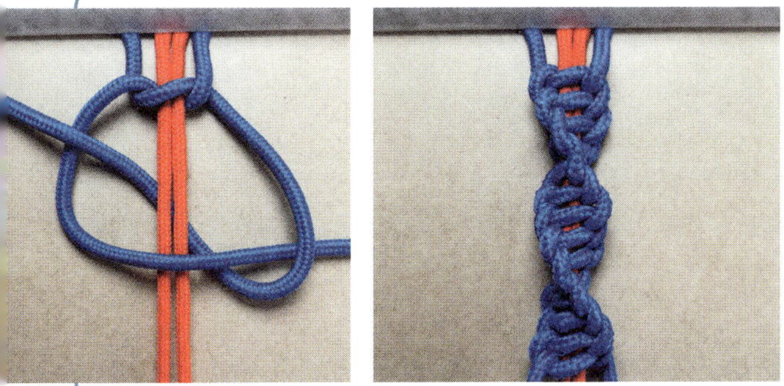

Schritt 3:
Führe die Schritte 1 und 2 erneut durch. Nach 10 bis 15 Wiederholungen sollte die Spiralform deutlich zu erkennen sein.

Kreuzknoten

Der Kreuzknoten ist dem Spiralknoten sehr ähnlich und spielt vor allem bei größeren Makramee Projekten wie Wandbehängen und Blumenampeln eine wichtige Rolle. Mit seiner Hilfe kannst du sehr schnell eine große Fläche mit luftigen Knoten füllen. Für das Knüpfen von Makramee Schmuck verwende ich ihn persönlich eher selten. In den Makramee Anleitungen in diesem Buch wirst du ihn vor allem für das Herstellen von größenverstellbaren Schiebeverschlüssen für Armbänder oder Ketten verwenden. Wie auch beim Spiralknoten kannst du die Anzahl der Haltefäden variieren, die Technik bleibt dabei jedoch gleich.

Ein oder mehr Haltefäden: Orange
Zwei Arbeitsfäden: Blau

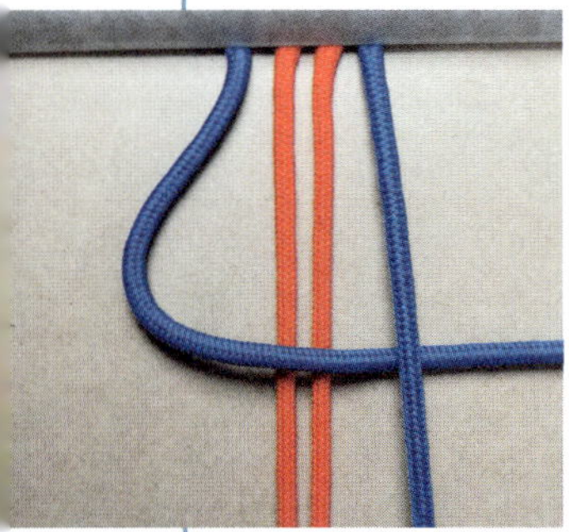

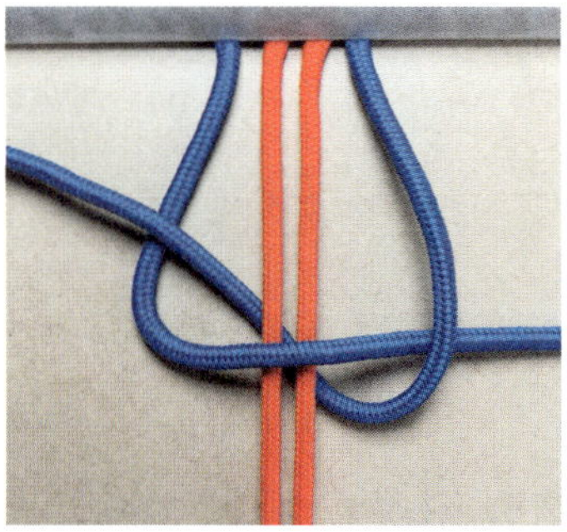

Schritt 1:

Spanne 2 Haltefäden (orange) ein, die von je einem Arbeitsfaden (blau) links und rechts umrahmt werden. Lege den rechten Arbeitsfaden zur Seite. Führe dann den linken Arbeitsfaden nach rechts ***über*** die beiden Haltefäden, sodass eine 4 entsteht.

Schritt 2:

Lege nun den rechten Arbeitsfaden (blau) ***über*** den anderen und führe ihn diagonal ***unter*** den beiden Haltefäden (orange) nach links durch. Das Ende des Arbeitsfadens ziehst du ***über*** der linken blauen Schlaufe wieder nach oben heraus. Es entsteht dabei eine Art Brezelform.

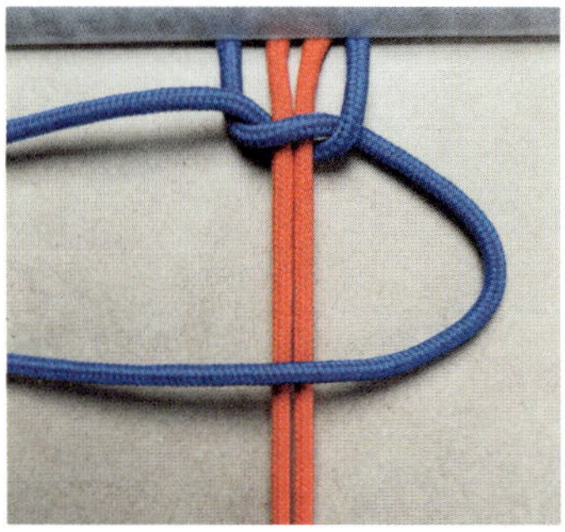

Schritt 3:

Ziehe an beiden Arbeitsfäden (blau) gleichmäßig, um den Knoten zu schließen. ACHTUNG, das Ganze ist erst halb fertig und kann sich immer noch lösen. Nun führst du die Schritte 1 und 2 spiegelverkehrt durch: Lege den linken Arbeitsfaden zur Seite. Führe dann den rechten Arbeitsfaden nach links ***über*** die beiden Haltefäden, sodass eine gespiegelte 4 entsteht.

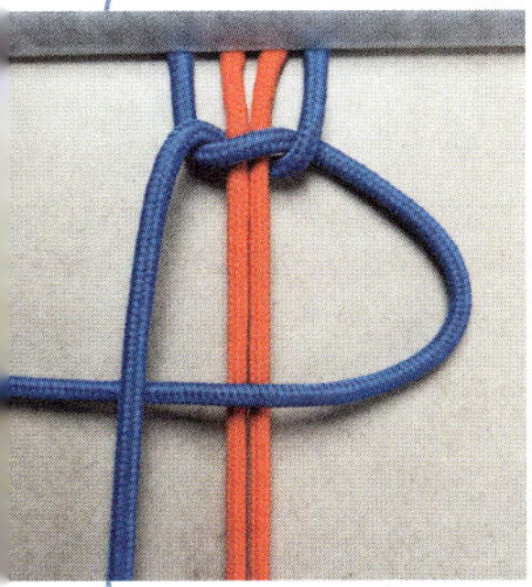

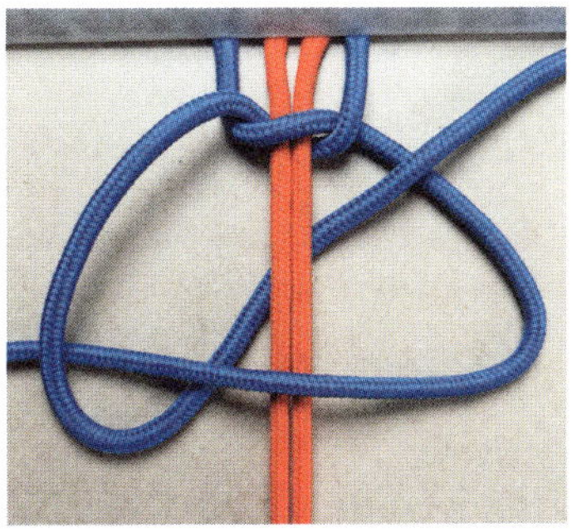

Schritt 4:

Lege nun den linken Arbeitsfaden (blau) ***über*** den anderen (4) und führe ihn diagonal ***unter*** den beiden Haltefäden (orange) nach rechts durch. Das Ende des Arbeitsfadens ziehst du ***über*** der rechten blauen Schlaufe wieder nach oben heraus. Es entsteht dabei wieder eine Brezelform.

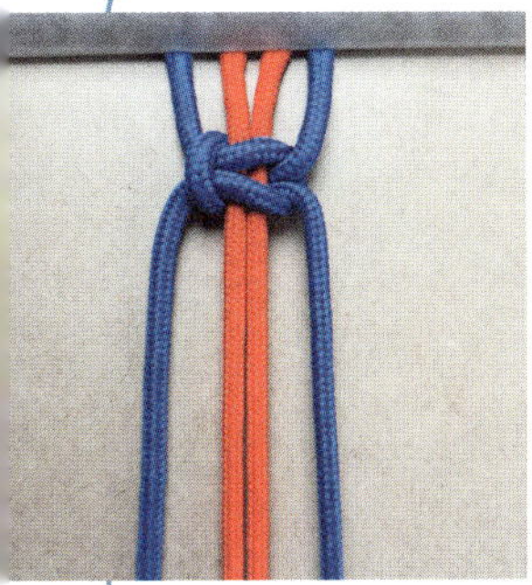

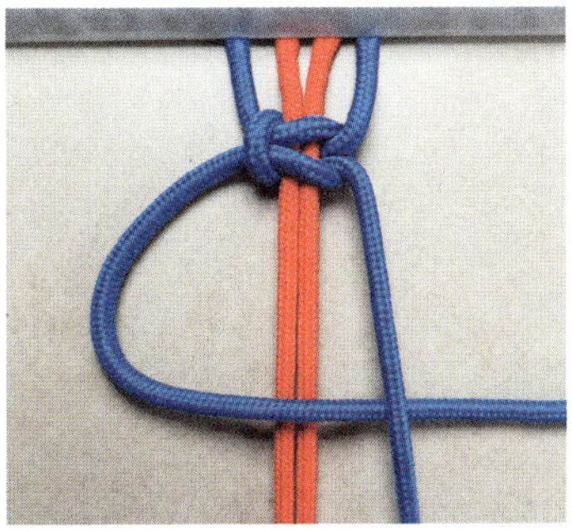

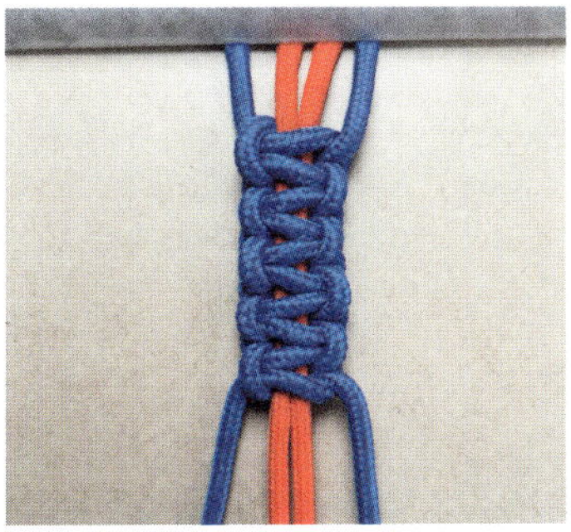

Schritt 5:

Nachdem du nun alles festgezogen hast, ist dein erster Kreuzknoten fertig. Um die Reihe nach unten zu verlängern, führst du einfach die Schritte 1 bis 4 erneut aus. In Bild 8 siehst du das Ergebnis nach fünf vollständigen Kreuzknoten.

Hier findest du ein Video zu der Technik:

Verschlussknoten
(für größenverstellbaren Schiebeverschluss)

Ein größenverstellbarer Schiebeverschluss ermöglicht es dir, deine Kette in der Länge und dein Armband in der Weite zu variieren, ohne jedes Mal einen Knoten machen zu müssen. Normalerweise knüpfst du den Verschlussknoten als Abschluss deines Schmuckstücks. Im Prinzip besteht der Schiebeverschluss einfach aus 3 Kreuzknoten, mit einem etwas veränderten Anfang. Um mit dem gewachstem 1mm starkem Polyestergarn einen Verschluss zu knüpfen, reicht ein kurzer Garnrest von 15cm bis 20cm.

Zwei verdrillte oder geflochtene Abschlussbänder: Orange
Ein Arbeitsfaden (ca. 20cm) für den Verschluss: Blau

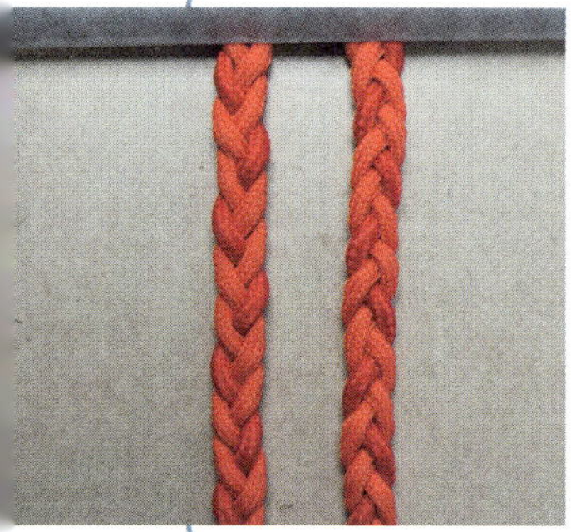

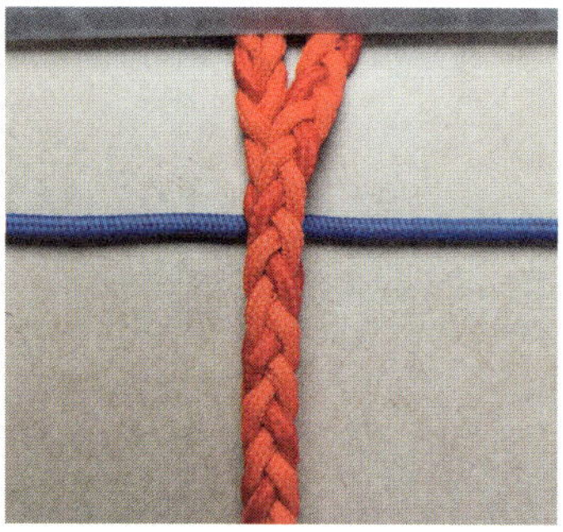

Schritt 1:
Du möchtest zwei geflochtene oder verdrillte Abschlussbänder (orange) eines Armbands oder einer Kette zusammenfassen. Lege dazu eines der Enden über das andere und führe den Arbeitsfaden (blau) so darunter, dass nach links und rechts die gleiche Länge herausschaut.

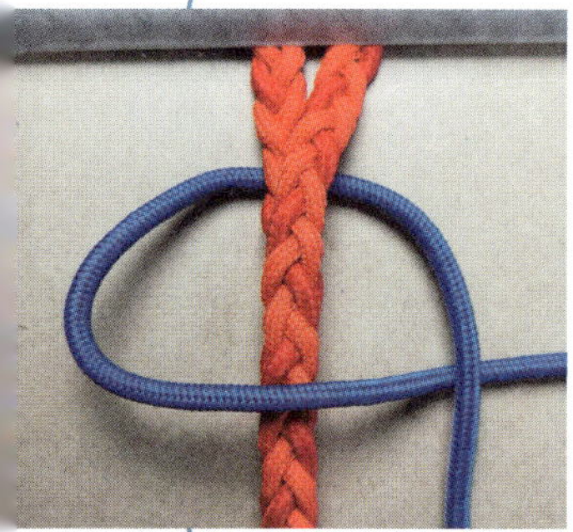

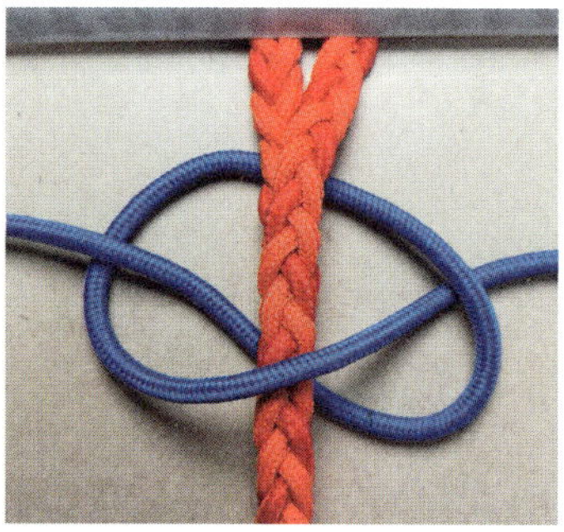

Schritt 2:
Beginne nun von links deine 4 zu legen, wie du es beim Kreuzknoten bereits gelernt hast. Das rechte Ende deines Arbeitsfadens legst du nun über das andere nach unten.

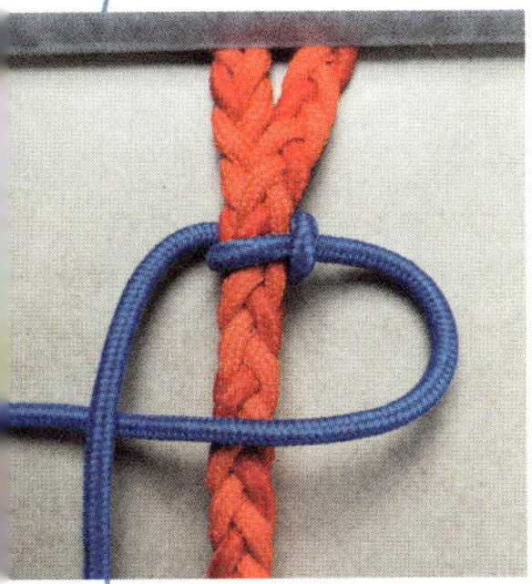

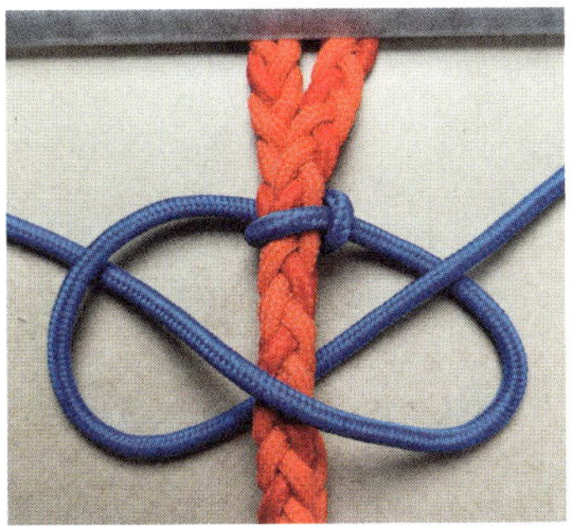

Schritt 3:

Führe nun den blauen Faden, der nach unten zeigt, diagonal nach links unter den beiden geflochtenen Fäden durch. Das Ende kommt dann aus der linken blauen Schlaufe wieder nach oben heraus. Es entsteht dabei wieder eine Brezelform, die du festziehst.

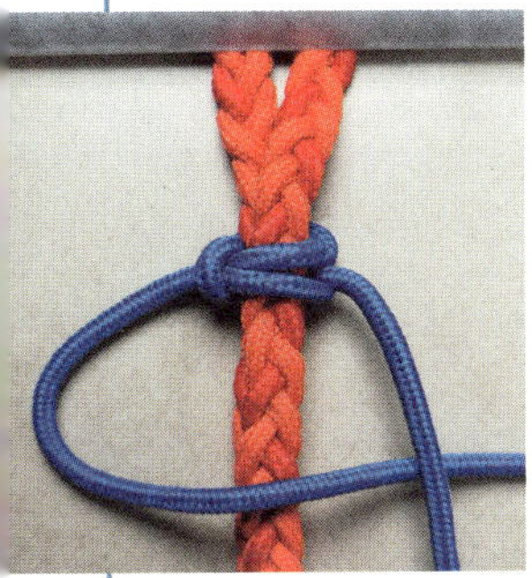

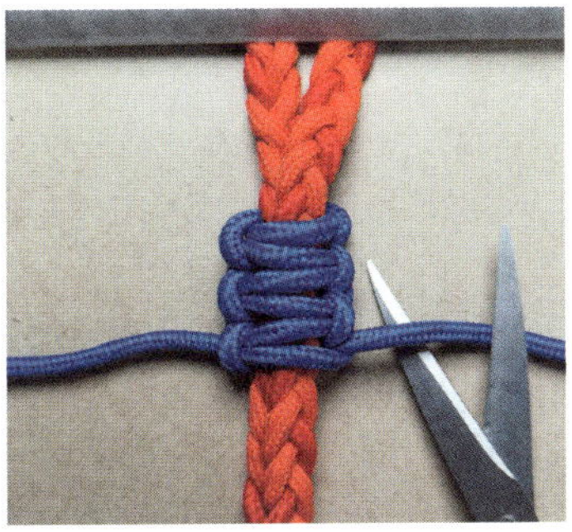

Schritt 4:

Führe nun das rechte Ende des Arbeitsfadens nach links. Führe nun das rechte Ende des Arbeitsfadens nach links, lege den linken Arbeitsfaden darüber und führe ihn diagonal nach rechts unter den beiden geflochtenen Bändern durch. Das Ende kommt dann aus der rechten blauen Schlaufe wieder nach oben heraus. Es entsteht dabei wieder eine Brezelform, die du festziehst.

Schritt 5:

Wiederhole die Schritte 2 bis 4 dreimal. Nach insgesamt 3 Kreuzknoten kannst du dir die Enden des Arbeitsfadens (blau) knapp abschneiden und mit dem Feuerzeug festbrennen.

Hinweis

Es ist wichtig, dass du die Kreuzknoten richtig festziehst, damit die eingeschlossenen Abschlussbänder nicht auf eigene Faust verrutschen. Zu fest ist aber auch nicht gut, da du sonst viel Kraft brauchst, um sie überhaupt zu bewegen. Mit der Zeit wirst du ein Gefühl für den perfekten Punkt entwickeln.

Hier findest du ein Video zu der Technik:

Überhandknoten

Der Überhandknoten ist immer dann hilfreich, wenn du deine Fäden fixieren möchtest (zum Beispiel, wenn du mit dem Flechten fertig geworden bist). Im Prinzip hast du einfach mehrere Fäden, die du gemeinsam greifst, um sie in einem Knoten zu verbinden. Ich zeige dir den Knoten der Anschaulichkeit halber nur mit einem Faden.

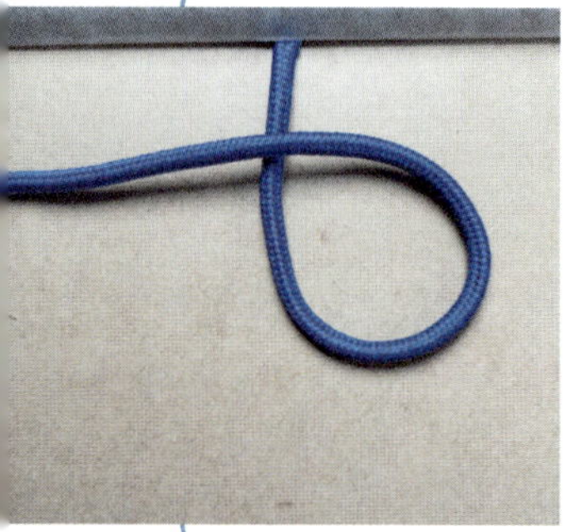

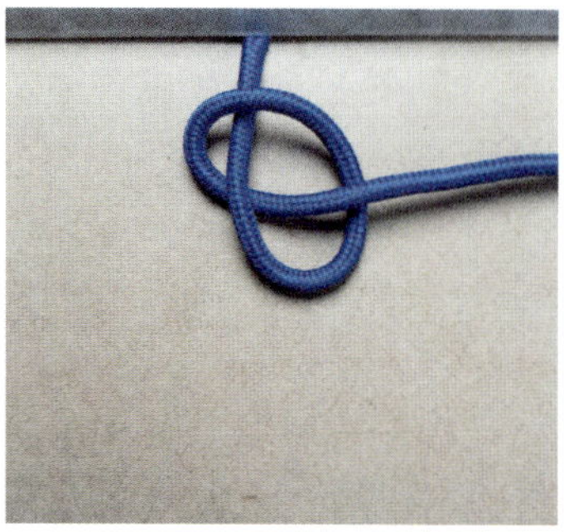

Schritt 1:
Lege eine Schlaufe nach links. Diese sollte genug Platz liefern, um nachher den Faden wieder durch zufädeln.

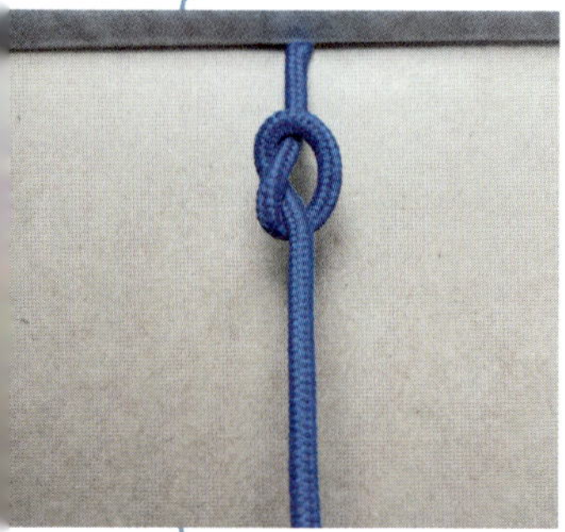

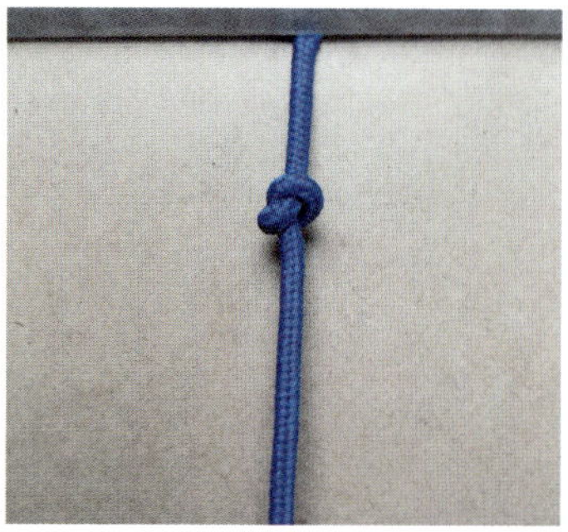

Schritt 2:
Führe nun das Ende des Fadens erst unter und dann über Schlaufe und zieh das Ganze fest.

Hier findest du ein Video zu der Technik:

Verdrillen von 2 Fäden

Verdrillte Fäden können einen schönen filigranen Abschluss für deine Armbänder und Ketten erzeugen. Du musst dir hier zwar nicht viele Arbeitsschritte einprägen, allerdings ist es wichtig, dass du sie genau ausführst, um eine schöne straff verdrillte Kordel zu bekommen, die nicht wieder aufgeht.

Hinweis:

Die Schwierigkeit besteht hier darin, mit beiden Händen die **gleiche Spannung** zu erzeugen und die Fäden dann rechts und links **im gleichen Winkel** zu halten, sodass sie sich tatsächlich gleichberechtigt ineinander fügen.

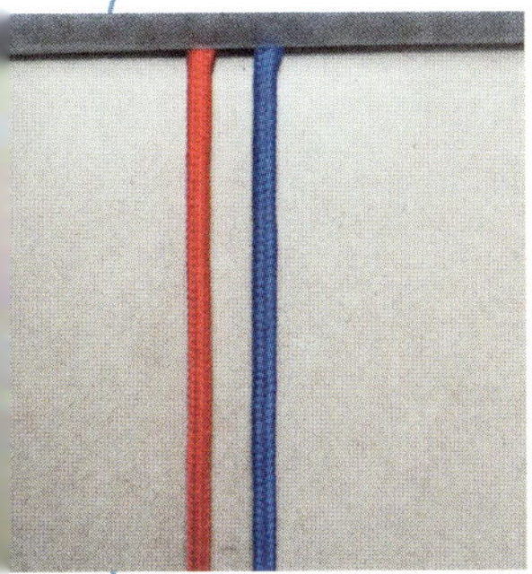

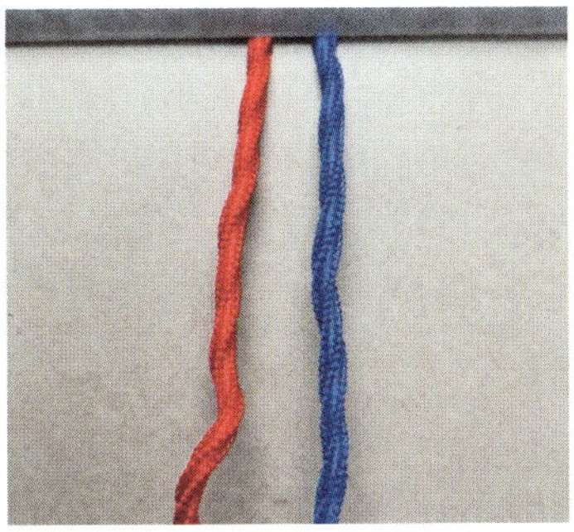

Schritt 1:
Deine beiden Fäden sind völlig gleichberechtigt! Es legt sich also nicht einer um den anderen, sondern beide werden gleichmäßig ineinander verdreht. Greife dir mit je einer Hand einen der Fäden zwischen Daumen und Zeigefinger und baue Spannung auf, indem du sie ***gegen den Uhrzeigersinn*** zwischen den Fingern drehst. Halte dabei die Fäden schön straff, damit keine Knötchen entstehen.

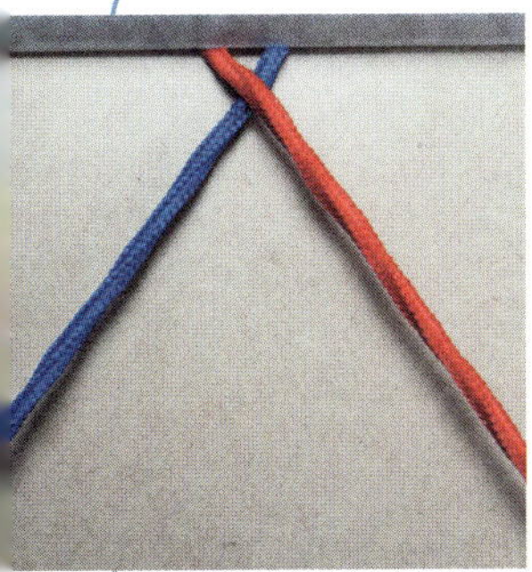

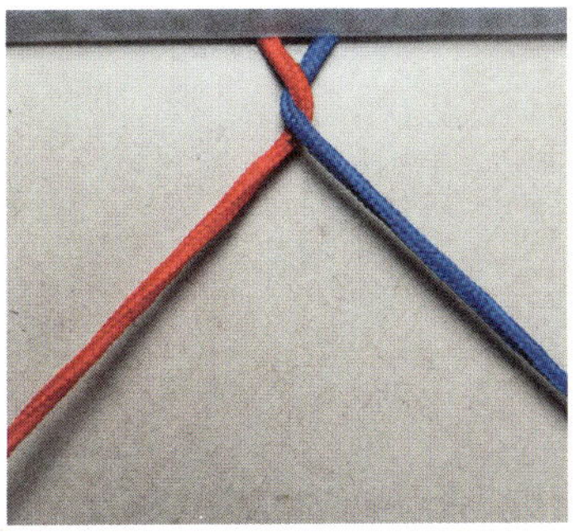

Schritt 2:
Beginne nun die unter Spannung stehenden Fäden miteinander ***im Uhrzeigersinn i***neinander zu verdrehen. Dadurch erzeugst du eine Gegenspannung und die Fäden verbinden sich miteinander.

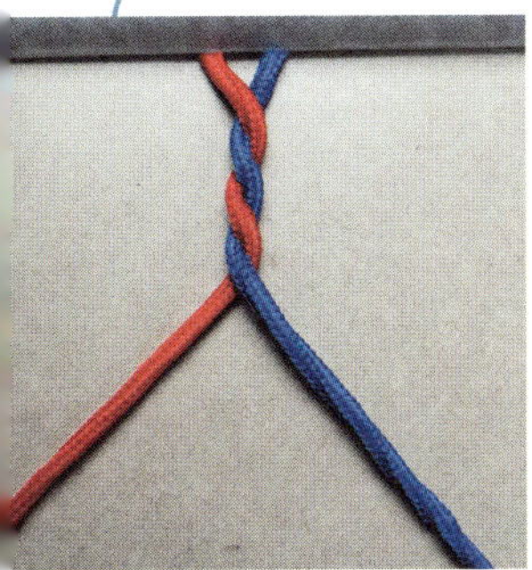

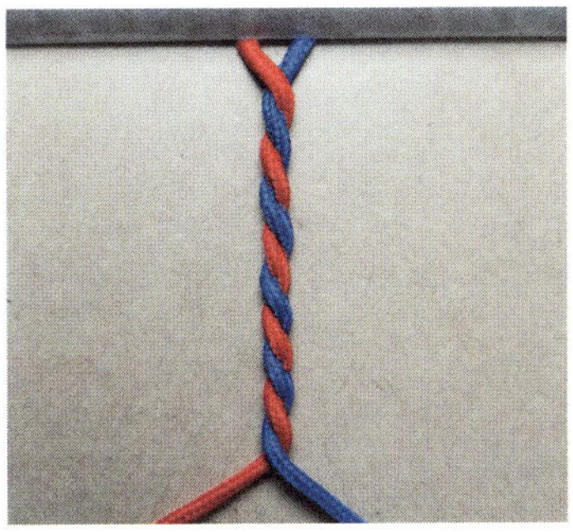

Schritt 3:
Während du die Fäden immer weiter im Uhrzeigersinn ineinander verdrehst, musst du sie konstant zwischen Daumen und Zeigefinger ***gegen den Uhrzeigersinn*** in Spannung versetzen. Wenn du sauber und gleichmäßig arbeitest, solltest du am Ende loslassen können, ohne dass deine Kordel wieder aufgeht.

Hier findest du ein Video zu der Technik:

Flechten mit 3 Fäden

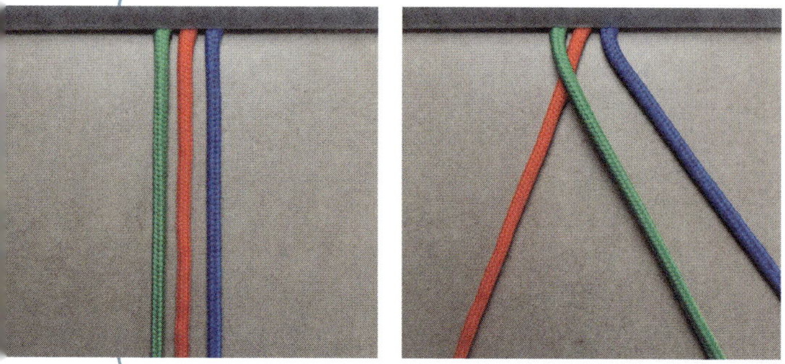

Schritt 1:
Die drei zu flechtenden Fäden sollten etwa gleich lang sein. Beginne damit, den ganz linken Faden (grün) in die Mitte zwischen die beiden anderen rechten zu legen.

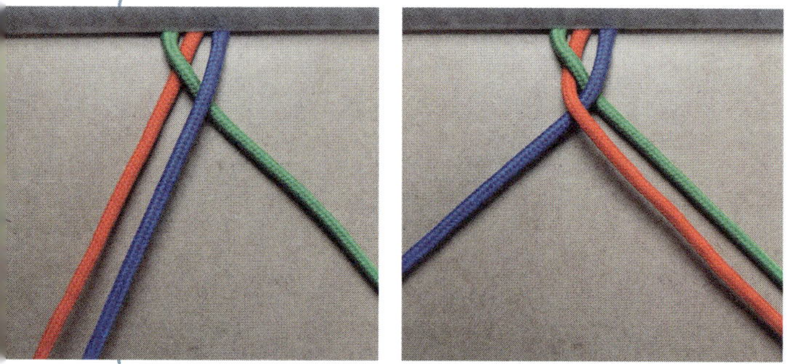

Schritt 2:
Nun nimmst du spiegelverkehrt den ganz rechten (blauen) Faden und legst diesen zwischen die beiden linken (orange und grün). Anschließend legst du wieder den ganz linken Faden (orange) zwischen die beiden rechten (blau und grün).

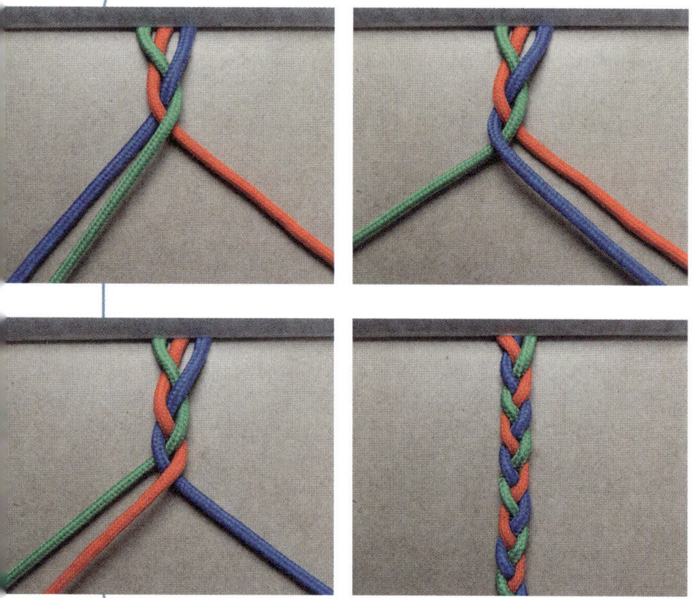

Schritt 3:
Füge auf diese Weise immer im Wechsel die Fäden zusammen, um nach und nach einen Zopf zu flechten.

Hier findest du ein Video zu der Technik:

Fäden abschneiden und festbrennen

Bei gewachstem Polyestergarn kannst du die Enden der Fäden festbrennen und so mit deinem Schmuckstück verschmelzen, dass sie kaum noch sichtbar sind. Die Technik erfordert etwas Übung, teste sie unbedingt an einem Probestück.

ACHTUNG: Wenn der Stummel anfängt zu brennen, hast du die Flamme zu lange dran gehalten. Puste ihn in dem Fall schnell aus, und drücke dann mit dem Finger auf die Stelle, um den Brandfleck möglichst klein zu halten. Es braucht ein wenig Übung, um hier den richtigen Moment abzupassen.

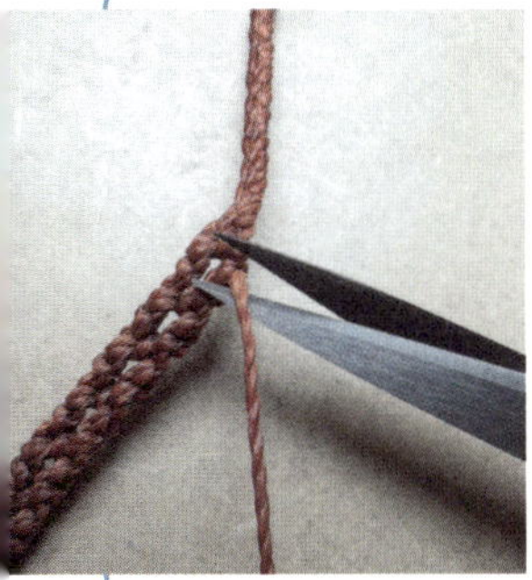

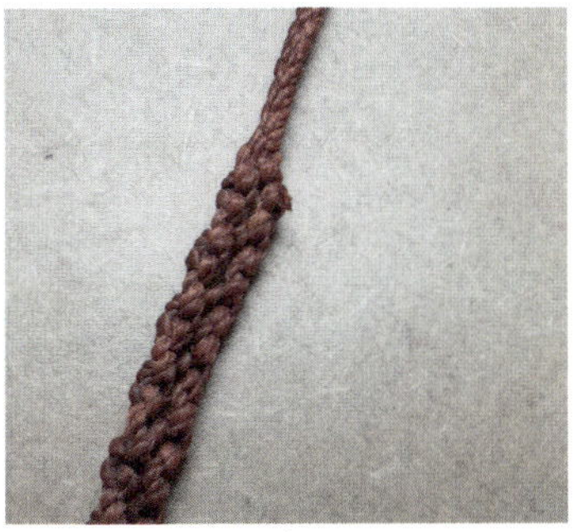

Schritt 1:

Drehe dir dein Schmuckstück mit der Unterseite nach oben. Stelle sicher, dass der abzuschneidende Faden richtig fest sitzt. Ziehe die Knoten nochmal nach. Setze die Schere sehr knapp an und ziehe den Faden Richtung Unterseite. Schneide den Faden knapp ab, so dass als 1mm Faden übrig bleibt.

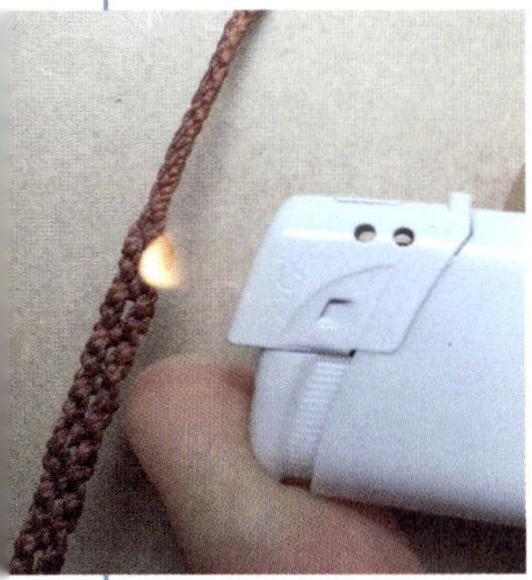

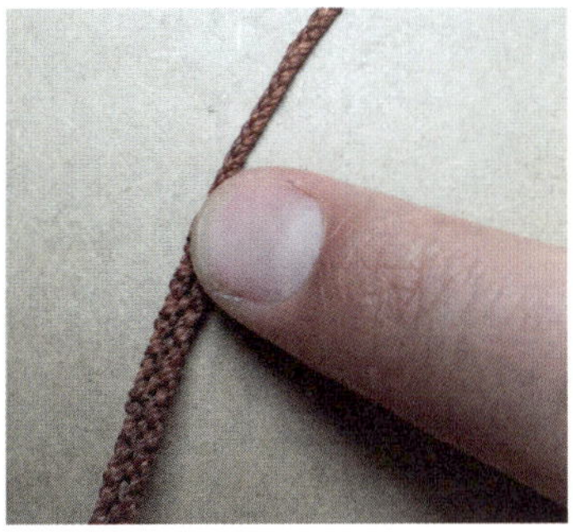

Schritt 3:

Halte dein Schmuckstück so, dass der abzubrennende Stummel nach oben zeigt. Nutze für mehr Kontrolle die kleinste Flamme. Führe die Flamme vorsichtig an den Stummel (nicht an die anderen Knoten!) heran, bis dieser zu schmelzen beginnt. Drücke nach ca. 1 Sekunde mit einem Finger auf die geschmolzene Stelle, um den Stummel an der Unterseite deines Schmuckstücks festzubrennen. Führe das schnell aus, bevor die geschmolzene Stelle zu hart wird. Sei aber bitte vorsichtig, damit du dich nicht verbrennst.

Meine Tipps:

- Nicht immer befindet sich dein Fadenstummel direkt auf der Rückseite. Wenn die Schmelzstelle am Rand deines Schmuckstücks ist, dann versuche, sie mit dem Finger Richtung Rückseite festzudrücken, damit sie auf der Vorderseite so wenig wie möglich auffällt.
- Wenn deine Schmelzstelle zu groß wird, liegt das oftmals daran, dass dein Fadenstummel vor dem Abbrennen länger als 1mm war.
- Wenn du den Fadenstummel zu knapp abschneidest, wird er nicht genug Schmelzfläche bieten und die Fäden werden sich an dieser Stelle aufdröseln.

Hier findest du ein Video zu der Technik:

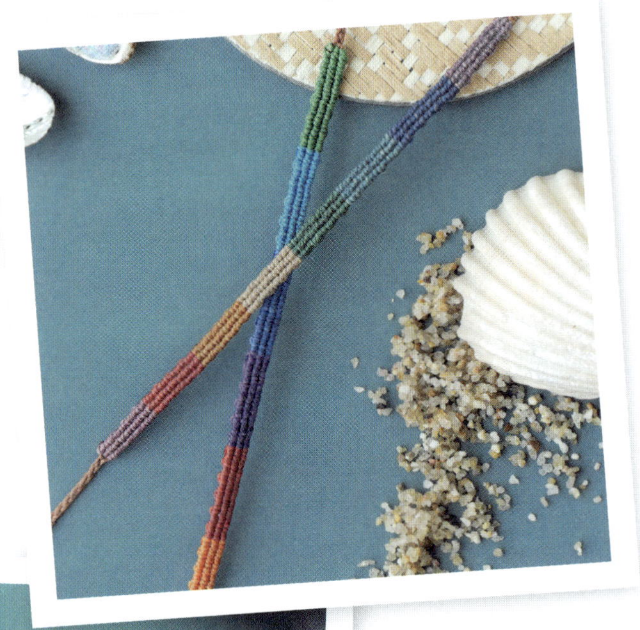
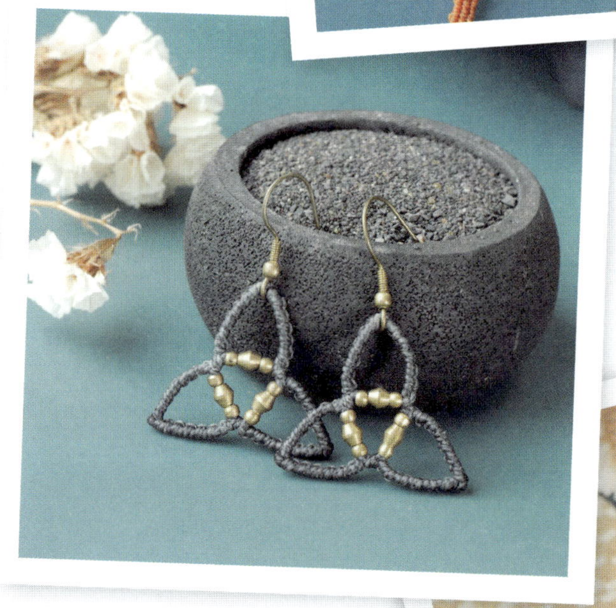
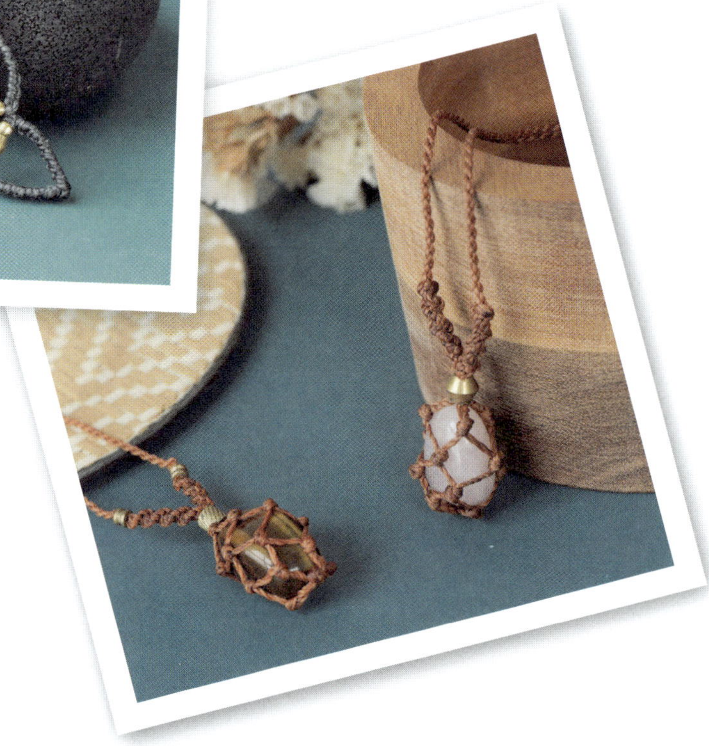

Projekte Teil 1 – Bereit für deine erste Anleitung?

Nachdem du dich schon ein wenig an einzelnen Knoten probiert hast, zeige ich dir auf den nächsten Seiten, wie du mit deren Hilfe deine ersten Makramee Schmuckstücke entstehen lässt.

Ich habe für diesen Teil des Buchs Designs ausgewählt, die du ohne Vorkenntnisse knoten kannst. Sie sind sehr detailliert und kleinschrittig erklärt, damit du dir die Techniken langsam einprägen kannst. In jeder der Anleitungen lernst du nur ein bis zwei Knoten kennen, die sich oft wiederholen. So tastest du dich Schritt für Schritt an die wichtigsten Makrameetechniken heran, ohne dabei komplizierte Muster beachten zu müssen. Du kannst dich also ganz entspannt aufs Wesentliche konzentrieren.

Da sich der Schwierigkeitsgrad zum Ende des Kapitels ein wenig erhöht, empfehle ich dir, mit einer der ersten Anleitungen zu beginnen. Du wirst merken, dass die Muster aufeinander aufbauen und mit jedem neuen Knoten werden deine Bewegungen immer sicherer. Um dir das Knüpfen zu Beginn zu erleichtern, habe ich außerdem bei allen Fäden ein wenig Extralänge hinzugefügt.

Bei manchen Projekten findest du auch Vorschläge für Variationen, die du mit wenig zusätzlichem Aufwand knoten kannst. Sie sollen dich ermutigen, mit verschiedenen Farben, Perlen und Anhängern zu experimentieren. Warum nicht aus einem Armband ein Fußkettchen oder einen Choker machen? Spätestens, wenn du beim Knoten schon darüber nachdenkst, mit welcher Farbkombination du als nächstes spielen möchtest, wirst du merken: Makramee macht süchtig!

Ich würde sagen: Schnapp dir dein Makrameegarn und los geht's!

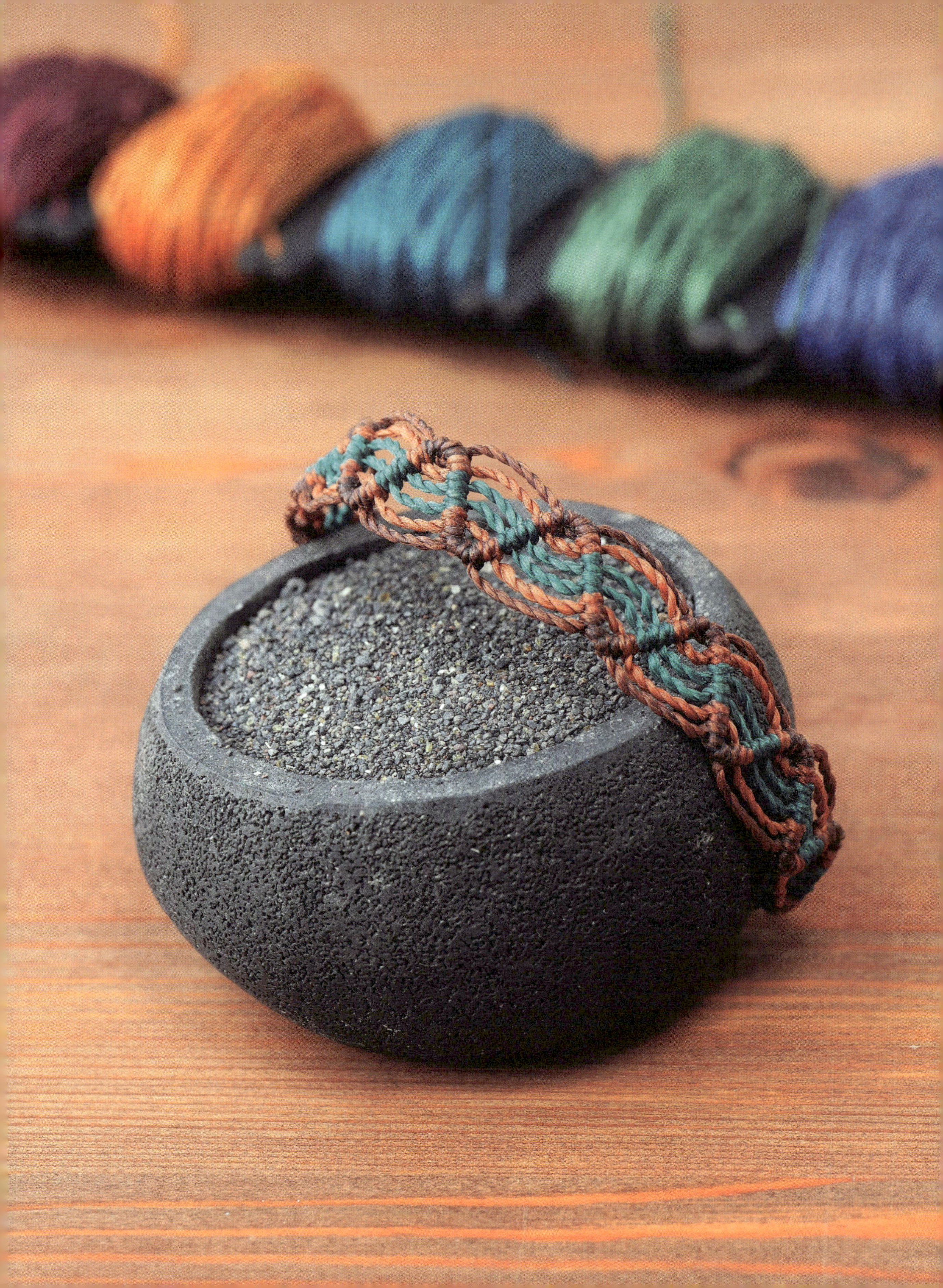

Armband Wellenform

Diese klassische Wellenform wird mit abwechselnden Reihen von horizontalen Rippenknoten nach links und rechts geknotet, sodass eine mäandernde luftige Schlangenlinie entsteht. Beim Wechsel der Richtung am Ende jeder Reihe kannst du die »Wende« von links auf rechts üben. Durch die unterschiedlichen Farben der Fäden behältst du dabei den vollen Überblick. Die Anleitung ist perfekt für den Einstieg geeignet, da du mit relativ wenigen Knoten viel Strecke zurücklegst. Trotzdem ist das Muster sehr vielfältig:
Mit ein paar extra Kniffen wird aus diesem minimalistischen Armband ein Fußkettchen oder eine Kette mit Perlen und Anhänger. Viel Freude beim Knoten!

Hinweise:

- Dein Haltefaden bleibt bei dieser Anleitung immer gleich.
- Achte darauf, dass du deinen Haltefaden immer in einem ca. 45 Grad Winkel zu den Arbeitsfäden hältst, damit deine Wellenform gleichmäßig aussieht.

Knoten & Techniken:

- Rippenknoten nach links & rechts
- Überhandknoten
- Flechten mit 3 Bändern
- größenverstellbarer Schiebeverschluss

Schwierigkeitsgrad:

- Sehr einfach

Maße des geknüpften Teils:

- 1,2 cm x 15cm

Material Armband

- 3x 80cm in Petrol (Linhasita 386)
- 2x 80cm Hellbraun (Linhasita 25)
- 2x 80cm Dunkelbraun (Linhasita 259)

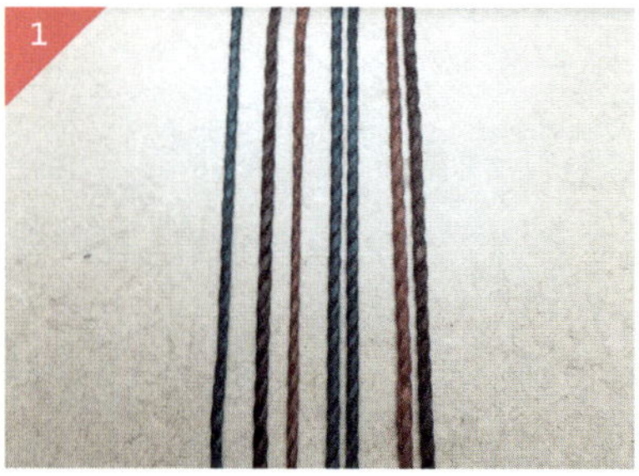

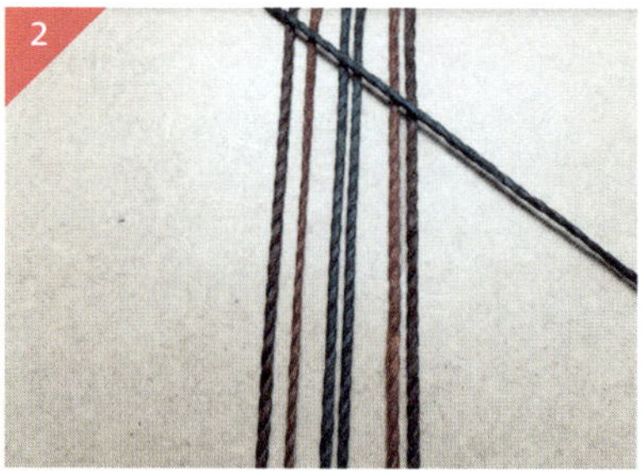

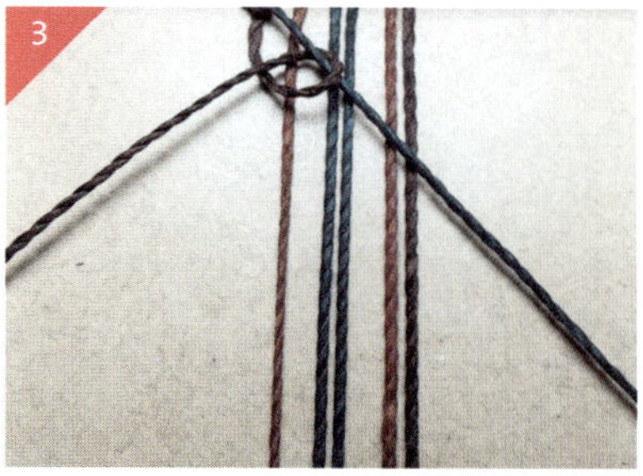

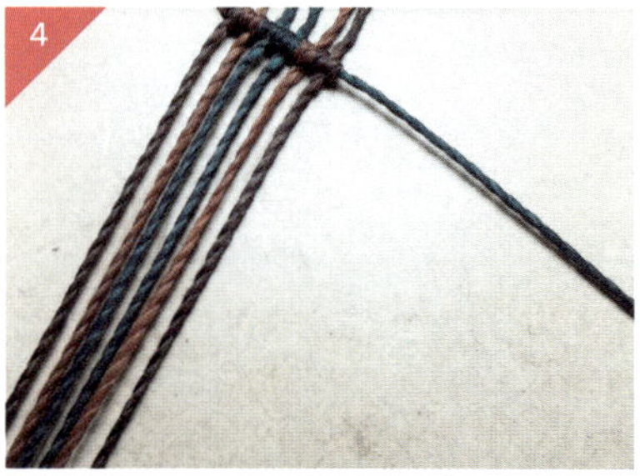

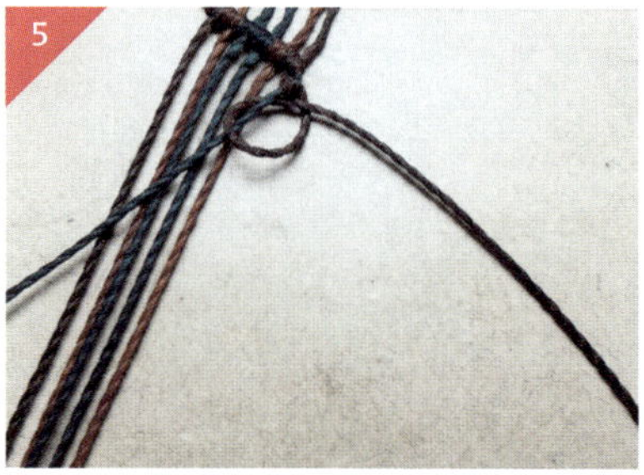

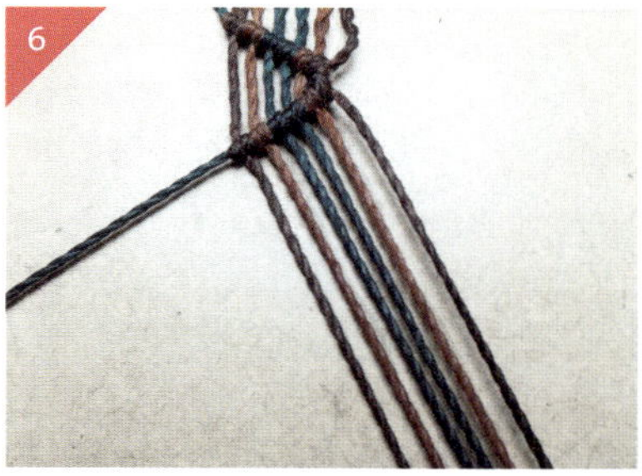

Schritt 1:

Spanne alle Fäden in der abgebildeten Reihenfolge (Petrol, Dunkelbraun, Hellbraun, 2x Petrol, Hellbraun, Dunkelbraun) in deinem Knüpfbrett bei halber Länge ein.

Schritt 2:

Lege den ersten Faden von links als Haltefaden im 45° Winkel über alle anderen Fäden nach rechts.

Schritt 3:

Befestige den ersten dunkelbraunen Faden von links als Arbeitsfaden mit einem Rippenknoten nach rechts am petrolfarbenen Haltefaden.

Schritt 4:

Wiederhole dies nun mit den nächsten 5 Fäden auf die gleiche Weise, sodass eine Reihe mit insgesamt 6 Rippenknoten entsteht. Dein Haltefaden schaut nun nach rechts heraus.

Schritt 5:

Führe nun denselben Haltefaden im 45° Winkel nach links über alle anderen Fäden. Nun befestigst du den ersten dunkelbraunen Faden von rechts mit einem Rippenknoten nach links am Haltefaden.

Schritt 6:

Wiederhole dies mit allen weiteren 5 Fäden, sodass eine Reihe nach links mit insgesamt 6 Rippenknoten entsteht und der Haltefaden nun wieder nach links rausschaut.

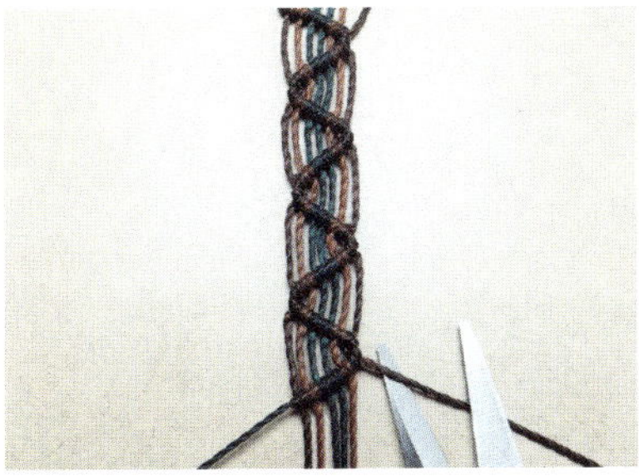

Schritt 7:
Wiederhole nun Schritt 2-6 solange, bis der geknüpfte Teil ca. 6cm lang ist (ca. 4 Durchläufe). Bevor du nun deine nächste Reihe knotest, schneidest du das erste dunkelbraune Band von rechts mit der Schere ab. Nun knotest du die nächste Reihe nach rechts, die nur noch aus insgesamt 5 Rippenknoten besteht (letzter Arbeitsfaden ist Hellbraun und nicht mehr Dunkelbraun).

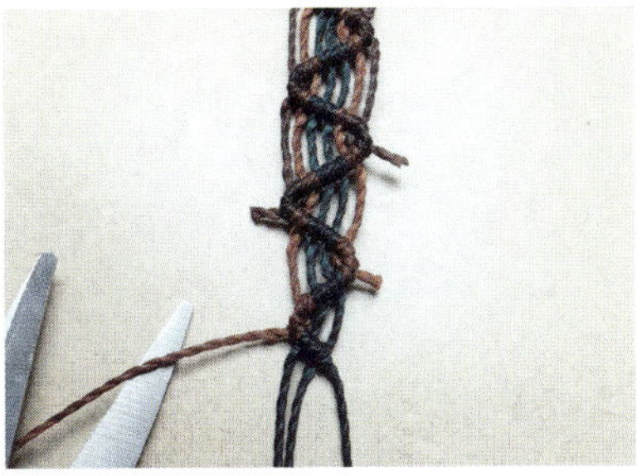

Schritt 8:
Verjünge auf diese Weise auch die nächsten 2 Reihen, welche dann nur noch aus 4 bzw. 3 Rippenknoten bestehen. Am Ende sollten noch 3 petrolfarbene Bänder übrig sein.

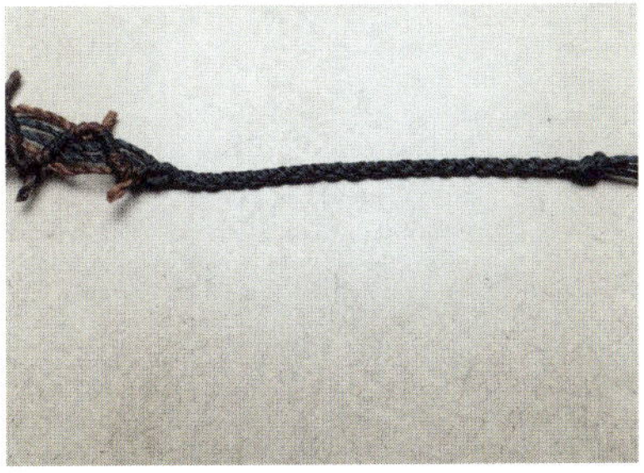

Schritt 9:
Zum Abschluss flichtst du einen ca. 6cm langen Zopf und fasst diesen mit einem Überhandknoten zusammen.

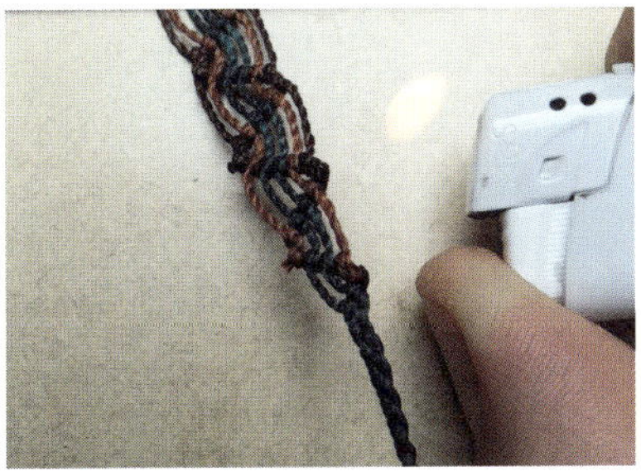

Schritt 10:
Überschüssige Garnreste kannst du nun knapp am Überhandknoten abschneiden und mit dem Feuerzeug festbrennen. Auf die gleiche Weise auch die Reste der abgeschnittenen Fäden aus Schritt 7-9 verschwinden lassen.

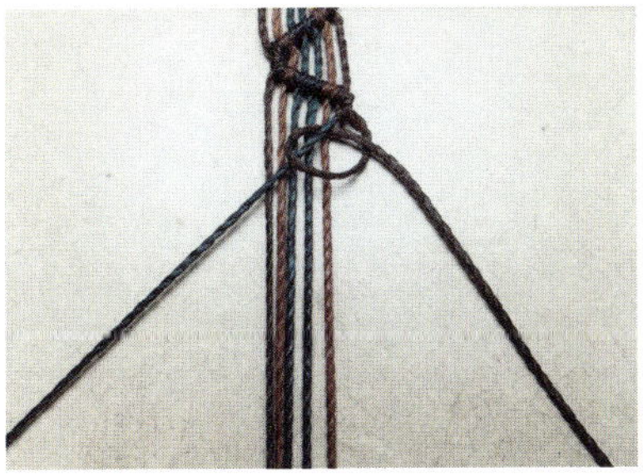

Schritt 11:
Nun kannst du dein Armband umspannen und die Schritte 5-11 auch auf der anderen Seite ausführen.

Optional kannst du am Ende einen größenverstellbaren Schiebeverschluss hinzufügen *(siehe S. 28)*.

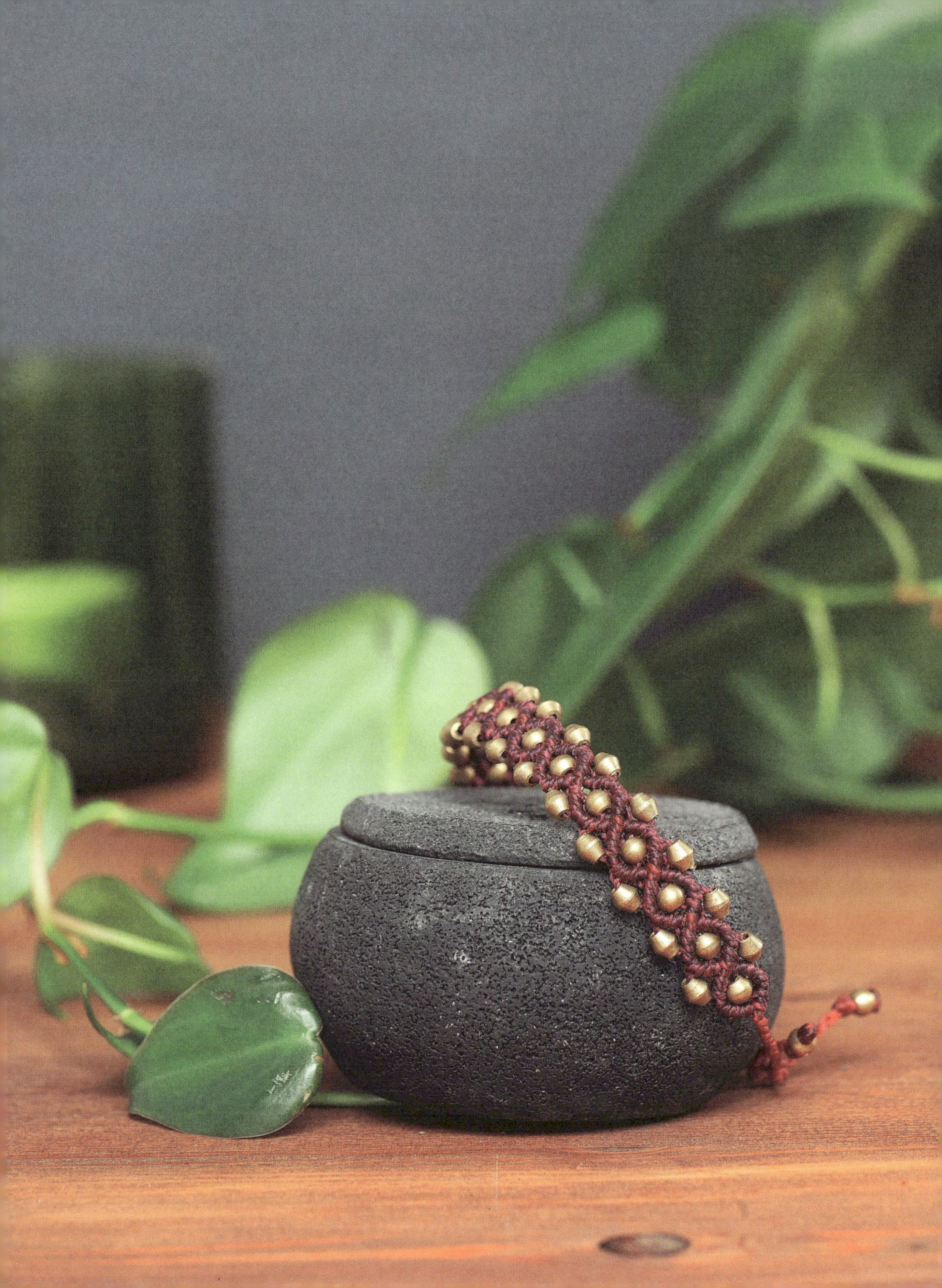

Armband mit Perlen (Diamantform)

Zur Kunst des Makramee gehört es auch, gekonnt die Lücken, welche beim Knüpfen entstehen, mit passenden Perlen aufzufüllen. Auf diese Weise kannst du einfache Muster auch als Anfänger schnell interessanter gestalten. Beim Nachknoten wirst du merken, dass die symmetrische Diamantform, die du mit diesem Armband übst, im Vergleich zur Wellenform deutlich stabiler und weniger luftig ist, da sich hier immer wieder Reihen von linken und rechten Rippenknoten kreuzen. Dies ist eine wichtige Grundtechnik, die du später immer wieder verwenden und erweitern wirst.

Knoten & Techniken:

- Horizontaler Rippenknoten
- Überhandknoten
- erweiterter Ankerstich
- Verdrillen mit 2 Bändern
- größenverstellbarer Schiebeverschluss

Schwierigkeitsgrad:

- Sehr einfach

Maße des geknüpften Teils:

- 1cm x 15cm

Hinweise:

- Die blauen Fäden bleiben stets die Haltefäden und die violetten die Arbeitsfäden.
- Achte darauf, dass durch deine runden Perlen 2 Fäden passen (die Doppelkegelperlen werden nur auf einen Faden gefädelt).

Hier findest du ein Video zur Grundlage der Diamantform:

Material Armband

Für die Variante aus dem Bild links:

- 2x 70cm Weinrot (Linhasita 60)
- 2x 150cm Aubergine (Linhasita 630)

Für die Variante aus der Anleitung:

- 2x 70cm Hellblau (Linhasita 227)
- 2x 150cm Violett (Linhasita 232)

Für beide Varianten

- 21 runde Messingperlen mit einem Durchmesser von 3,8mm
- 36 Doppelkegelperlen 3mm

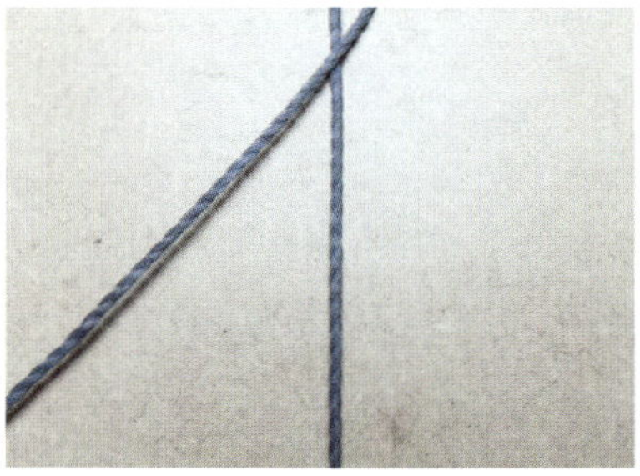
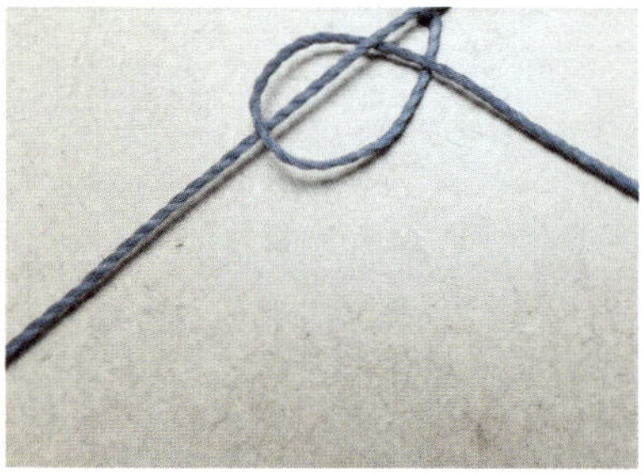

Schritt 1:

Spanne die beiden hellblauen Fäden bei 20cm in deinem Knüpfbrett ein. Lege den rechten Faden als Haltefaden im 45° Winkel über den linken Faden (Arbeitsfaden). Befestige nun den Arbeitsfaden mit einem Rippenknoten nach links am Haltefaden.

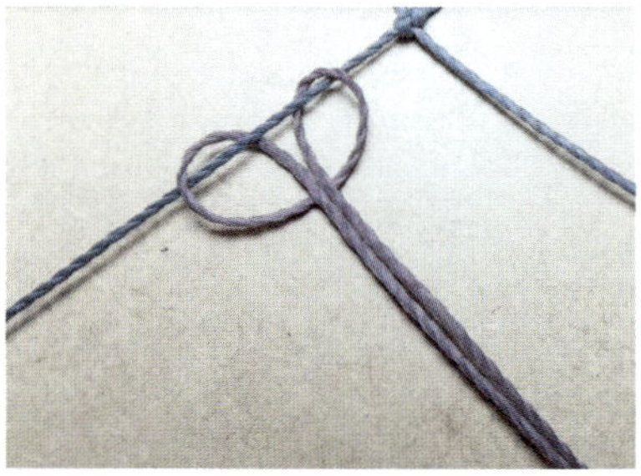
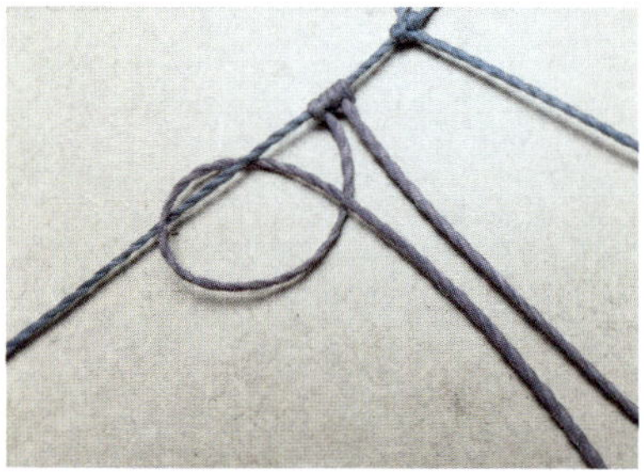

Schritt 2:

Befestige einen der violetten Fäden mit einem erweiterten Ankerstich von rechts an dem linken blauen Faden. Schiebe dann den violetten Faden bis auf Anschlag nach oben zum blauen Knoten.

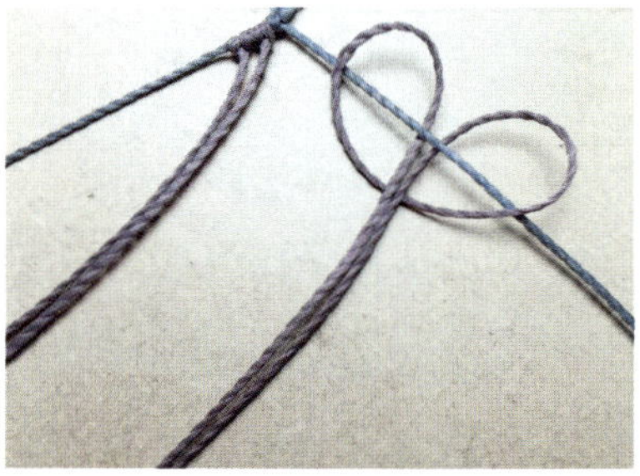
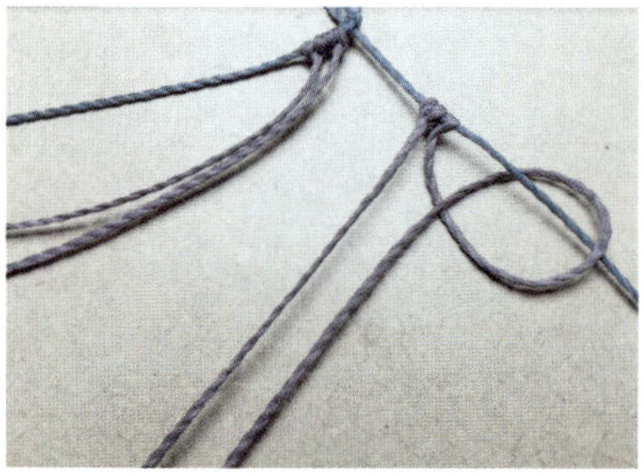

Schritt 3:

Wiederhole dies mit dem 2. violetten Faden nun auch am rechten blauen Faden (erweiterter Ankerstich von links).

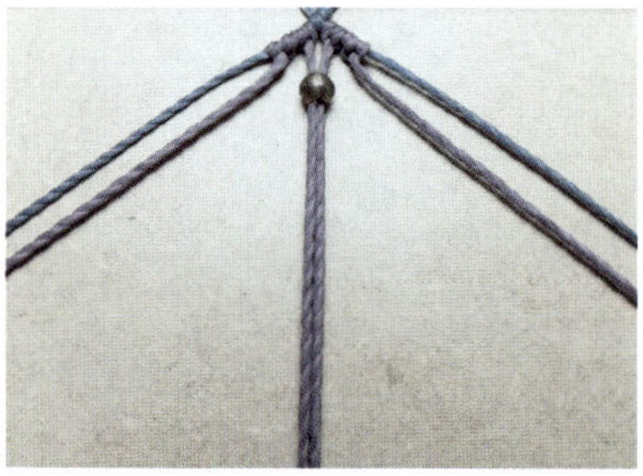

Schritt 4:

Nun sollten also die beiden äußeren Fäden blau sein und die 4 inneren Fäden violett. Fädle eine der runden Messingperlen auf die beiden mittleren violetten Fäden und schiebe sie auf Anschlag fest.

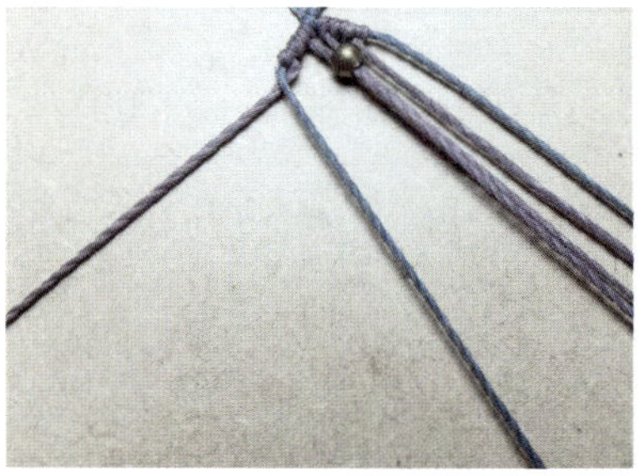
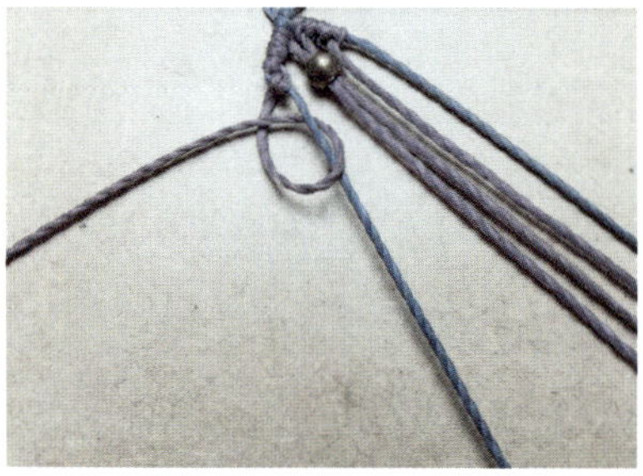

Schritt 5:

Lege den linken blauen Faden als Haltefaden im 45° Winkel über den äußersten linken violetten Faden nach rechts. Knüpfe nun einen Rippenknoten nach rechts um den blauen Haltefaden. Um es dir einfacher zu machen, kannst du die übrigen Fäden nach rechts beiseite legen oder feststecken.

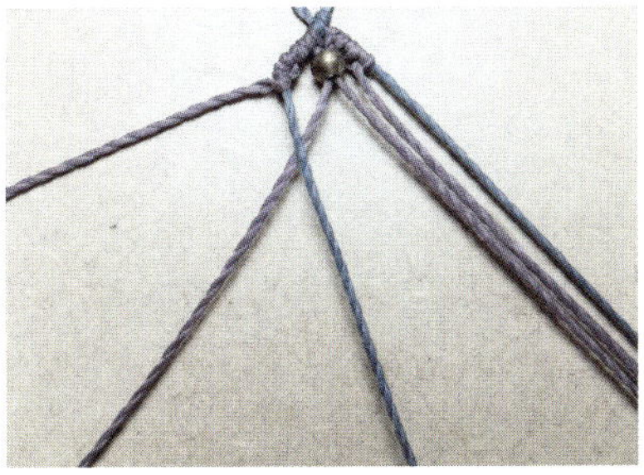

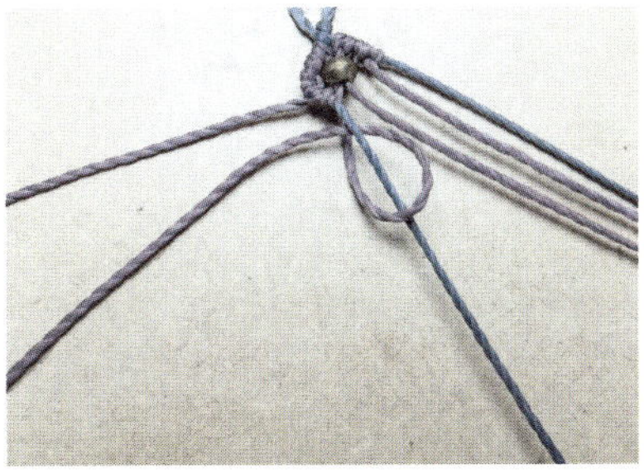

Schritt 6:

Wiederhole Schritt 5 nun auch mit dem nächsten violetten Faden (der linke, welcher aus der Perle schaut). Als nächstes kommt nun die rechte Seite dran.

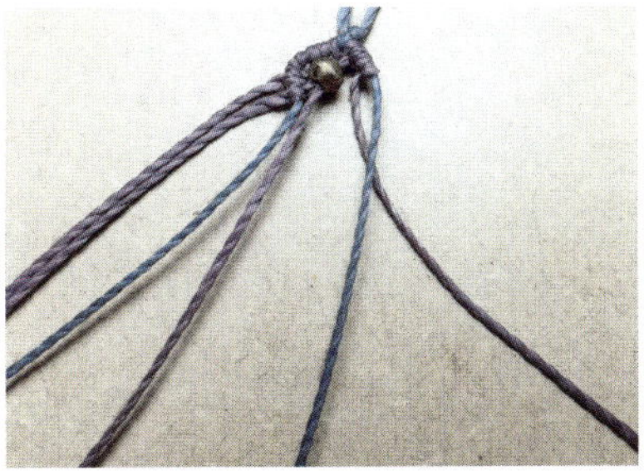

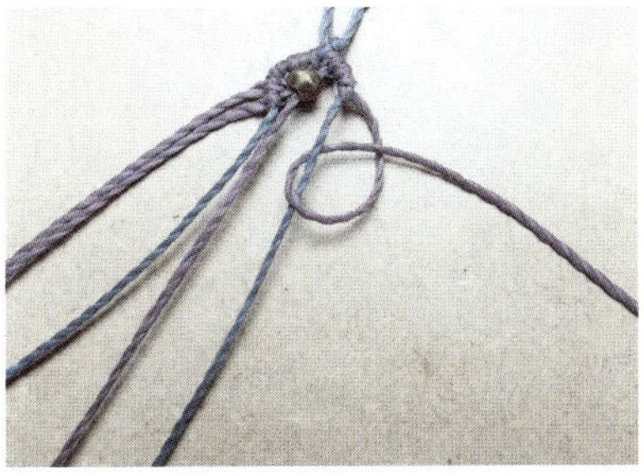

Schritt 7:

Lege den äußersten rechten blauen Faden als Haltefaden über den nächstliegenden violetten Faden nach links. Befestige den violetten Arbeitsfaden mit einem Rippenknoten nach links am blauen Haltefaden.

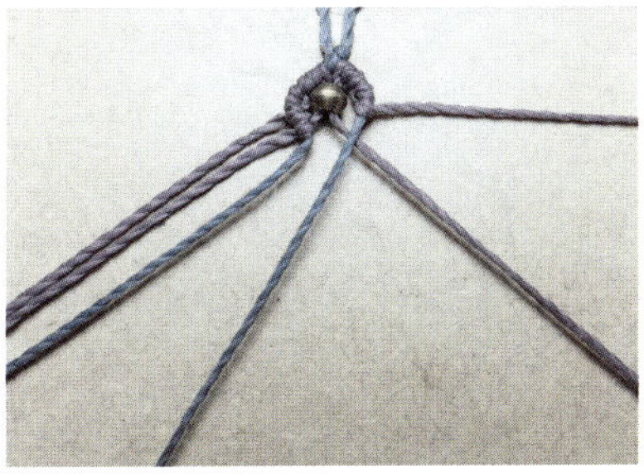

Schritt 8:

Lege den äußersten rechten blauen Faden nun als Haltefaden über den nächsten violetten Faden (der rechte, welcher aus der Perle schaut).

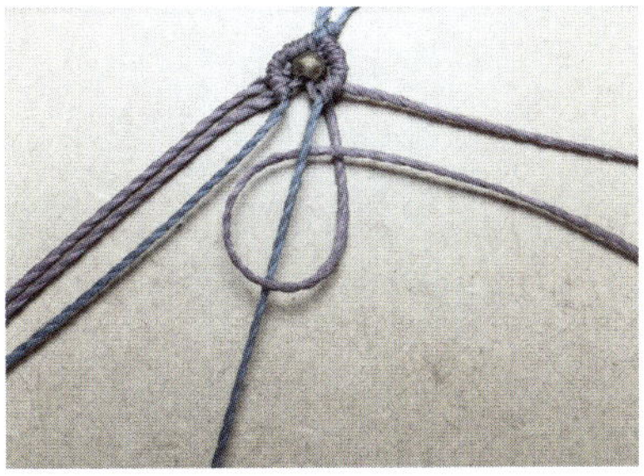

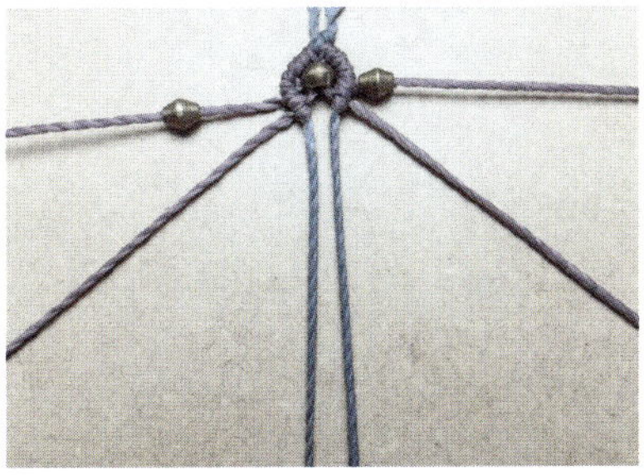

Schritt 9:

Befestige den violetten Arbeitsfaden mit einem Rippenknoten nach links am blauen Arbeitsfaden. Fädle dann auf die beiden äußersten violetten Fäden jeweils eine Doppelkegelperle.

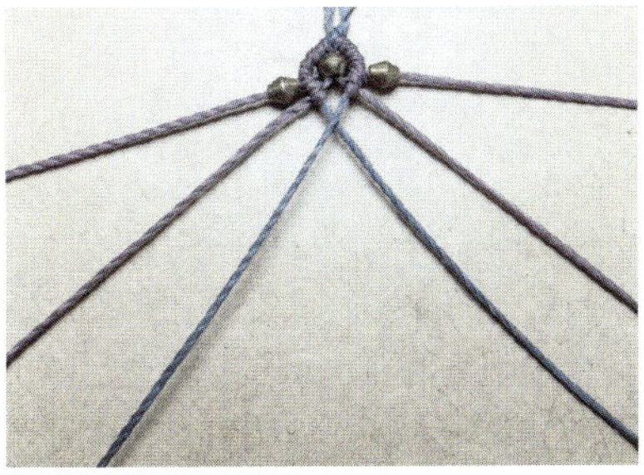

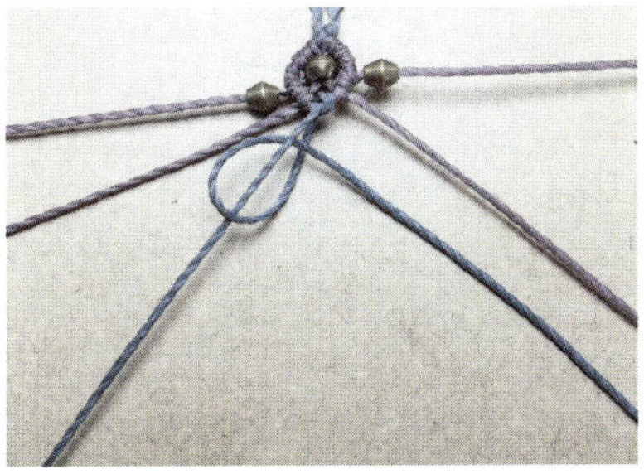

Schritt 10:

Lege nun den rechten blauen Faden nach links über den anderen und halte ihn als Haltefaden straff.
Führe mit dem unteren blauen Faden nun einen Rippenknoten nach links, um die Diamantform zu schließen.

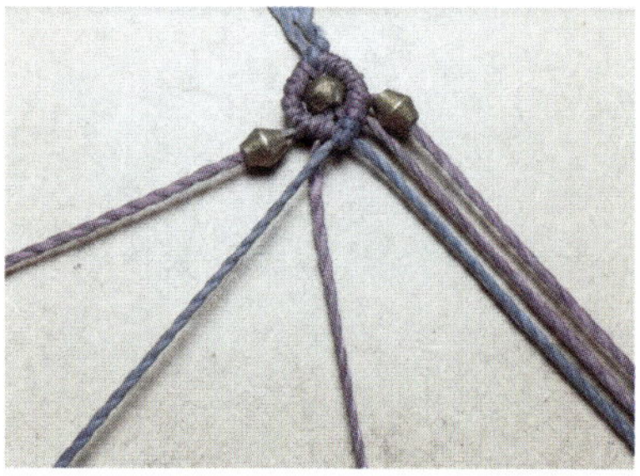

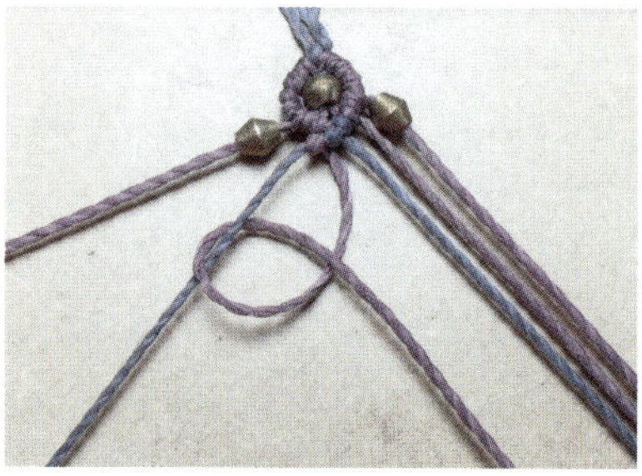

Schritt 11:

Führe den zweiten violette Faden von links unter dem blauen Faden durch, um einen weiteren Rippenknoten nach links zu knüpfen (wieder blau als Haltefaden).

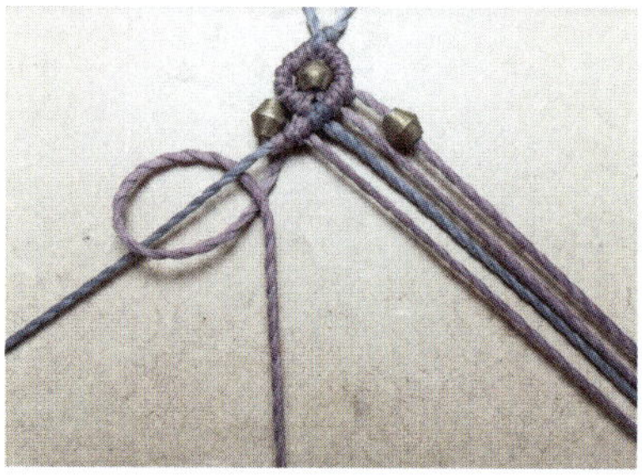

Schritt 12:

Wiederhole nun Schritt 11 auch mit dem äußersten linken violetten Faden (auf dem die Doppelkegelperle sitzt).

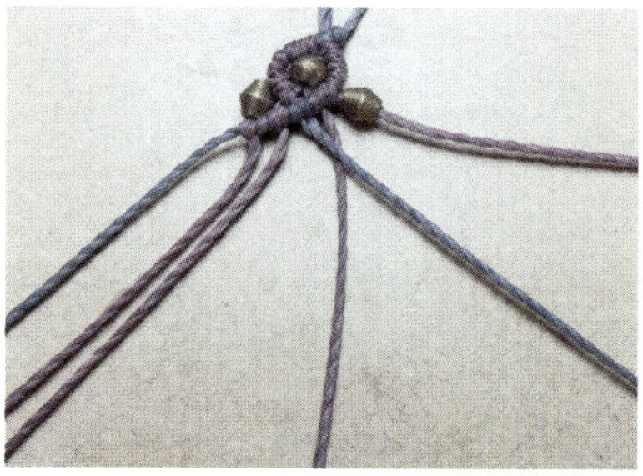

Schritt 13:

Führe nun auch den zweiten violetten Faden von rechts unter dem rechten blauen Faden durch.

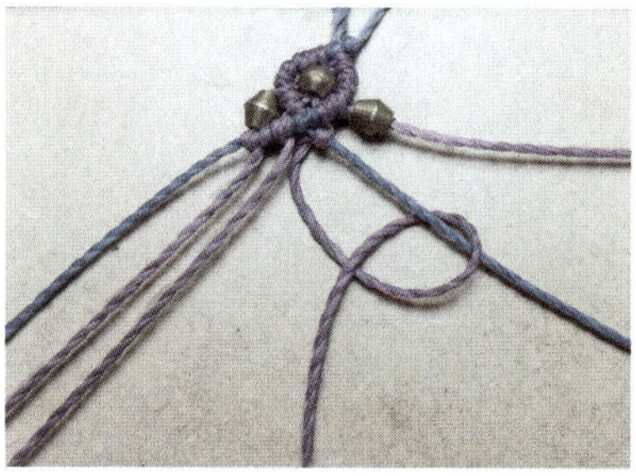

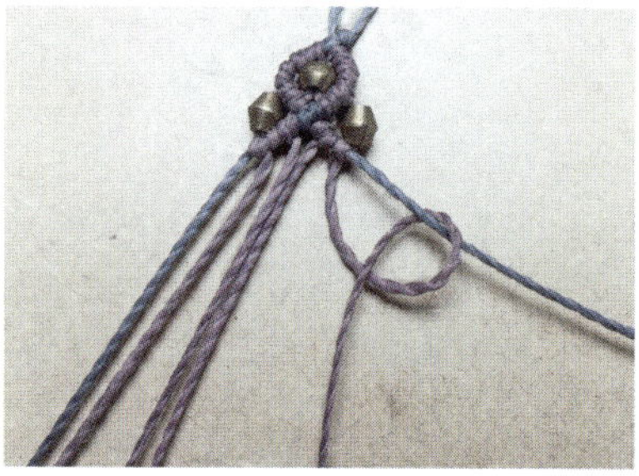

Schritt 14:

Knüpfe analog einen Rippenknoten nach rechts (wieder blau als Haltefaden). Wiederhole dies auch mit dem verbleibenden violetten Faden mit Doppelkegelperle.

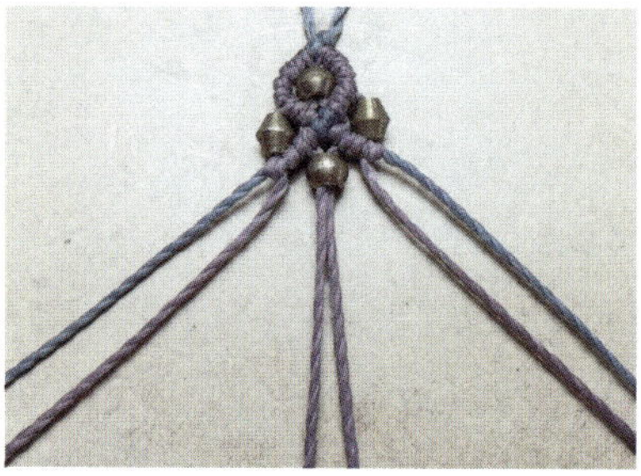

Schritt 15:

Fädle erneut eine runde Messingperle auf die beiden mittleren violetten Fäden. Du bist nun am selben Punkt wie in Schritt 4. Wiederhole nun die Schritte 5 bis 12, bis du insgesamt 19 Diamantformen geknotet hast. Du wirst dabei alle deine Doppelkegelperlen und 19 von 21 runden Perlen aufbrauchen.

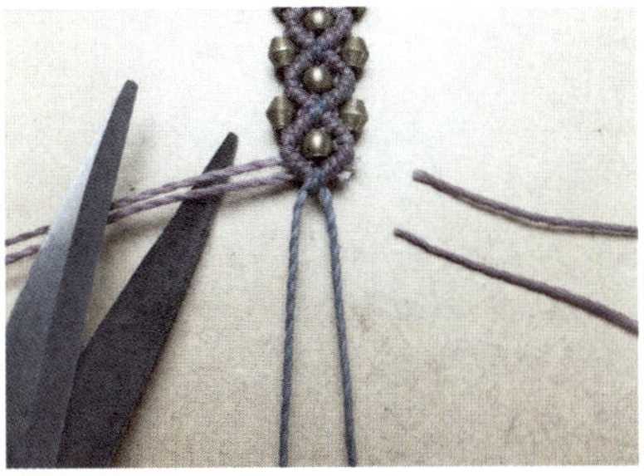

Schritt 16:

Schneide nun die 4 äußeren violetten Fäden knapp ab und brenne sie mit dem Feuerzeug fest.

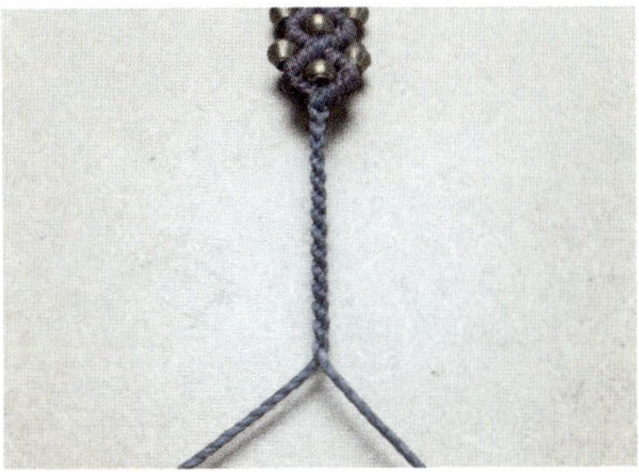

Schritt 17:

Verdrille die beiden blauen Fäden bis zu einer Länge von 6cm miteinander (siehe S. 31).

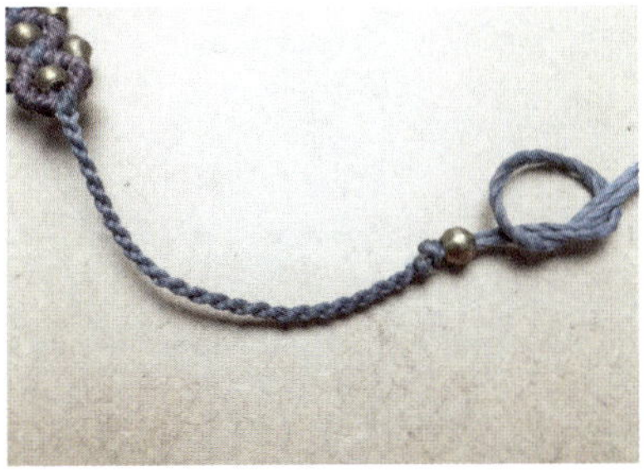

Schritt 18:

Fasse nun die verdrillten Bänder mit einem Überhandknoten zusammen. Fädle eine Abschlussperle auf beide Fäden und führe einen erneuten Überhandknoten durch, sodass die Perle fest zwischen beiden Überhandknoten sitzt.

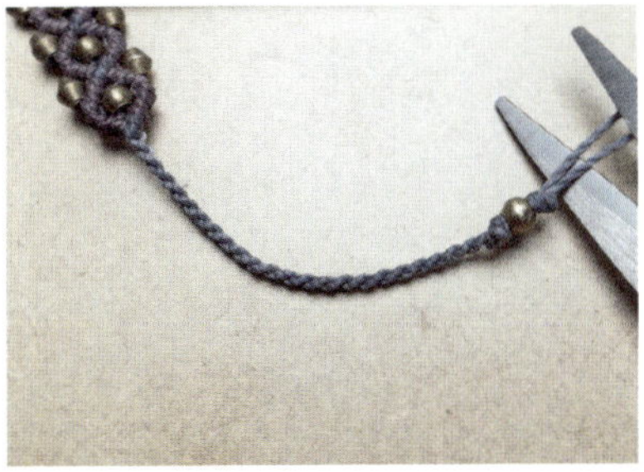

Schritt 19:

Schneide dann auch die beiden blauen Enden ab und brenne sie fest. Wiederhole Schritt 15 bis 17 nun auch auf der anderen Seite.

Optional kannst du am Ende einen größenverstellbaren Schiebeverschluss hinzufügen *(siehe S. 28)*.

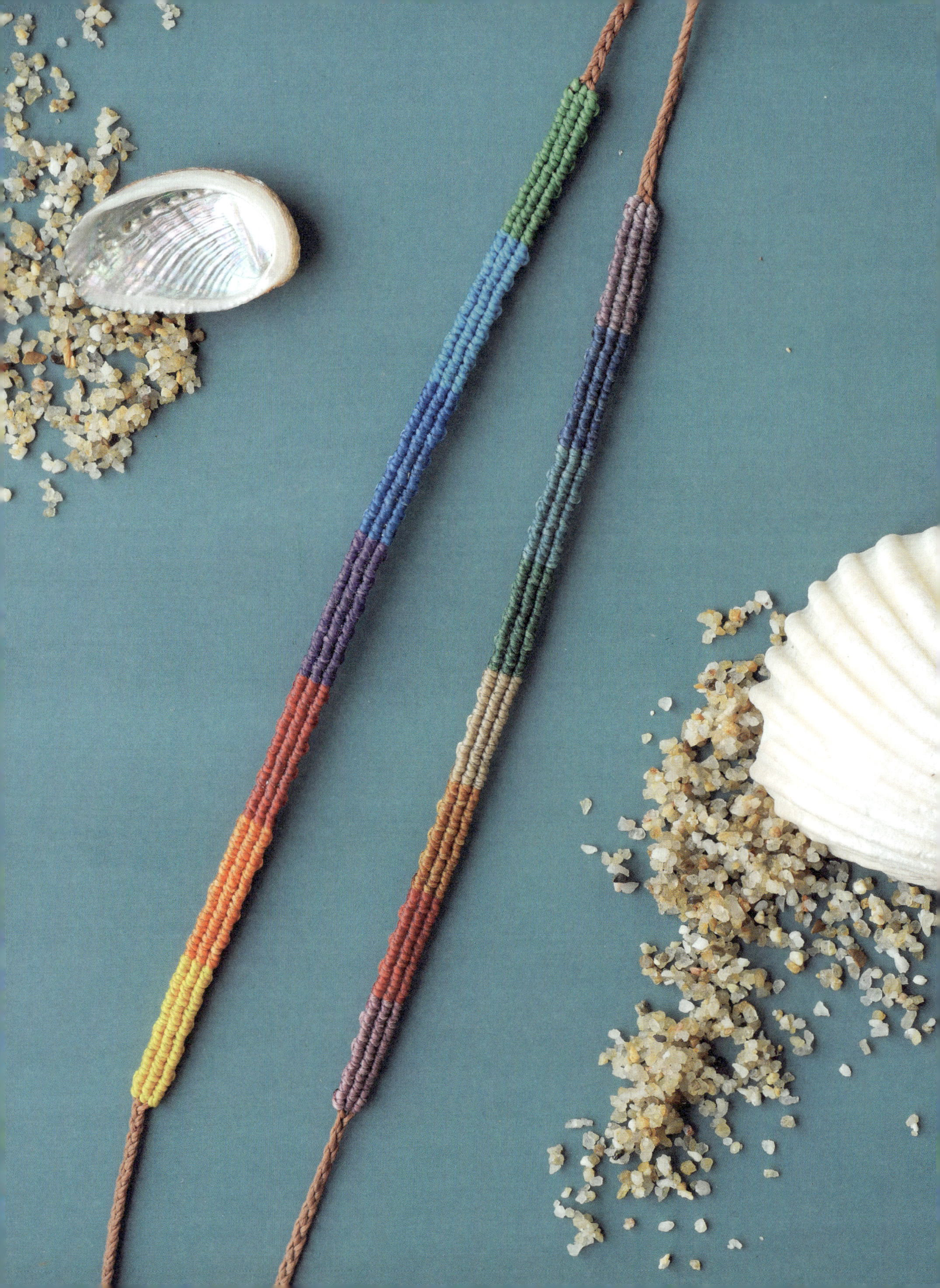

Regenbogenarmband

Bereit für den vertikalen Rippenknoten? Im Gegensatz zu seinem horizontalen Pendant aus den vorigen beiden Anleitungen verwendest du nun mehrere Haltefäden, aber nur einen sehr fleißigen Arbeitsfaden. Später brauchst du diese Technik dann auch zum »Ausmalen« anderer Grundformen (siehe zum Beispiel das Armband »Bunte Reihen«). Ein Regenbogen, ein langsamer Farbverlauf oder doch nur zwei Kontrastfarben im Wechsel? Je nachdem wie groß und in welcher Farbe du die bunten Flächen kombinierst, lassen sich bei diesem Armband sehr verschiedene Effekte erzielen. Außerdem kannst du sehr einfach mehr Fläche hinzufügen und dir ein Fußkettchen statt eines Armbands knüpfen.

Knoten & Techniken:

- vertikale Rippenknoten nach links & rechts
- Überhandknoten
- Flechten mit 3 Bändern
- größenverstellbarer Schiebeverschluss

Schwierigkeitsgrad:

Sehr einfach

Maße des geknüpften Teils:

0,5cm x 15cm

Material Armband

- 3x 60cm Braun (Linhasita 212)
- 1x 60cm Grün (Linhasita 1045)
- 1x 60cm Türkis (Linhasita 707)
- 1x 60cm Blau (Linhasita 692)
- 1x 60cm Lila (Linhasita 369)
- 1x 60cm Rot (Linhasita 50)
- 1x 60cm Gelb (Linhasita 218)
- Klebeband (nach Bedarf)

Hinweise:

- Die drei Haltefäden ändern sich während der gesamten Anleitung nicht.
- Achte darauf, dass du deine Knoten schön fest ziehst, damit keine Lücken entstehen.
- Beim Abschneiden der Fäden vor dem Festbrennen sollte der Stummel nach Möglichkeit weniger als 1mm lang sein. Auf diese Weise verhinderst du, dass du später zu große Wachsklumpen am Schmuckstück hast.
- Möchtest du lieber 7 statt 6 Farben in deinem Armband? Dann nimm einfach 50cm statt 60cm pro Farbe und knüpfe jeweils 8 statt der 11 Reihen aus Schritt 8. Pro Farbe solltest du nun eine Länge von 2cm statt 2,5cm erhalten.

Hier findest du ein Video zum Projekt:

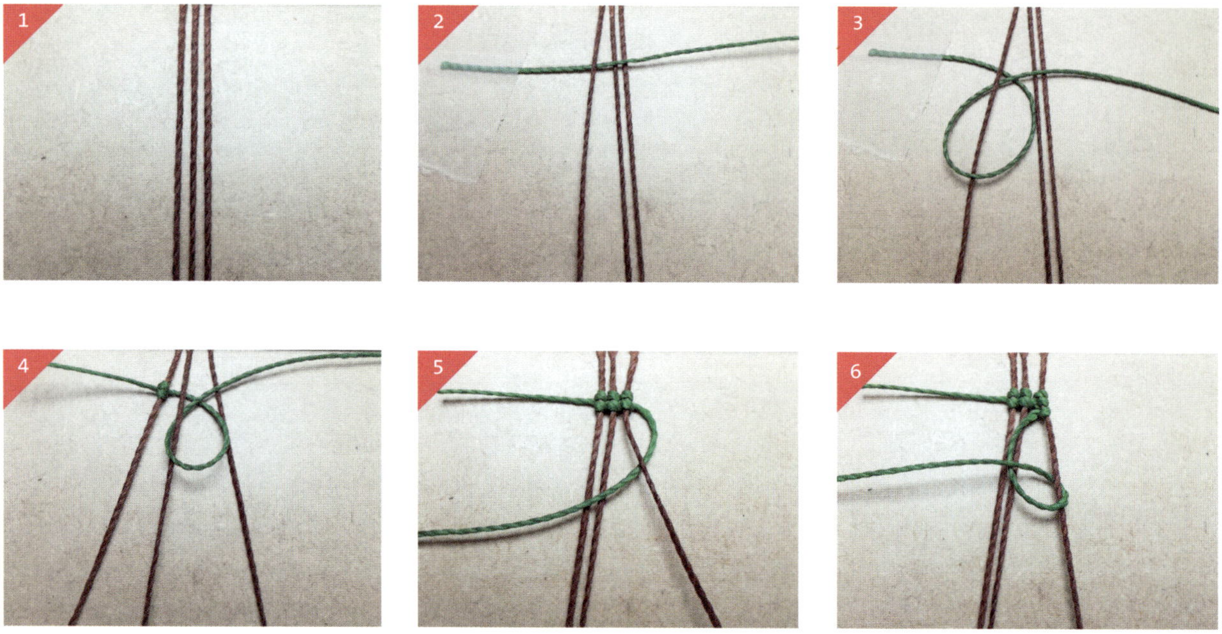

Schritt 1:

Spanne die 3 braunen Fäden bei 20cm nebeneinander in deinem Knüpfbrett ein. Diese werden während der gesamten Anleitung deine Haltefäden sein und erst im Abschluss wieder sichtbar.

Schritt 2:

Befestige den grünen Faden horizontal mit Klebeband links neben den braunen Fäden und lege den 1. braunen Faden darüber.

Schritt 3:

Knüpfe nun mit dem grünen Faden als Arbeitsfaden einen vertikalen Rippenknoten nach rechts um den 1. braunen Faden von links.

Schritt 4:

Ziehe das Klebeband ab und lege den mittleren braunen Faden über den grünen Arbeitsfaden. Befestige den grünen Arbeitsfaden erneut mit einem vertikalen Rippenknoten nach rechts. ***Achte dabei besonders darauf, dass beim Knüpfen keine Lücke entsteht und mache den 2. Knoten ggf. nochmal auf.***

Schritt 5:

Wiederhole Schritt 4 nun auch für den rechten braunen Haltefaden, sodass du am Ende eine Reihe mit 3 vertikalen grünen Rippenknoten hast. Führe dann den grünen Arbeitsfaden unter dem rechten braunen Haltefaden hindurch.

Schritt 6:

Befestige den grünen Faden mit einem vertikalen Rippenknoten nach links am rechten braunen Haltefaden.

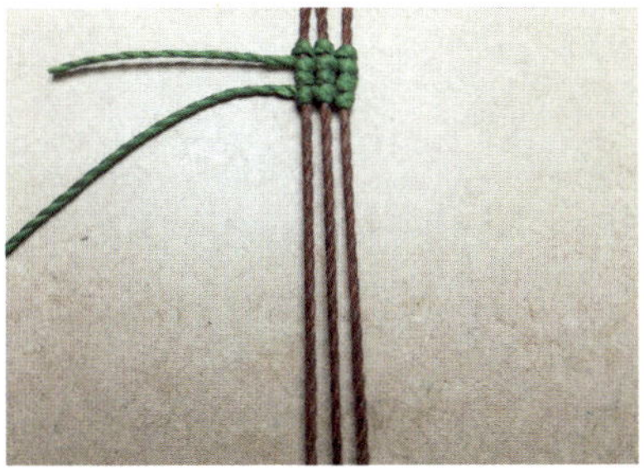

Schritt 7:
Wiederhole Schritt 6 nun zweimal mit dem mittleren und linken braunen Haltefaden. Am Ende hast du eine 2. Reihe mit 3 vertikalen grünen Rippenknoten und dein grüner Arbeitsfaden zeigt nach links.

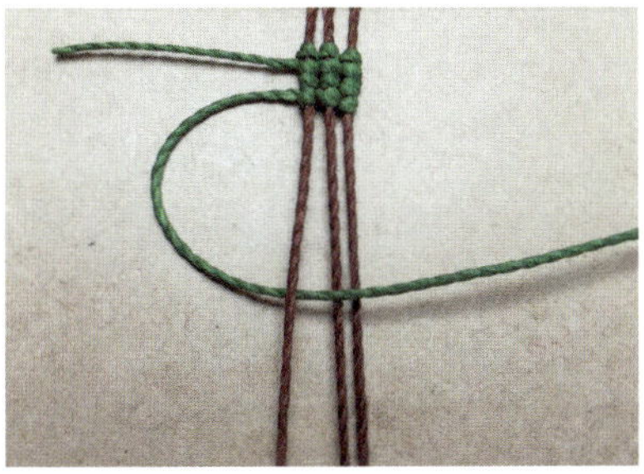

Schritt 8:
Führe den grünen Arbeitsfaden unter dem linken braunen Haltefaden hindurch und wiederhole Schritte 3-7 so lange, bis deine geknüpfte Farbfläche 2,5cm lang ist (ca. 11 Reihen). Natürlich kannst du das Ganze auch kürzer oder länger machen, wenn du magst.

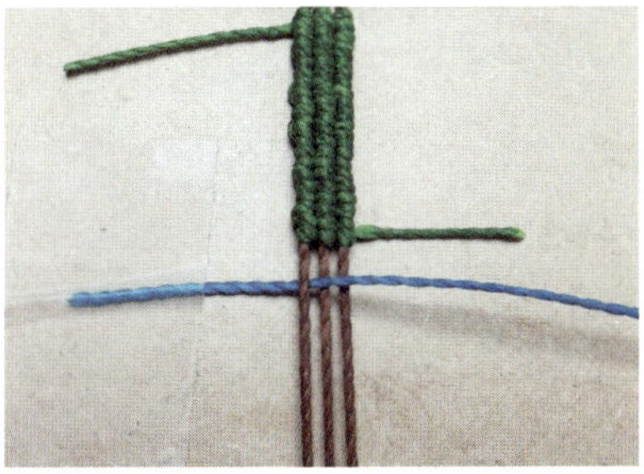

Schritt 9:
Füge nun, gemäß Schritt 1-8, 5 weitere Farbflächen hinzu: Türkis, Blau, Lila, Rot, Gelb. WICHTIG: Wenn du den 1. vertikalen Rippenknoten mit der neuen Farbe geknüpft hast, solltest du den Rippenknoten nach oben schieben, damit keine Lücke zur vorhergehenden Farbfläche entsteht.

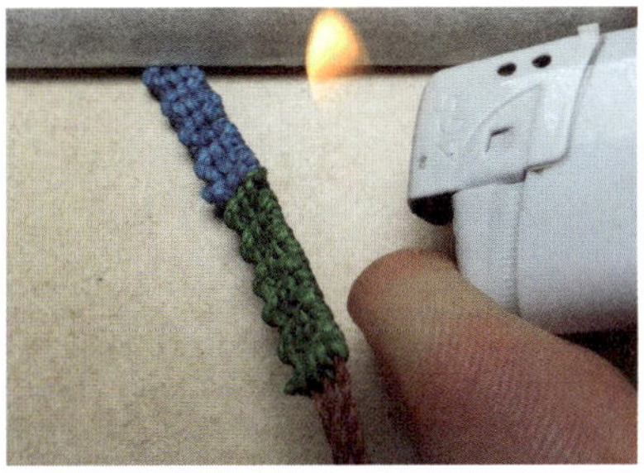

Schritt 10:
Wenn du alle 6 Farbflächen geknüpft hast, schneidest du alle 12 bunten Fadenenden (NICHT die braunen Trägerfäden) knapp ab und brennst sie mit dem Feuerzeug fest.

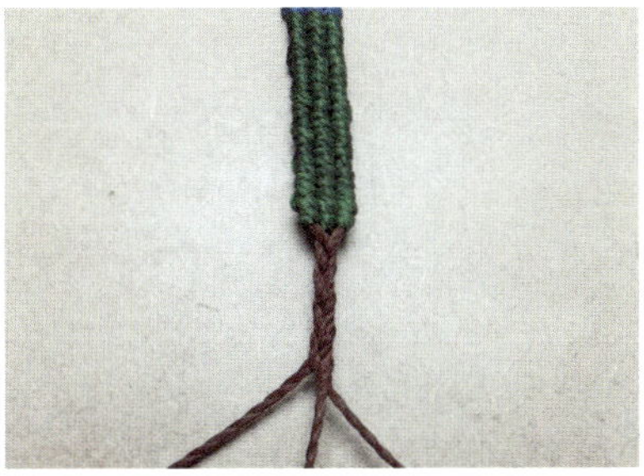

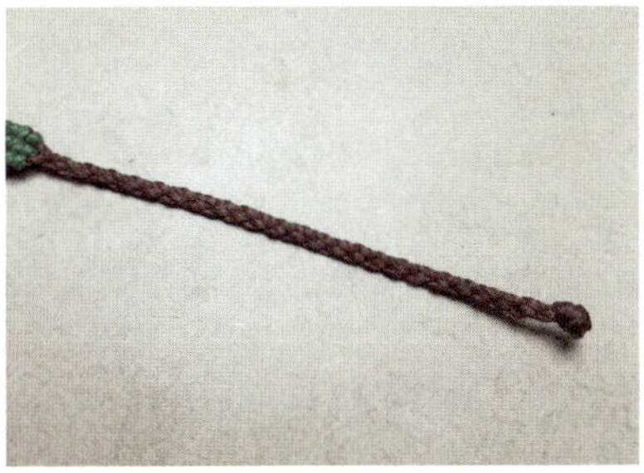

Schritt 11:
Zum Abschluss flichtst du oben und unten mit deinen 3 braunen Trägerfäden einen ca. 6cm langen Zopf und fasst diesen mit einem Überhandknoten zusammen. Überschüssige Garnreste kannst du nun knapp am Überhandknoten abschneiden und mit dem Feuerzeug festbrennen.

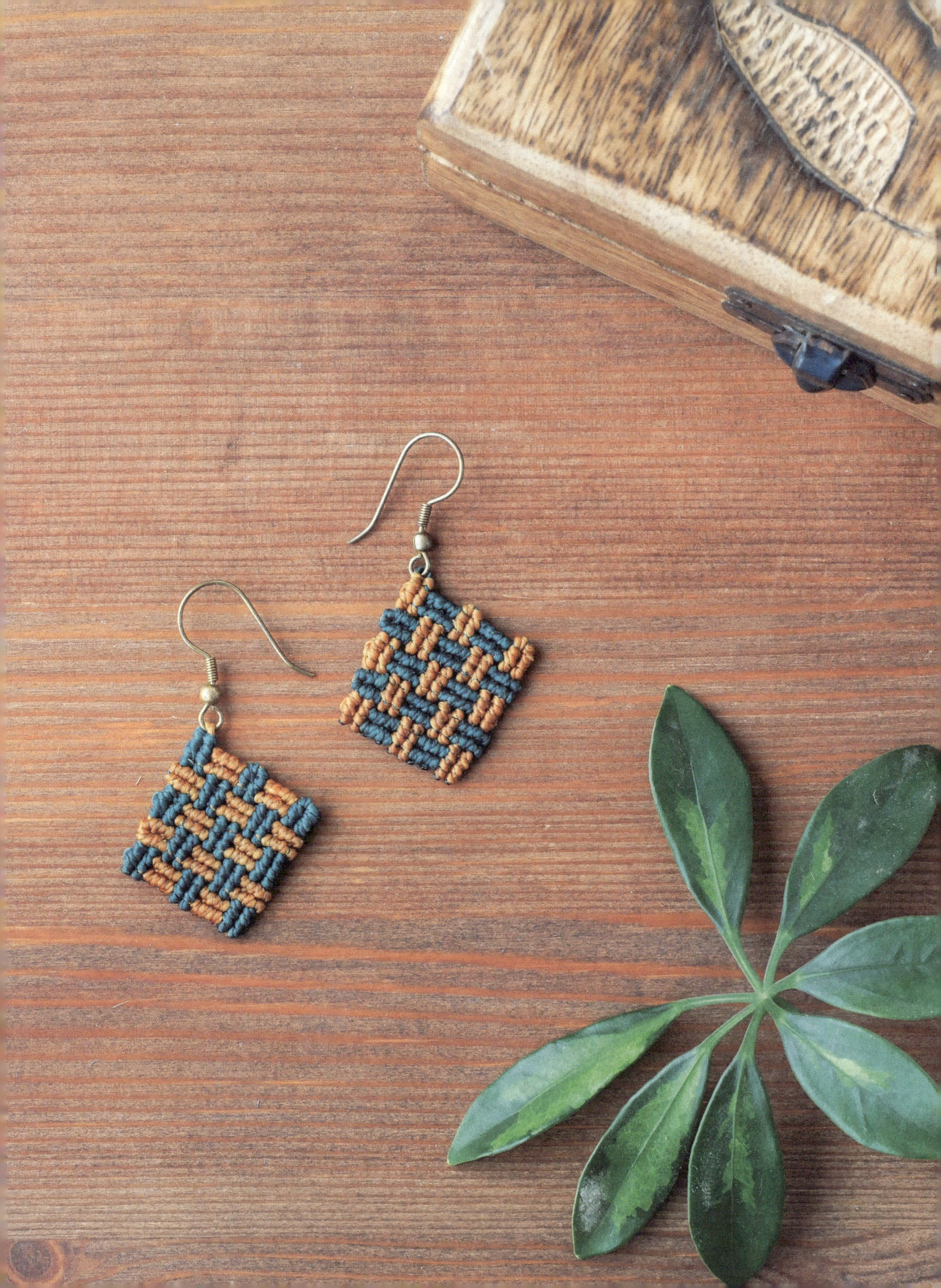

Ohrringe Schachbrett

Es ist an der Zeit, deine Koordination und deinen Blick fürs Detail auf die Probe zu stellen. Um den Schachbretteffekt für diese Ohrringe zu erzielen, wechselst du immer wieder zwischen horizontalen und vertikalen Rippenknoten hin und her. Je straffer du dabei deine Knoten machst, desto klarer wird das Muster. Damit du den Überblick besser behältst, empfehle ich dir, zu Beginn zwei stark kontrastierte Farben zu benutzen. Die Ohrringe sehen aber auch sehr schön aus, wenn du zwei Töne der gleichen Farbfamilie benutzt.

Knoten & Techniken:

- horizontaler & vertikale Rippenknoten
- erweiterter Ankerstich

Schwierigkeitsgrad:

- Eher Einfach

Maße:

- 2,3cm x 2,3cm (ohne Ohrhaken)

Material pro Ohrring

- 5x 50cm Karamellbraun (Linhasita 203)
- 5x 50cm Smaragdgrün (Linhasita 386)
- 1 Ohrhaken
- Klebestreifen (nach Bedarf)

Hinweise:

- Mit jeder neuen Farbfläche wechseln sich Haltefäden und Arbeitsfäden ab.
- Die vertikalen Rippenknoten für diese Ohrringe entstehen durch das Umknoten von **zwei grünen Haltefäden** mit **einem braunen Arbeitsfaden.**
- Die horizontalen Rippenknoten entstehen durch das Umknoten **eines braunen Haltefadens** mit **zwei grünen Arbeitsfäden.**

Hier findest du ein Video zum Projekt:

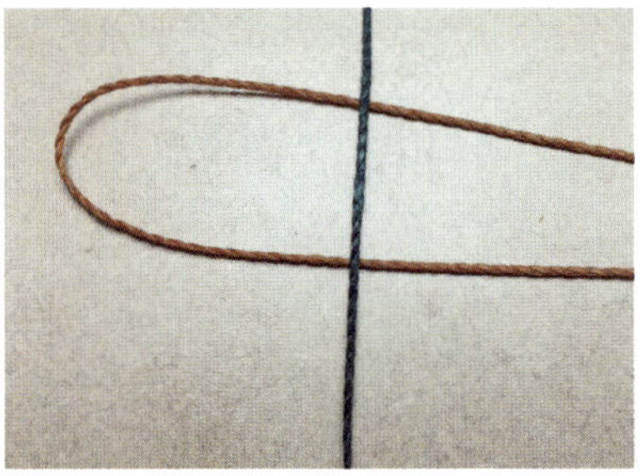
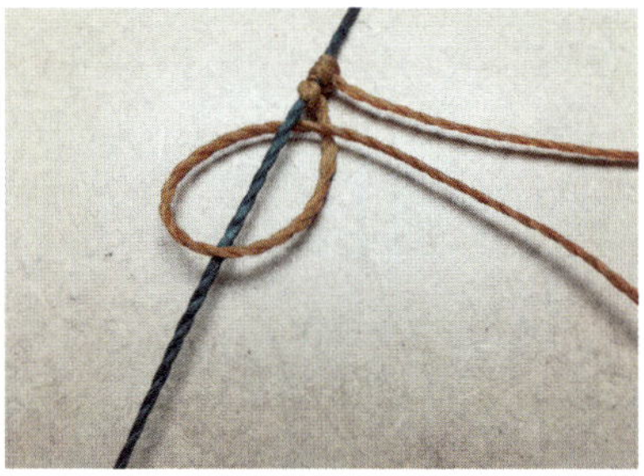

Schritt 1:

Spanne einen der grünen Fäden in deinem Knüpfbrett bei halber Länge ein. Befestige einen der braunen Fäden mit einem erweiterten Ankerstich von rechts (so, dass die beiden Enden des braunen Fadens gleichlang sind).

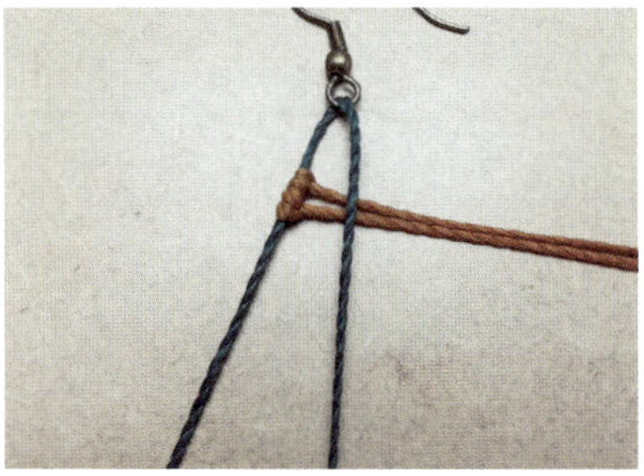

Schritt 2:

Spanne nun das grüne Band aus deinem Knüpfbrett aus und führe das obere Ende durch den Ohrhaken. Lege das grüne Band als Haltefaden über die beiden braunen Fäden und befestige den Ohrhaken am Klemmbrett.

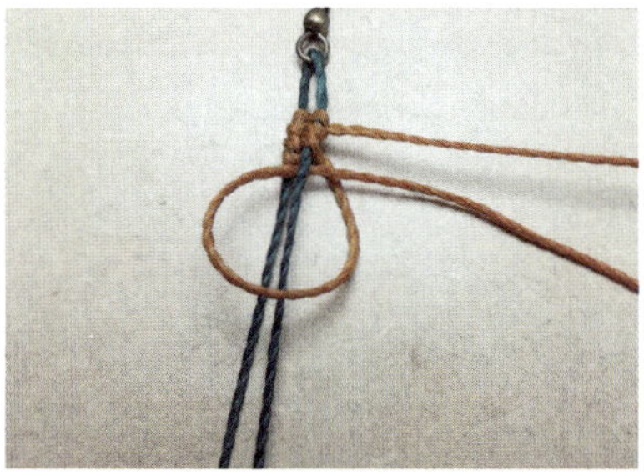

Schritt 3:

Knüpfe mit den beiden braunen Fäden als Arbeitsfäden je einen vertikalen Rippenknoten nach rechts um den grünen Faden. Halte die grünen Fäden links fest und schiebe die braunen Knoten so weit hoch, dass der Ohrhaken noch ein wenig Spiel zum Schwingen hat (ca.1mm).

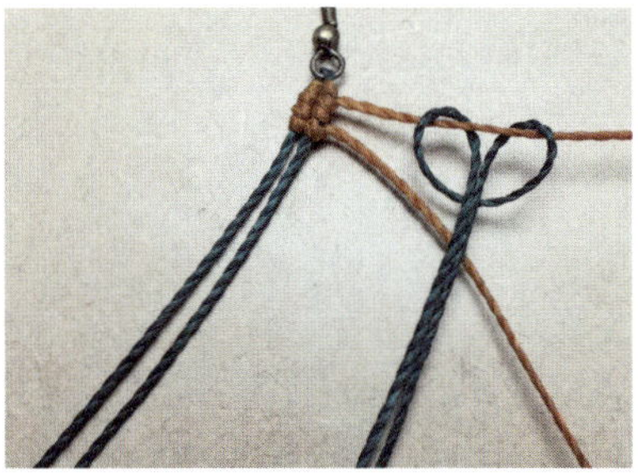
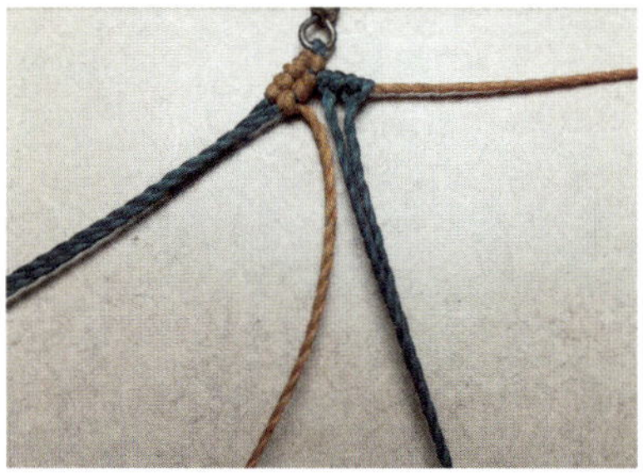

Schritt 4:

Befestige nun einen weiteren grünen Faden am oberen braunen Faden mithilfe eines erweiterten Ankerstichs von links. Schiebe dann auch den grünen Faden zum bereits geknüpften Teil auf Anschlag.

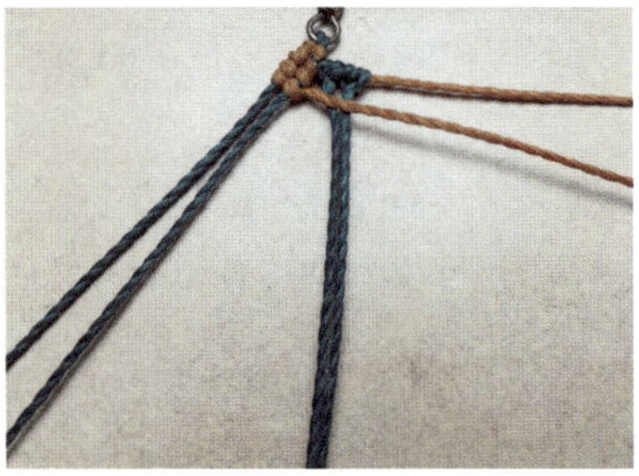
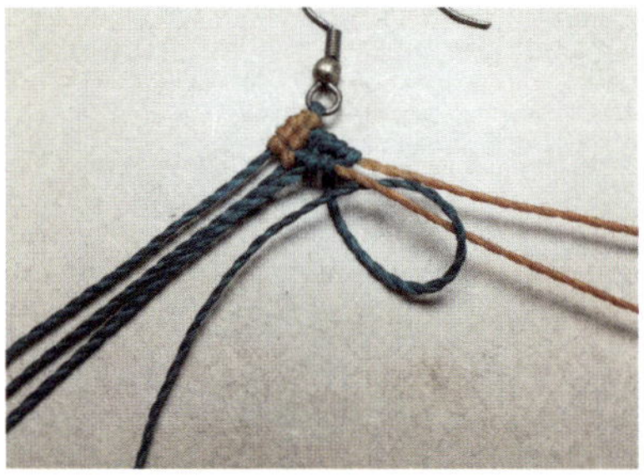

Schritt 5:

Knüpfe nun mit den beiden Enden des grünen Fadens als Arbeitsfäden jeweils einen horizontalen Rippenknoten nach rechts um den unteren braunen Haltefaden.

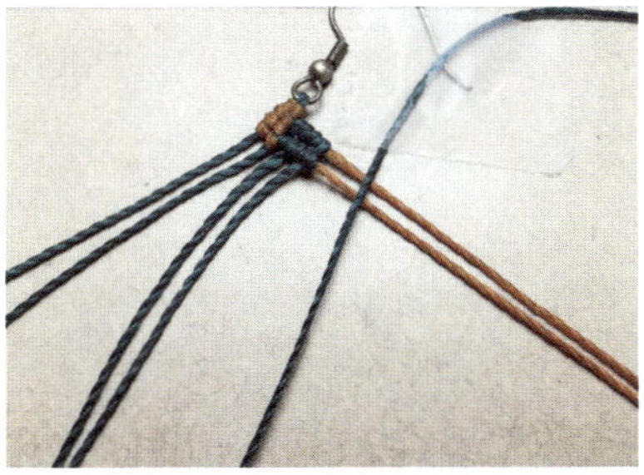
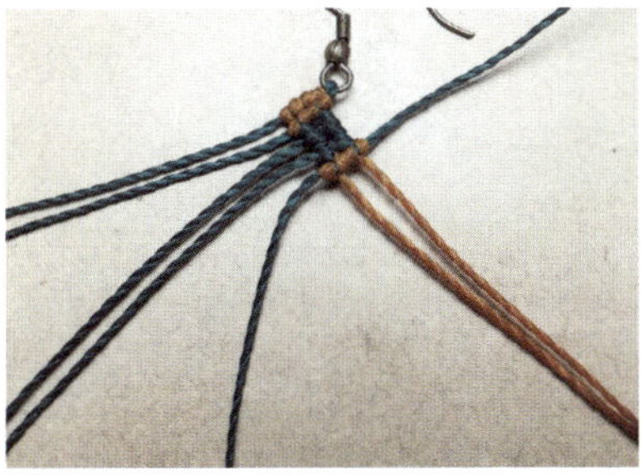

Schritt 6:

Nimm einen weiteren grünen Faden und fixiere ihn mit Klebeband mittig oberhalb der geknüpften grünen Reihen. Dieser grüne Faden wird dein Haltefaden. Knüpfe mit den beiden braunen Fäden jeweils einen vertikalen Rippenknoten nach rechts um den grünen Faden.

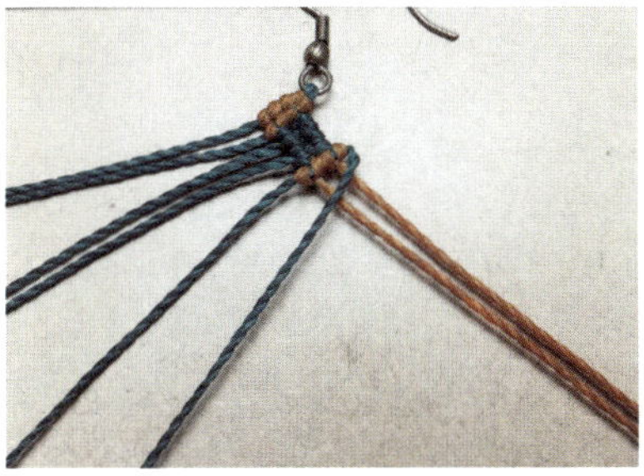
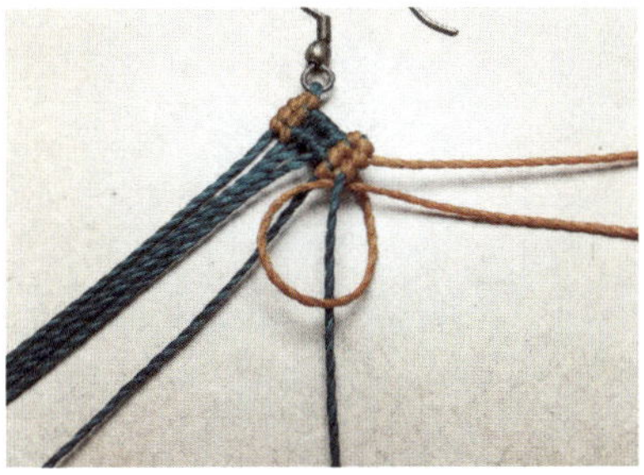

Schritt 7:

Das Klebeband kannst du nun entfernen. Nimm das obere Ende des grünen Haltefadens und lege es über die zwei braunen Arbeitsfäden. Knüpfe nun erneut mit den beiden braunen Fäden jeweils einen vertikalen Rippenknoten um den grünen Faden.

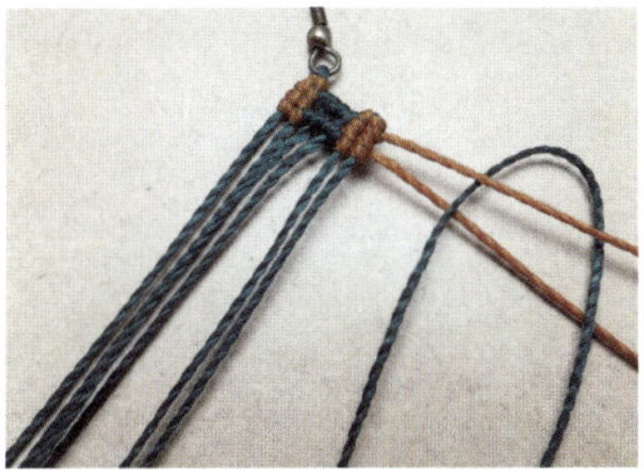
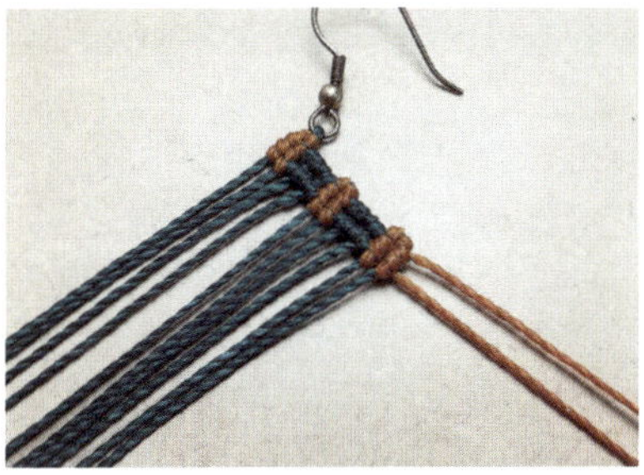

Schritt 8:

Wiederhole nun Schritt 4-7.

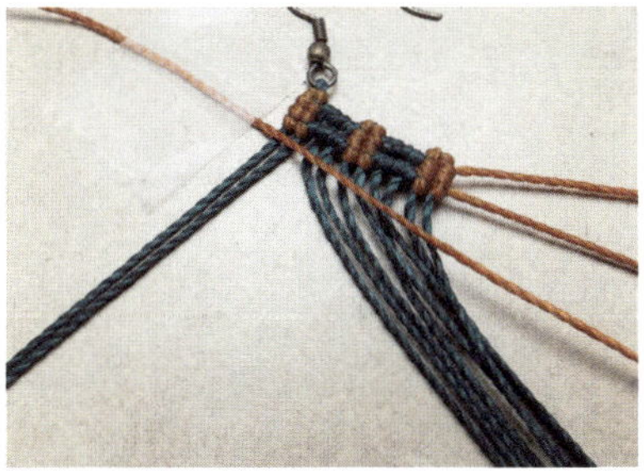
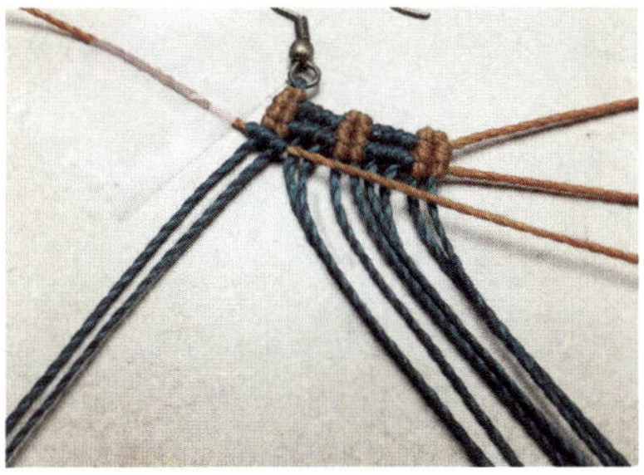

Schritt 9:

Nimm einen weiteren braunen Faden und fixiere ihn mit Klebeband mittig am oberen linken Rand der 1. geknüpften braunen Reihe. Dieser braune Faden wird dein Haltefaden. Knüpfe je einen horizontalen Rippenknoten nach rechts mit den beiden ersten grünen Fäden um den braunen Haltefaden.

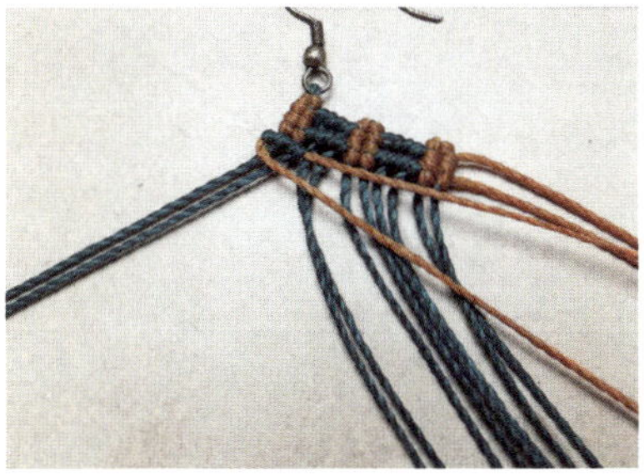
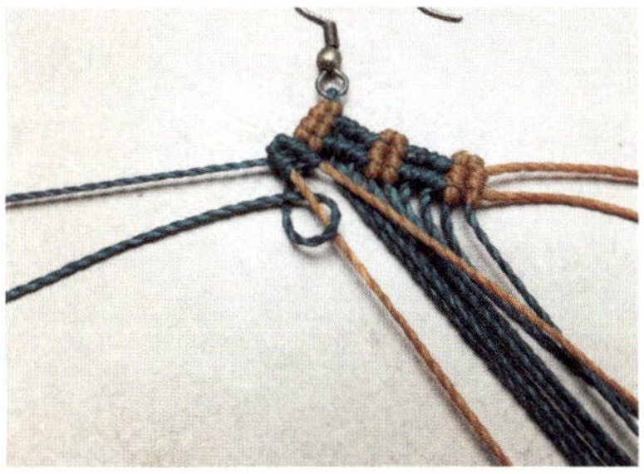

Schritt 10:

Entferne nun das Klebeband. Führe das linke Ende des braunen Haltefadens rechts über die beiden grünen Arbeitsfäden. Knüpfe jeweils wieder einen Rippenknoten mit den beiden grünen Arbeitsfäden.

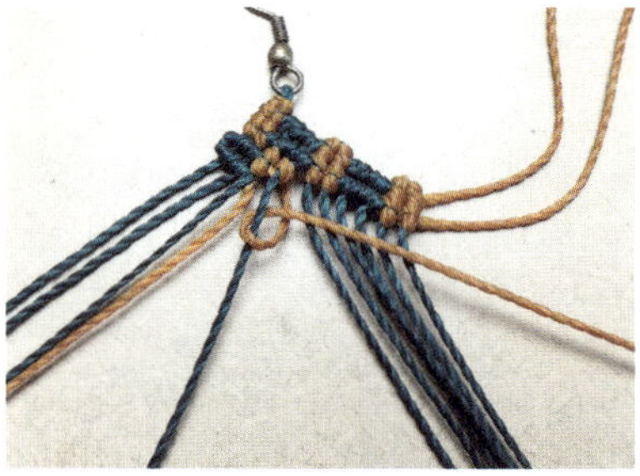

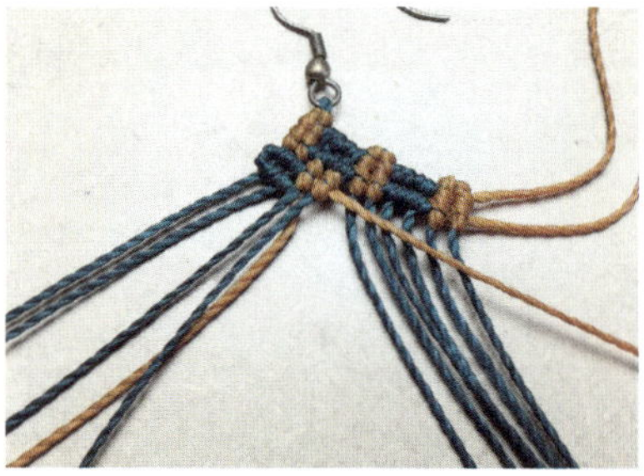

Schritt 11:

Der 3. und 4. grüne Faden von links sind jetzt deine Haltefäden. Knüpfe mit dem oberen braunen Faden jeweils einen vertikalen Rippenknoten nach rechts um beide Haltefäden

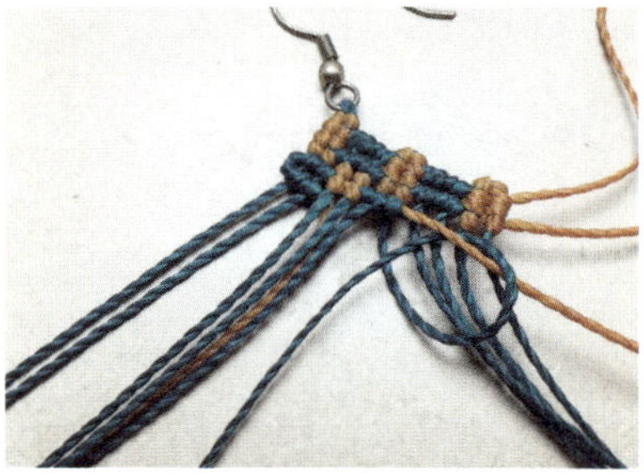

Schritt 12:

Mit den nächsten beiden grünen Fäden wieder 2 horizontale Rippenknoten nach rechts (der braune Faden wird nun zum Haltefaden).

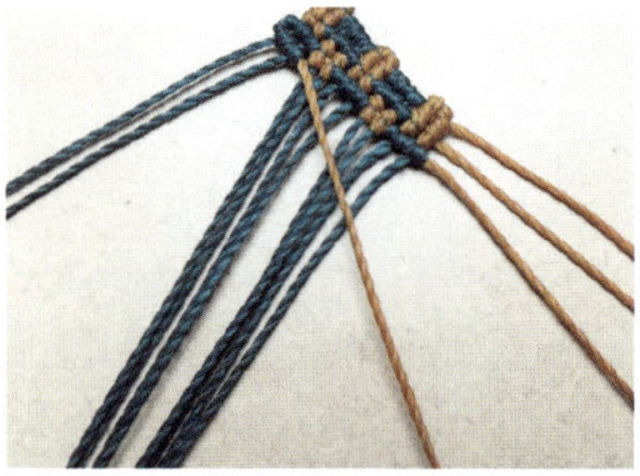

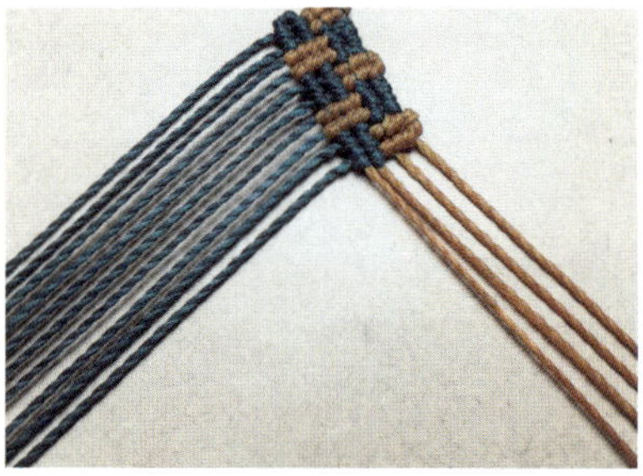

Schritt 13:

Wiederhole Schritte 11 und 12 mit dem zweiten linken braunen Faden, bis du am Ende der Reihe angekommen bist.

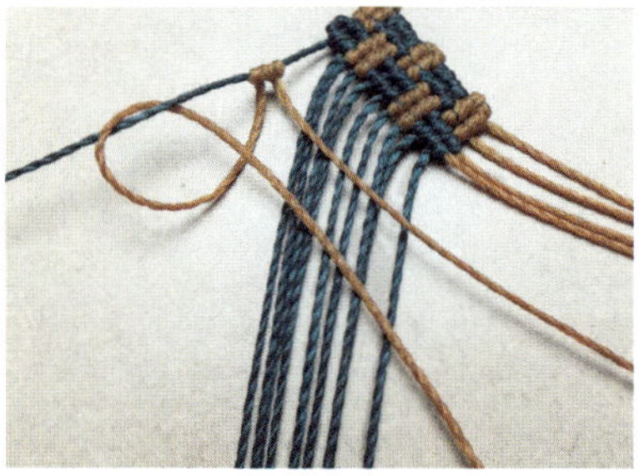

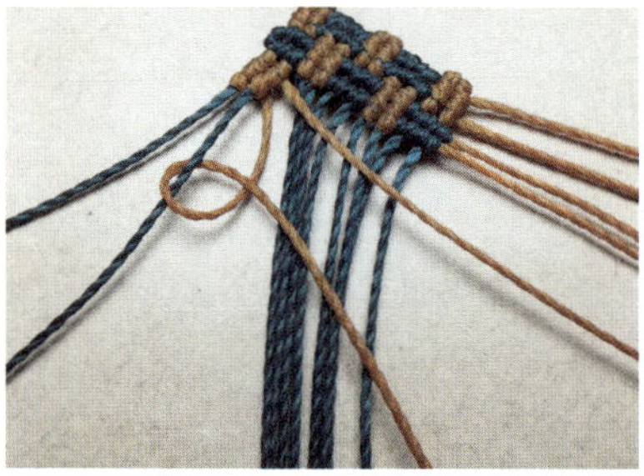

Schritt 14:

Befestige einen braunen Faden mit einem erweiterten Ankerstich von rechts am äußersten linken grünen Faden. Nimm den zweiten grünen Faden von links als Haltefaden dazu und führe mit den beiden braunen Arbeitsfäden je einen vertikalen Rippenknoten nach rechts durch.

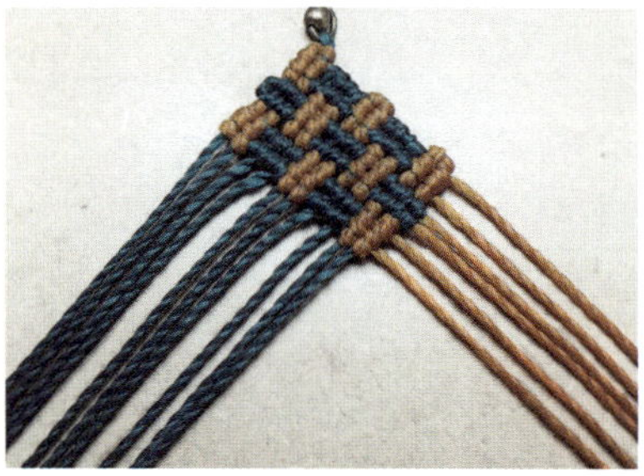

Schritt 15:

Wiederhole nun die Schritte 5 bis 8, um die Reihe zu vervollständigen.

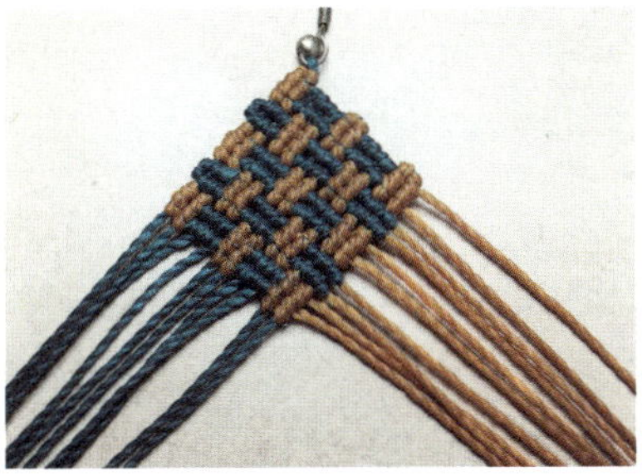

Schritt 16:

Befolge erneut die Schritte 9 bis 15, um 2 weitere Reihen hinzu zu fügen.

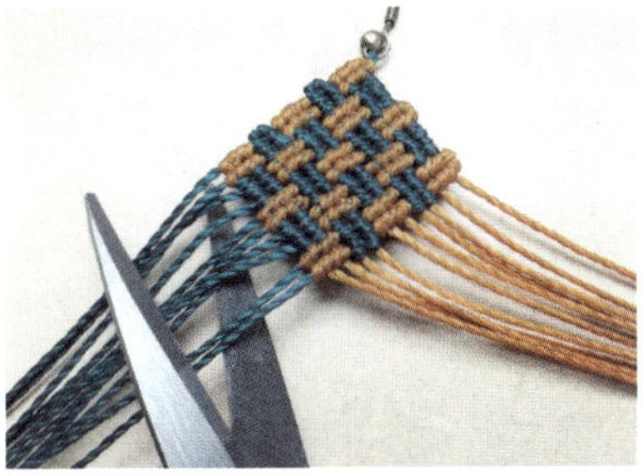

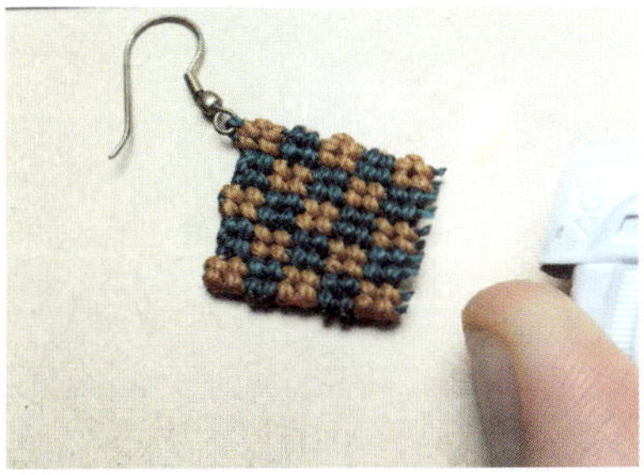

Schritt 17:

Schneide nun alle Fäden knapp ab und brenne die Enden mit dem Feuerzeug fest.

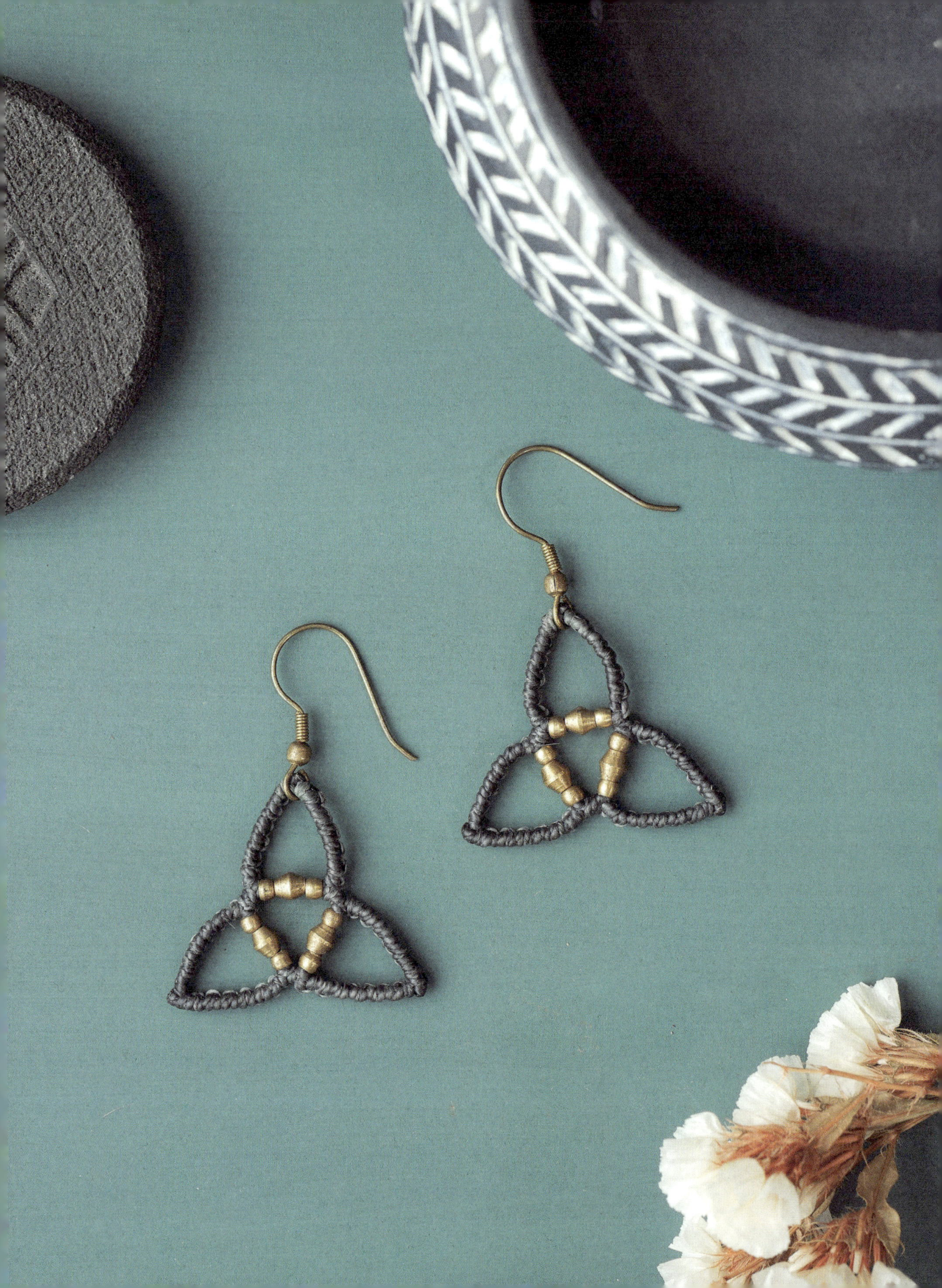

Ohrringe Keltisches Dreieck

Um luftige Makramee-Designs mit schmalen Rahmen knüpfen zu können, kommst du um den Wenderippenknoten nicht herum. Mit diesen schlichten trigonalen Ohrringen kannst du nicht nur diesen wichtigen Knoten trainieren, sondern übst dabei auch, alle Seiten gleichmäßig und fest zu knüpfen. Du wirst schnell merken, dass deine Ohrringe umso stabiler werden, je straffer du jeden einzelnen Knoten ziehst. Besonders, wenn du dich später an kompliziertere Anleitungen heran wagst, wird dir das sehr dabei weiterhelfen, ein schönes Ergebnis zu erzielen. Keine Angst die Fäden reißen nicht!

Knoten & Techniken:

- einfacher Ankerstich
- Wenderippenknoten (»Rahmenknoten«)
- Rippenknoten

Schwierigkeitsgrad:

- Einfach

Maße:

- 3cm (ohne Ohrhaken)

Material pro Ohrring

- 6x 50cm Grau (Linhasita 209)
- 6x Ø 2,5mm Messingperlen
- 3x Ø 3mm Messingperlen Doppelkegel
- 1 Ohrhaken

Hinweise:

- Damit die Dreiecke schön gleichmäßig und symmetrisch aussehen ist es wichtig, dass du alle Knoten gleich fest ziehst. Gerade bei diesem luftigen Design sind feste Knoten essentiell für die Stabilität.
- Wenn du diese Anleitung mit 0,75mm oder 0,5mm Garn knüpfst, schwingt der Ohrring besonders gut.

Hier findest du ein Video zum Projekt:

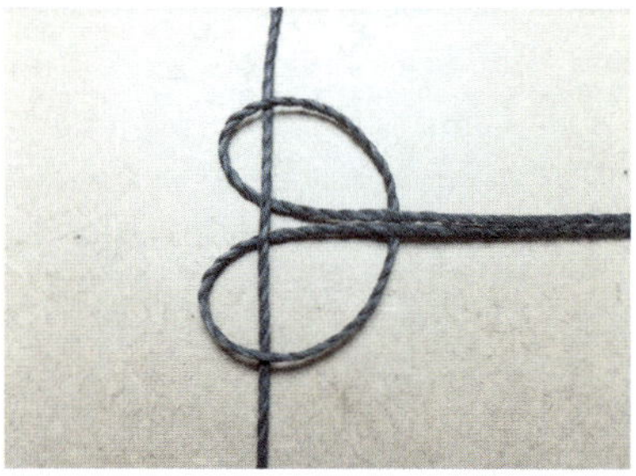

Schritt 1:

Spanne einen der Fäden in deinem Knüpfbrett bei halber Länge ein. Befestige einen weiteren Faden mit einem einfachen Ankerstich von rechts.

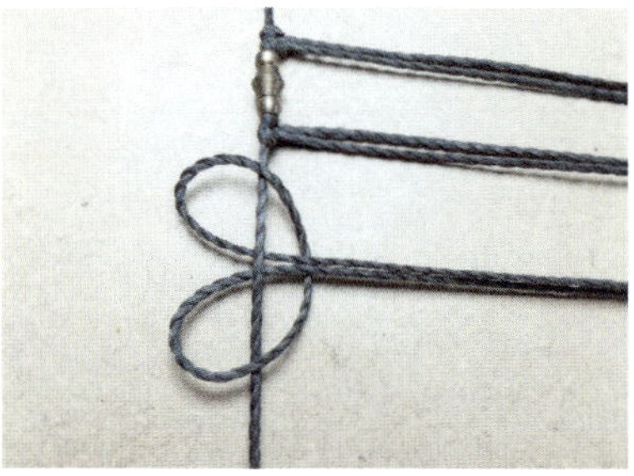

Schritt 2:

Fädle 3 Perlen auf den eingespannten Faden (runde Perle, Doppelkegelperle, runde Perle). Befestige unterhalb der Perlen zwei weitere Fäden mit jeweils einem einfachen Ankerstich von rechts.

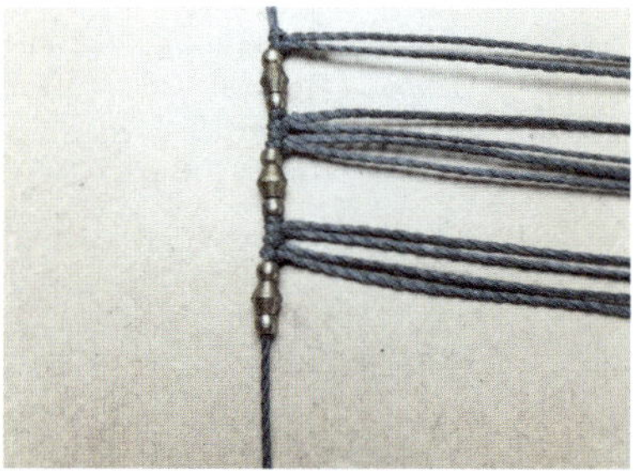

Schritt 3:

Wiederhole Schritt 2 und füge am Ende noch 3 weitere Perlen in der gleichen Reihenfolge hinzu.

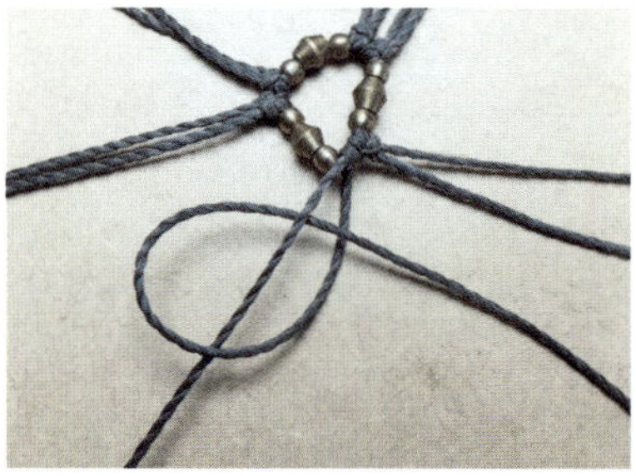

Schritt 4:

Spanne den Haltefaden aus und drehe das Ganze so, dass die beiden Enden nach unten zeigen und die Unterseite der Ankerstiche nach oben zeigt. Füge die beiden Enden des ehemaligen Haltefadens mit einem Rippenknoten nach links zusammen, sodass ein Dreieck entsteht.

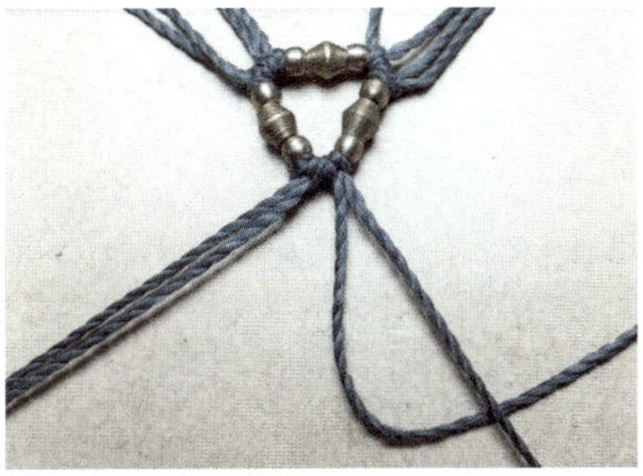
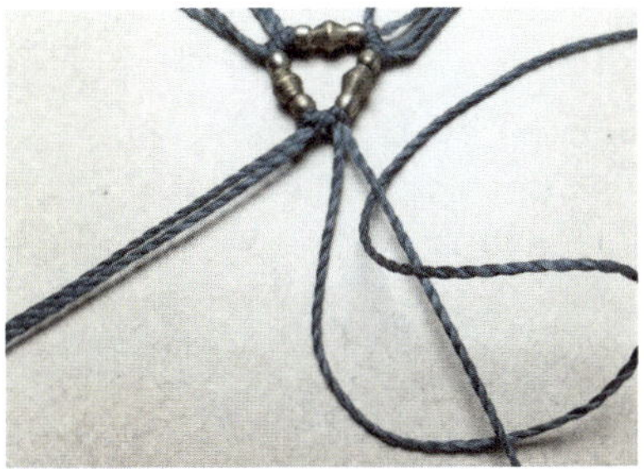
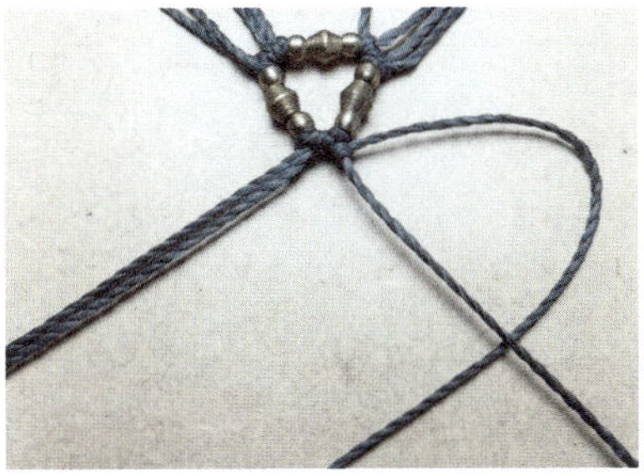
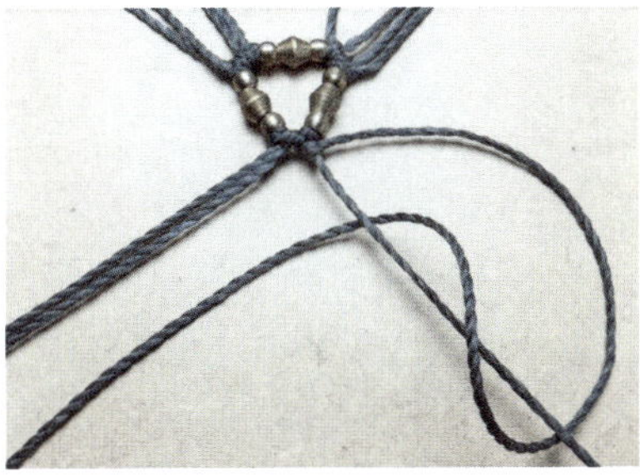

Schritt 5:

Drehe dir den Ohrring wieder richtig herum. Aus der unteren Spitze des Dreiecks sollten nun Fäden herauskommen.

Der 1. Faden von rechts ist nun dein Haltefaden. Führe den 2. Faden von rechts unter dem Haltefaden hindurch und knüpfe insgesamt 5-6 Wenderippenknoten von links (die Reihe sollte nicht länger 1,5 cm sein). Ich zeige dir hier die Abfolge zum besseren Verständnis nochmal sehr detailliert

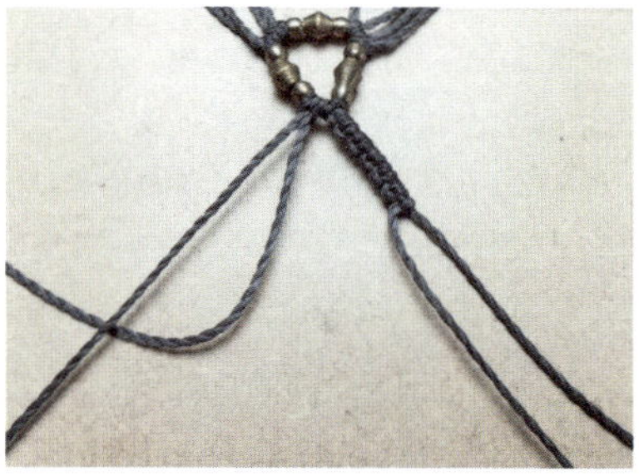

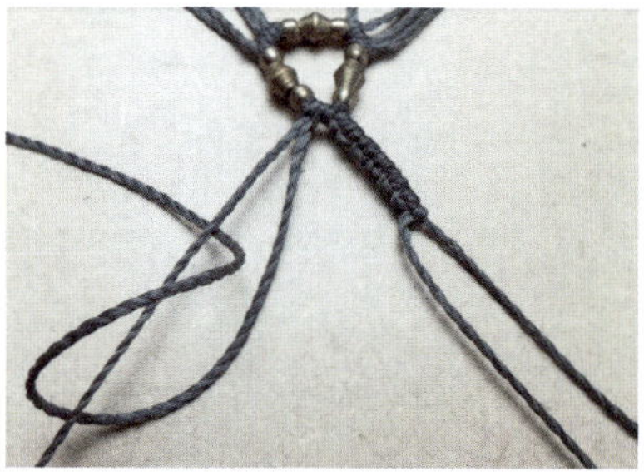

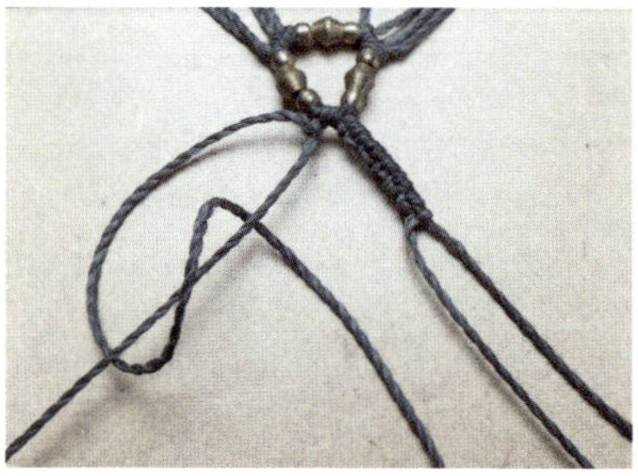

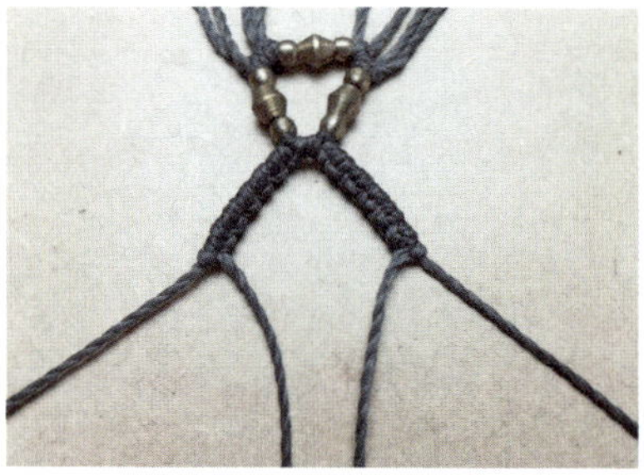

Schritt 6:

Wiederhole das Ganze auf der linken Seite. Nun ist der 1. Faden von links dein Haltefaden. Führe den 2. Faden von links unter dem Haltefaden hindurch und knüpfe so viele Wenderippenknoten von rechts wie zuvor, um auch auf der linken Seite die gleiche Länge zu erreichen.

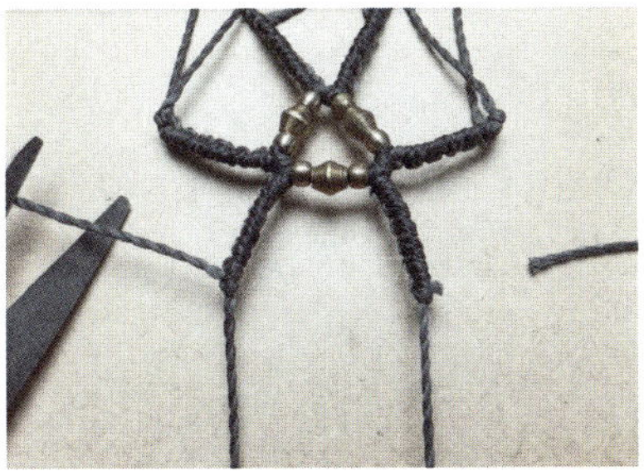

Schritt 7:

Spanne nun das Dreieck so um, dass eine andere Spitze nach unten zeigt. Wiederhole die Schritte 5 und 6 für die beiden anderen Spitzen des Dreiecks. Schneide dann die 6 kurzen Arbeitsfäden (ACHTUNG: Nicht die langen Haltefäden!) knapp ab und brenne sie mit dem Feuerzeug fest.

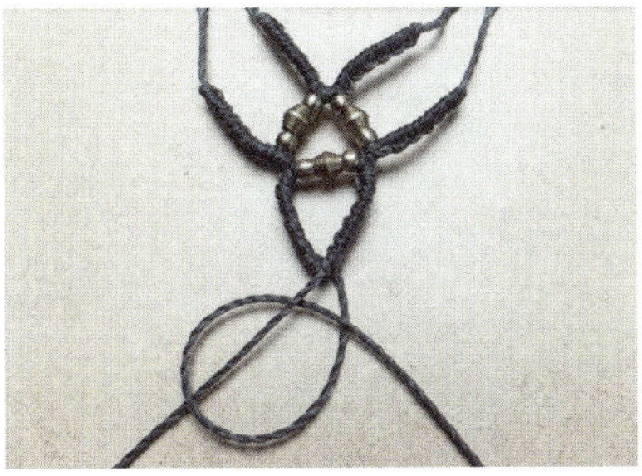

Schritt 8:

Spanne den Ohrring an 4 Fäden in deinem Klemmbrett ein. Knüpfe mit den beiden Fäden, die aus der unteren Spitze herauskommen, einen horizontalen Rippenknoten nach links.

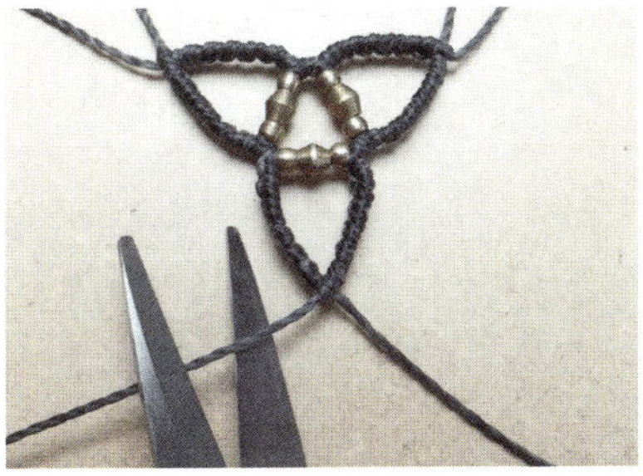

Schritt 9:

Wiederhole Schritt 10 auch für die anderen beiden Spitzen. Schneide dann alle Fäden knapp ab und brenne sie mit dem Feuerzeug fest.

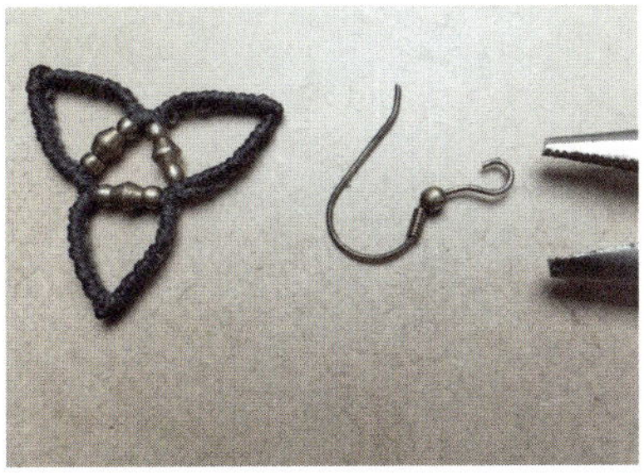

Schritt 10:

Nimm nun den Ohrhaken und biege die Öse mit einer Zange vorsichtig auf. Hänge den Ohrring ein und biege die Öse wieder zu.

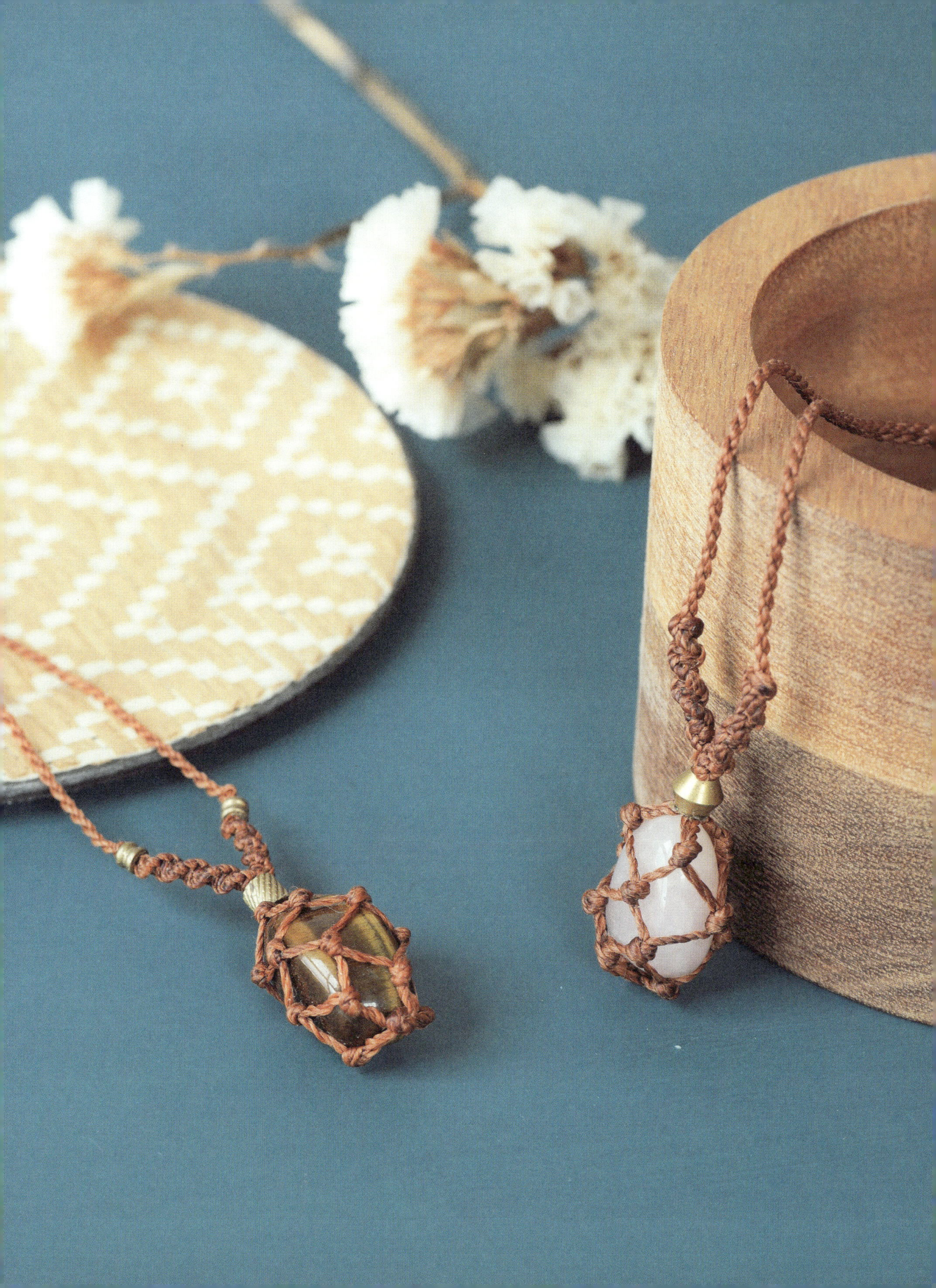

Kette mit eingefasstem Stein

Ob rund oder eckig – mit der Technik, die du in dieser Anleitung lernst, kannst du mit wenigen Knoten fast jede Art von Steinen einfassen. Je runder und glatter (kugelförmiger) dein Stein am Anfang ist, desto einfacher geht's. Mit ein bisschen Übung klappt das Ganze aber auch mit unregelmäßigen Steinen. Eine kleine Besonderheit: Die Anleitung kommt diesmal ganz ohne Rippenknoten aus.

Knoten & Techniken:

- Überhandknoten
- Ankerstich
- Spiralknoten
- Verdrillen
- Arbeiten mit dünnerem Garn
- größenverstellbarer Schiebeverschluss

Schwierigkeitsgrad:

- Eher Einfach

Abmessungen:

- Länge der Kette: 40-45cm

Material

- 2x 150cm Mittelbraun (Linhasita 25) in **0.75mm** Stärke
- 2x 70cm Mittelbraun (Linhasita 25) in **0.75mm** Stärke
- 2x Messingperle rund 3,8mm
- 1x Messingperle »Doppelkegel« mit einem Bohrungsdurchmesser von 2,5mm oder größer (Bohrung für 8 Fäden)
- Trommelstein (hier Rosenquarz mit den Maßen 1,5cm x 2cm)

Hinweise:

- Wenn einer der Überhandknoten zu weit entfernt ist (Raute zu groß), musst du diesen nicht wieder aufmachen. Es reicht, wenn du gleichzeitig an den beiden Fäden ziehst, um den Knoten weiter Richtung Mitte zu bewegen.
- Du kannst diese Kette natürlich auch mit Garn der Stärke 1mm knüpfen. Allerdings brauchst du dann eine größere Perle mit einem Bohrungsdurchmesser von mind. 3mm. Gerade bei kleineren Steinen könnte das Größenverhältnis von Perle zu Stein dann aber etwas unausgeglichen sein.

Hier findest du ein Video zum Projekt:

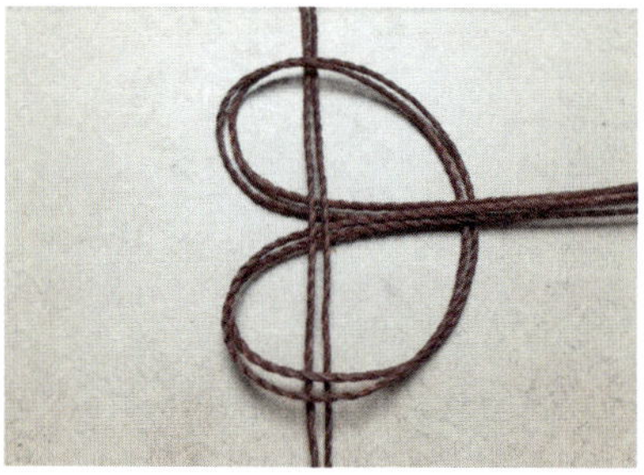

Schritt 1:
Spanne beide 150cm langen Fäden in deinem Knüpfbrett bei halber Länge ein. Befestige die 60cm langen Fäden gemeinsam mit einem einfachen Ankerstich von rechts.

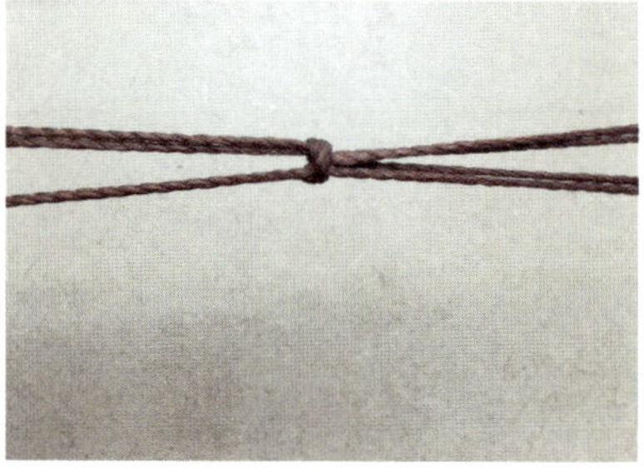

Schritt 2:
Spanne nun die beiden langen eingespannten Fäden oben aus. Greife die vier langen Enden mit der linken Hand und die vier kurzen Enden mit der rechten Hand zusammen. Ziehe kräftig an beiden Seiten, um alle Fäden miteinander zu verbinden.

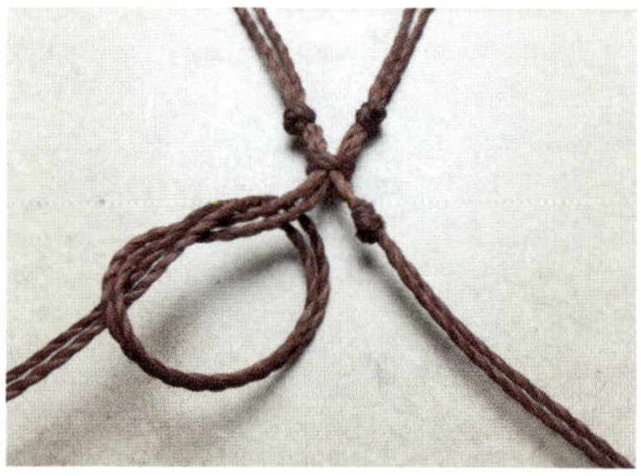

Schritt 3:
Fasse nun auf allen vier Seiten jeweils 2 Fäden in einem Überhandknoten zusammen (2x kurz/kurz; 2x lang/lang). Die Knoten sollten ca. 7mm von der Mitte entfernt sein. Das kannst du aber je nach Größe deines Steins auch etwas länger machen.

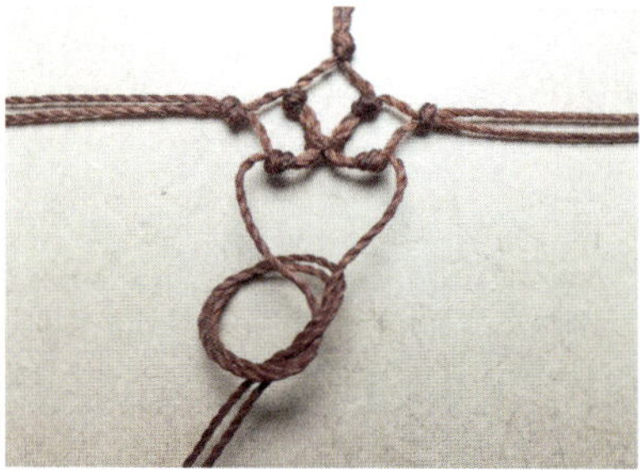

Schritt 4:
Greife einen Faden und fasse diesen mit einem anderen aus einem benachbarten Knoten mit einem Überhandknoten zusammen. Wiederhole dies auf den anderen drei Seiten. Achte darauf, dass die Knoten denselben Abstand haben. Dadurch entstehen 4 Rautenformen wie bei einem Netz.

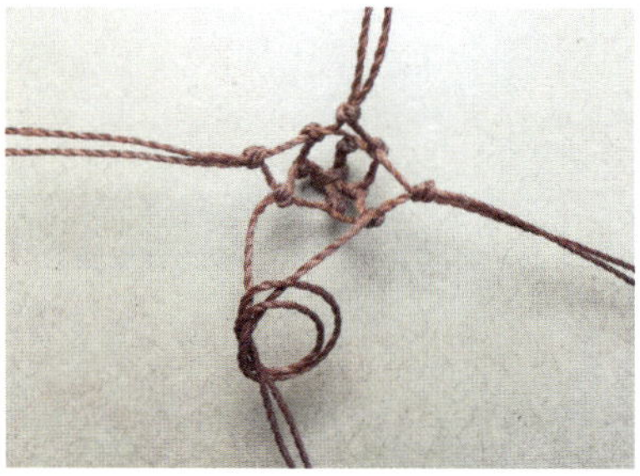

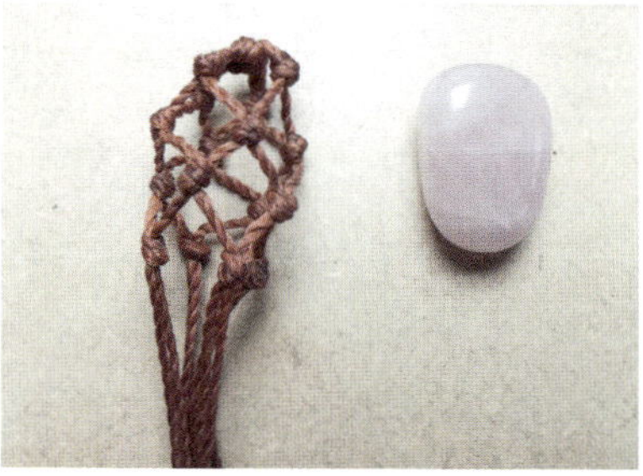

Schritt 5:
Füge noch 2-3 solcher Reihen aus Überhandknoten hinzu (je nach Steingröße). Das Netz verlängert sich dadurch schlauchförmig.

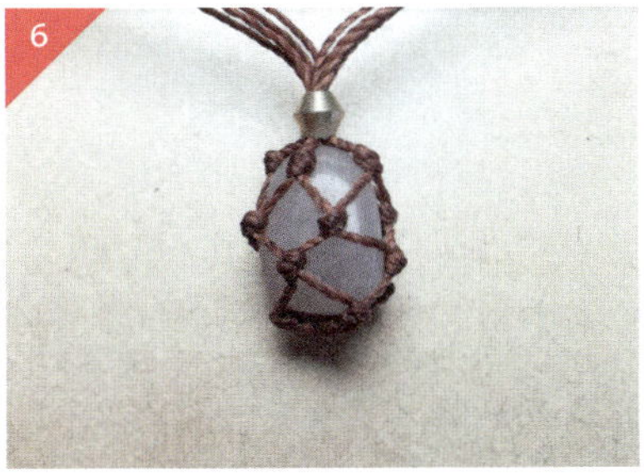

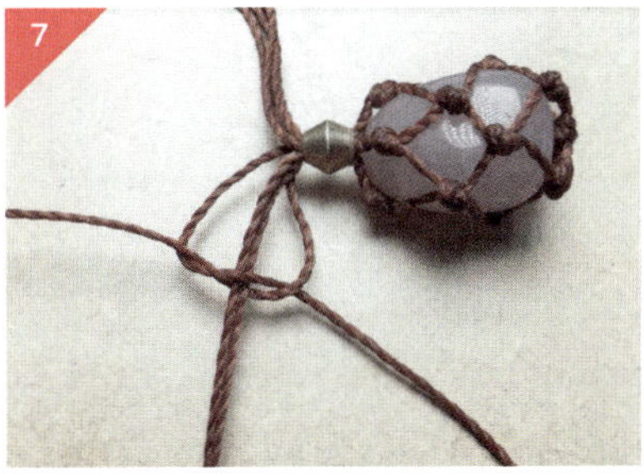

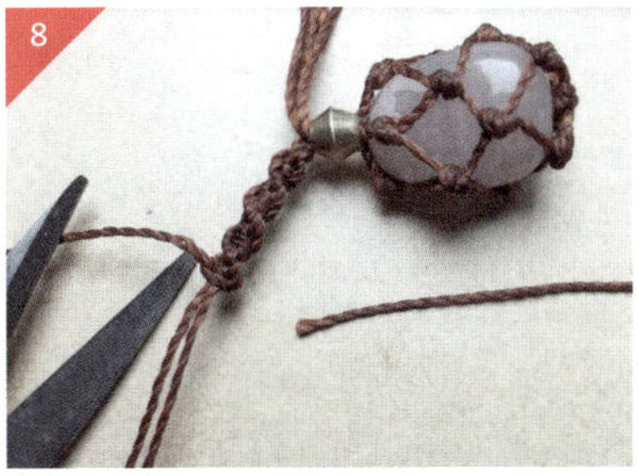

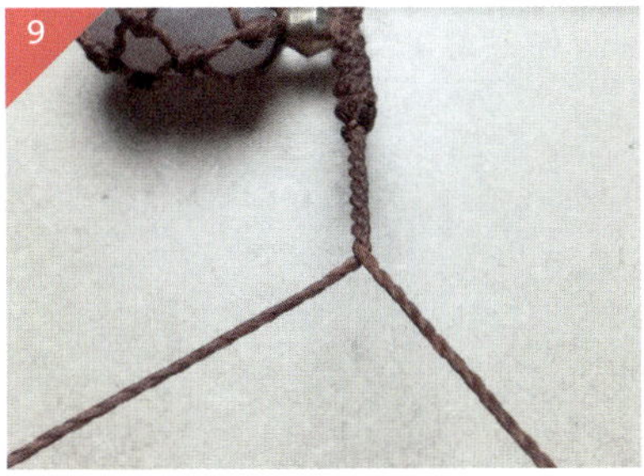

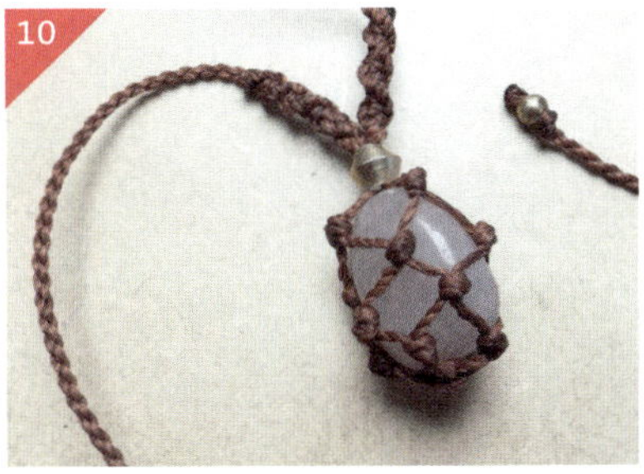

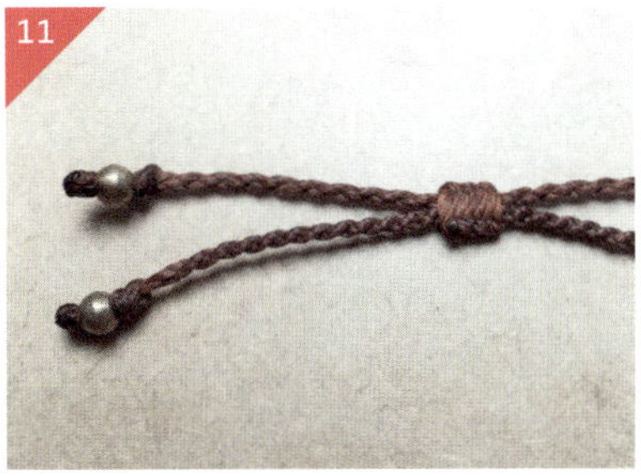

Schritt 6:

Schiebe den Stein in das Netz. Fädle alle 8 Fäden durch die große Messingperle. Schiebe diese bis auf Anschlag zum Stein. Nun ist es wichtig, dass der Stein richtig fest im Netz liegt und kein Luftraum zwischen dem Stein und den Netzfäden entsteht. Ziehe daher jeden Faden einzeln mit Kraft straff und schiebe die Perle so weit es geht Richtung Stein. Sortiere die Fäden nun so, dass jeweils ***2 kurze*** und ***2 lange*** Fäden nach rechts und nach links aus der Perle herausführen.

Schritt 7:

Spanne die 4 rechten Fäden oben im Klemmbrett ein, sodass du mit den 4 verbliebenen Fäden weiterknüpfen kannst. Die beiden langen Fäden sind nun deine Haltefäden. Knote mit den beiden kurzen Arbeitsfäden so viele Spiralknoten, bis du eine Länge von 1,5cm erreicht hast (ca. 10 bis 15 Wiederholungen).

Schritt 8:

Schneide die beiden Arbeitsfäden knapp ab und brenne die Enden mit dem Feuerzeug fest.

Schritt 9:

Wiederhole Schritte 7 und 8 auch für die andere Seite. Verdrille nun für den Abschluss die 2 langen Fäden miteinander, bis du eine Länge von ca. 35-40cm erreicht hast.

Schritt 10:

Fasse die verdrillten Bänder mit einem Überhandknoten zusammen. Fädle eine Perle auf beide Fäden und führe einen erneuten Überhandknoten durch, sodass die Perle fest zwischen beiden Überhandknoten sitzt. Wiederhole das Verdrillen mit Abschlussperle nun auch auf der anderen Seite. Schneide nun alle überschüssigen Garnreste knapp ab und brenne sie mit dem Feuerzeug ab.

Schritt 11:

Fasse die beiden Enden mit einem größenverstellbaren Schiebeverschluss zusammen.

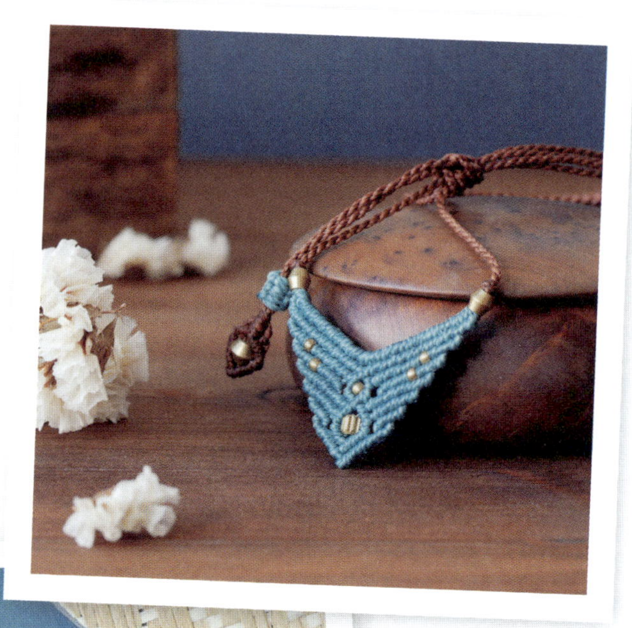
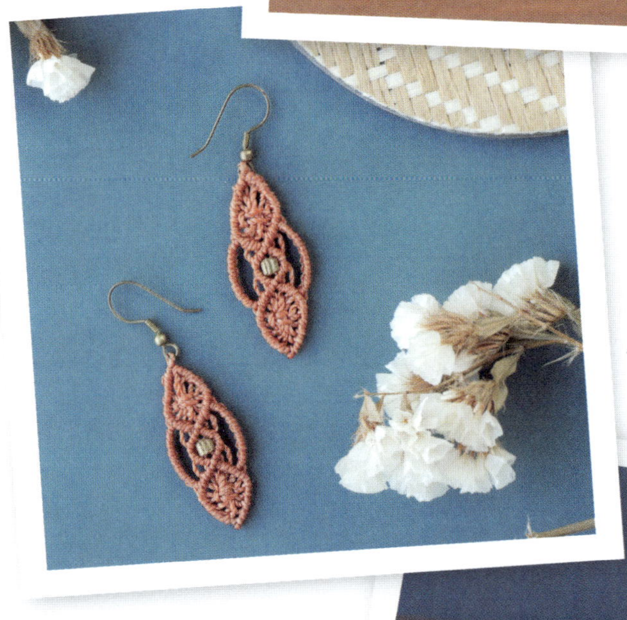
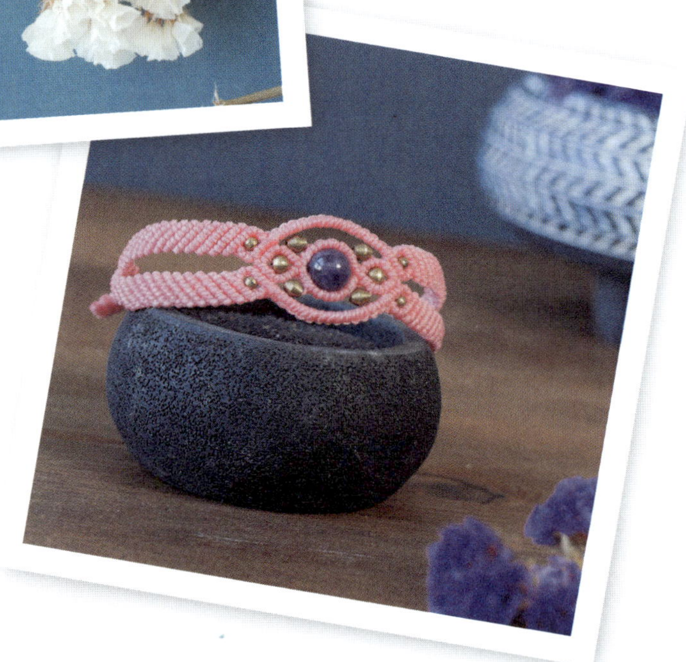

Projekte Teil 2 – Zeit für ein wenig mehr Herausforderung!

Im ersten Teil dieses Buchs hast du mit allen wichtigen Knoten Erfahrungen sammeln können. Da du dich nun schon ein wenig warm geknüpft hast, ist jetzt genau der richtige Zeitpunkt, um deine Makramee-Fertigkeiten weiter zu festigen und auszubauen. Also: Raus aus der Komfortzone und auf in unbekanntere Gefilde!

Die Designs im zweiten Kapitel bestehen zwar größtenteils ebenfalls aus regelmäßigen Mustern, aber du wirst feststellen, dass die Knotenabfolgen insgesamt ein bisschen raffinierter kombiniert sind. In der Regel wirst du in diesem Kapitel pro Anleitung zwei bis drei Grundtechniken miteinander verbinden. Die Muster sind nun deutlich anspruchsvoller, aber ich nehme dich auch hier wieder Knoten für Knoten an die Hand. Und wer weiß, vielleicht klappt ja das eine oder andere Muster nach ein paar Wiederholungen sogar schon auswendig.

Ich habe den Schwierigkeitsgrad zum Ende des Kapitels wieder langsam erhöht, die Anleitungen setzen immer mehr Grundkenntnisse voraus. Es lohnt sich daher, die Designs der Reihe nach zu knüpfen und dir genug Zeit zu lassen. Wenn du jedoch merkst, dass dir ein paar Schritte zu schnell sind, dann blättere für eine detailliertere Erklärung einzelner Knoten am besten nochmal zu den Grundknoten (siehe S. 12) zurück. Als Hilfestellung findest du daher am Anfang jeder Anleitung alle benötigten Knoten und Techniken aufgelistet.

Also dann: Mach es dir mit deinem Klemmbrett gemütlich und lass deine kreativen Funken sprühen!

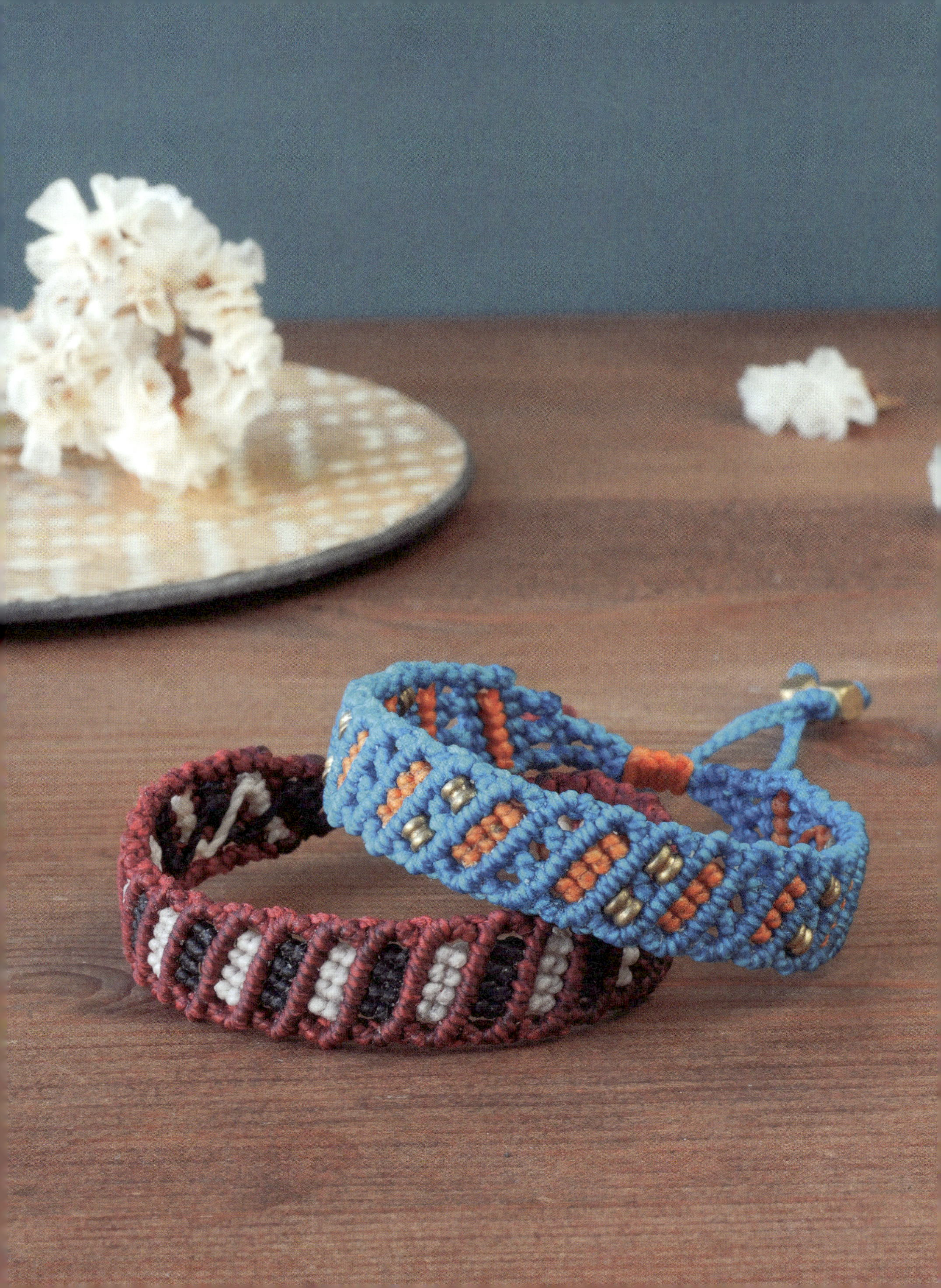

Armband Bunte Reihen

Diese Art von regelmäßigem Muster ist perfekt geeignet, um deine Kreativität anzukurbeln. Du kombinierst horizontale und vertikale Rippenknoten auf drei unterschiedliche Arten miteinander. Je nach Lust und Laune kannst du die drei verschiedenen Reihenmuster entweder einzeln verwenden oder miteinander abwechseln und variieren. In der Version, die ich dir hier vorstelle, wechseln sich alle regelmäßig ab und du lernst so, wie du alle drei Muster knoten kannst, um dann selbst kreativ zu werden. Wie wäre es zum Beispiel mit einer dreifarbigen Variante ganz ohne Perlen?

Knoten & Techniken:

- horizontale und vertikale Rippenknoten
- Flechten mit 3 Fäden
- Überhandknoten

Schwierigkeitsgrad:

- Fortgeschritten

Maße des geknüpften Teils:

- 1,2 cm x 15cm

Material Armband

- 8x 100cm Türkis (Linhasita 707)
- 1x 100cm Orange (Linhasita 30)
- 10 bis 12x Messingperlen mit Rille (3mm)
- 2x Messingperlen Würfel (4,5mm) mit Platz für 3 Fäden

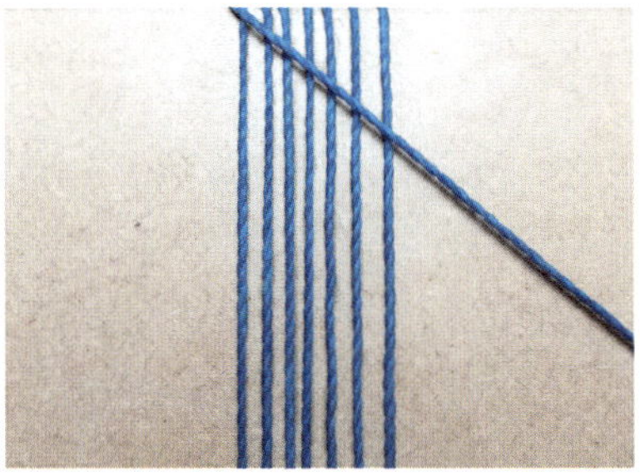

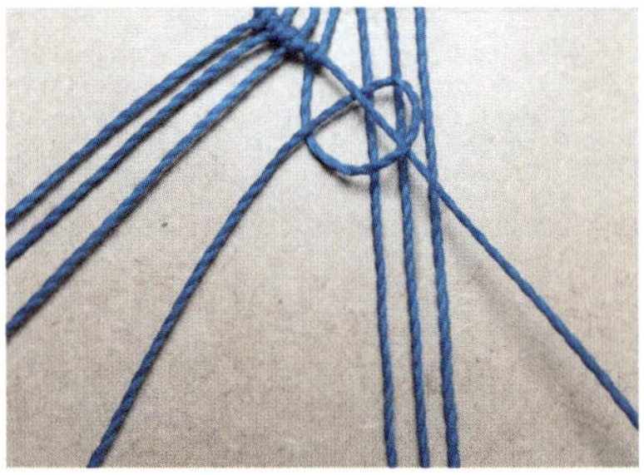

Schritt 1:

Spanne alle 8 türkisen Fäden bei halber Länge im Klemmbrett nebeneinander ein. Lege den 1. Faden von links als Haltefaden über alle anderen Fäden nach rechts und führe 7 horizontale Rippenknoten nach rechts außen durch.

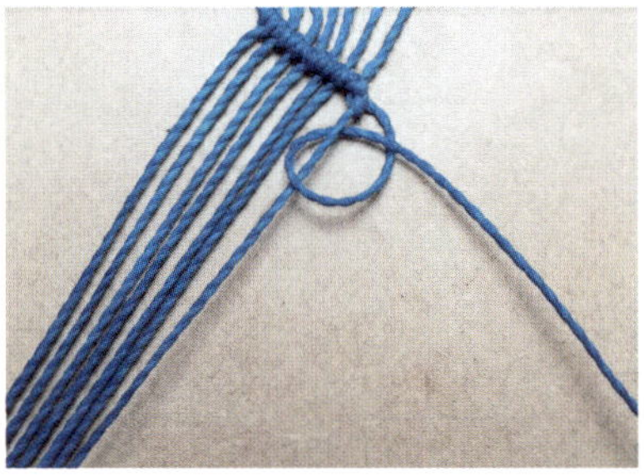

Schritt 2:

Wechsle mit den letzten beiden Fäden die Richtung (Wende), indem du einen horizontalen Rippenknoten nach links knüpfst. Der Haltefaden bleibt gleich.

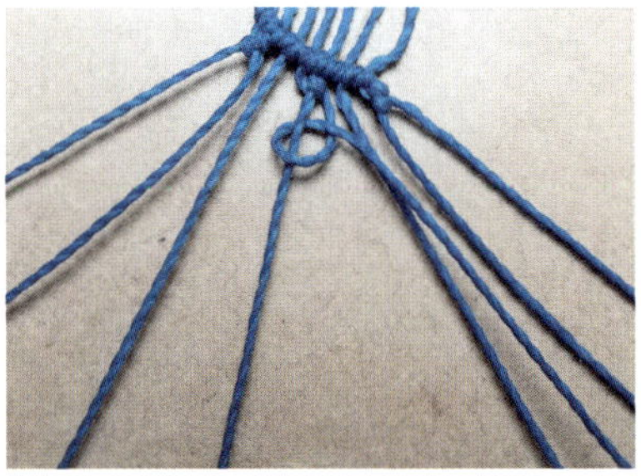

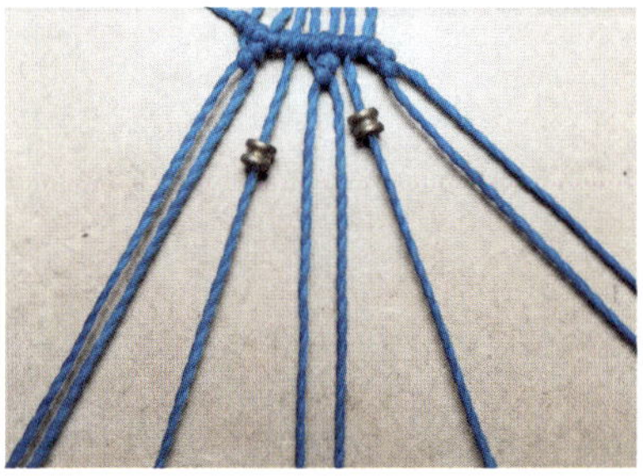

Schritt 3 (MUSTER 1 –Perlen):

Knüpfe mit den beiden ganz linken sowie mit dem 4. und 5. Faden von links jeweils einen vertikalen Rippenknoten nach rechts. Auf die beiden Fäden, die du ausgelassen hast, kommt nun je eine Perle mit Rille.

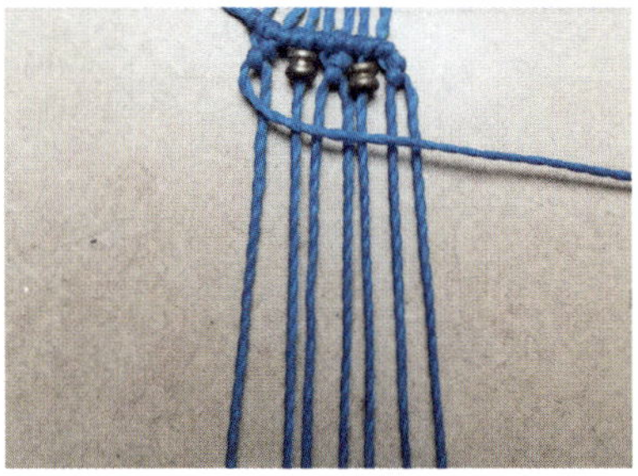

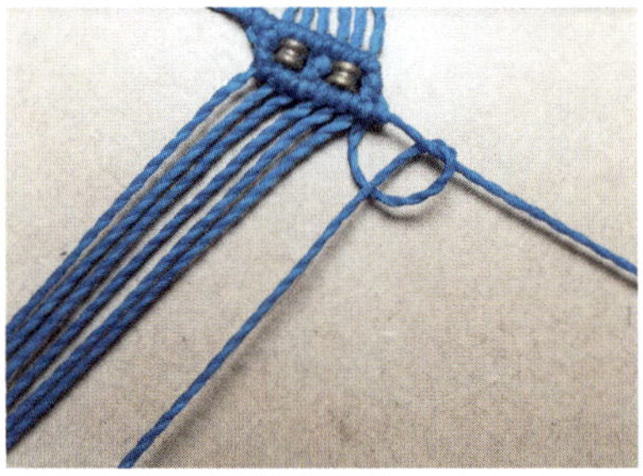

Schritt 4:

Schließe die Reihe ab, indem du wie in Schritt 1 den ganz linken Faden als Haltefaden nach rechts legst und 7 horizontale Rippenknoten nach rechts ausführst.

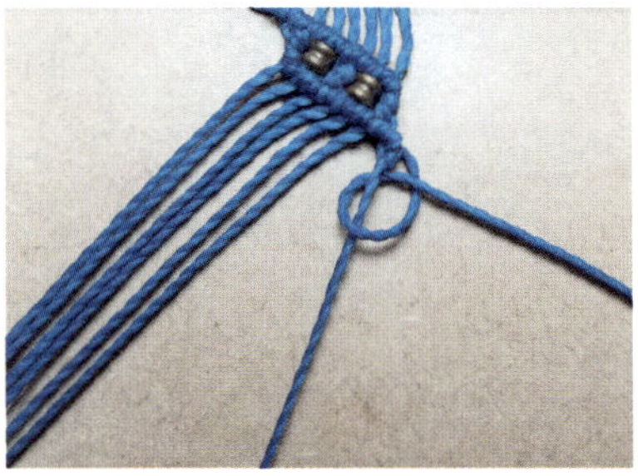

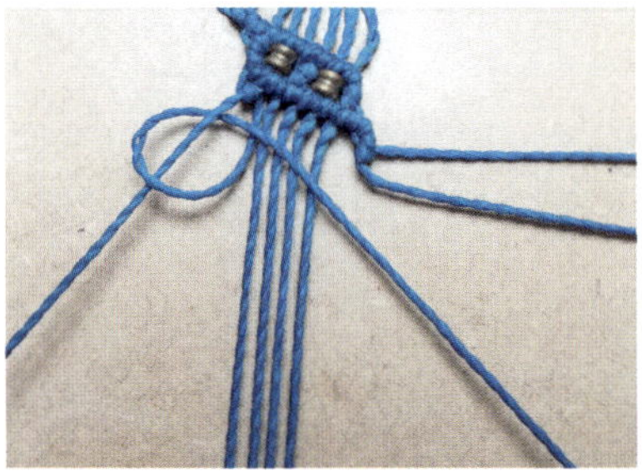

Schritt 5:

Wie in Schritt 2 wechselst du mit den letzten beiden Fäden die Richtung. Dann führst du mit den beiden ganz linken Fäden einen vertikalen Rippenknoten nach rechts durch.

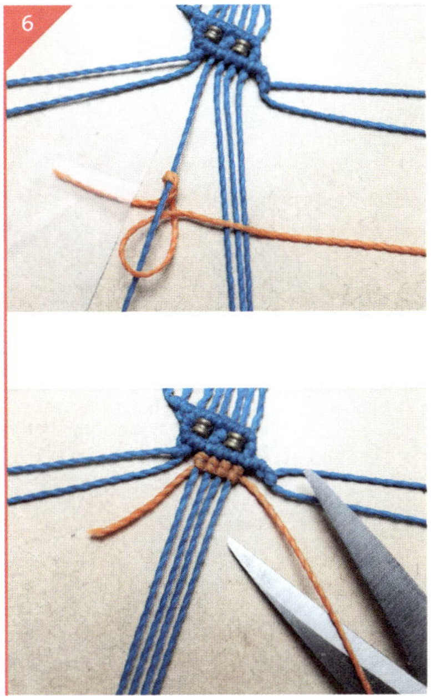

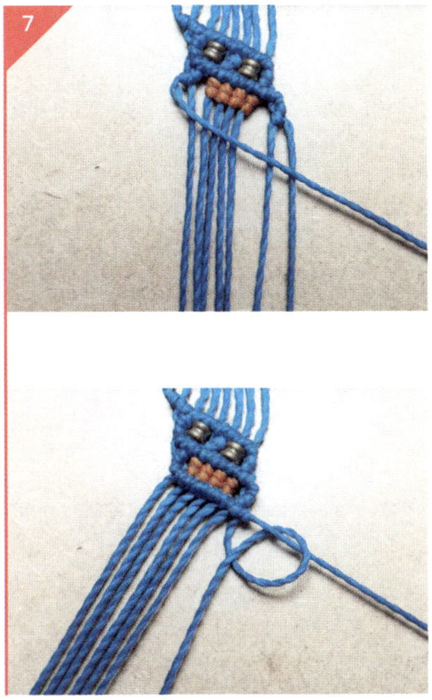

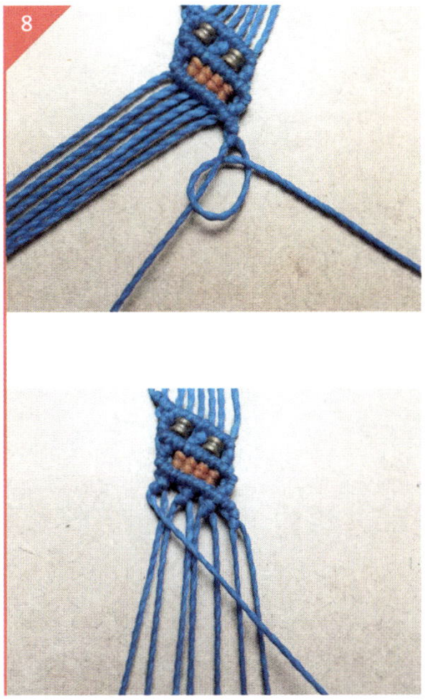

Schritt 6 (MUSTER 2 – Ausmalen):

Befestige den orangen Faden mit einem vertikalen Rippenknoten am 3. Faden von links. Es ist leichter, wenn du dabei das linke Ende mit etwas Klebeband fixierst. Schiebe dir dann den orangen Faden auf Anschlag nach oben und knüpfe nach rechts 3 weitere vertikale Rippenknoten um die angrenzenden türkisen Fäden. Schneide den Rest des Fadens auf beiden Seiten knapp ab und brenne die Enden mit dem Feuerzeug fest. Den Rest des orangen Fadens hebst du dir für die folgenden Reihen auf.

Schritt 7:

Wie bei Schritt 1 bzw. 4 die Reihe abschließen.

Schritt 8 (MUSTER 3 – Lücken):

Führe immer mit 2 Fäden paarweise einen vertikalen Rippenknoten nach rechts durch. Dabei entstehen gleichmäßige Lücken.

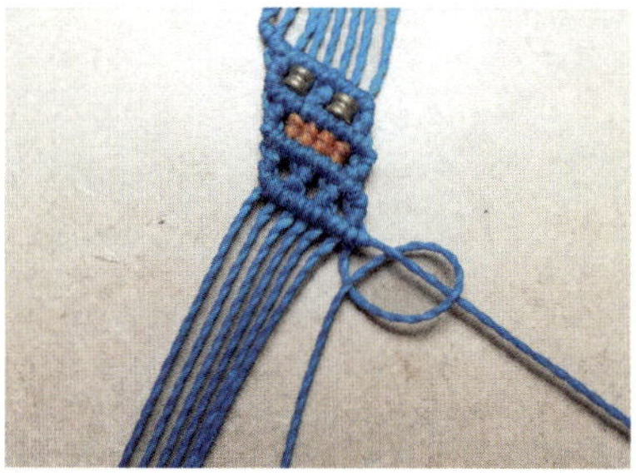

Schritt 9:
Wie bei Schritt 1, 4 oder 7 die Reihe abschließen.

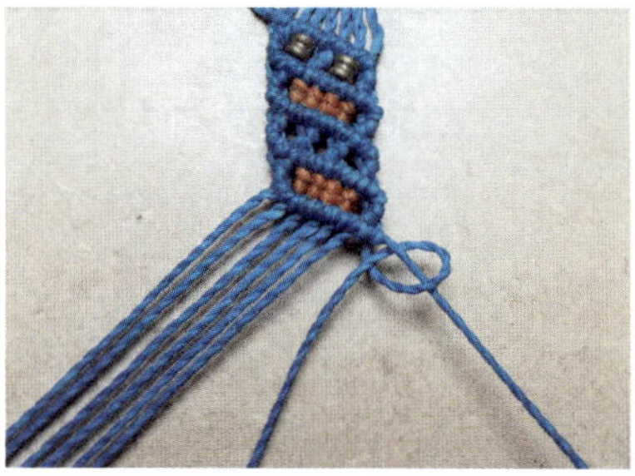

Schritt 10:
Führe das Muster 2 aus den Schritten 5 und 6 erneut durch. Jetzt hast du das Muster einmal komplett durchgezogen. Wiederhole die Schritte 1 bis 9 noch 2 weitere Male. Du hast dann also insgesamt 6 Perlen verknüpft und 6 orange Reihen hinzugefügt.

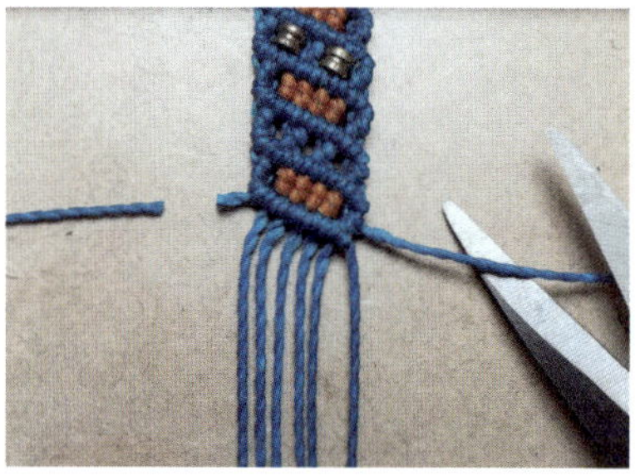

Schritt 11:
ACHTUNG: Für die letzte ausgemalte Reihe brauchst du nur 6 statt der sonst verwendeten 7 horizontalen Rippenknoten. Der 1. Faden von rechts legt sich hier also nicht um den Haltefaden! Schneide nach der Reihe den ganz linken und den ganz rechten Faden ab und brenne sie fest, sodass du fortan mit 6 Fäden weiterarbeiten kannst.

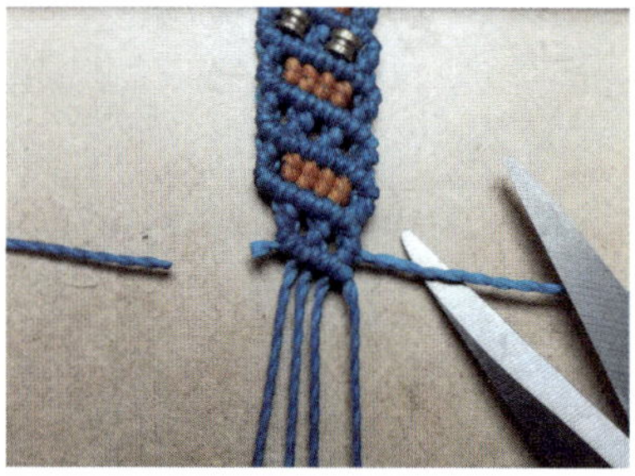

Schritt 12:
Knüpfe das Muster 3 aus Schritt 8, wobei du nun natürlich nur 3 Paare für die vertikalen Rippenknoten hast und sich das Armband dadurch langsam verjüngt. Befestige auch hier am Ende den letzten Faden nicht an der horizontalen Abschlussreihe, sondern entferne wieder den ganz rechten und ganz linken Faden.

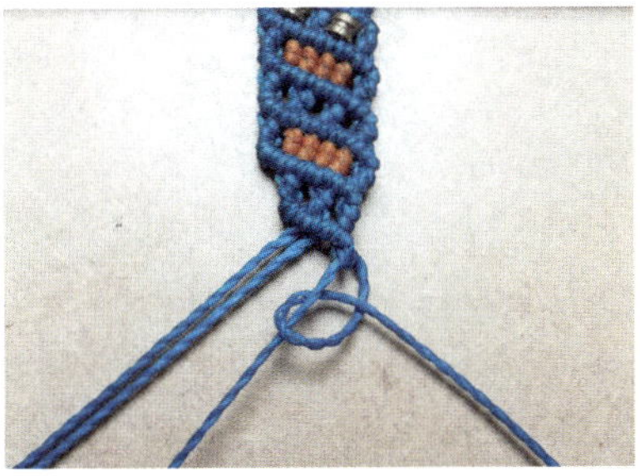

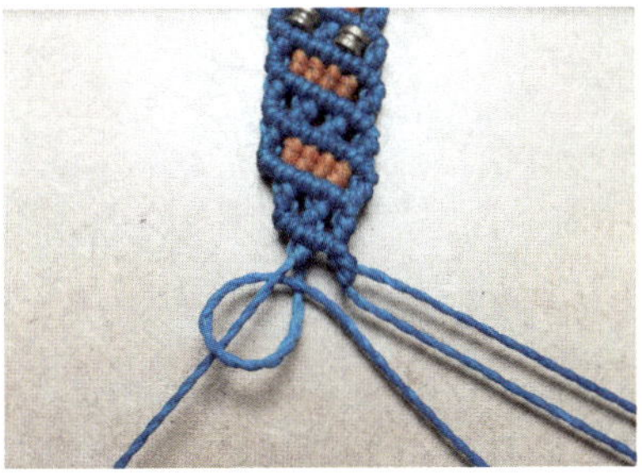

Schritt 13:

Knüpfe mit den 4 verbliebenen Fäden erneut 2 vertikale Rippenknoten.

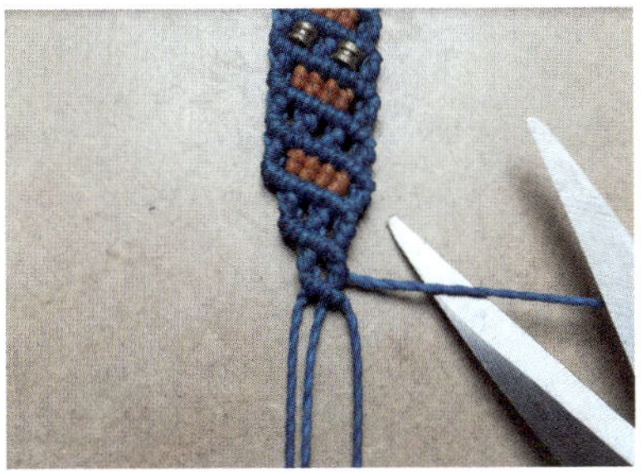

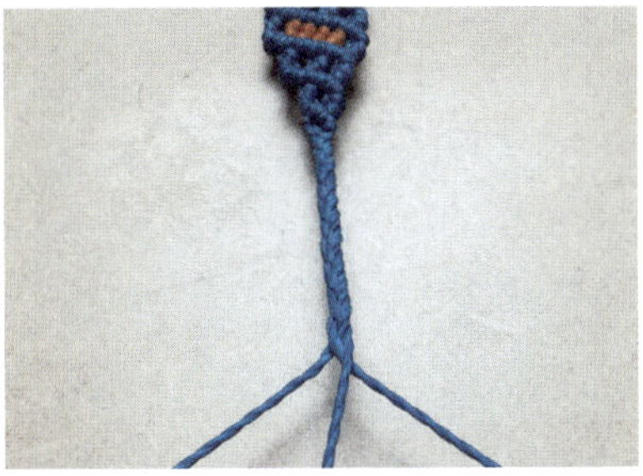

Schritt 14:

Führe die beiden Hälften zusammen und befestige auch hier wieder den ganz rechten Faden nicht an der Reihe, sondern schneide ihn ab und brenne das Ende mit deinem Feuerzeug ab. Flechte mit den verbliebenen 3 Fäden einen ca. 6cm langen Zopf.

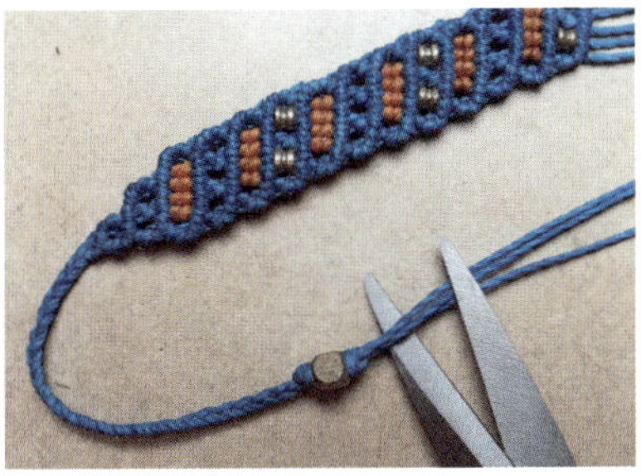

Schritt 15:

Fixiere den geflochtenen Teil mit einem Überhandknoten, füge die Würfelperle hinzu und schließe sie mit einem weiteren Überhandknoten ein. Nun kannst du auch die Abschlussfäden knapp abschneiden und festbrennen.

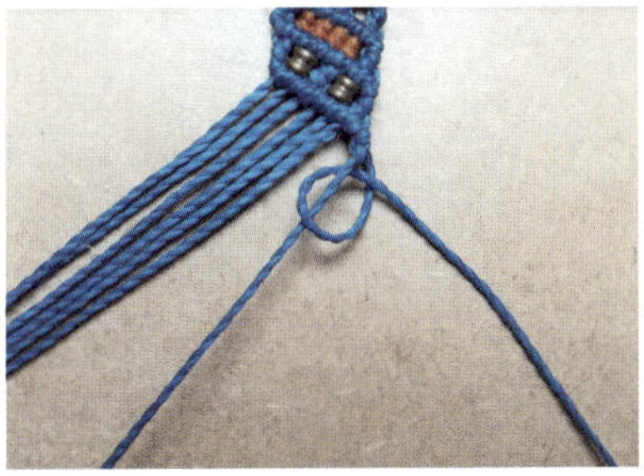

Schritt 16:

Spanne den geknüpften Teil nun um und wiederhole auch auf der 2. Seite das 4-reihige Pattern Muster 3 bis 4 weitere Male. Für den ersten Durchgang kannst du direkt bei Schritt 5 weitermachen, weil die erste Reihe mit Perlen bereits fertig ist. Schließe das Armband dann auf die gleiche Weise ab.

Optional kannst du am Ende einen größenverstellbaren Schiebeverschluss hinzufügen (siehe S. 28).

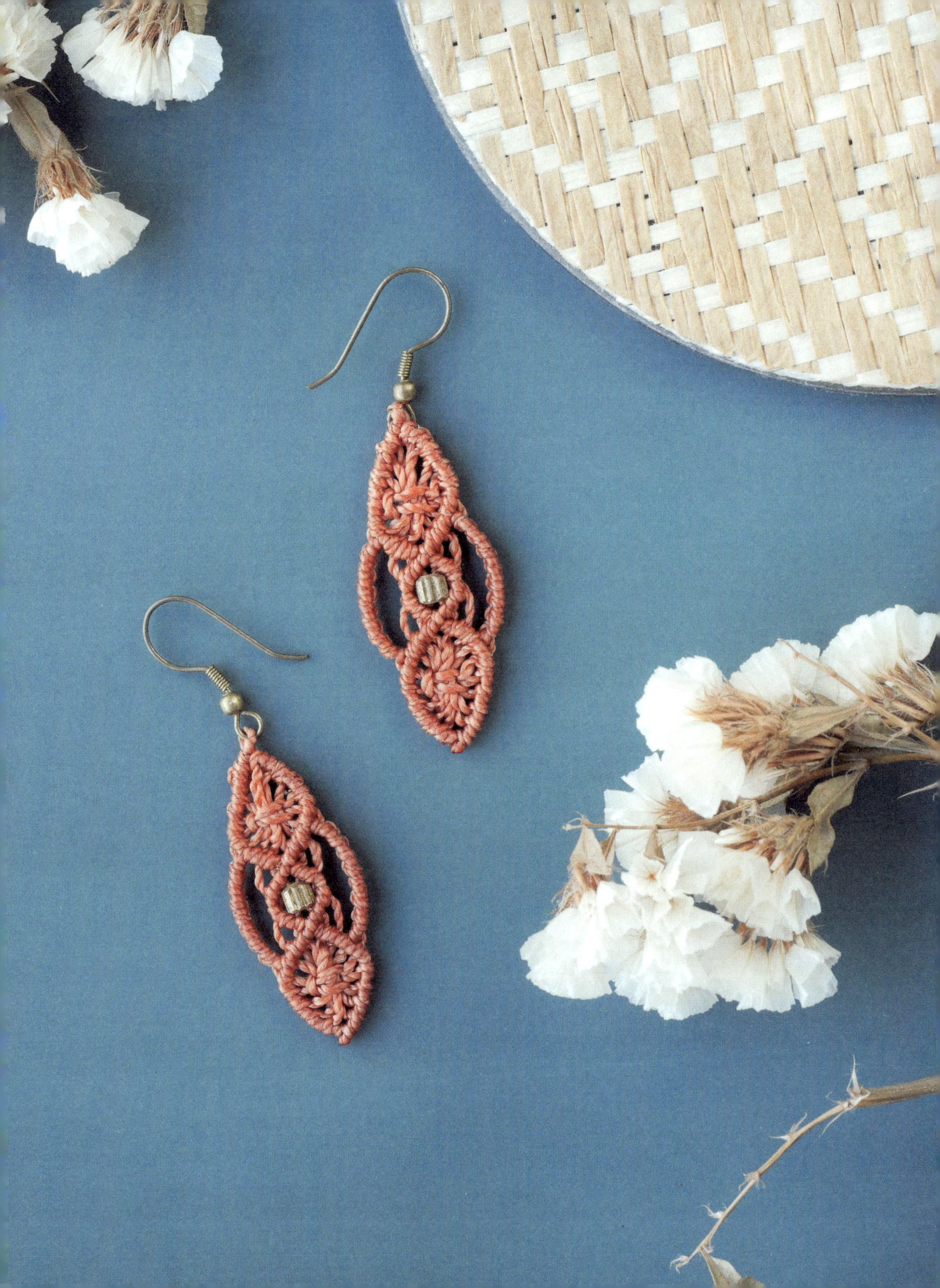

Ohrringe Isfahan

Statt des Rippenknotens steht bei diesen Ohrringen im orientalischen Stil diesmal ein anderer Knoten im Rampenlicht: der Kreuzknoten. Bis jetzt hast du ihn vor allem für größenverstellbare Verschlüsse gebraucht, doch er kann noch einiges mehr. Mit seiner Hilfe kannst du mehrere Fäden auf einmal in einem luftigen Netz zusammenfassen, welches das symmetrische Design der Ohrringe etwas auflockert. Beim Knüpfen dieses Musters kombinierst du viele unterschiedliche Techniken auf sehr kleinem Raum. Eine perfekte Gelegenheit, deine Fähigkeiten ein wenig auf die Probe zu stellen.

Knoten & Techniken:

- erweiterter Ankerstich
- horizontaler Rippenknoten
- Kreuzknoten
- Wenderippenknoten

Schwierigkeitsgrad:

- Fortgeschritten

Maße:

- 4,2cm x 1,8cm (ohne Ohrhaken)

Material pro Ohrring

- 3x 50cm Terracotta (Linhasita 234)
- 2x 70cm Terracotta (Linhasita 234)
- 1x Messingperle »Zahnrad«
- 1 Ohrhaken

Hier findest du ein Video zum Projekt:

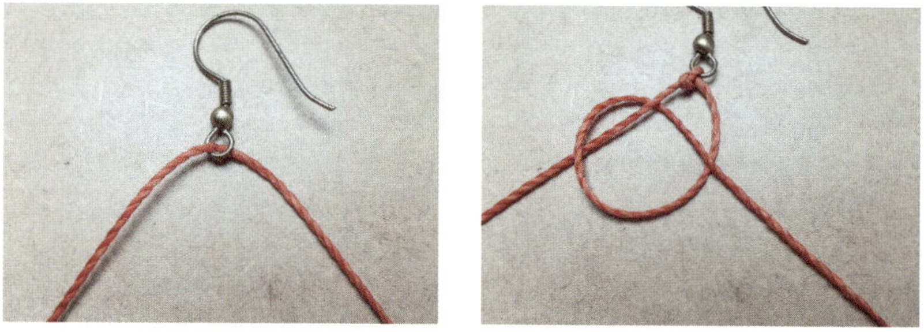

Schritt 1:

Fädle einen Faden mit 50cm Länge mittig durch den Ohrhaken, sodass der Haken nach rechts zeigt und der Faden nach oben links herausschaut. Die linke Hälfte des Fadens ist dein Haltefaden, die rechte dein Arbeitsfaden. Knüpfe einen horizontalen Rippen-knoten nach links.

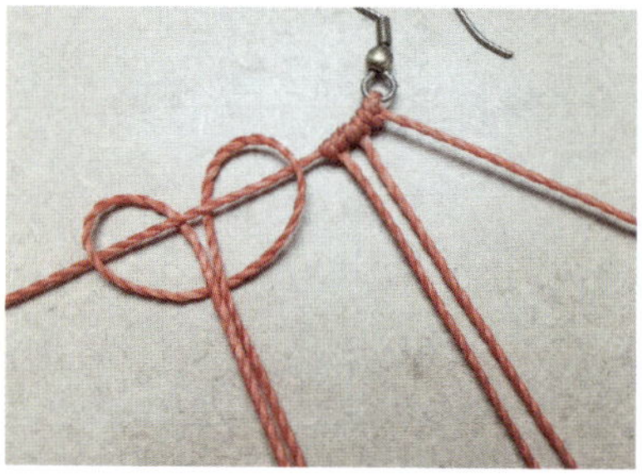

Schritt 2:

Befestige auf der linken Seite einen weiteren Faden (50cm) mit einem erweiterten Ankerstich von rechts. Befestige direkt danach einen der längeren Fäden (70cm) auf die gleiche Weise.

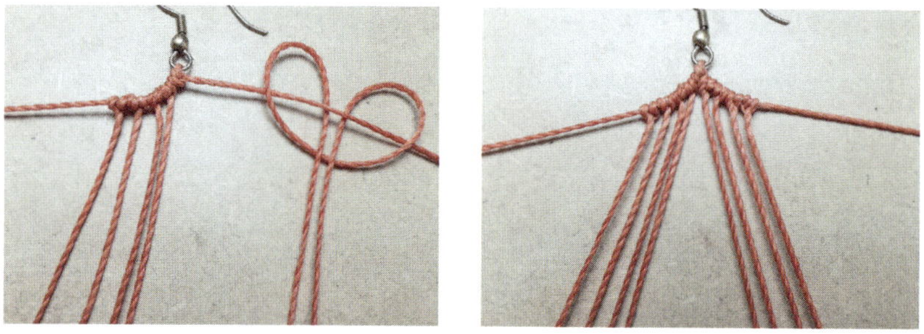

Schritt 3:

Wiederhole dies auch auf der rechten Seite (erst 50cm, dann 70cm mittig befestigen).

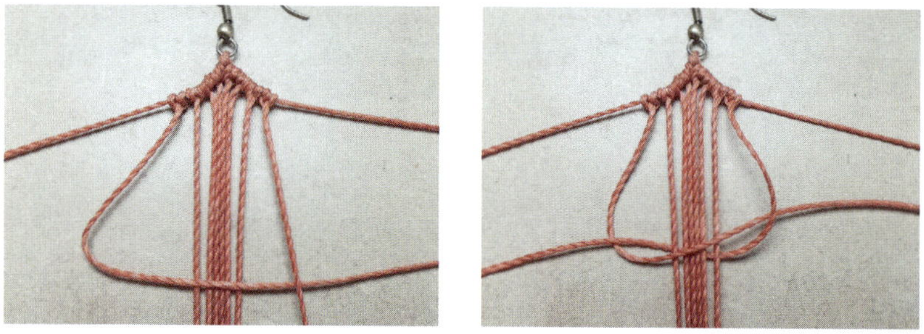

Schritt 4:

Fasse mit dem 2. Faden von rechts und dem 2. Faden von links die 6 mittleren Fäden mittels Kreuzknoten zu einem Zopf zusammen. Achte dabei darauf, dass der Knoten schön mittig sitzt.

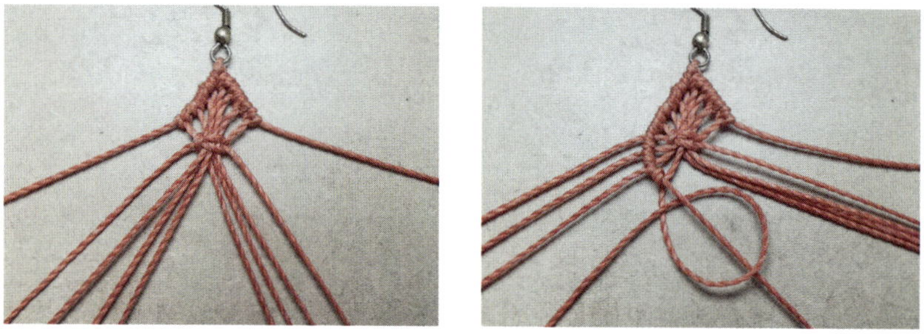

Schritt 5:

Lege von den Fäden, die aus dem Kreuzknoten schauen, die Hälfte nach rechts weg. Nimm dir dann den ganz linken Faden als Haltefaden, lege ihn über die 4 angrenzenden Fäden nach rechts. Knüpfe eine Reihe mit 4 horizontalen Rippenknoten nach rechts in Richtung Mitte. Der erste Arbeitsfaden ist dabei das linke Ende, welches aus dem Kreuzknoten schaut.

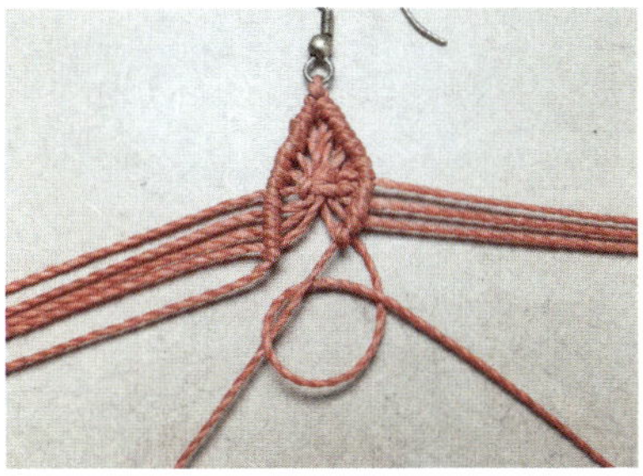
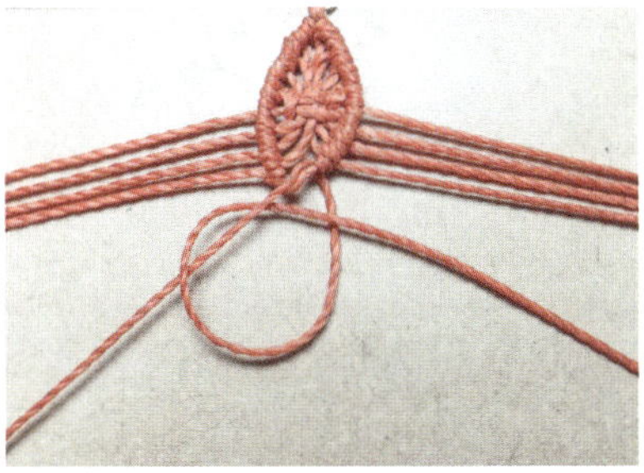

Schritt 6:

Wiederhole Schritt 5 spiegelverkehrt auf der rechten Seite: Nimm den ganz rechten Haltefaden, und knüpfe über die 4 angrenzenden Fäden 5 Rippenknoten nach links.

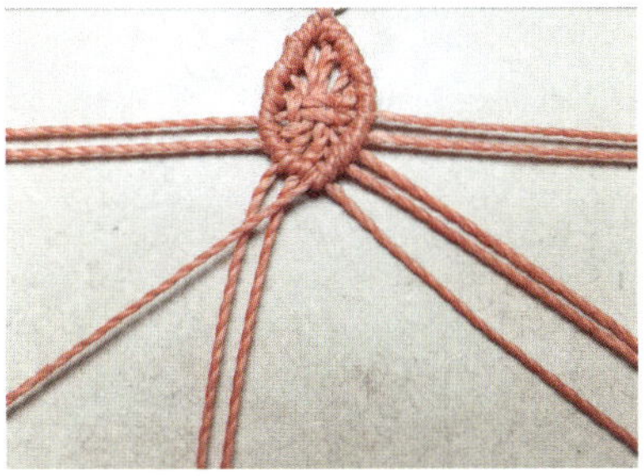
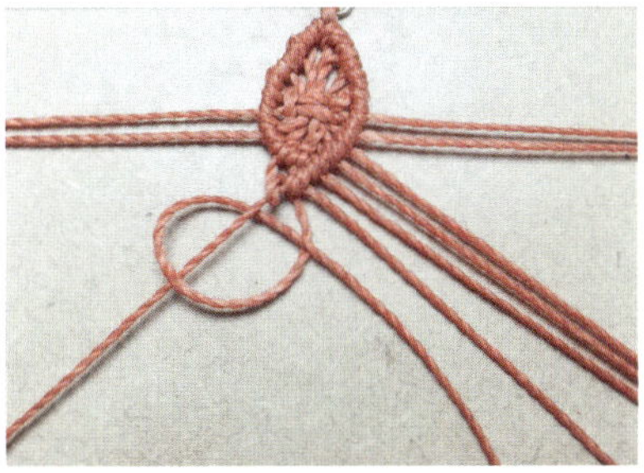

Schritt 7:

Lege die beiden äußersten Fäden von rechts und links zur Seite. Diese brauchst du später noch. Führe den 5. Faden von links als Haltefaden über den 3. und 4. von links und knüpfe nacheinander 2 horizontale Rippenknoten nach links.

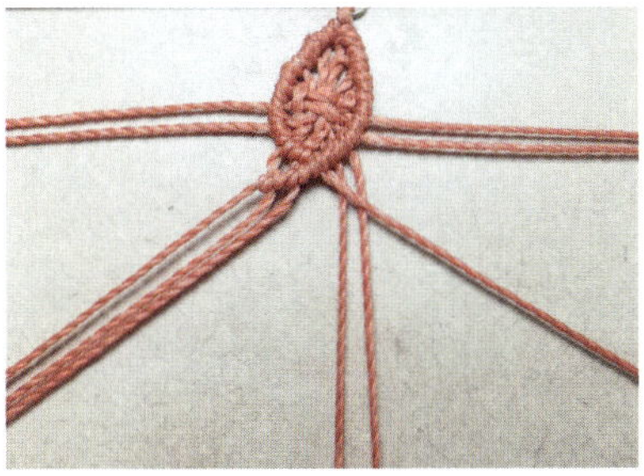
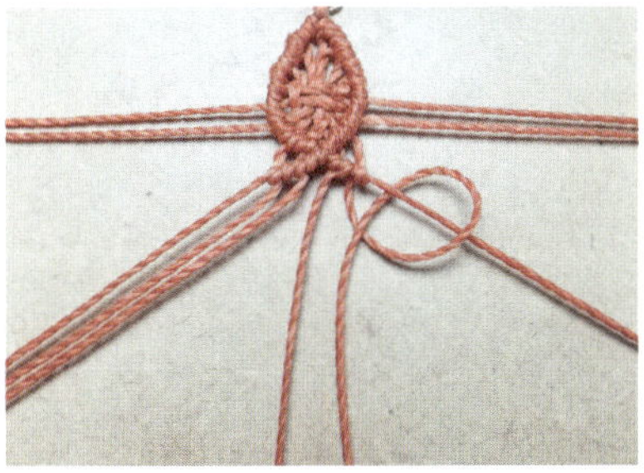

Schritt 8:

Lege nun auch den 5. Faden von rechts als Haltefaden über den 3. und 4. Faden von rechts und knüpfe nacheinander 2 horizontale Rippenknoten nach rechts.

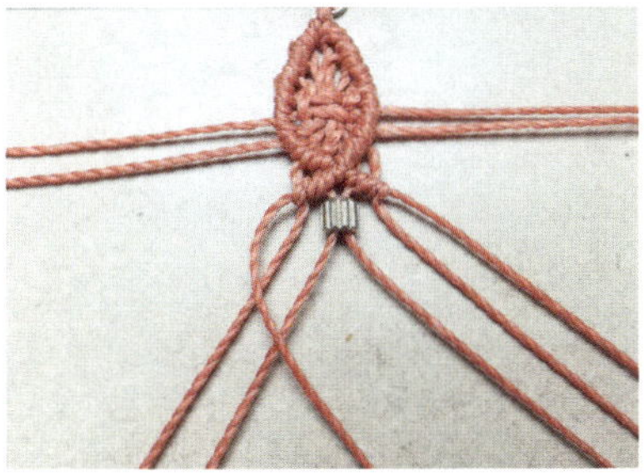
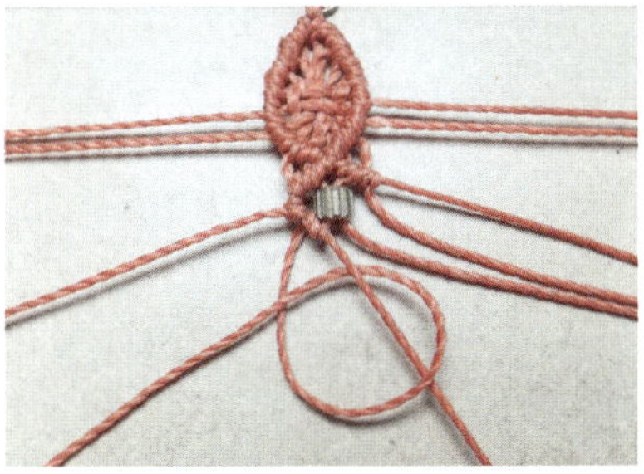

Schritt 9:

Fädle dir auf die beiden mittleren Fäden deine Zahnradperle und schiebe diese auf Anschlag nach oben fest. Lege den 3. Faden von links als Haltefaden Richtung Mitte über den 4. und 5. Faden von links und knüpfe 2 horizontale Rippenknoten nach rechts.

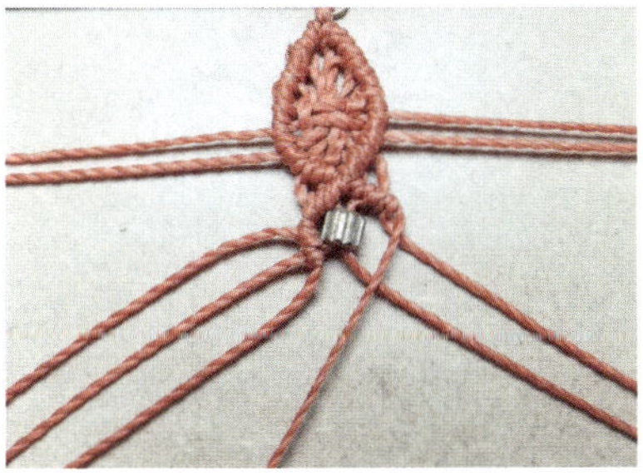
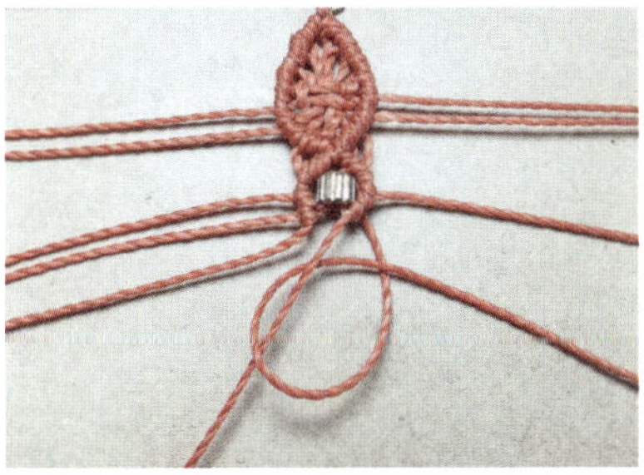

Schritt 10:

Spiegeln: Lege nun den 3. Faden von rechts als Haltefaden Richtung Mitte über den 4. und 5. Faden von rechts und knüpfe 2 horizontale Rippenknoten nach links.

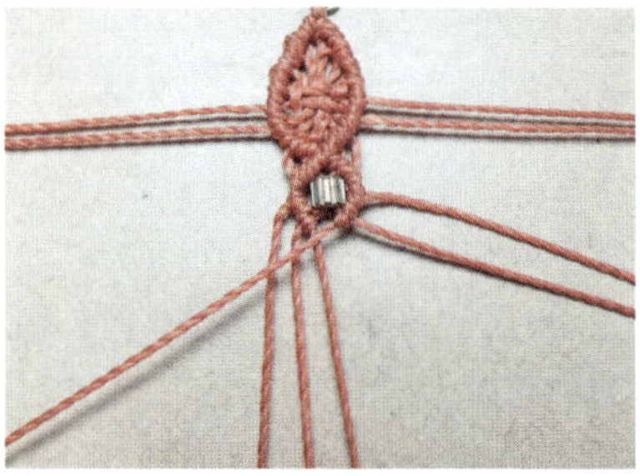
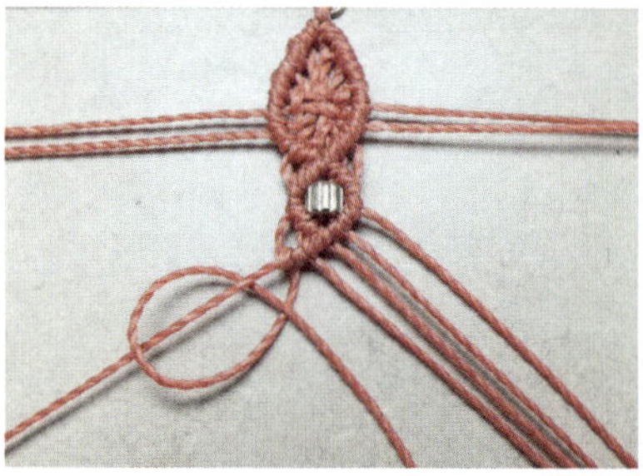

Schritt 11:

Füge die beiden Hälften zusammen, indem du den gleichen Haltefaden wie in Schritt 10 über die 3 Fäden auf der linken Seite legst, um 3 weitere horizontale Rippenknoten nach links zu knüpfen.

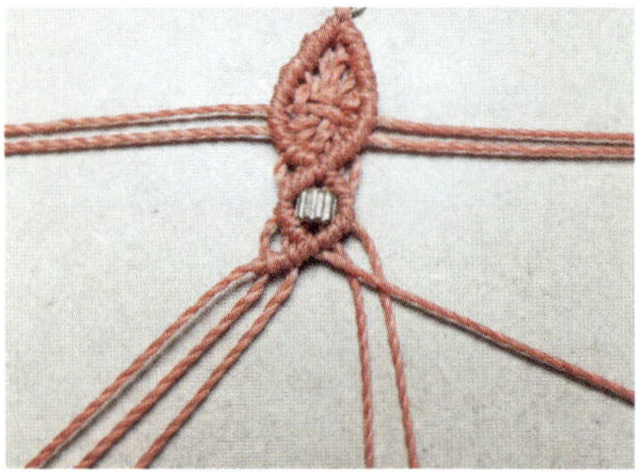
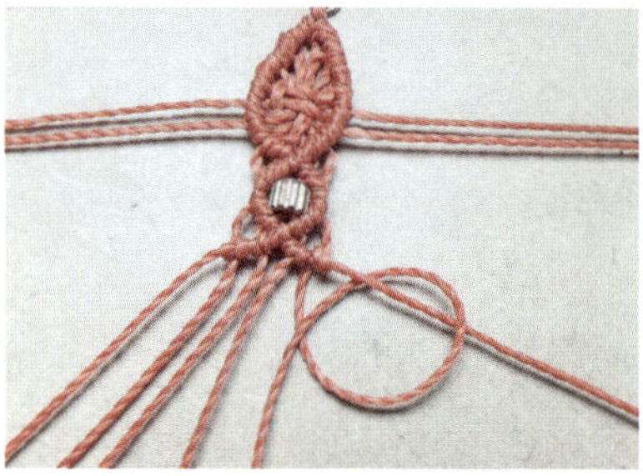

Schritt 12:

Lege den 5. Faden von rechts über den 4. und 3. Faden von rechts, um hier 2 horizontale Rippenknoten nach rechts zu knüpfen.

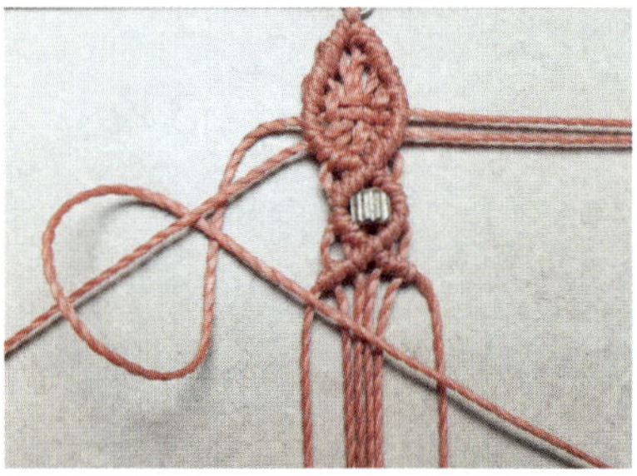
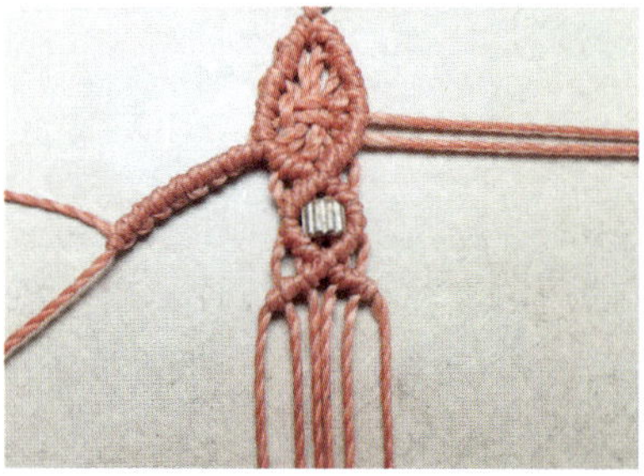

Schritt 13:

Wechsle nun zu den beiden oberen Fäden auf der linken Seite. Der 2. Faden von links ist dein Haltefaden. Dieser wird vom Arbeitsfaden (1. von links) in einer Reihe von 8 Wenderippenknoten von links umknotet. Dein Arbeitsfaden muss am Ende wieder nach links zeigen.

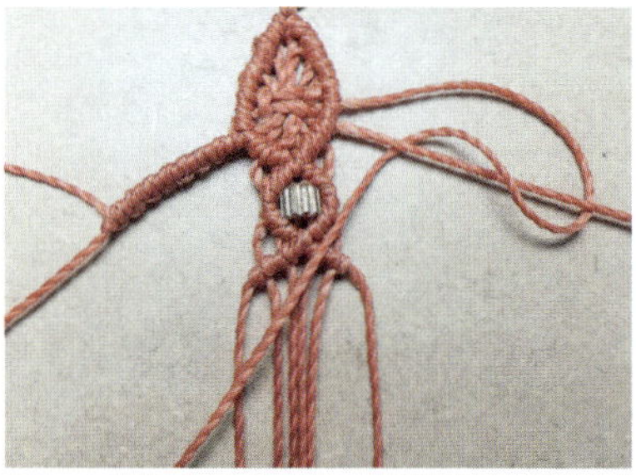
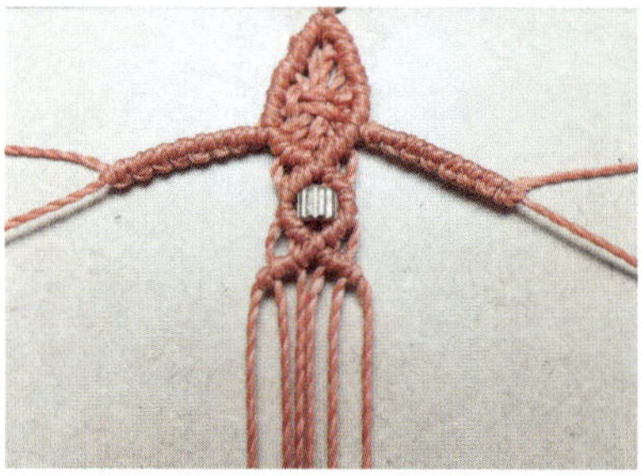

Schritt 14:

Lege nun auch auf der rechten Seite den 1. Faden von rechts als Arbeitsfaden mit 8 Wenderippenknoten um den Haltefaden (2. von rechts). Der Arbeitsfaden sollte am Ende nach rechts zeigen.

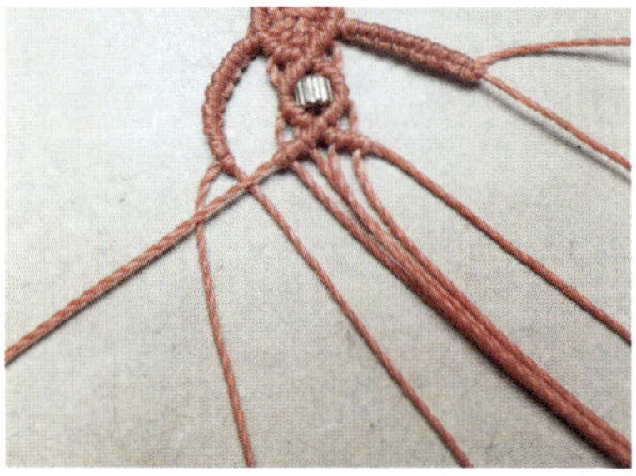
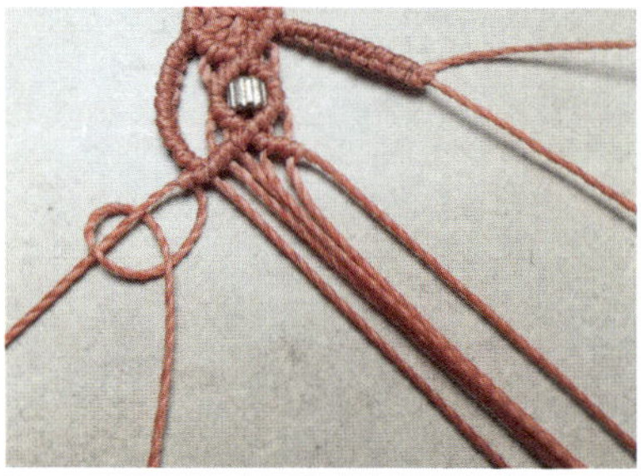

Schritt 15:

Biege dir den linken Rahmen in eine C-Form und führe die beiden Enden unter dem 3. Faden von links (jetzt dein Haltefaden) hindurch. Knüpfe nun 2 horizontale Rippenknoten nach links, um die beiden Teile zu verbinden.

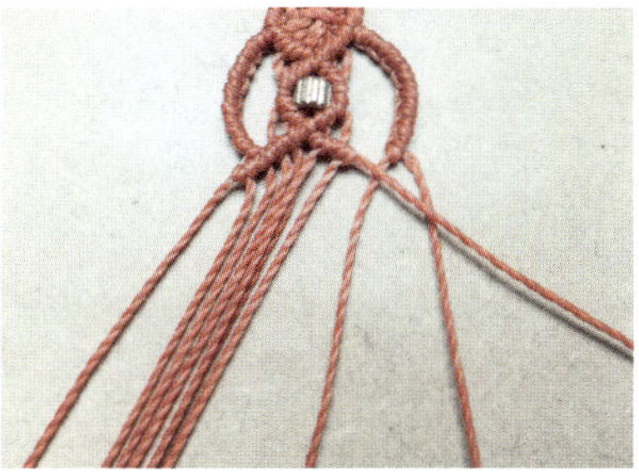

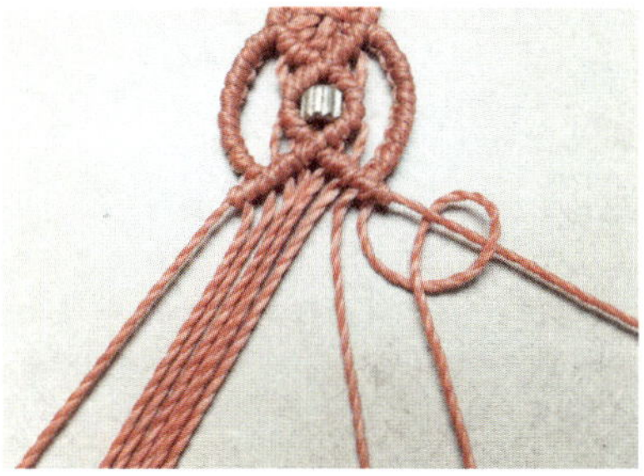

Schritt 16:

Biege dir auch den rechten Rahmen in Form und führe die beiden Enden unter dem 3. Faden von rechts hindurch. Knüpfe nun 2 horizontale Rippenknoten nach rechts.

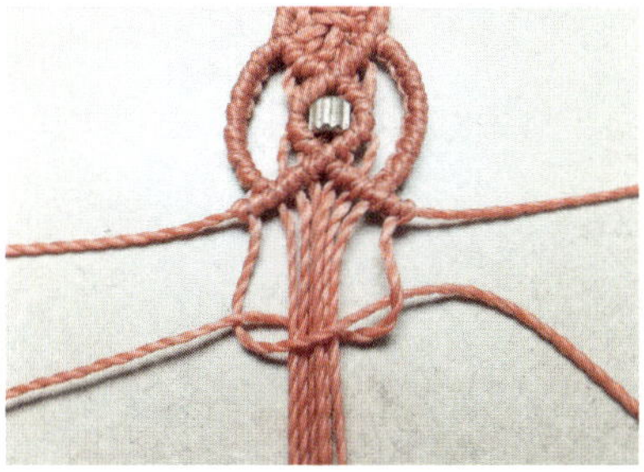

Schritt 17:

Lege wie in Schritt 4 den 2. Faden von rechts und von links in einem Kreuzknoten um die 6 mittleren Fäden.

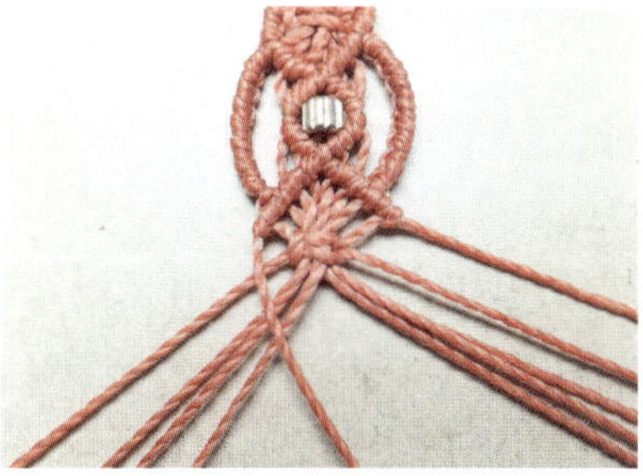

Schritt 18:

Fahre fort wie in Schritt 5, um auf der linken Seite 4 horizontale Rippenknoten hinzuzufügen.

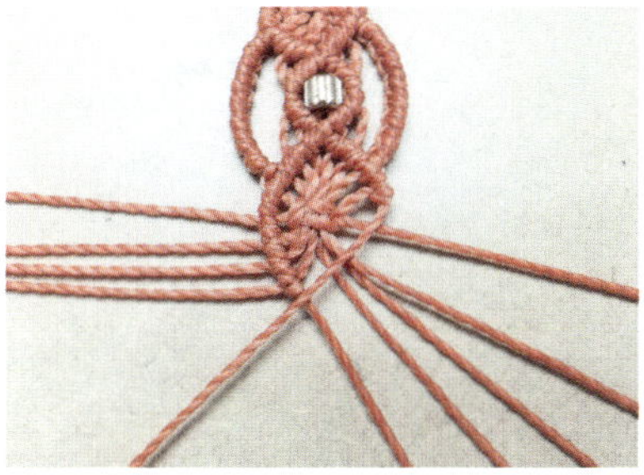

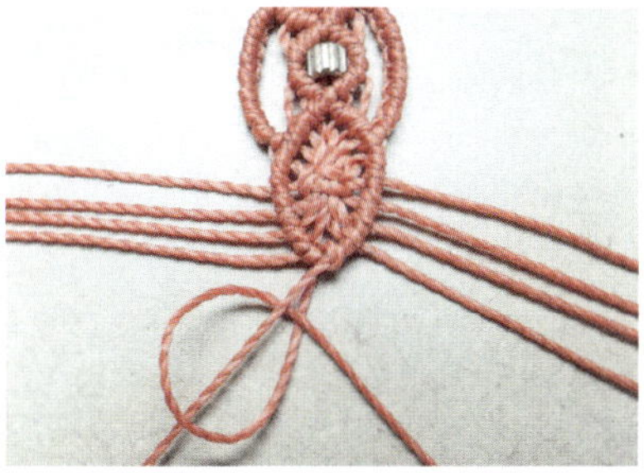

Schritt 19:

Lege nun auch den ganz rechten Faden über die nächsten 5 Fäden, um abschließend 5 horizontale Rippenknoten nach links zu knüpfen.

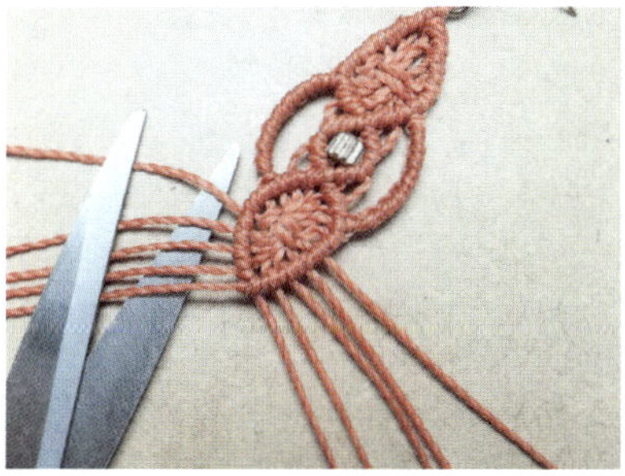

Schritt 20:

Schneide nun alle Fäden knapp ab und brenne sie mit dem Feuerzeug fest.

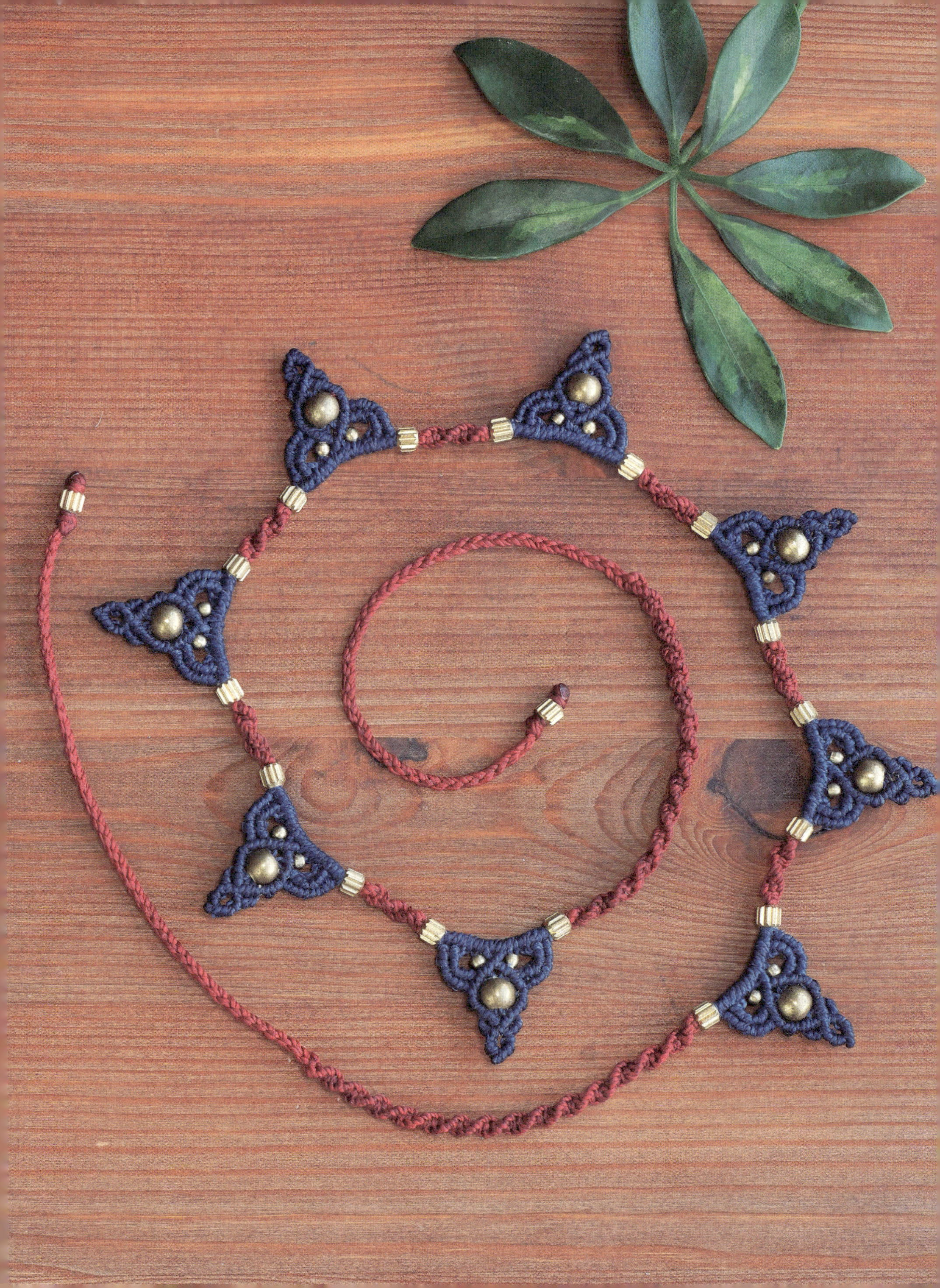

Choker Kette Kerala

Beim Knüpfen dieses Chokers lernst du viele Techniken, die du dir durch die ständige Wiederholung in aller Ruhe einprägen kannst. Mit den zwei Farben und den unterschiedlichen Perlen ist die Kette ein echter Hingucker. Durch die nach unten strebenden Spitzen eignet sich das Design auch wunderbar als Fußkettchen. Spanne deine Arbeit zwischendurch immer mal wieder aus, um zu schauen, wie viele Spitzen du haben möchtest. Für den Choker habe ich acht Spitzen geknüpft. Ein Teil der Materialangaben ist pro Spitze, damit du nach Geschmack variieren kannst.

Knoten & Techniken:

- Erweiterter Ankerstich
- vertikaler und horizontaler Rippenknoten
- Spiralknoten
- Flechten mit 3 Fäden
- Überhandknoten
- Wenderippenknoten

Schwierigkeitsgrad:

- Fortgeschritten

Maße des geknüpften Teils:

- 2cm x 2cm pro Spitze
- Abstand zwischen den Spitzen 1cm

Material Kette

- 2x 200cm Rot (Linhasita 60)
- 1x 100cm Rot (Linhasita 60)
- 2x Messingperlen »Zahnrad« (Platz für 3 Fäden) für den Abschluss

Pro Spitze:

- 5x 40cm Blau (Linhasita 70)
- 1x Messingperle (6mm mit Platz für 4 Fäden)
- 2x Messingperlen »Zahnrad« (Platz für 3 Fäden)
- 2x Messingperlen (2,5mm)

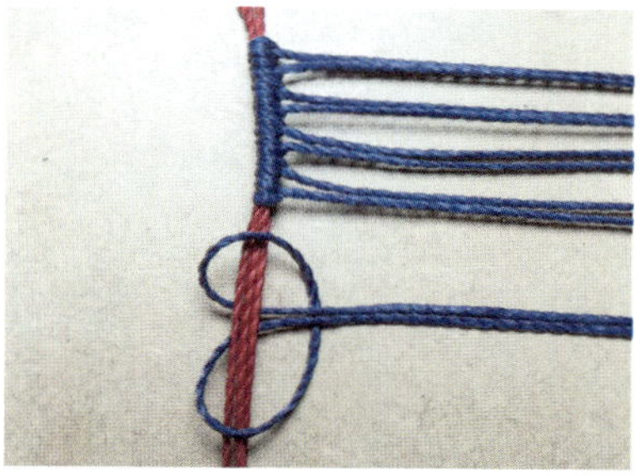

Schritt 1:

Spanne die 3 roten Fäden gemeinsam jeweils bei halber Länger im Klemmbrett ein. Befestige 5 blaue Fäden mittig mit einem erweiterten Ankerstich, um deine erste Spitze zu beginnen.

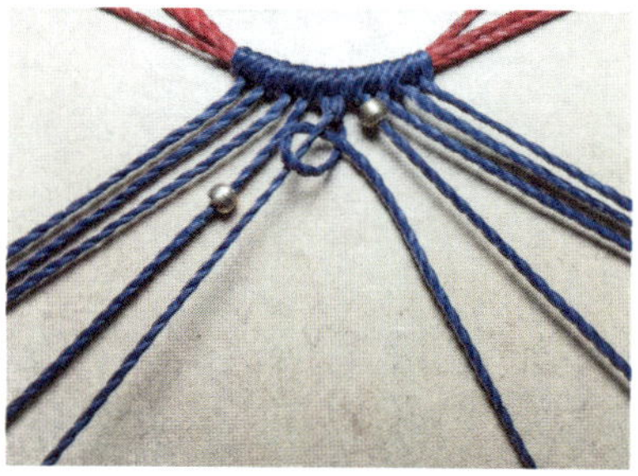

Schritt 2:

Knüpfe mit den beiden mittleren Fäden einen horizontalen Rippenknoten nach links und fädle links und rechts davon je eine kleine (2,5mm) Messingperle auf die 2 angrenzenden Fäden.

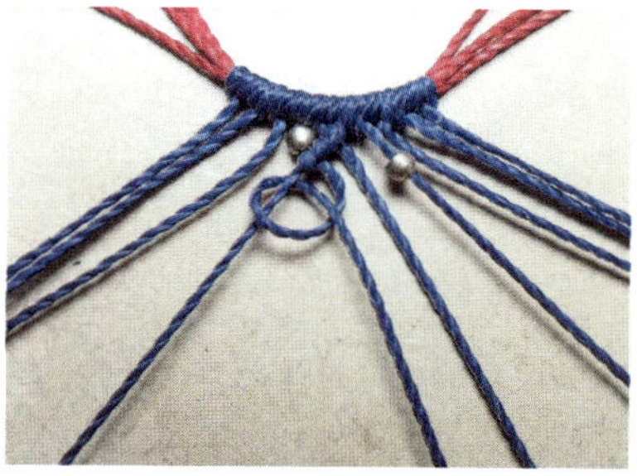

Schritt 3:

Die beiden Fäden mit den Perlen sind jetzt deine Arbeitsfäden und die beiden mittleren deine Haltefäden. Führe einen Rippenknoten nach links und einen nach rechts durch.

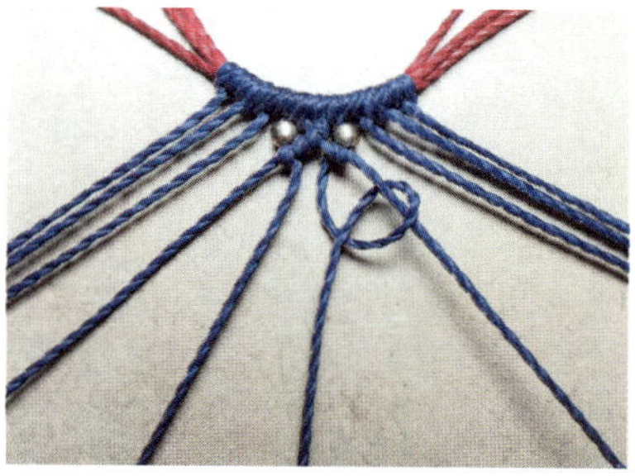

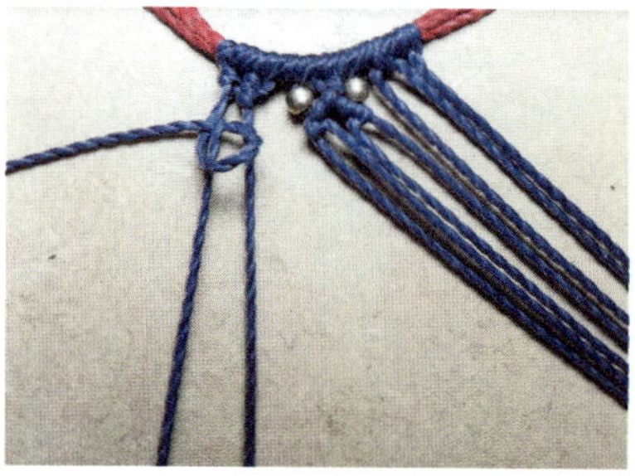

Schritt 4:

Als nächstes knüpfst du dir den linken Rahmen.
Der 3. Faden von links ist dein Arbeitsfaden. Umknote die beiden äußersten linken Fäden mit jeweils einem vertikalen Rippenknoten nach links.

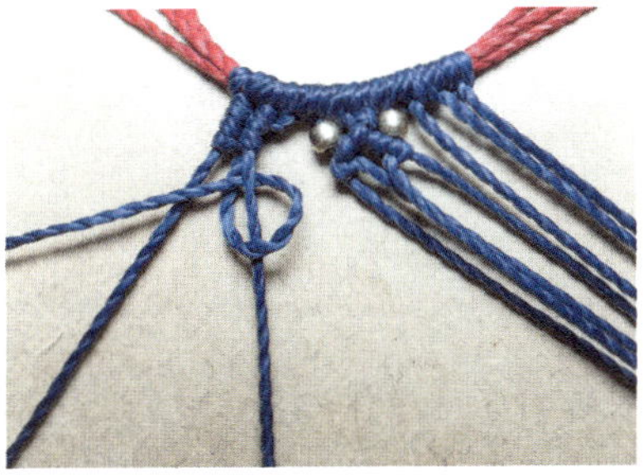

Schritt 5:

Dein Arbeitsfaden bleibt der gleiche und legt sich nun in einem vertikalen Rippenknoten nach rechts um den linken Haltefaden und dann in einem Wenderippenknoten (!) um den zweiten Haltefaden. Nach dem Wenderippenknoten sollte dein Arbeitsfaden also nach links zeigen.

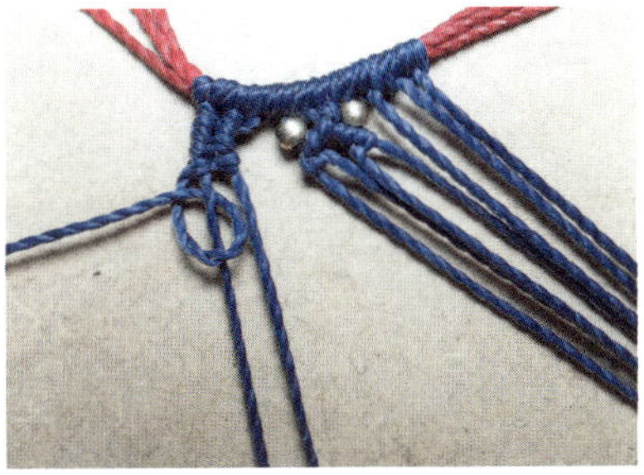

Schritt 6:

Führe noch einen normalen vertikalen Rippenknoten um den linken Haltefaden durch.

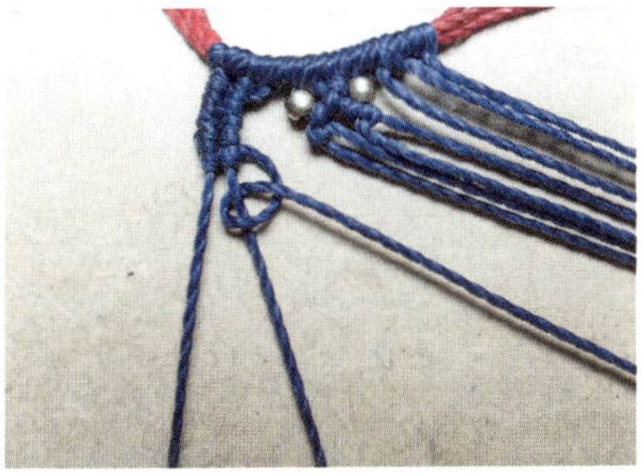

Schritt 7:

Wechsle ein letztes Mal die Richtung und knüpfe 2 vertikale Rippenknoten nach rechts. Der Rahmen sollte sich nun sichelmondförmig nach rechts neigen, da auf dem rechten Haltefaden weniger umknotet wurde. Schneide den Arbeitsfaden knapp ab und brenne das Ende fest.

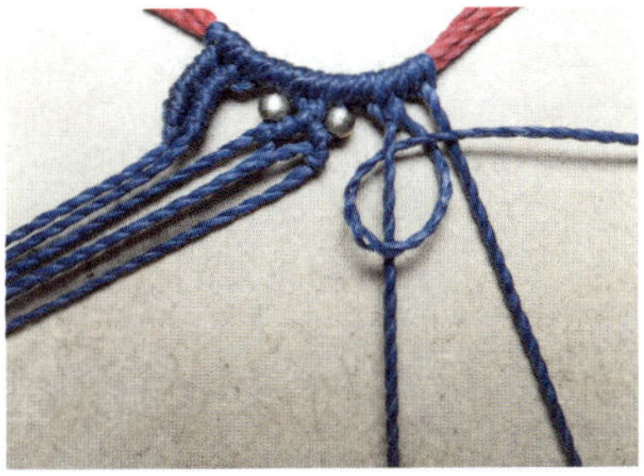

Schritt 8:

Auf zum rechten Rahmen! Der 3. Faden von rechts ist dein Arbeitsfaden. Umknote die beiden äußersten rechten Fäden mit jeweils einem vertikalen Rippenknoten nach rechts.

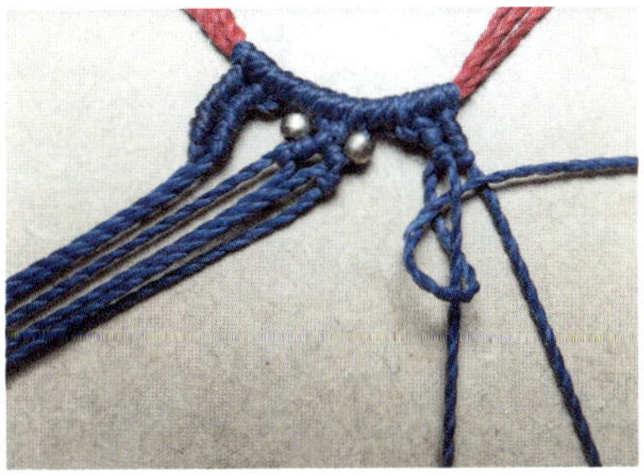

Schritt 9:

Achte beim Rückweg nach links wieder darauf, dass du erst einen normalen vertikalen Rippenknoten um den rechten Haltefaden knüpfst und dann einen Wenderippenknoten (!) um den linken der beiden. Danach sollte dein Arbeitsfaden also nach rechts weisen.

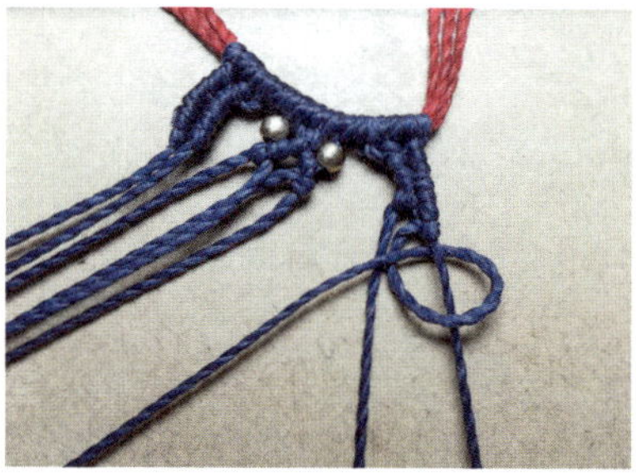

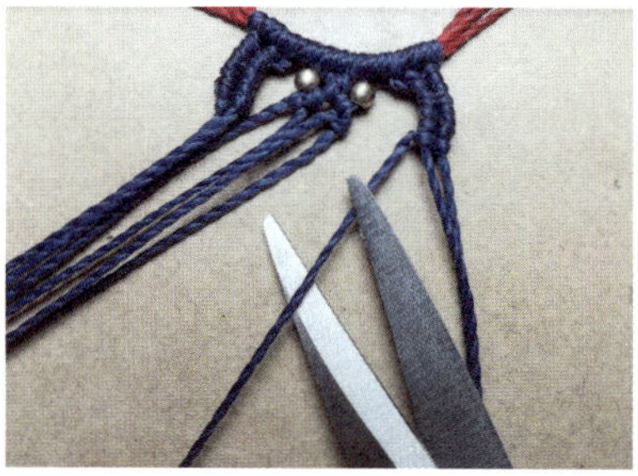

Schritt 10:

Knote einen vertikaler Rippenknoten nach rechts um den rechten Haltefaden. Wechsle dann ein letztes Mal die Richtung und führe 2 vertikale Rippenknoten nach links durch. Die Mondsichel sollte sich diesmal nach links neigen und du kannst den Arbeitsfaden wie in Schritt 7 entfernen.

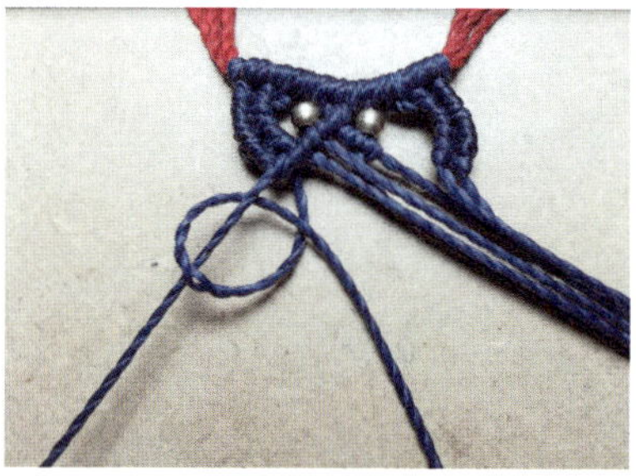

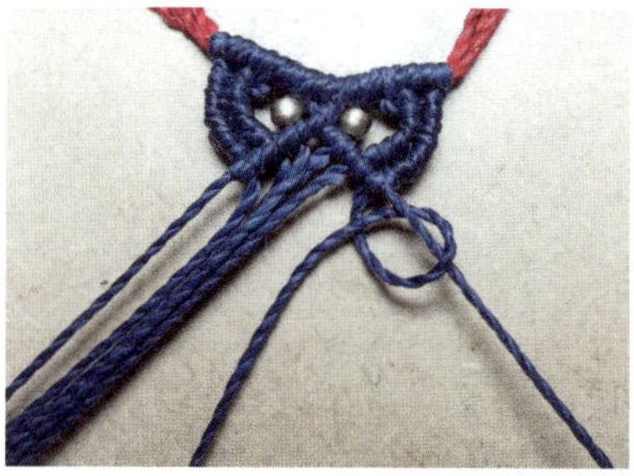

Schritt 11:

Verlängere die Reihe, die aus der Mitte nach links weist, indem du den 3. Faden von links als Haltefaden mit den beiden ganz linken Fäden umknotest (2 horizontale Rippenknoten nach links). Führe den Schritt auch auf der rechten Seite aus (2 horizontale Rippenknoten nach rechts).

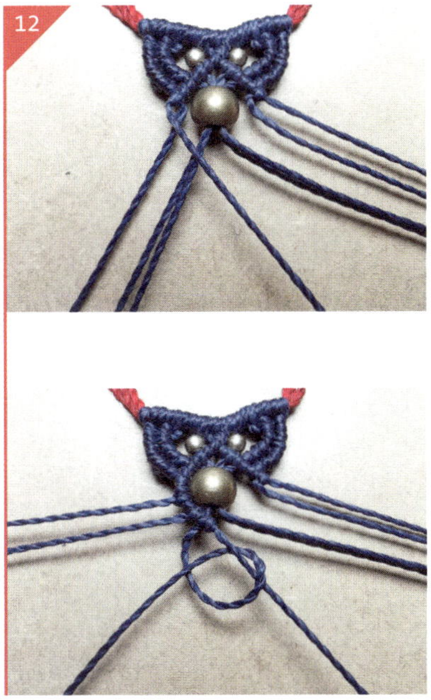

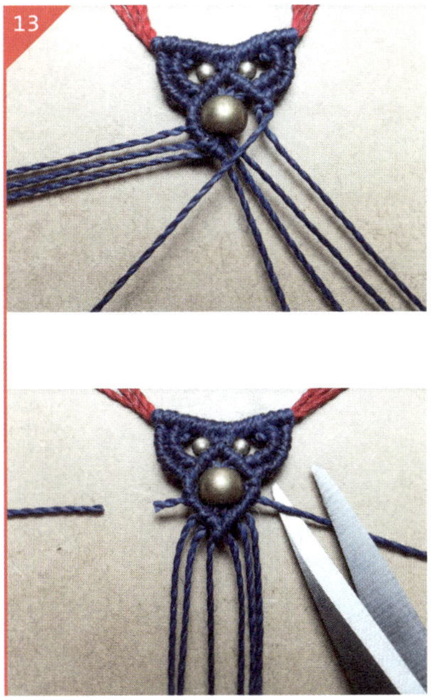

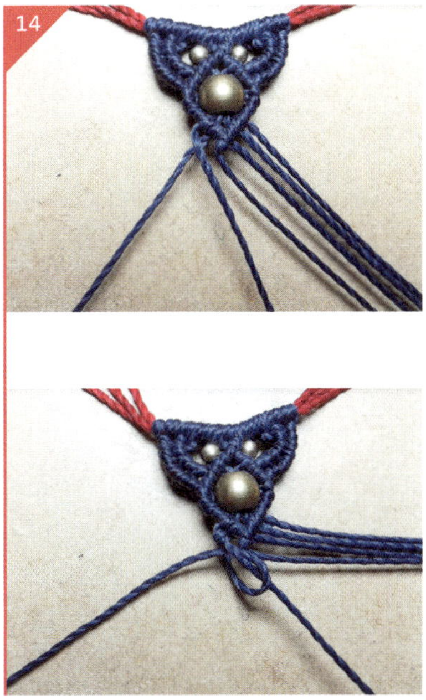

Schritt 12:

Fädle die große Messingperle (6mm) auf die 4 Fäden in der Mitte. Lege den ganz linken Faden als Haltefaden nach rechts und führe 3 Rippenknoten mit dem 2., 3. und 4. Faden von links durch.

Schritt 13:

Schließe nun die große Diamantform ab, indem du den ganz rechten Faden als Haltefaden nach links legst und insgesamt 4 horizontale Rippenknoten mit dem 2., 3., 4. und 5. Faden von rechts knüpfst. Schneide danach den äußersten rechten und linken Faden ab und brenne die Fäden fest.

Schritt 14:

Lege nun den 1. Faden von links als Haltefaden über den 2. Faden von links (Arbeitsfaden). Knote 1 horizontalen Rippenknoten nach rechts.

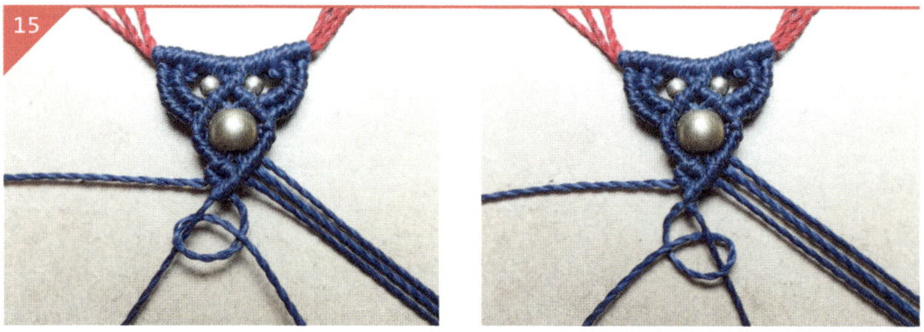

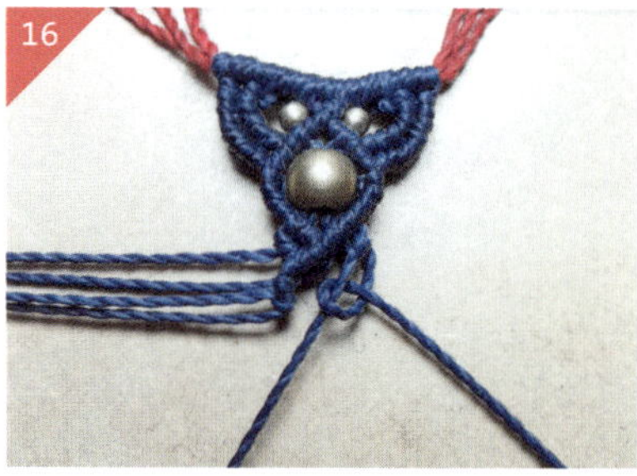

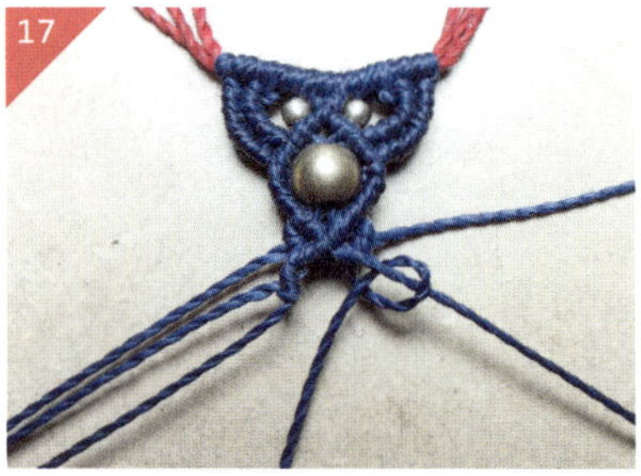

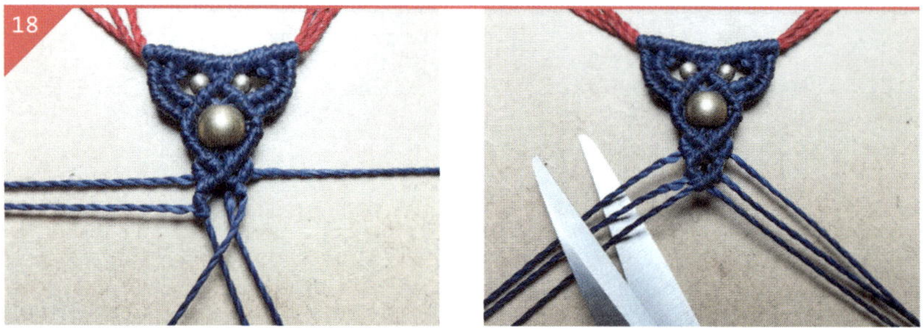

Schritt 15:

Der Haltefaden aus Schritt 15 wird jetzt dein Arbeitsfaden. Knüpfe mit diesem einen horizontalen Rippenknoten nach links um den 3. Faden von links. Wechsle dann direkt die Richtung und führe einen Rippenknoten nach rechts durch.

Schritt 16:

Lege nun auch den 1. Faden von rechts als Haltefaden über den 2. Faden von rechts (Arbeitsfaden). Knote 1 horizontalen Rippenknoten nach links.

Schritt 17:

Der Haltefaden aus Schritt 16 wird jetzt dein Arbeitsfaden. Knüpfe mit diesem einen horizontalen Rippenknoten nach rechts um den 3. Faden von rechts.

Schritt 18:

Lege dann auch hier den 2. Faden von rechts als Haltefaden nach links und knüpfe 2 Rippenknoten nach links, um den Diamanten zu schließen. Glückwunsch: Deine erste Spitze ist geschafft! Schneide nun alle blauen Rester knapp ab und brenne sie fest.

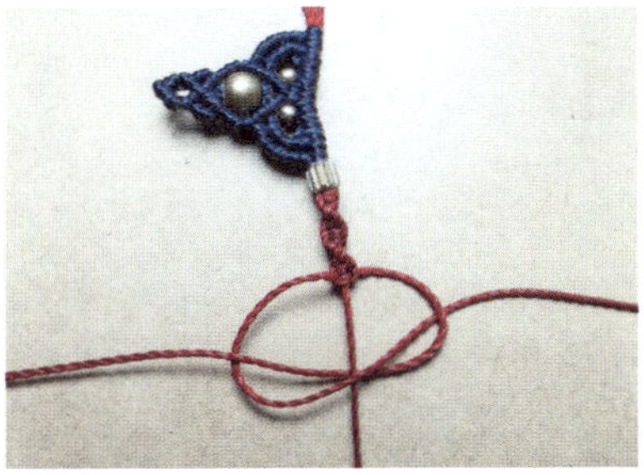

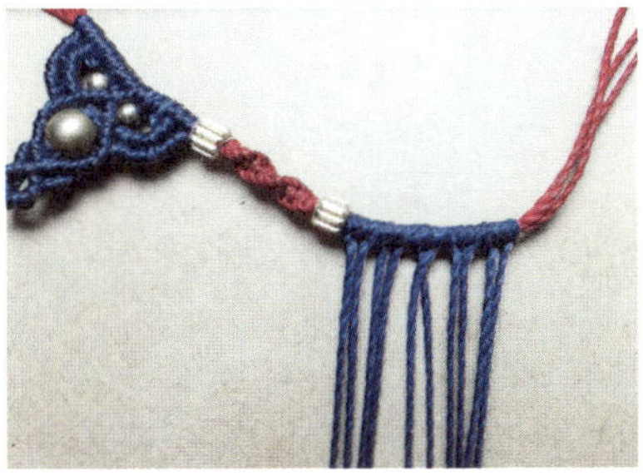

Schritt 19:

Spanne nun nur eine Seite der roten Fäden oben im Klemmbrett ein. Fädle auf die Seite, die nach unten weist, eine der Zahnradperlen. Nutze dann den kürzeren der 3 roten Fäden als Haltefaden und führe mit den beiden langen Fäden insgesamt 10 Spiralknoten durch. Danach fügst du eine weitere Zahnradperle auf die 3 roten Fäden und befestigst dir 5 weitere blaue Fäden mit einem erweiterten Ankerstich, um mit der 2. Spitze zu starten. Wiederhole nun das Muster ab Schritt 2, bis du die Hälfte der gewünschten Spitzen fertig hast. Fahre dann auf der linken Seite der Kette genauso fort. Für eine normale Kette sollten 7 bis 9 Spitzen ideal sein. Ich habe hier 8 gemacht.

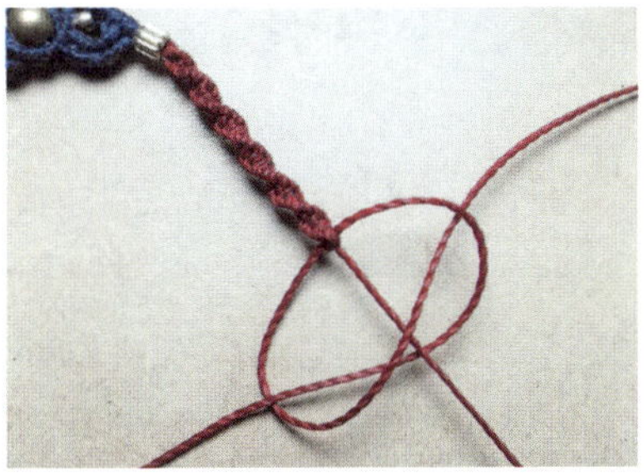

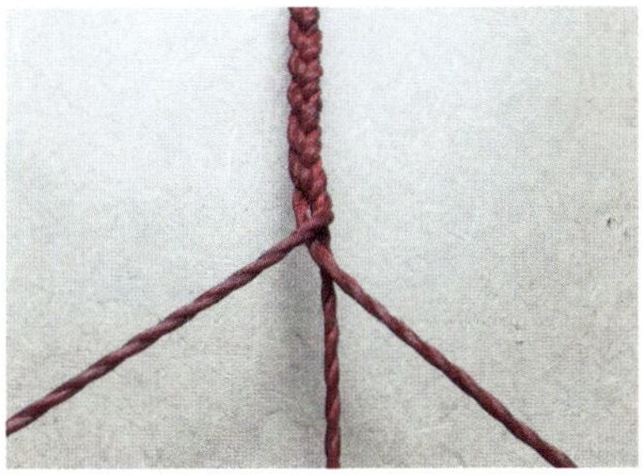

Schritt 20:

Wenn du die gewünschte Anzahl an Spitzen fertig hast, kannst du zum Abschluss den Spiralknoten auch etwas länger machen (bei mir 7cm). Flechte danach mit den gleichen 3 Fäden einen Zopf (bei mir 11cm lang).

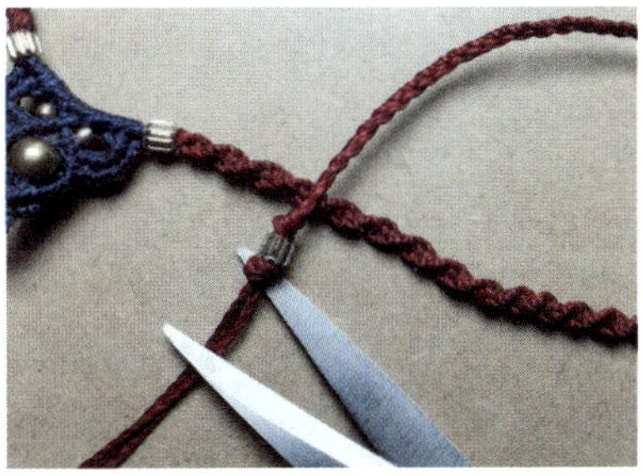

Schritt 21:

Fixiere den Zopf mit einem Überhandknoten und fädle eine letzte Zahnradperle auf. Schließe diese dann mit einem weiteren Überhandknoten ein. Schneide die roten Enden ab und brenne sie vorsichtig fest.

Optional kannst du am Ende einen größenverstellbaren Schiebeverschluss hinzufügen (siehe S.28).

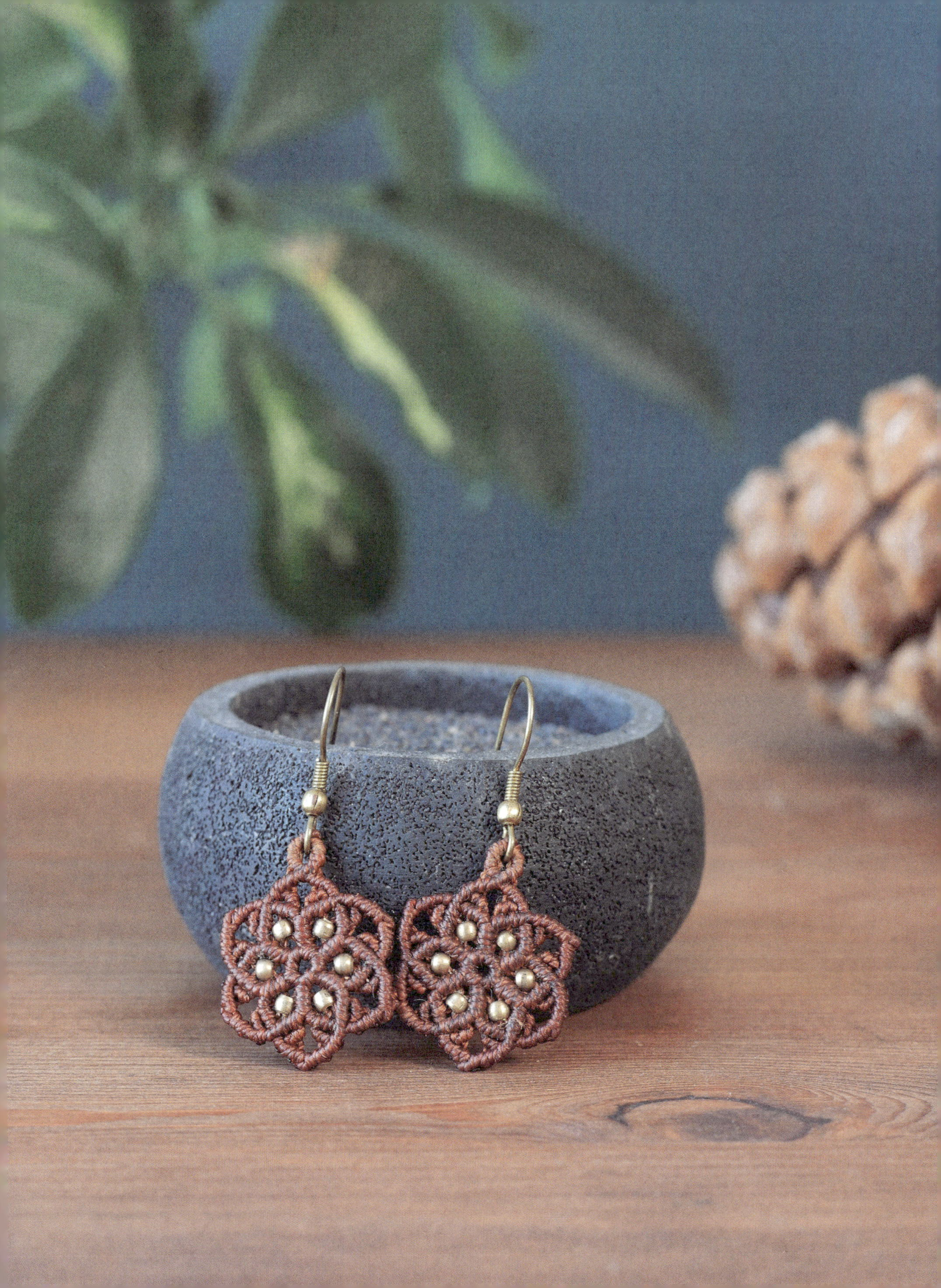

Ohrringe Mandala

Runde Makramee Designs, die an Mandalas, Blüten oder Traumfänger erinnern, sind eine Klasse für sich. Statt von oben nach unten oder von links nach rechts arbeitest du meistens aus der Mitte nach außen. Im Vergleich zu Armbändern brauchst du statt weniger langer Fäden meist viele kürzere. Da diese sehr dicht beieinander liegen, kannst du sie schnell verwechseln. Lass dir also genug Zeit und schau lieber zweimal hin. Sobald du aber den Dreh einmal raus hast, sind solche Pattern sehr meditativ, und du knüpfst eine Blüte nach der anderen.

Knoten & Techniken:

- einfacher Ankerstich
- Rippenknoten

Schwierigkeitsgrad:

- Fortgeschritten

Maße:

- Durchmesser 2,2cm (mit 0,75mm Garn) bzw. 2,7cm (mit 1mm Garn) ohne Ohrhaken

Material pro Ohrring

- 18 x 40cm Mittelbraun (Linhasita 25)
- 6 runde Messingperlen mit einem Durchmesser von 3,8mm (Nutze bei einer Garnstärke von 0,75mm und 0,5mm Perlen mit einem Durchmesser von 2,5mm.)
- 1 Ohrhaken

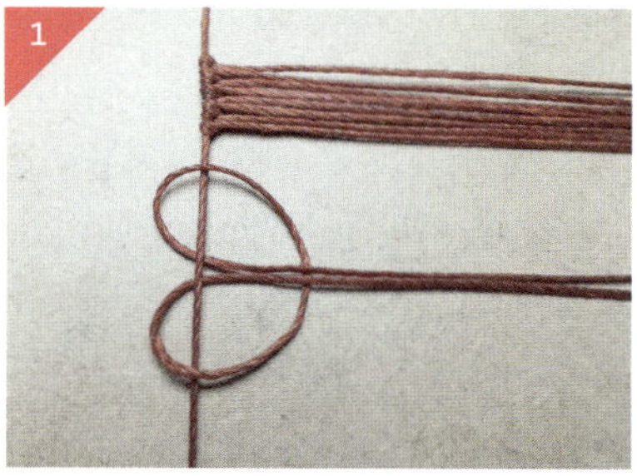

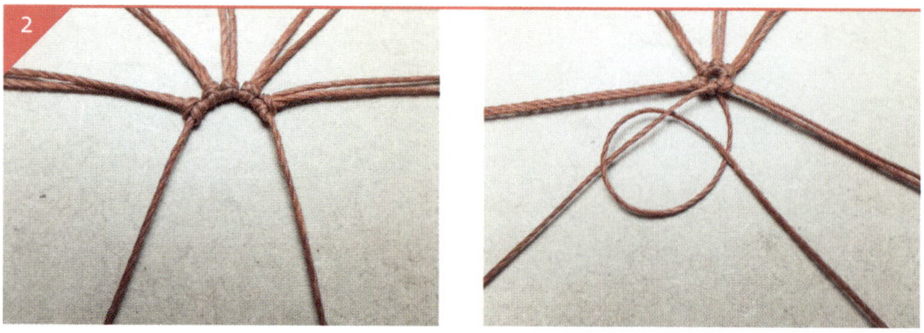

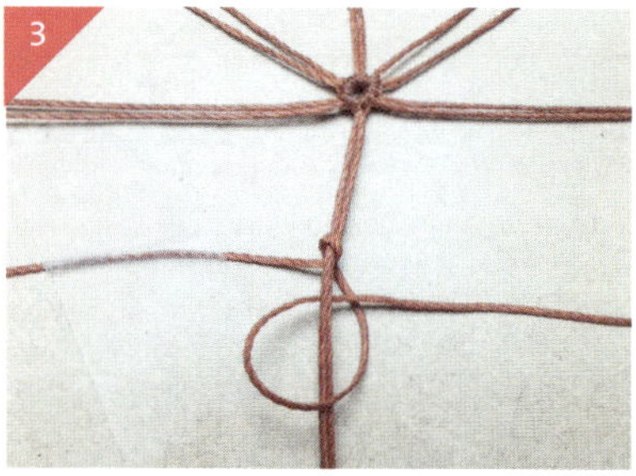

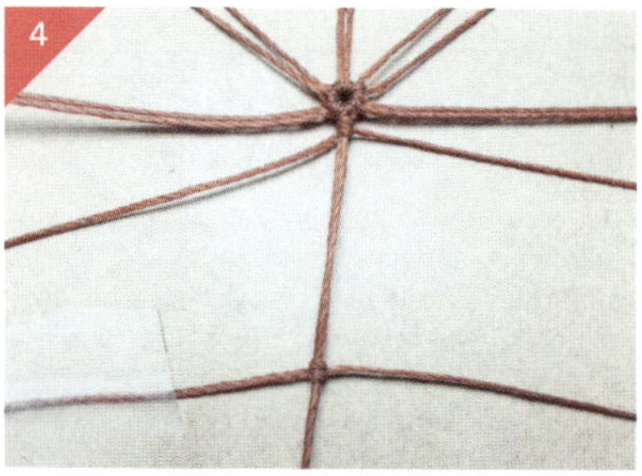

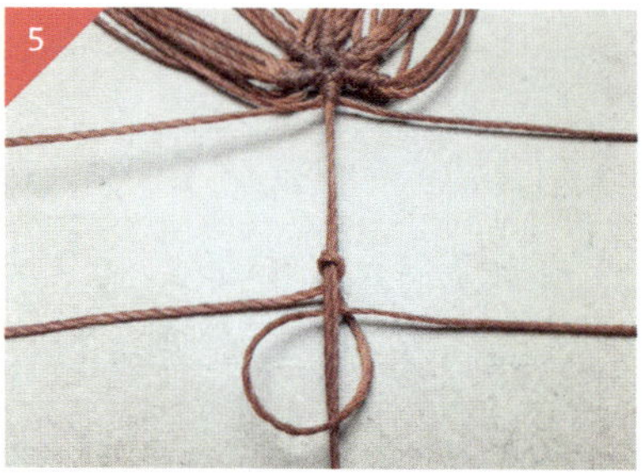

Schritt 1:

Spanne einen der Fäden bei halber Länge im Klemmbrett ein. Dies ist dein Haltefaden. Befestige nun 5 weitere Fäden mit einem einfachen Ankerstich in einer Reihe.

Schritt 2:

Spanne deine Fäden um und drehe dir das Ganze dabei auf die Rückseite, sodass die »Hügelchen« der Ankerstiche nach oben zeigen. Mit den beiden Enden des Haltefadens aus Schritt 1 führst du nun einen horizontalen Rippenknoten nach links aus. Du hast nun die Basis für die 6-blättrige Blüte geknüpft (mit Kreis in der Mitte).

Schritt 3:

Spanne nun wieder auf die Vorderseite um. Füge einen weiteren Faden symmetrisch mit einem vertikalen Rippenknoten hinzu, indem du 2 Fäden des bereits geknüpften Teils als gemeinsamen Haltefaden benutzt. Fixiere ggf. den neuen Faden mit ein wenig Klebeband.

Schritt 4:

Schiebe dir den eben befestigten Faden bis auf Anschlag nach oben fest. Füge nun einen weiteren Faden auf die gleiche Weise hinzu.

Schritt 5:

Drehe deinen Ohrring nach und nach und füge dabei jeweils 2 weitere Fäden wie in den Schritten 3 und 4 für die verbleibenden 5 Doppelstränge hinzu. Danach sollten alle 18 Fäden befestigt sein. Das Ganze sieht jetzt aus wie ein »Seestern«.

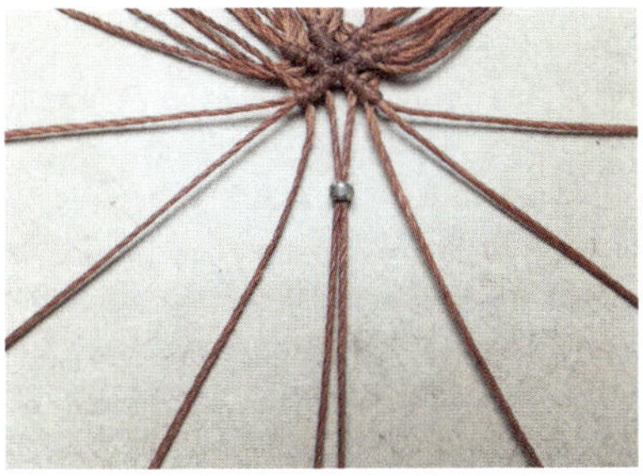

Schritt 6:

Als nächstes füllst du die Lücke zwischen den Armen des Seesterns. Fädle dazu eine Messingperle auf die beiden mittleren Fäden und schiebe sie bis auf Anschlag fest.

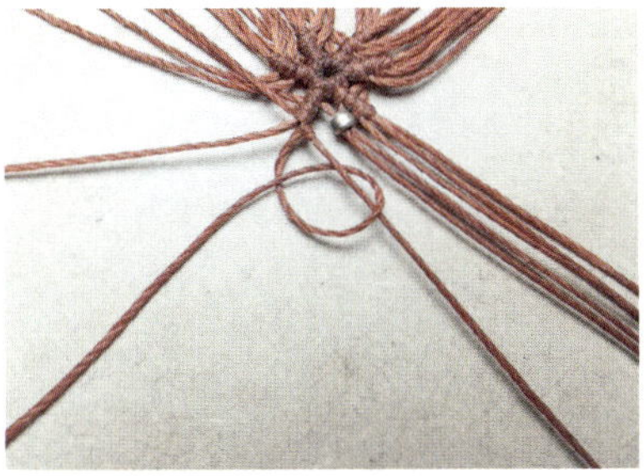

Schritt 7:

Greife dir auf der linken Seite einen der beiden Fäden, die gemeinsam aus dem Knoten aus Schritt 4 herausschauen und lege diesen als Haltefaden nach rechts über den angrenzenden Faden. Führe nun einen horizontalen Rippenknoten nach rechts aus.

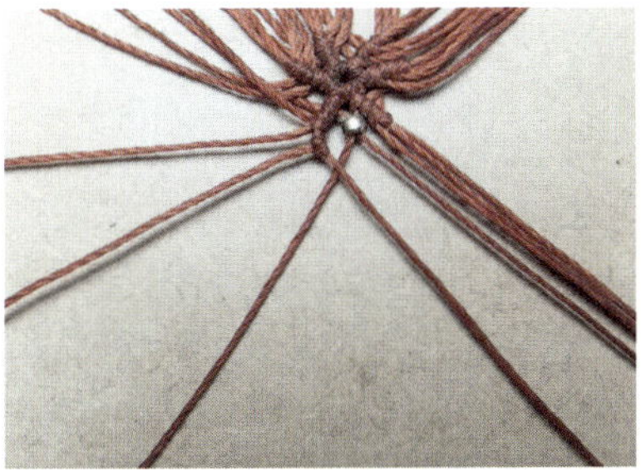

Schritt 8:

Führe nun auch einen der Fäden, die aus der Perle schauen, unter den Haltefaden und knüpfe einen weiteren horizontalen Rippenknoten nach rechts.

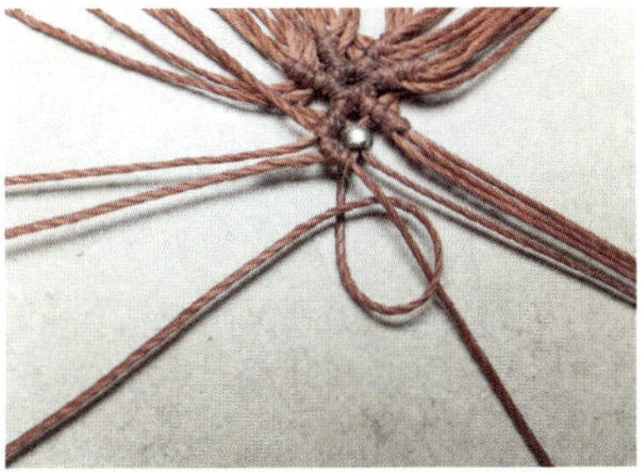

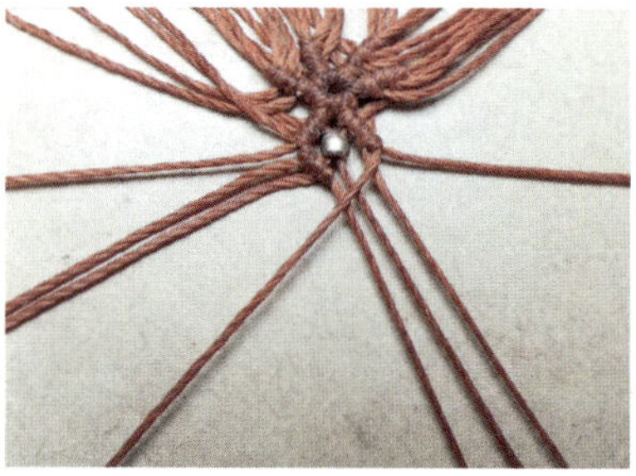

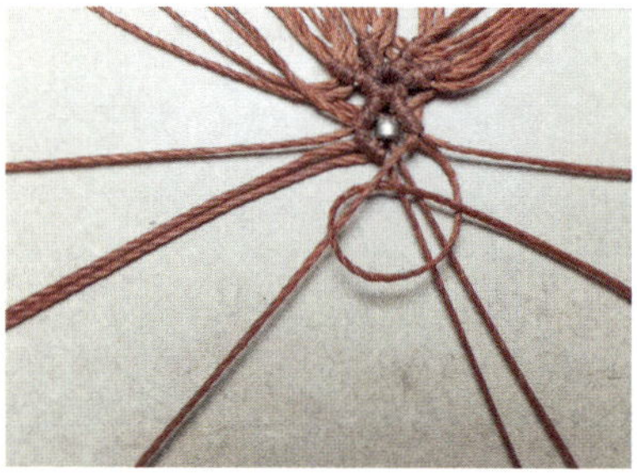

Schritt 9:

Wiederhole das Ganze auf der rechten Seite. Lege dazu einen der beiden Fäden, die rechts herausschauen, nach links über die 3 angrenzenden Fäden und führe 3 horizontale Rippenknoten nach links durch. Das erste »Blütenblatt« ist damit fertig.

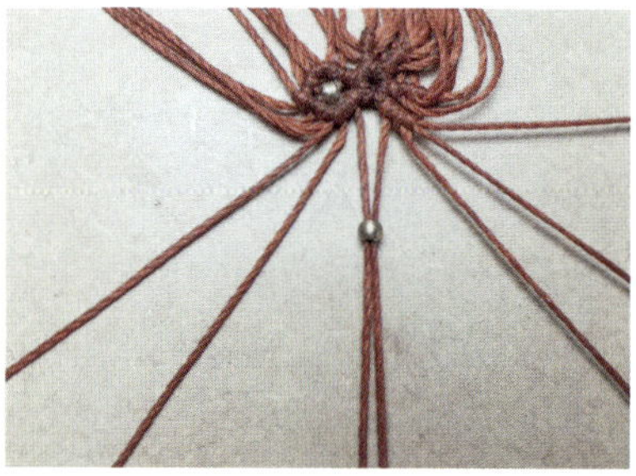

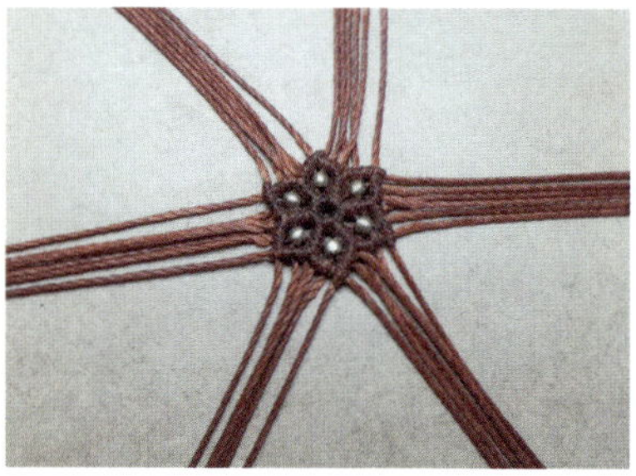

Schritt 10:

Drehe dir dein Knüpfstück um 60° im Uhrzeigersinn und befolge die Schritte 6 bis 9 erneut. Das Ganze wiederholst du so oft, bis du alle 6 Blütenblätter abgeschlossen hast.

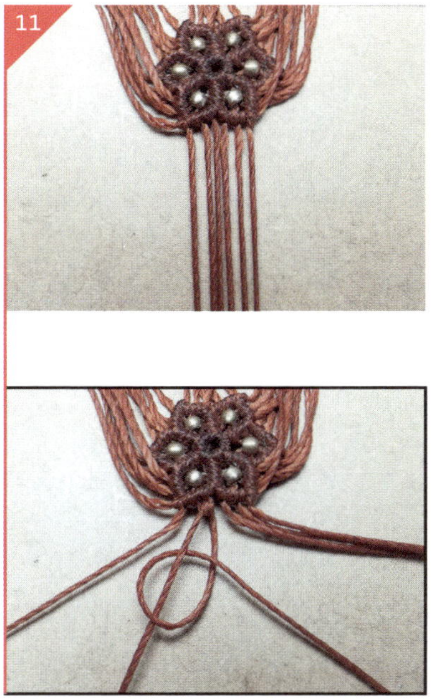

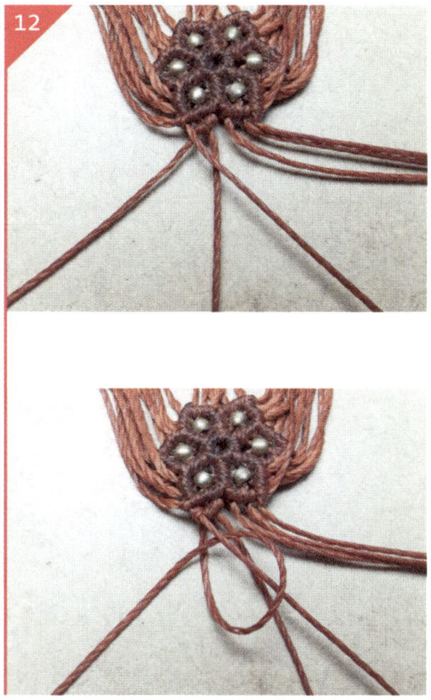

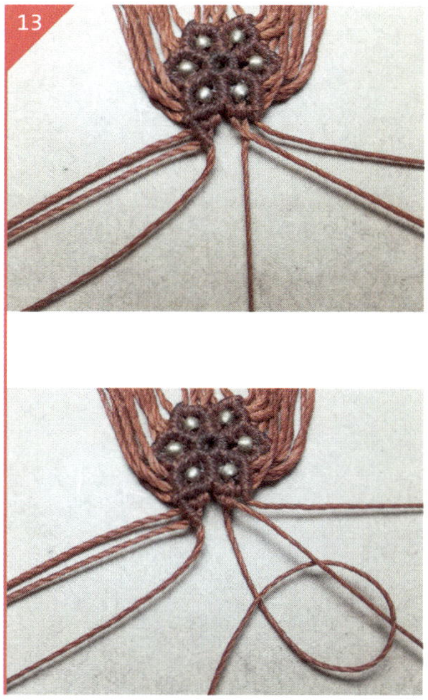

Schritt 11:

Spanne den Ohrring so ein, dass du mit 6 Fäden weiter arbeiten kannst. Lege den 3. Faden von links als Haltefaden über den 2. Faden von links und führe einen horizontalen Rippenknoten nach links aus.

Schritt 12:

Lege nun den ganz linken Faden als Haltefaden über die nächsten beiden nach rechts und knüpfe 2 horizontale Rippenknoten nach rechts.

Schritt 13:

Führe den 3. Faden von rechts als Haltefaden über den 2. Faden von rechts und knüpfe einen horizontalen Rippenknoten nach rechts.

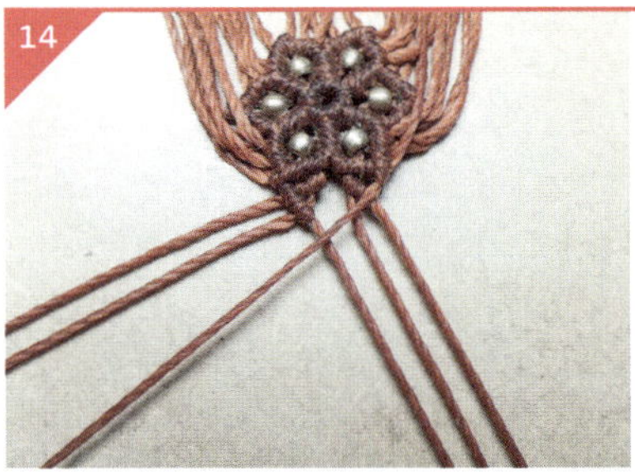

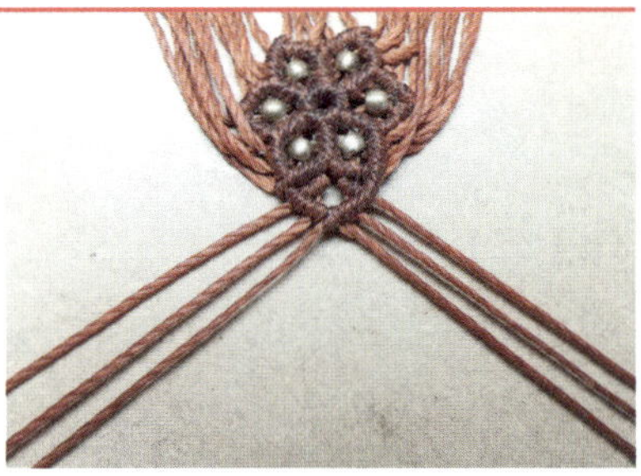

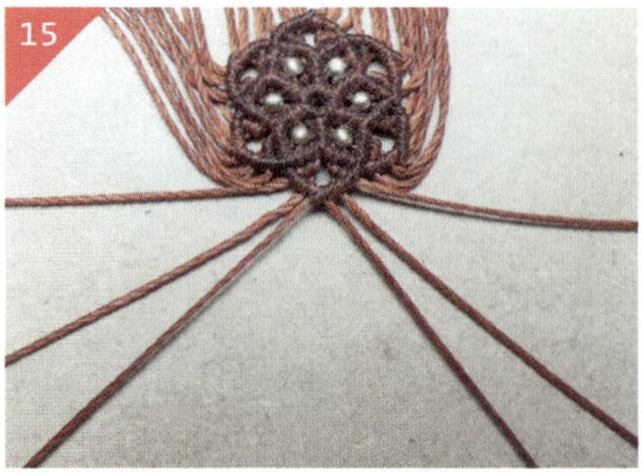

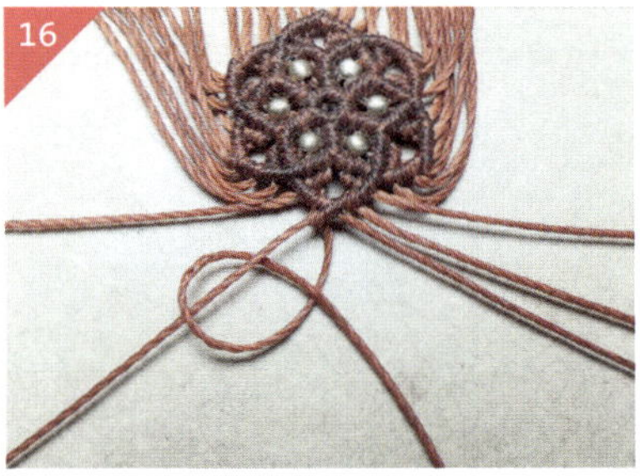

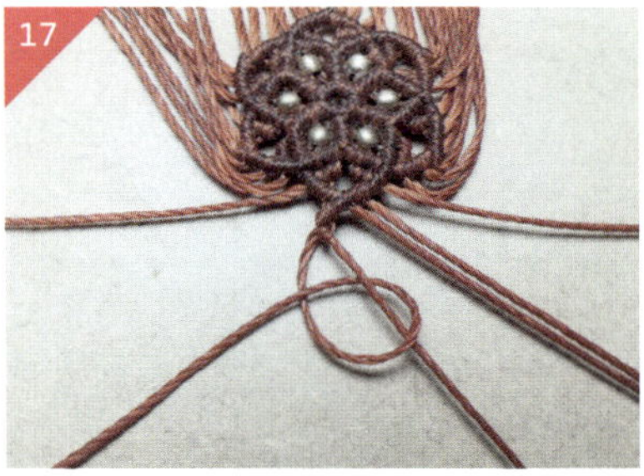

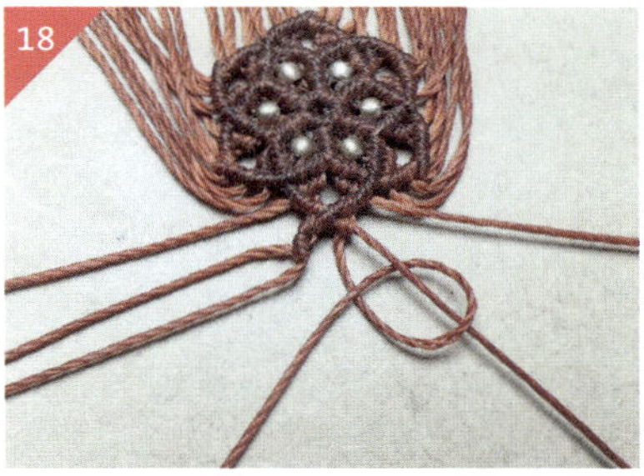

Schritt 14:

Lege abschließend den ganz rechten Faden als Haltefaden über die nächsten 3 Fäden nach links und führe eine Reihe mit 3 horizontalen Rippenknoten nach links durch.

Schritt 15:

Drehe dir nach und nach wieder den Ohrring um 60° und führe die Schritte 11 bis 14 noch weitere 5 Mal durch, bis die Mandalaform symmetrisch ist.
VARIANTE: Wenn du magst, kannst du hier schon alle Fäden abschneiden und festbrennen und dir an einem der Blätter den Ohrhaken einhängen. Um noch eine extra Öse für den Ohrhaken zu knoten, fährst du mit dem nächsten Schritt fort.

Schritt 16:

Du arbeitest nun nur noch mit 4 Fäden weiter. Führe mit den beiden linken einen horizontalen Rippenknoten nach links aus (den ganz linken Faden unter dem 2. Faden von links als Arbeitsfaden durchführen).

Schritt 17:

Wechsle dann direkt die Richtung und knüpfe einen Rippenknoten nach rechts.

Schritt 18:

Knüpfe nun auch analog auf der rechten Seite einen horizontalen Rippenknoten nach rechts.

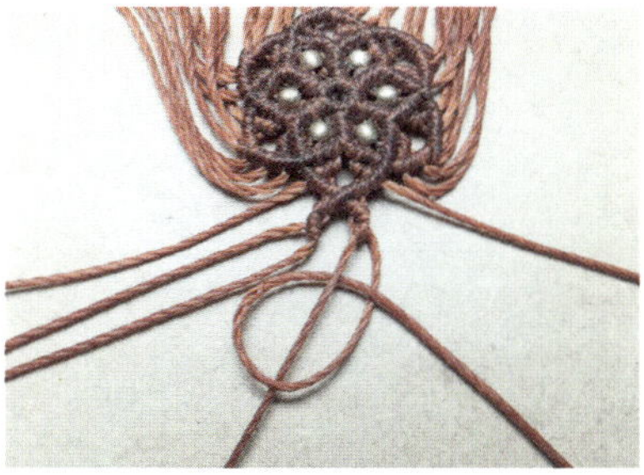

Schritt 19:

Knüpfe direkt wieder einen Rippenknoten nach links. Der 2. Faden von rechts ist dabei dein Haltefaden.

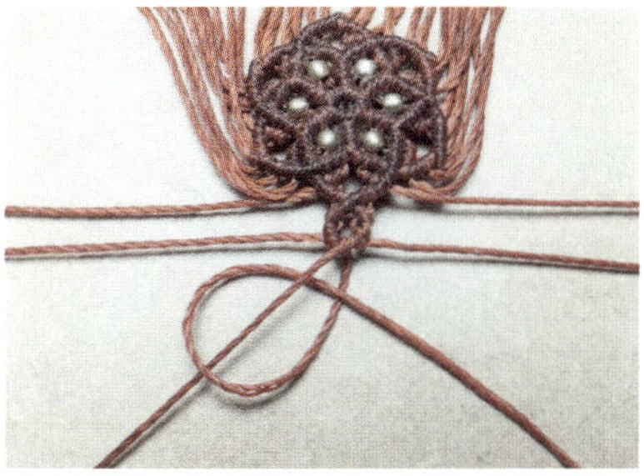

Schritt 20:

Schließe nun die Diamantform, indem du einen letzten Rippenknoten nach links durchführst. Nun kannst du alle Fäden knapp abschneiden und festbrennen.

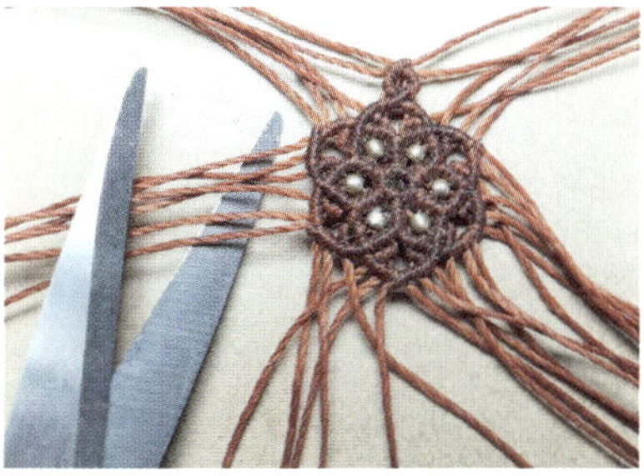

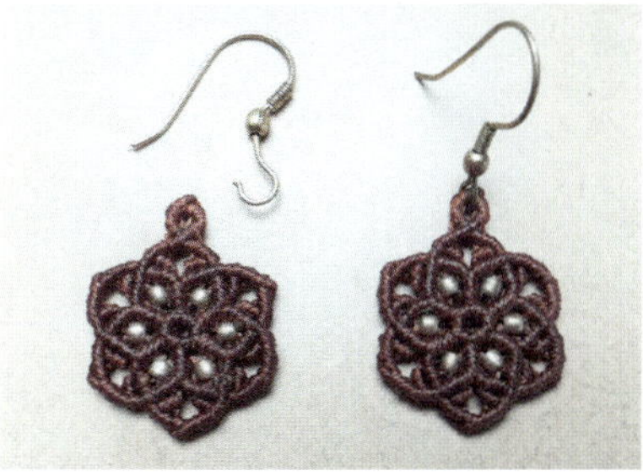

Schritt 21:

Biege dir nun mit einer Schmuckzange einen Ohrhaken auf und hänge den Ohrring ein. Biege die Öse wieder vorsichtig zu.

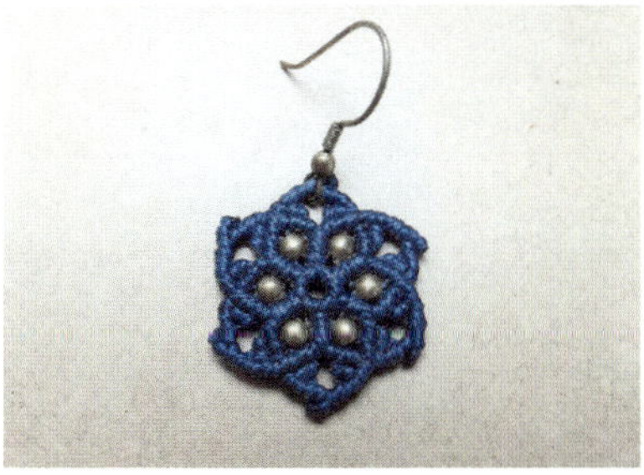

Variante:

Du kannst den Ohrring auch ohne Schlaufe knoten und den Ohrhaken direkt einhängen. Dafür überspringst du einfach die Schritte 16 bis 20.

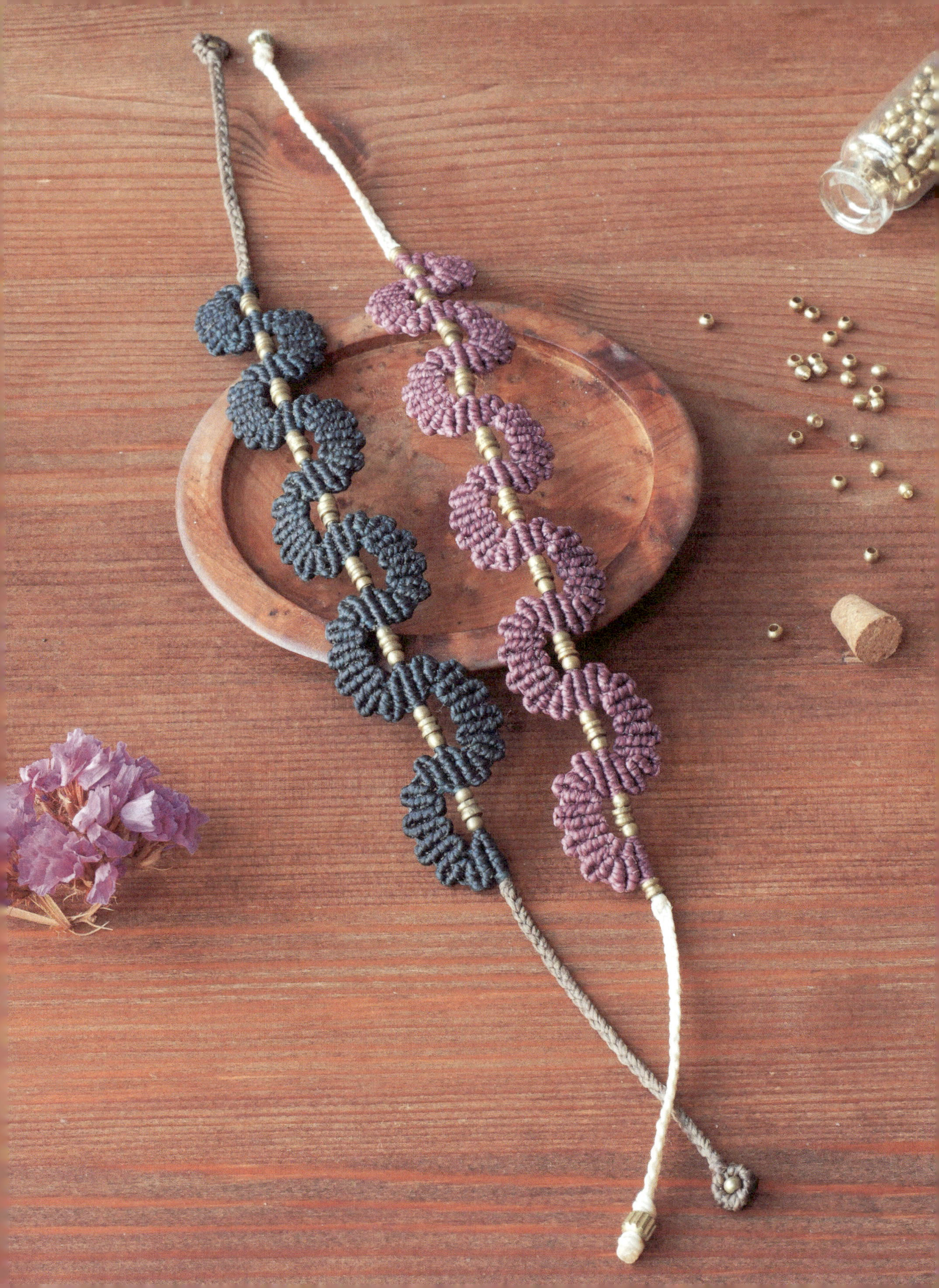

Armband Koralle

Was Formen und Farbkombinationen angeht, lasse ich mich oft von der Natur inspirieren. Hier erinnert mich das Design sehr an ein Korallenriff. Mit nur wenigen Fäden, ein bisschen Geduld und wechselnden horizontalen Rippenknoten nach links und rechts kannst du solche organischen und sehr lebendig wirkende Muster erschaffen. Da du bei diesem Armband die Fäden für den Verschluss die ganze Zeit umknotest und somit versteckst, hast du die Möglichkeit am Ende nochmal einen schönen farblichen Akzent zu setzen.

Knoten & Techniken:

- erweiterter Ankerstich
- horizontaler Rippenknoten
- Überhandknoten
- Flechten mit 3 Fäden

Schwierigkeitsgrad:

- Fortgeschritten

Maße des geknüpften Teils:

- 2,1cm x 14,5cm

Material Armband

- 2x 350cm Violett (359)
- 1x 60cm Weiß (548)
- 2x 40cm Weiß (548)
- 2x Messingperlen »Zahnrad«
- 20x Kugelperlen klein (2,5mm)
- 12x Perlen mit Rille

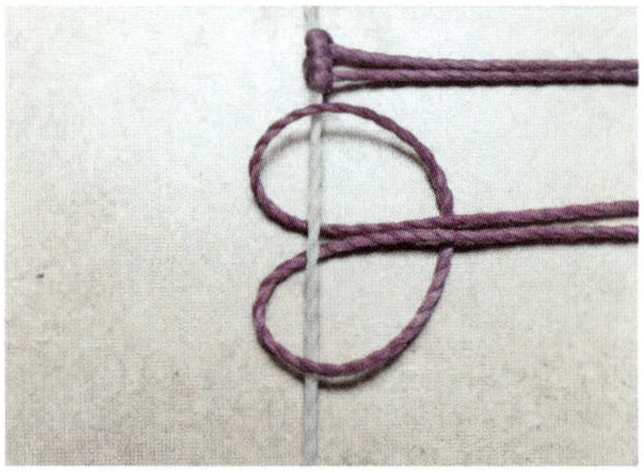

Schritt 1:

Spanne den weißen Faden (60cm) bei 20cm im Klemmbrett ein (40cm schauen unten heraus). Befestige die beiden langen violetten Fäden bei halber Länge mit einem erweiterten Ankerstich.

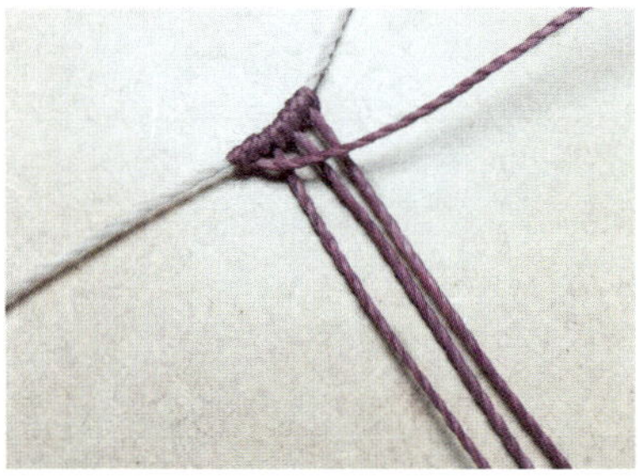

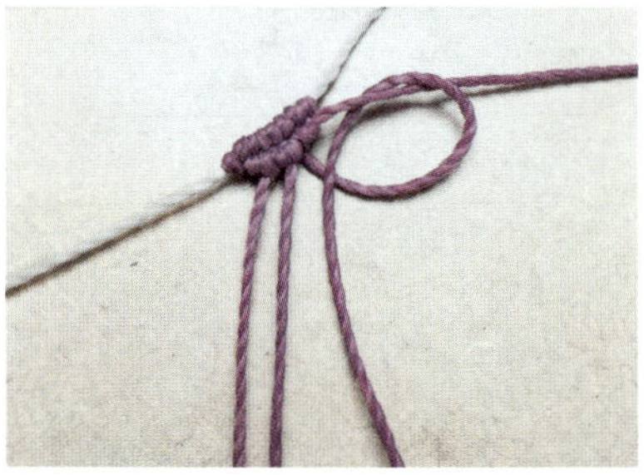

Schritt 2:

Der weiße Faden spielt nun zunächst keine Rolle. ACHTUNG: Der unterste (ganz linke) violette Faden ist nun bis einschließlich Schritt 9 dein Haltefaden. Lege diesen über die anderen 3 Fäden nach rechts und führe 3 Rippenknoten aus.

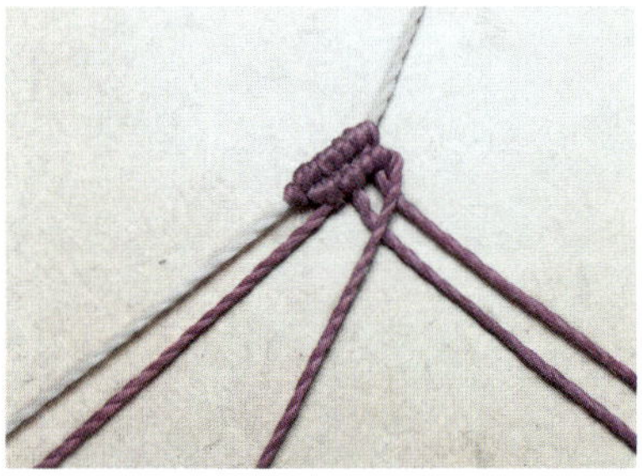

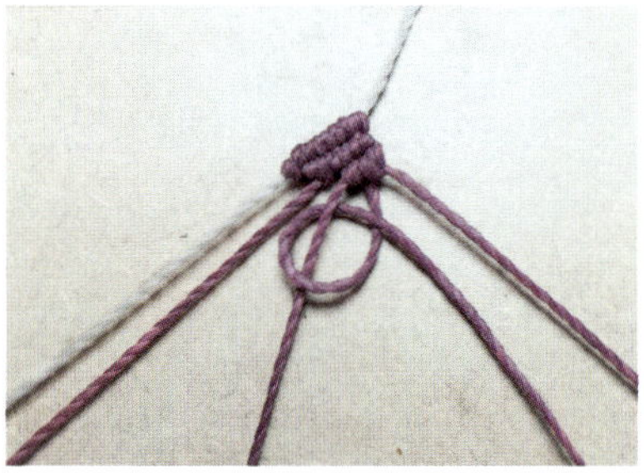

Schritt 3:

Führe den Haltefaden über die beiden nebenliegenden Fäden nach links. Knüpfe nun 2 horizontale Rippenknoten nach links.

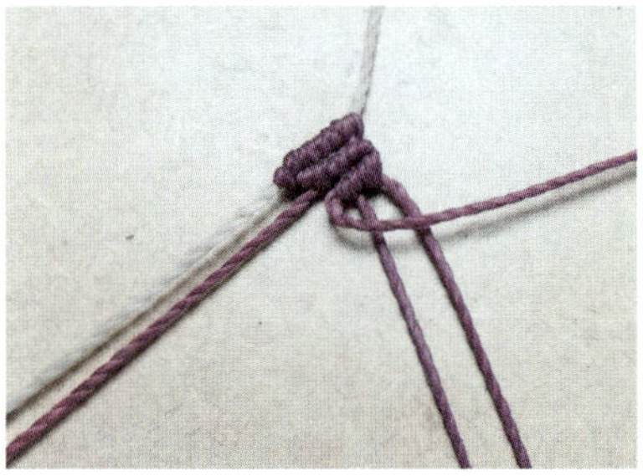

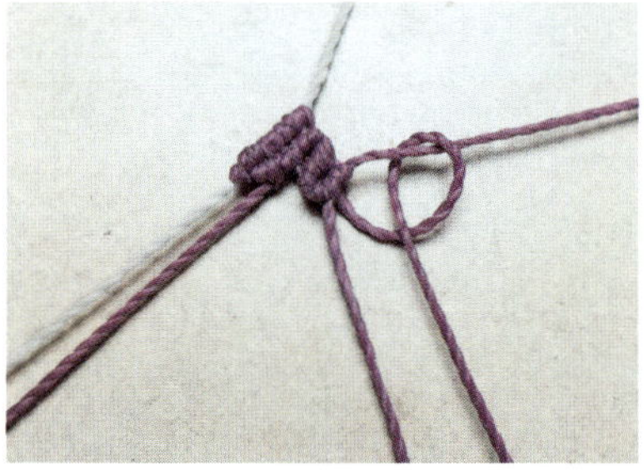

Schritt 4:

Wechsle erneut die Richtung mit deinem Haltefaden und knüpfe eine weitere kurze Reihe mit 2 Rippenknoten nach rechts.

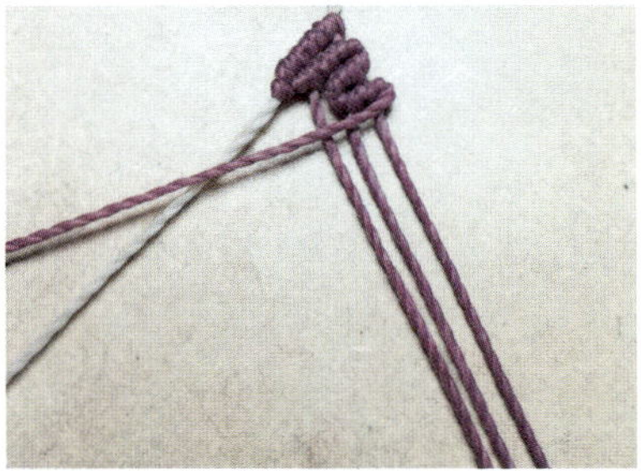

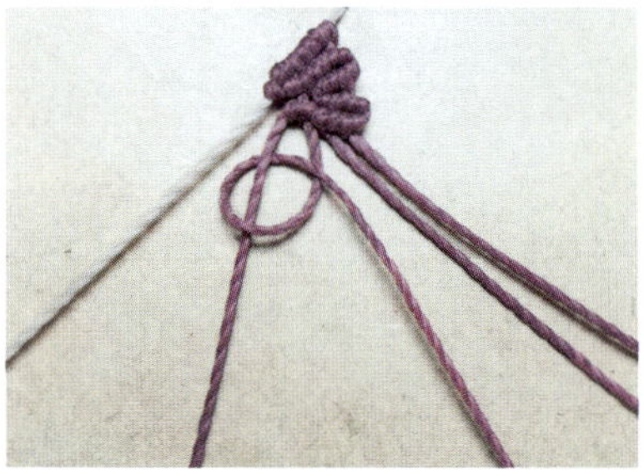

Schritt 5:

Für deine nächste Reihe nach links machst du nun wieder 3 Rippenknoten.

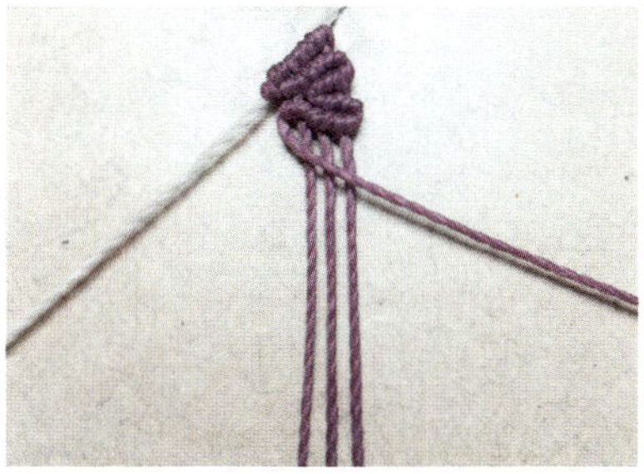
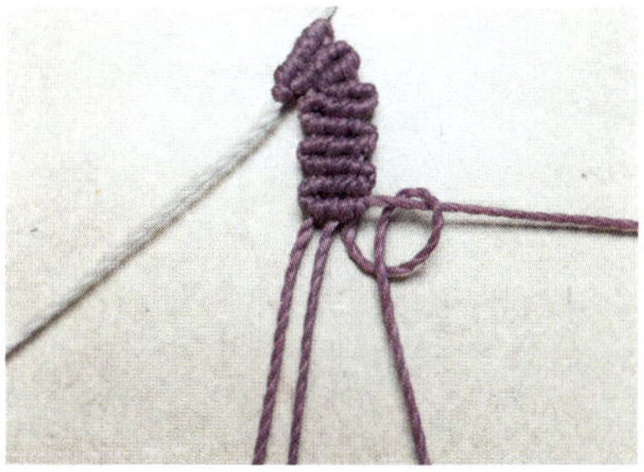

Schritt 6:

Knüpfe nun parallele Reihen mit je 3 Rippenknoten, indem du für jede Reihe deinen Haltefaden erst nach rechts und dann wieder nach links führst. Insgesamt 3x nach rechts und 2x nach links, sodass am Ende der Haltefaden nach rechts zeigt.

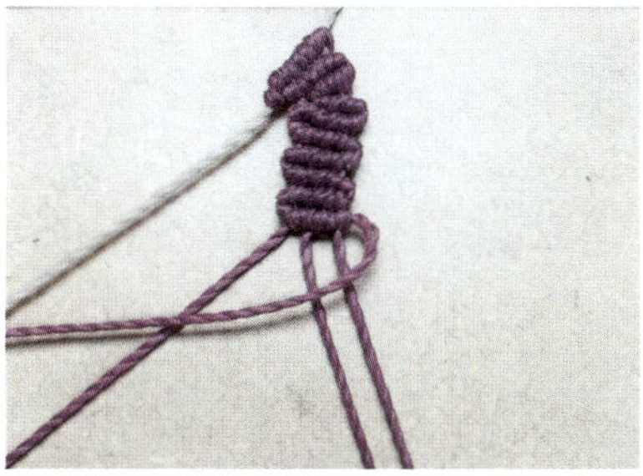
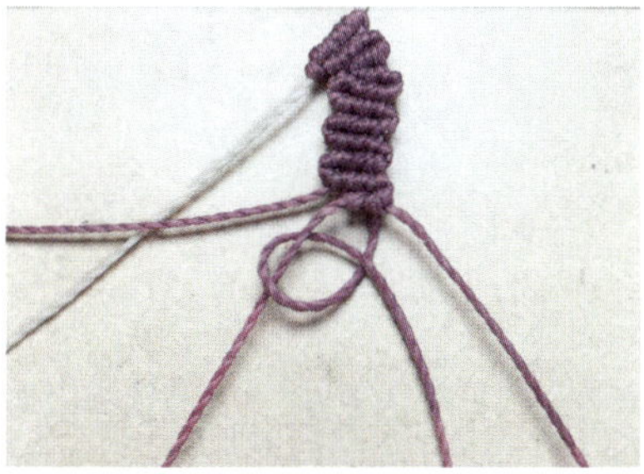

Schritt 7:

Für die nächste Reihe nach links knüpfst du nur 2 Rippenknoten. Den ganz linken Faden kannst du daher beiseitelegen.

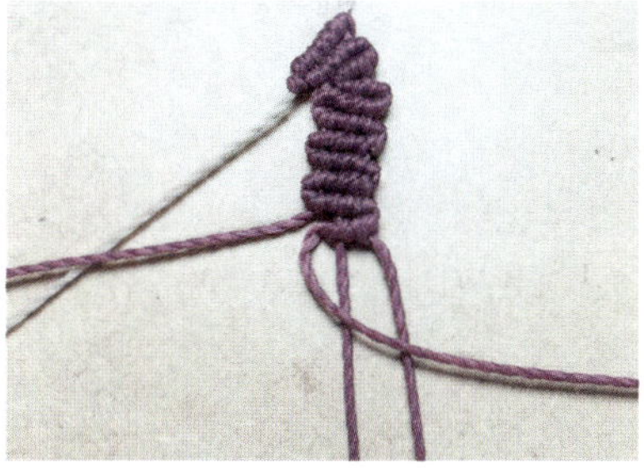
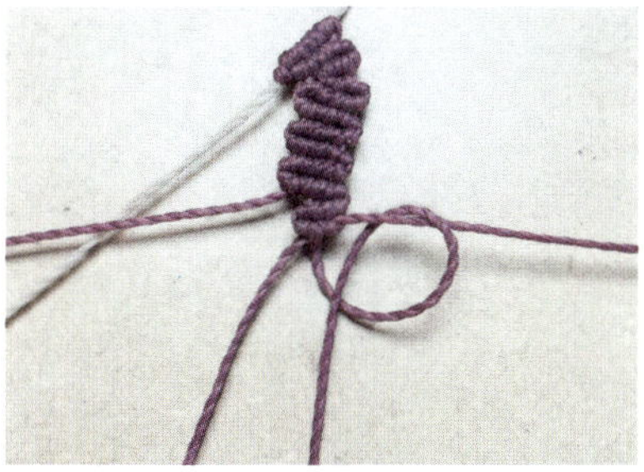

Schritt 8:

Die nächste Reihe nach rechts besteht ebenfalls nur aus 2 Rippenknoten.

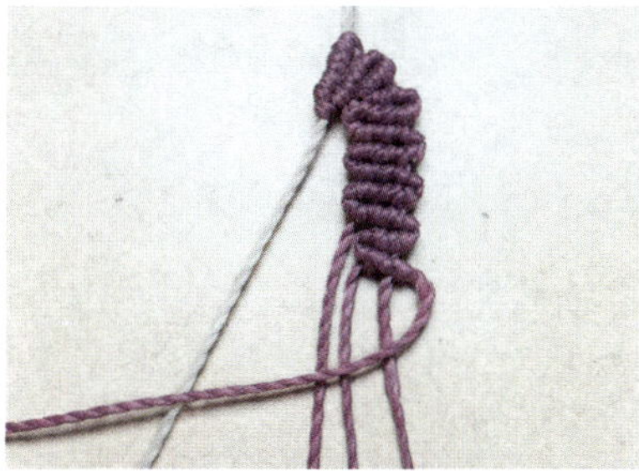
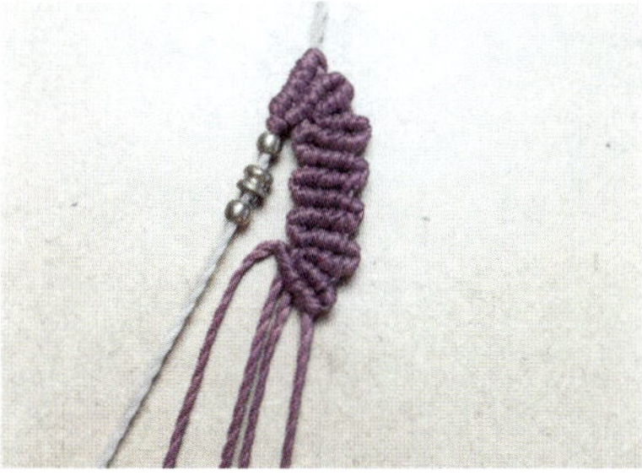

Schritt 9:

In der Abschlussreihe knüpfst du nun wieder 3 Rippenknoten nach links, um alles zusammenzuführen. Fädle dann auf den weißen Faden hintereinander 1 Kugelperle, 1 Perle mit Rille und noch 1 Kugelperle. Biege dir den geknüpften Teil nun so, dass eine Halbmondform entsteht.

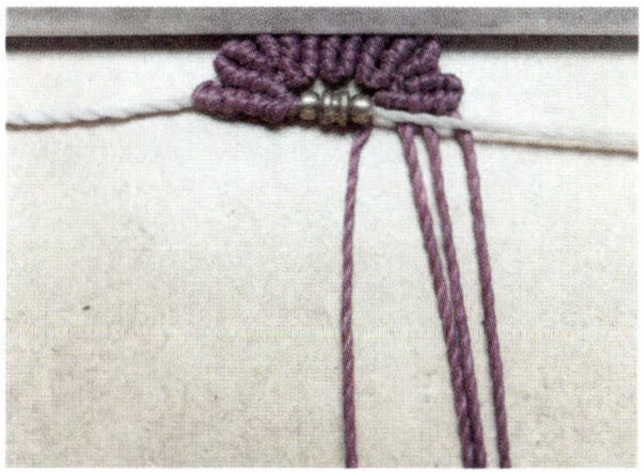
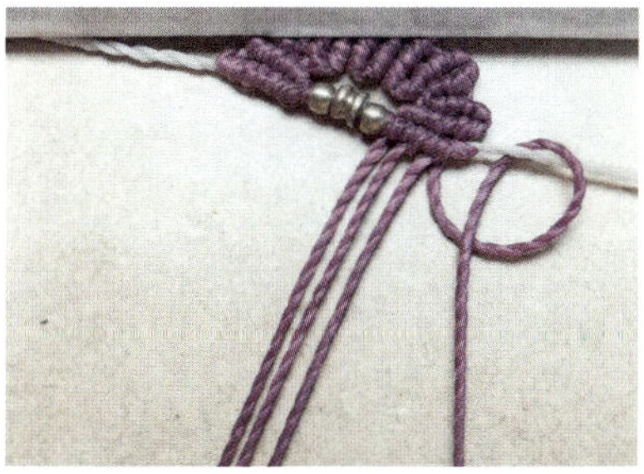

Schritt 10:

Spanne den Halbmond im Klemmbrett ein. Der weiße Faden ist nun dein Haltefaden. Verbinde den violetten Teil an der Mittellinie, indem du 4 horizontale Rippenknoten nach rechts knüpfst.

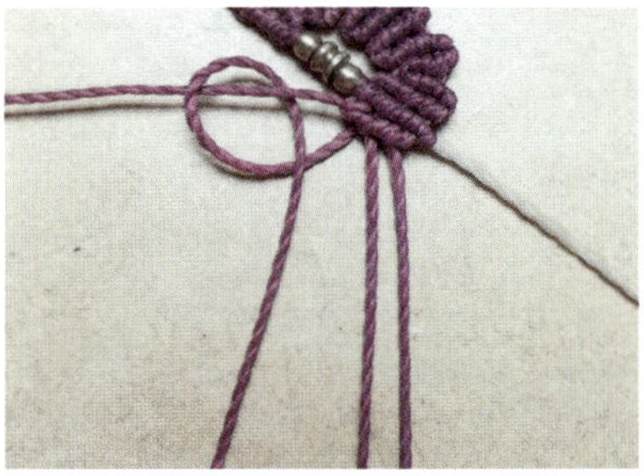

Schritt 11:
Du führst nun die Schritte 2 bis 10 spiegelverkehrt aus. Demnach ist zunächst dein ganz rechter (unterer) violetter Faden dein Haltefaden für die kommenden Schritte (bis Schritt 15). Lege diesen nach links und knüpfe eine Reihe mit 3 horizontalen Rippenknoten nach links.

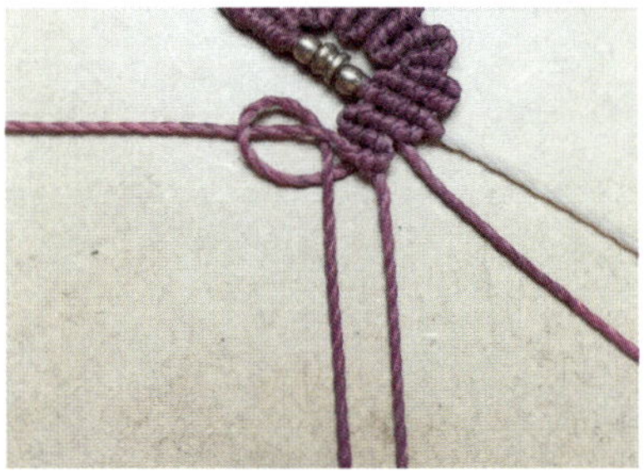

Schritt 12:
Knote dann 2 Reihen mit nur 2 Rippenknoten (erst nach rechts, dann wieder nach links) und lege den ganz rechten Faden zur Seite.

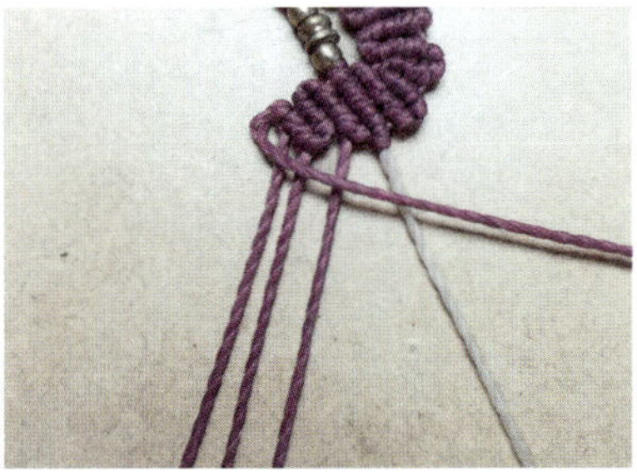

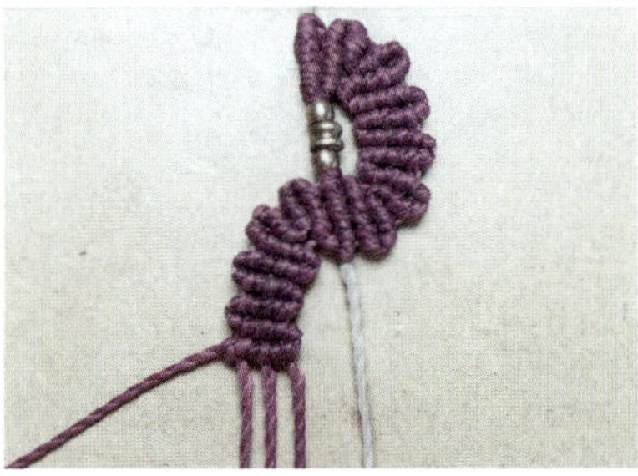

Schritt 13:
Knüpfe nun 3 Rippenknoten nach rechts, indem du auch den ganz rechten violetten Faden mit einbeziehst. Füge dann weitere 5 Reihen mit horizontalen Rippenknoten hinzu (3x nach links und 2x nach rechts). Dein Haltefaden schaut am Ende nach links.

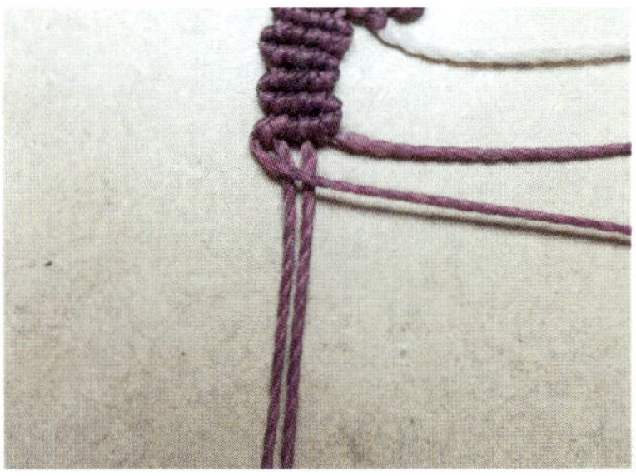

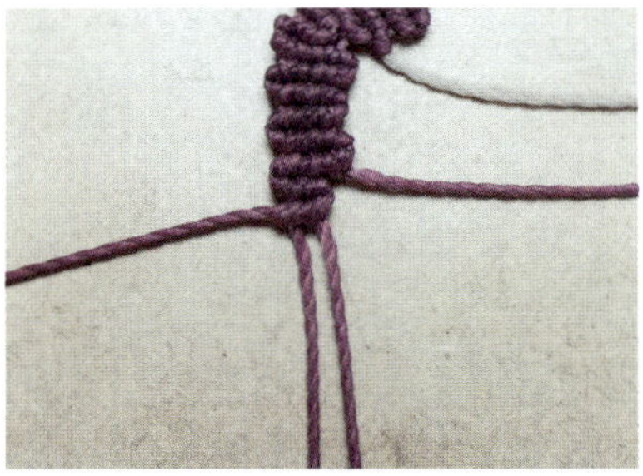

Schritt 14:
Lege wieder deinen äußersten rechten Faden beiseite. Knote erneut 2 Reihen mit nur 2 Rippenknoten (erst nach rechts, dann nach links).

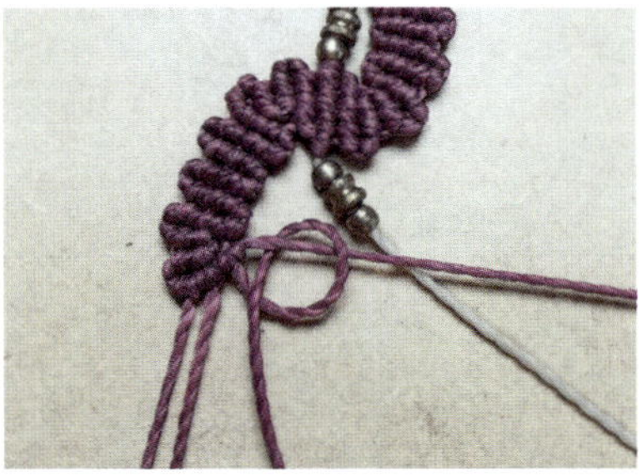

Schritt 15:
Schließe die Form mit 3 Rippenknoten nach rechts. Füge nun erneut 3 Perlen hinzu und biege anschließend die Halbmondform zurecht.

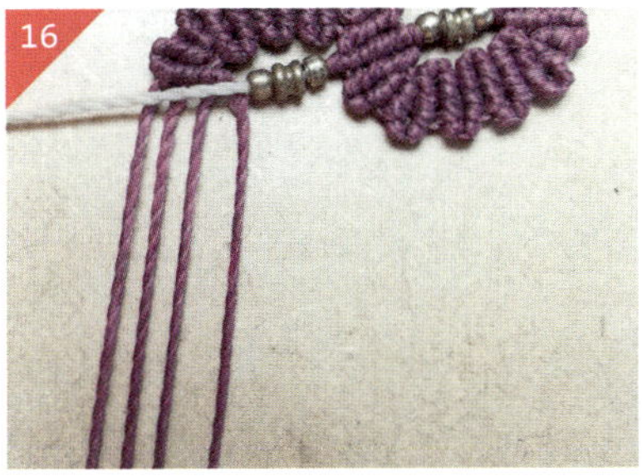

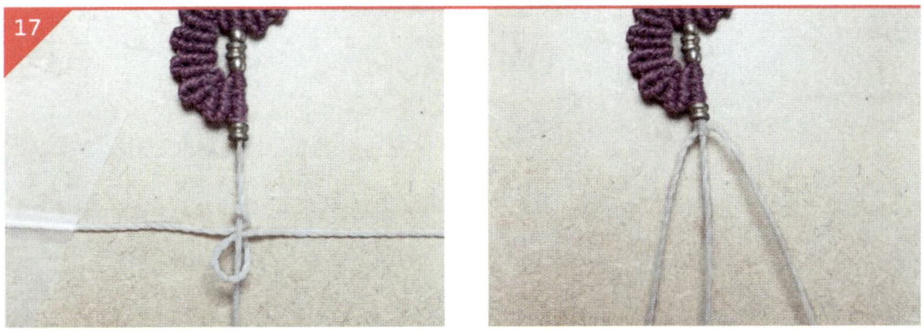

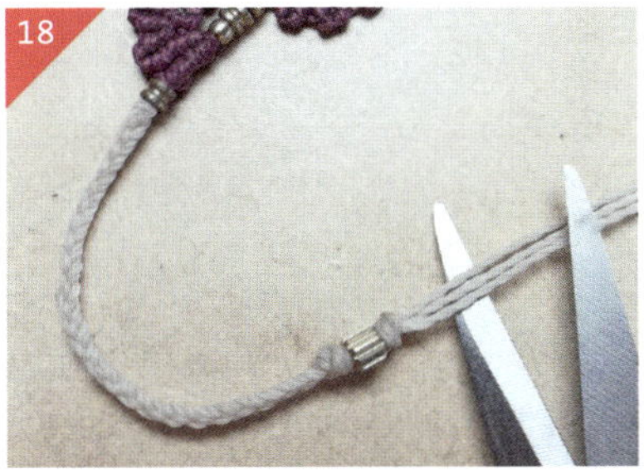

Schritt 16:

Spanne deine Arbeit am gerade geknüpften Halbmond ein. Dein weißer Faden ist wieder dein Haltefaden. Führe 4 horizontale Rippenknoten nach links aus, um alles zu verbinden. Wiederhole nun das Muster ab Schritt 2 insgesamt noch 4x, bis du 5 Halbmonde links und rechts geknüpft hast.

Schritt 17:

Schneide die violetten Fäden am Ende knapp ab und brenne die Enden mit dem Feuerzeug fest. Fädle eine Perle mit Rille auf den weißen Faden und befestige einen der verbliebenen weißen Fäden (40cm) mittig mit einem vertikalen Rippenknoten. Schiebe den Knoten dann zur Perle (verwende ggf. Klebeband als Fixierungshilfe).

Schritt 18:

Nun hast du 3 weiße Fäden, mit denen du einen ca. 6cm langen Zopf flechten kannst. Fixiere den Zopf mit einem Überhandknoten, fädle eine Zahnradperle auf und schließe diese mit einem weiteren Überhandknoten ein. Spanne dein Knüpfstück um und wiederhole Schritte 17 und 18 auch auf der anderen Seite des Armbands. Schneide zum Schluss alle weißen Fäden knapp ab und brenne sie fest.

Optional kannst du am Ende einen größenverstellbaren Schiebeverschluss hinzufügen (siehe S. 28).

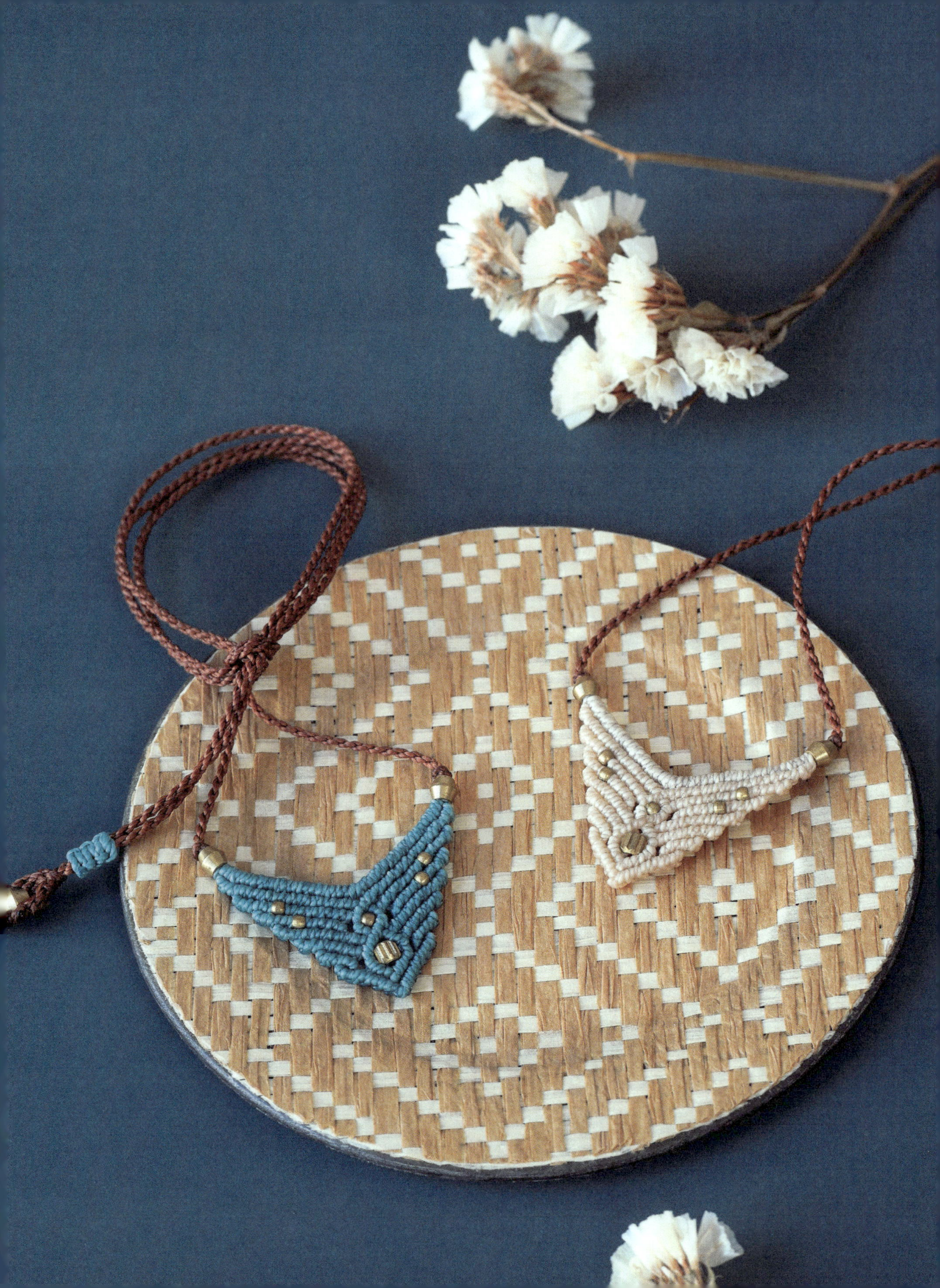

Kette Dreieck

Geradlinige, geometrische Formen wie diese Dreieckskette, kannst du wunderbar mit parallelen Reihen von Rippenknoten entstehen lassen. Bei diesem klassischen spitz zulaufendes Makramee Design wird jede Reihe um einen Faden verjüngt. Die Perlen lockern die parallelen Reihen dann wieder etwas auf und laden zum Experimentieren ein. Damit deine Kette schön gleichmäßig aussieht ist es wichtig, dass du auf beiden Seiten den gleichen Zug ausübst. Oftmals hat man nämlich eine etwas dominantere Hand, die die Knoten auf einer Seite fester zieht.

Knoten & Techniken:

- erweiterter Ankerstich
- horizontaler Rippenknoten
- Verdrillen mit 2 Fäden

Schwierigkeitsgrad:

- Fortgeschritten

Maße des geknüpften Teils:

- 3,5cm x 4cm

Material Kette

- 12x 50cm helles Türkis (Linhasita 224), weiße Variante mit Linhasita 548
- 2x 150cm Braun (Linhasita 212)
- 2x 40cm Braun (Linhasita 212)
- 1x Messingperle »Zahnrad«
- 5x Kugelperlen 2,5mm
- 1x Doppelkegelperle 6mm
- 2x Doppelkegelperlen 5mm

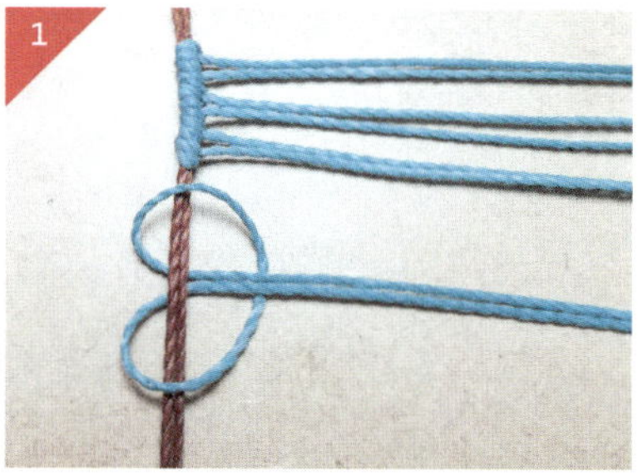

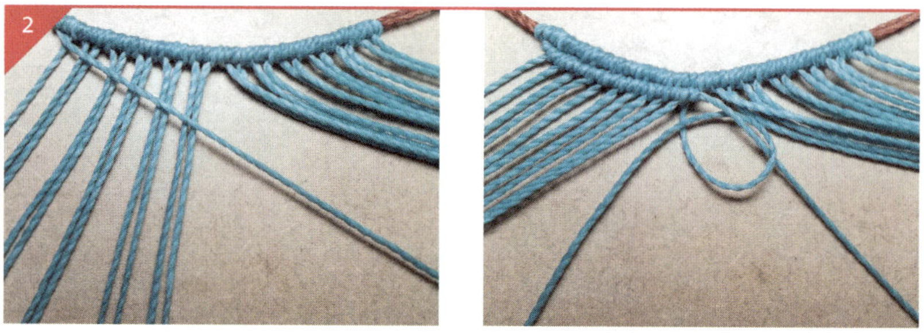

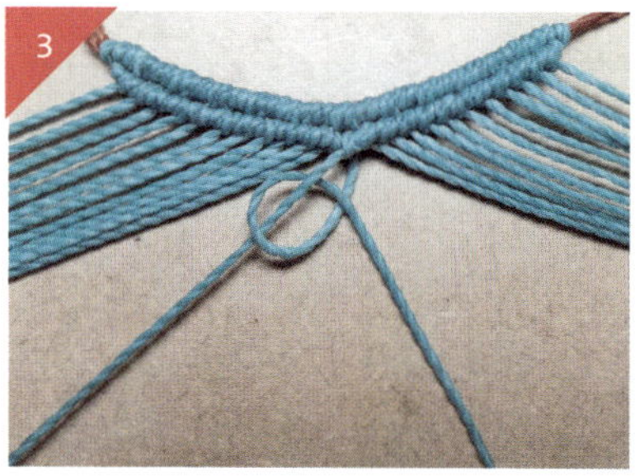

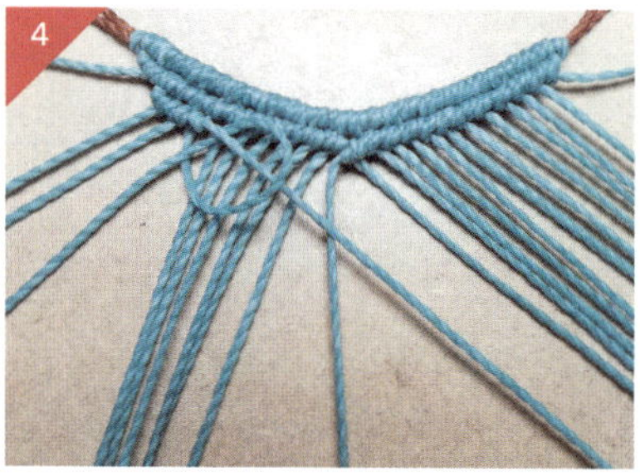

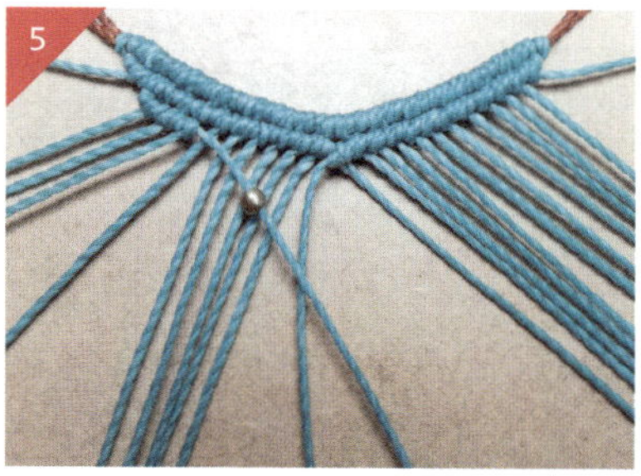

Schritt 1:

Spanne die beiden langen braunen Fäden gemeinsam ein wenig oberhalb der Mitte ein (so dass der Teil, an dem du arbeitest, ca 10cm länger ist). Befestige dann dicht nebeneinander die 12 türkisen Fäden symmetrisch mit erweiterten Ankerstichen. Wenn du fertig bist, kannst du dir die Kette an den beiden braunen Enden oben einspannen und nun in der Mitte weitermachen.

Schritt 2:

Lege die rechten 12 Fäden zur Seite. Führe den 1. Faden von links als Haltefaden über die nebenliegenden 11 Fäden nach rechts. Knüpfe nun eine Reihe mit 11 horizontalen Rippenknoten nach rechts.

Schritt 3:

Lege nun den 1. Faden von rechts als Haltefaden nach links und führe hier 12 horizontalen Rippenknoten nach links durch. Der letzte Knoten verbindet die rechte und linke Reihe.

Schritt 4:

Lege den 1. Faden von links zur Seite, dieser wird nicht länger benötigt. Führe dann den 2. Faden von links als Haltefaden wieder Richtung Mitte und knüpfe 3 Rippenknoten.

Schritt 5:

Fädle eine kleine Messingperle auf den Haltefaden und lege den Faden, der direkt darunter ist (5. von links) beiseite. Du lässt somit 1 Rippenknoten aus. Führe dann die Reihe Richtung Mitte fort, indem du noch 5 horizontale Rippenknoten hinzufügst.

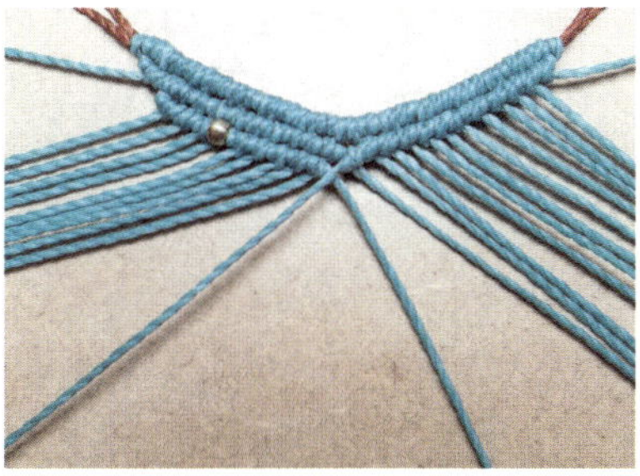
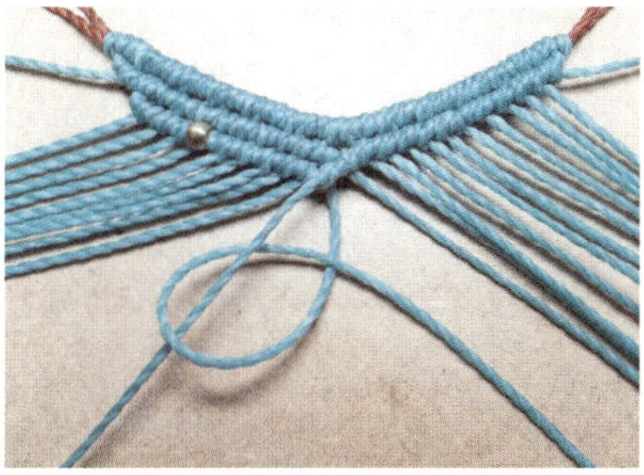

Schritt 6:

ACHTUNG: Dein Haltefaden aus Schritt 5 wird nun zum Arbeitsfaden! Führe einen horizontalen Rippenknoten nach links durch und verlängere so die 2. Reihe von rechts um 1 Knoten.

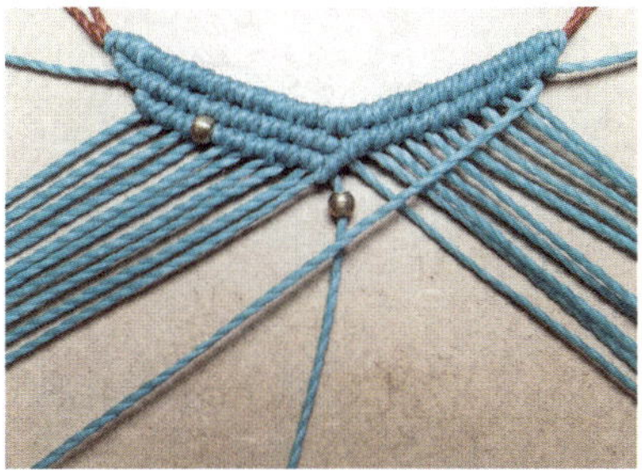
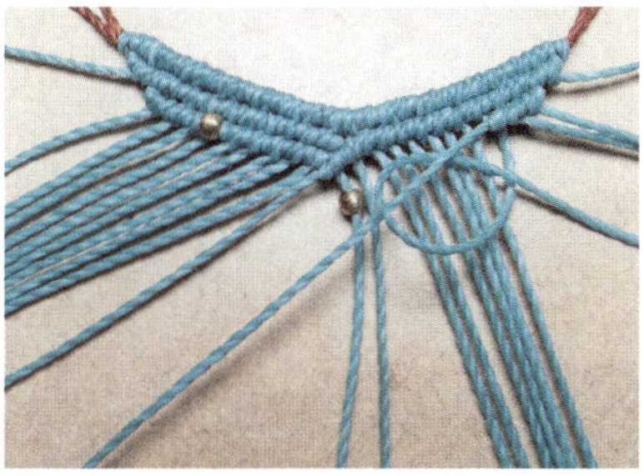

Schritt 7:

Fädle eine kleine Messingperle auf den Arbeitsfaden aus Schritt 6. Der ganz rechte Faden wird nicht länger benötigt. Lege nun den 2. Faden von rechts als Haltefaden nach links und führe hier 3 horizontale Rippenknoten nach links aus.

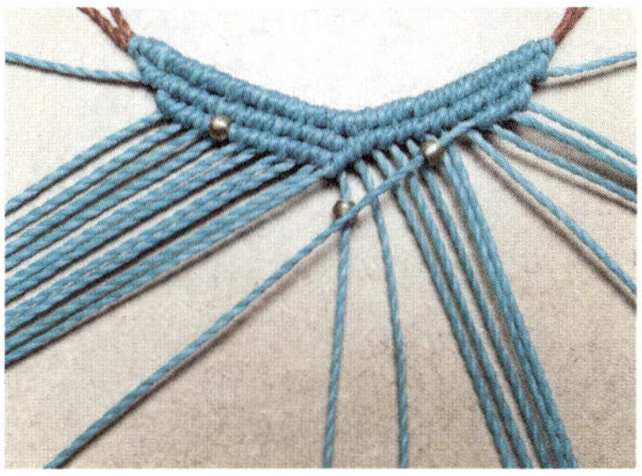
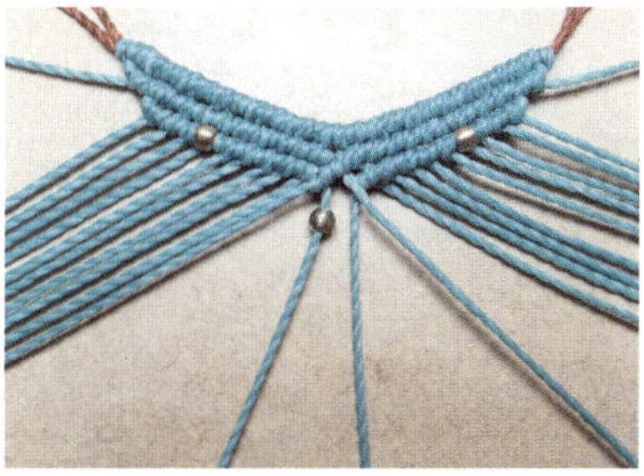

Schritt 8:

Fädle eine kleine Messingperle auf den Haltefaden und lege den Faden, der dann direkt darunter ist, beiseite (wieder 1 Rippenknoten auslassen). Führe dann die Reihe Richtung Mitte fort, indem du noch 5 horizontale Rippenknoten nach links hinzufügst.

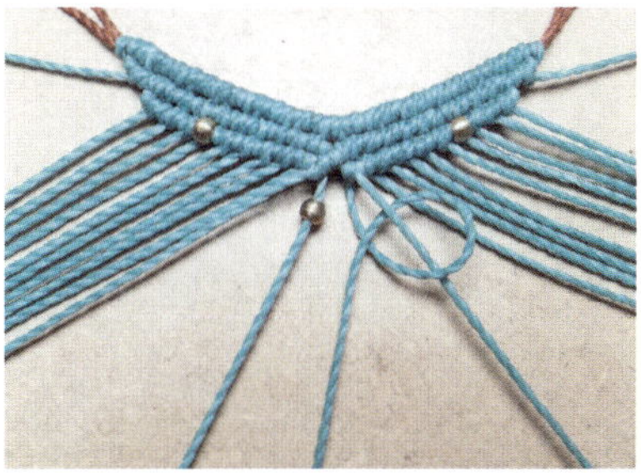
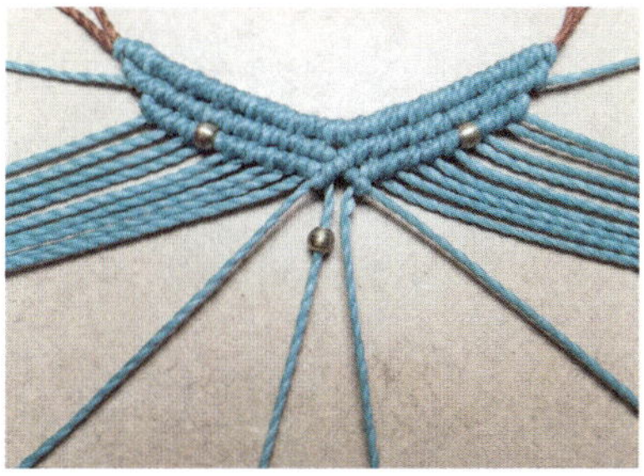

Schritt 9:

ACHTUNG: Auch auf der rechten Seite wird nun der Haltefaden aus Schritt 8 zum Arbeitsfaden. Knüpfe einen horizontalen Rippenknoten nach rechts. Links davon liegt nun der Faden mit der kleinen Messingperle aus Schritt 7 und alle Fäden sollten symmetrisch sein.

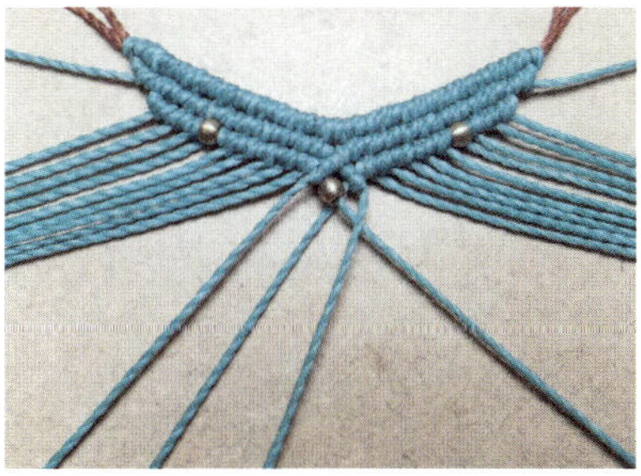
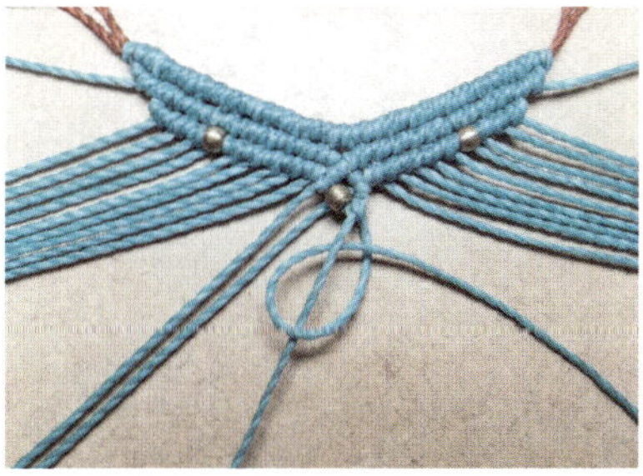

Schritt 10:

Führe nun den Faden mit der Perle ***über*** den mittleren rechten Faden und dann ***unter*** dem nebenliegenden rechten Faden hindurch. Der Faden mit der Perle ist nun dein Arbeitsfaden und du knüpfst einen horizontalen Rippenknoten nach links. Den Faden, der diagonal unter der Perle entlangläuft, kannst du in diesem Schritt ignorieren.

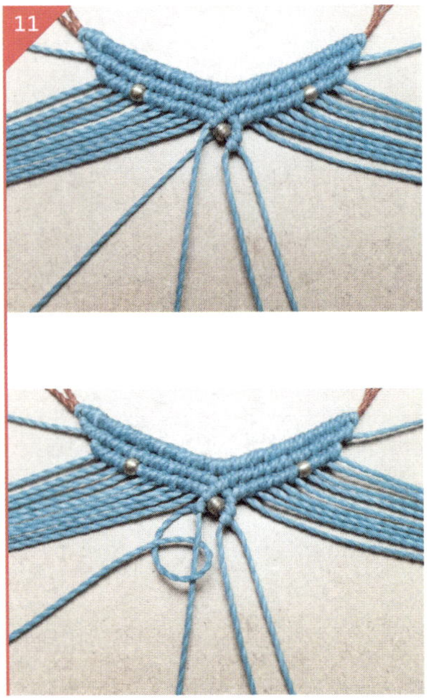

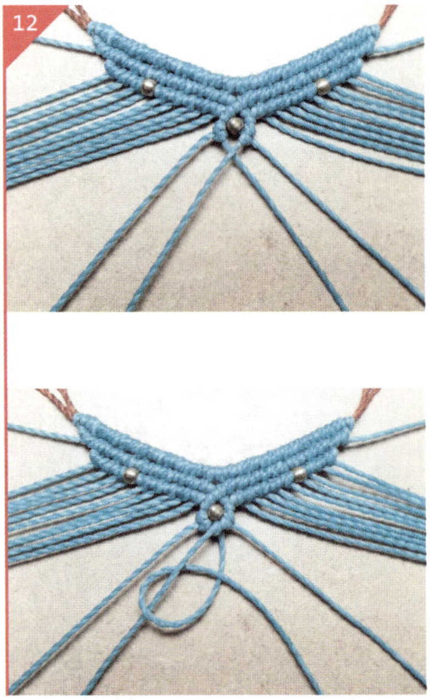

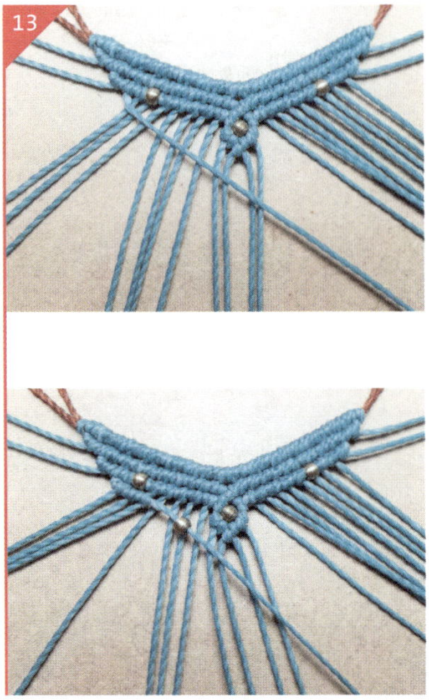

Schritt 11:

Nun ist der Faden, der unter der Perle herausschaut, dein Arbeitsfaden. Führe ihn unter dem nebenliegenden linken Faden (dein Haltefaden) und knüpfe einen Rippenknoten nach rechts

Schritt 12:

Schließe die Diamantform mit einem Rippenknoten nach links.

Schritt 13:

Lege nun auch den 2. Faden von links beiseite, um die nächste Reihe wieder ein Stück kleiner zu machen. Führe den 3. Faden von links als Haltefaden Richtung Mitte und knüpfe 3 Rippenknoten. Fädle eine kleine Messingperle auf den Haltefaden und lege den Faden, der direkt darunter ist (6. von links), beiseite. Du lässt also 1 Rippenknoten aus. Füge noch 3 horizontale Rippenknoten hinzu.

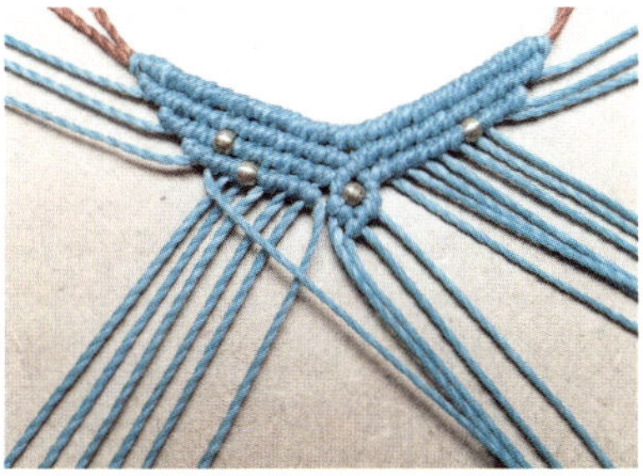

Schritt 14:

Lege den 3. Faden von links zur Seite (links sind es nun schon 3 Fäden, die nicht länger benötigt werden).
Führe den 4. Faden von links als Haltefaden nach rechts, um eine Reihe mit 7 Rippenknoten nach rechts zu knoten.

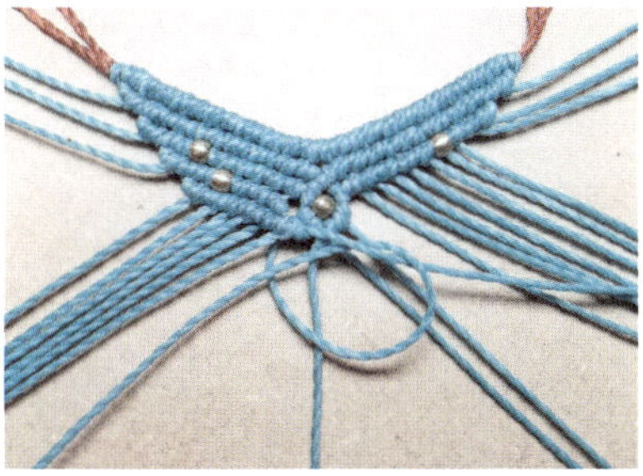

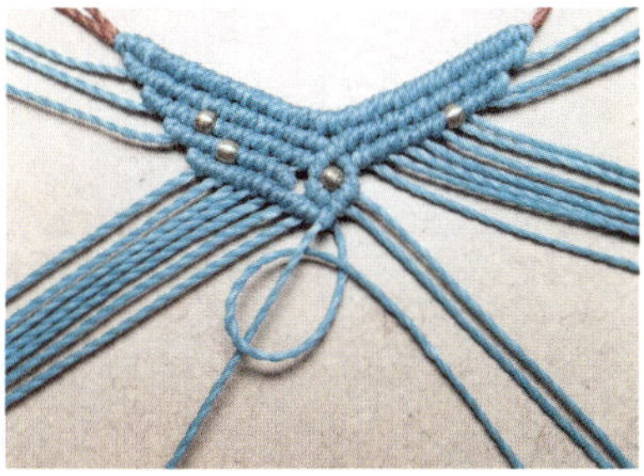

Schritt 15:

ACHTUNG: Dein Haltefaden wird wieder zum Arbeitsfaden! Führe einen horizontalen Rippenknoten nach links durch und verlängere so die Diamantform nach links.

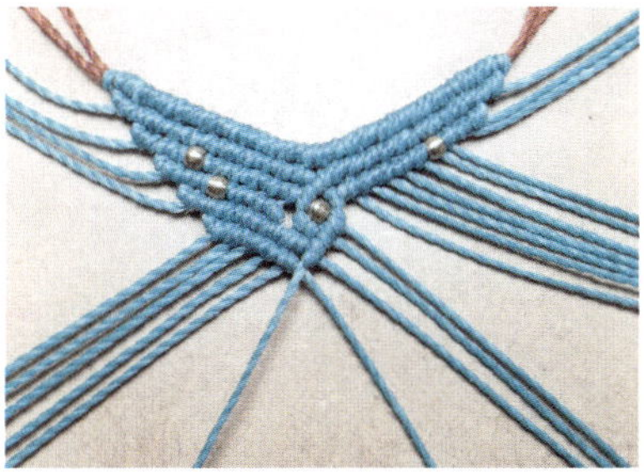

Schritt 16:

Lege den 4. Faden von links beiseite. Knote eine Reihe mit 5 Rippenknoten nach rechts.

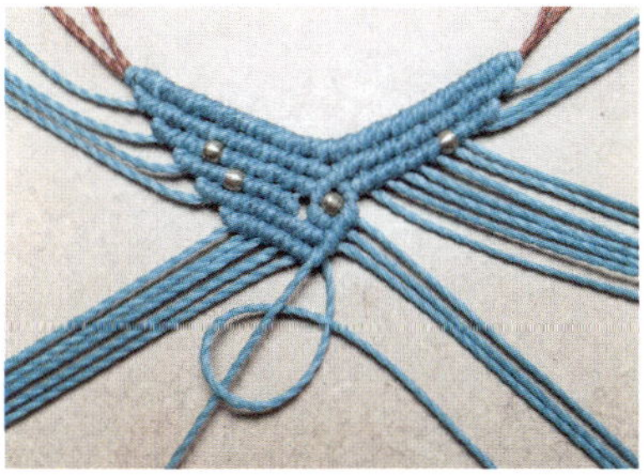

Schritt 17:

Wiederhole Schritt 15.

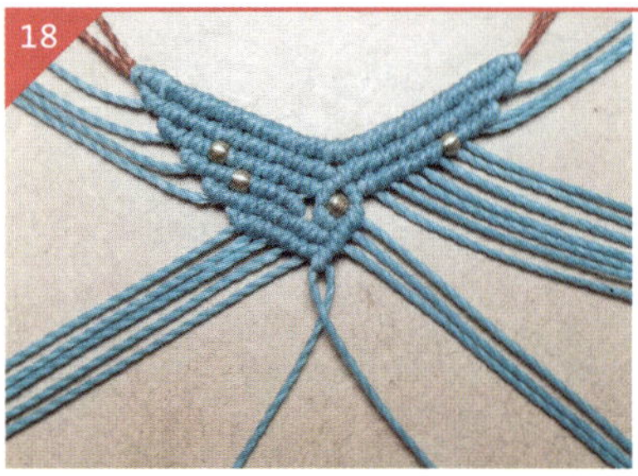

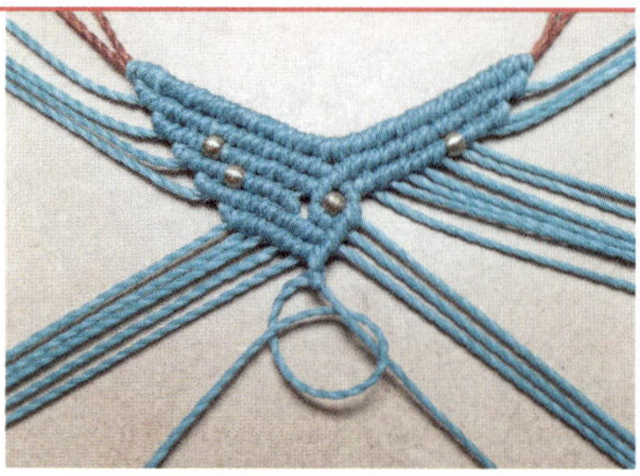

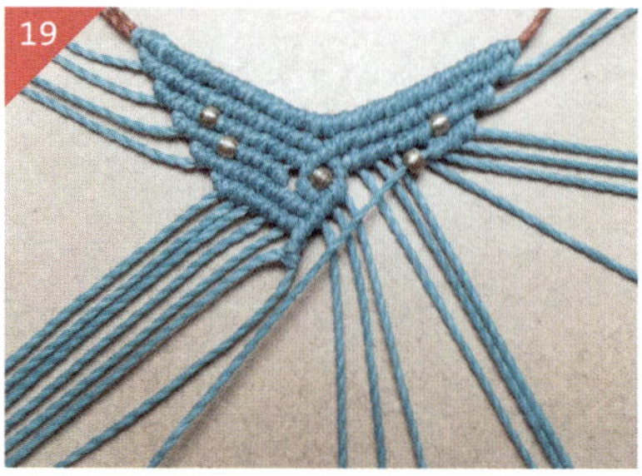

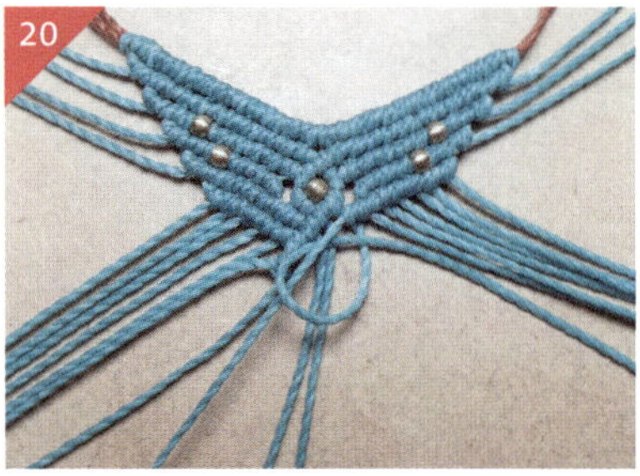

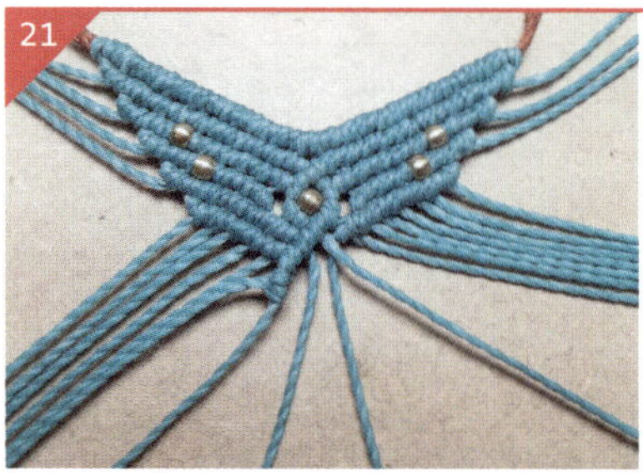

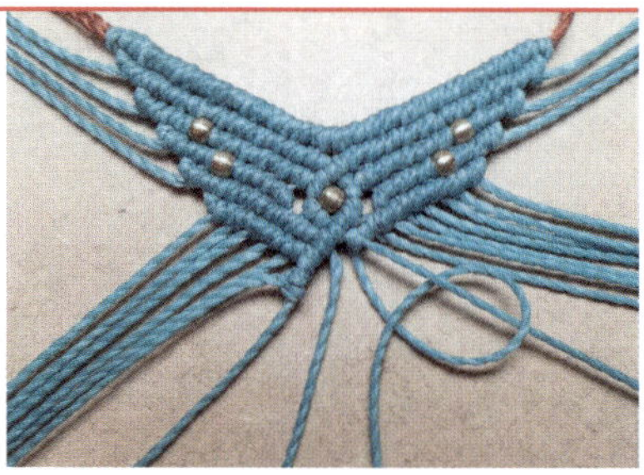

Schritt 18:

Dein Haltefaden und Arbeitsfaden bleiben gleich, aber du wechselst nun die Richtung. Knote einen horizontalen Rippenknoten nach rechts.

Schritt 19:

Wiederhole Schritte 7 (nun mit dem 3. Faden von rechts) und 8. ACHTUNG: Statt der 5 Rippenknoten am Ende machst du nun nur 3 nach links.

Schritt 20:

Lege den 3. Faden von rechts beiseite. Führe den 4. Faden von rechts als Haltefaden nach links, um eine Reihe mit 7 Rippenknoten nach links zu knoten.

Schritt 21:

ACHTUNG: Wechsle auch hier wie in Schritt 9 den Haltefaden, indem du einen Rippenknoten nach rechts ausführst. Die Diamantform wird somit nach rechts erweitert.

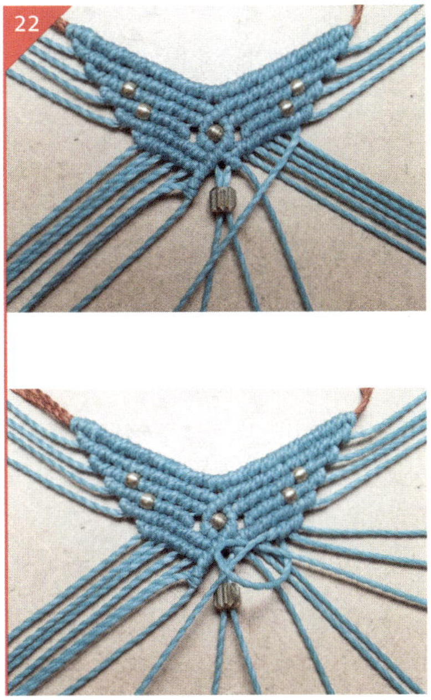

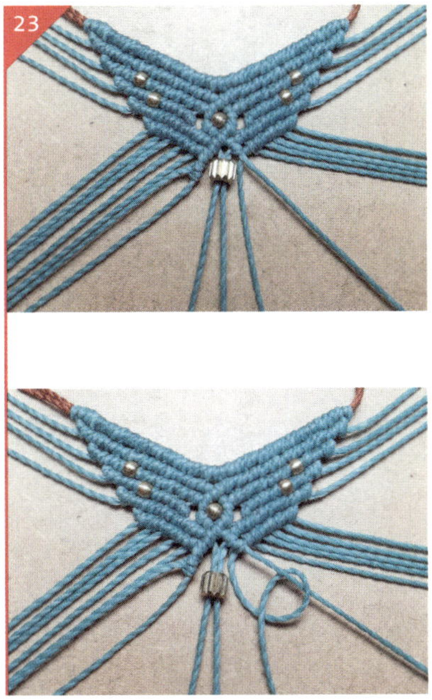

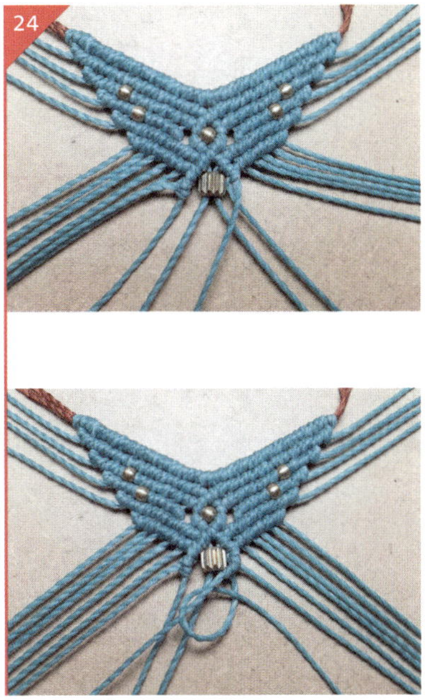

Schritt 22:

Fädle dir eine große Zahnradperle auf die beiden mittleren Fäden. Lege den 4. Faden von rechts beiseite und knote eine Reihe mit 5 Rippenknoten nach links.

Schritt 23:

Wie in Schritt 21 wird dein Haltefaden nun zum Arbeitsfaden. Dein neuer Haltefaden kommt aus der Verlängerung der Diamantform (11. Faden von links). Führe nun einen Rippenknoten nach rechts aus.

Schritt 24:

Lege diesen Haltefaden über deinen Arbeitsfaden nach links und knüpfe 2 Rippenknoten nach links. Der 2. Arbeitsfaden ist hier der rechte Faden, der aus der Zahnradperle kommt.

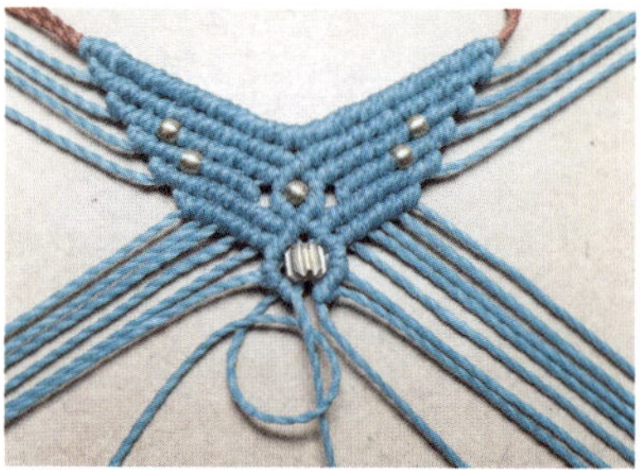

Schritt 25:

Analog dazu wird nun auch der linke Faden, der aus der Perle kommt, dein Arbeitsfaden. Dein neuer Haltefaden kommt aus der Verlängerung der Diamantform (wie bei Schritt 23). Knote 1 Rippenknoten nach rechts.

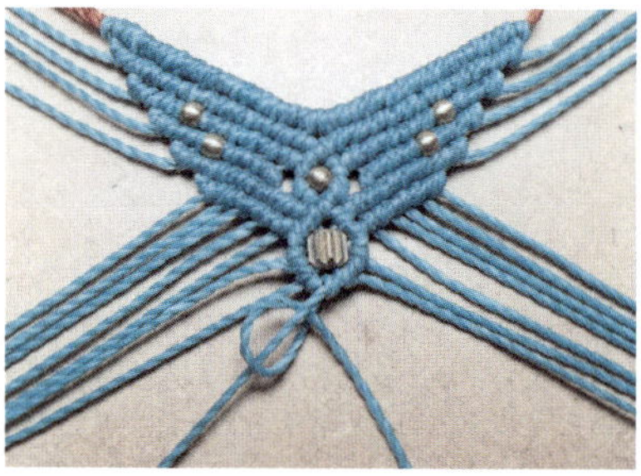

Schritt 26:

Schließe die Diamantform mit einem horizontalen Rippenknoten nach links.

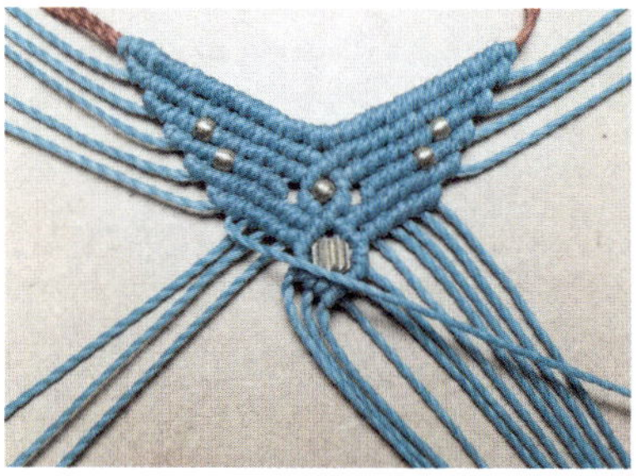

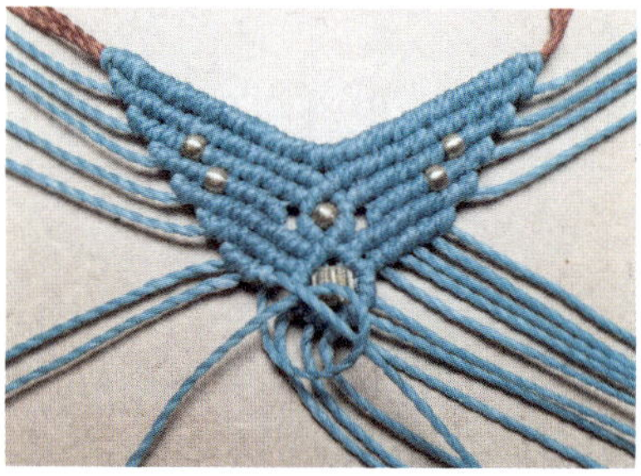

Schritt 27:

Lege den 5. Faden von links beiseite, dann den 6. Faden von links als Haltefaden zur Mitte und führe 3 Rippenknoten nach rechts aus.

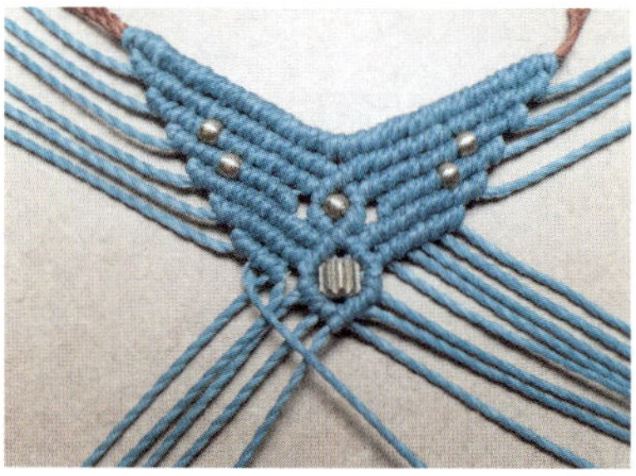

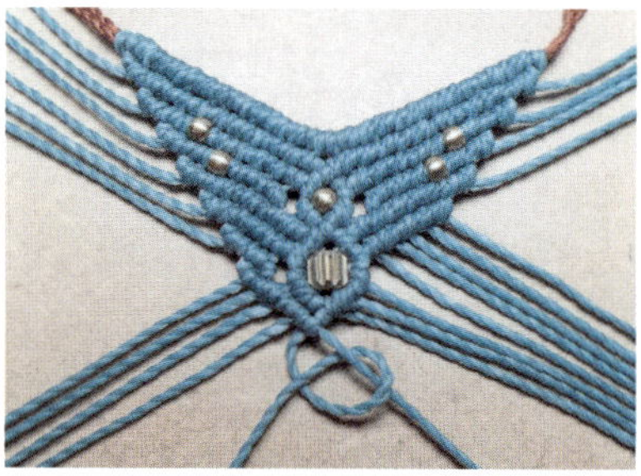

Schritt 28:

Lege den 6. Faden von links beiseite. Knote eine Reihe aus 5 Rippenknoten nach rechts. Die Reihe verbindet die linke Seite der Kette mit der Diamantform in der Mitte.

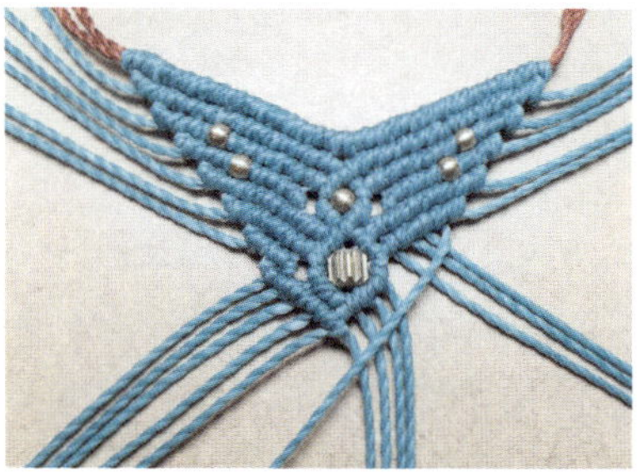

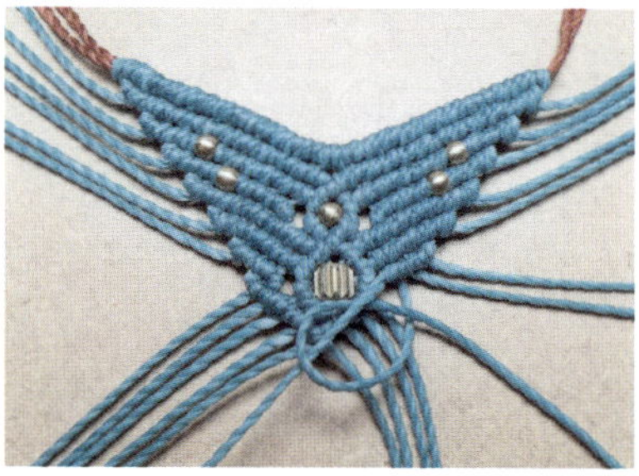

Schritt 29:

Lege den 5. Faden von rechts beiseite. Knote eine Reihe aus 3 Rippenknoten nach links.

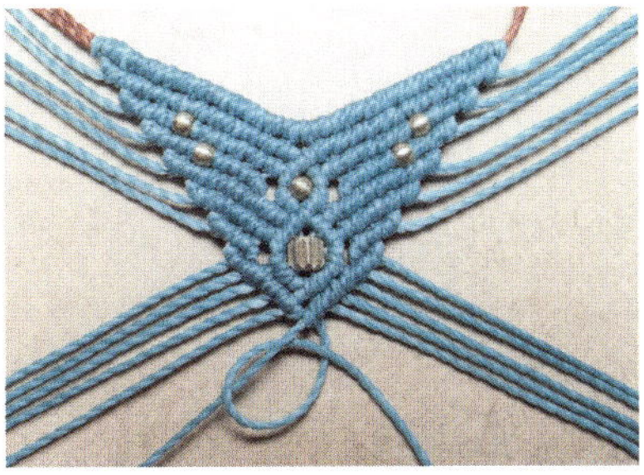

Schritt 30:
Lege den 6. Faden von rechts beiseite. Knote eine Reihe aus 6 Rippenknoten nach links.

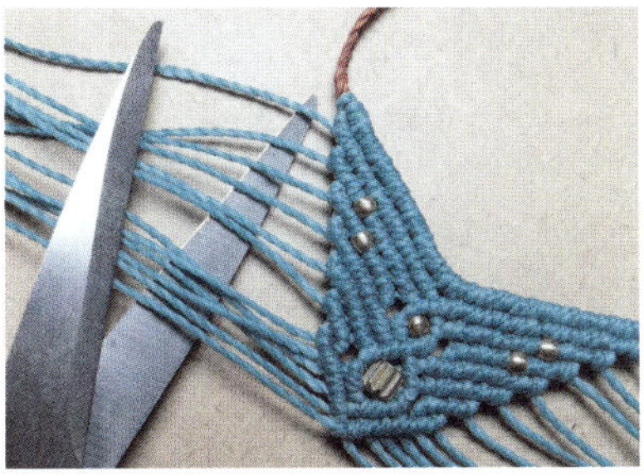

Schritt 31:
Schneide alle türkisen Fäden knapp ab und brenne sie fest.

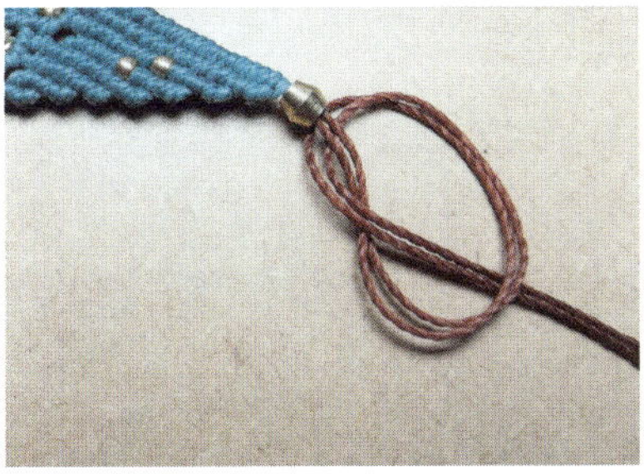

Schritt 32:
Fädle die beiden großen Doppelkegelperlen (5mm) jeweils links und rechts auf die beiden braunen Fäden und fixiere sie mit einem Überhandknoten.

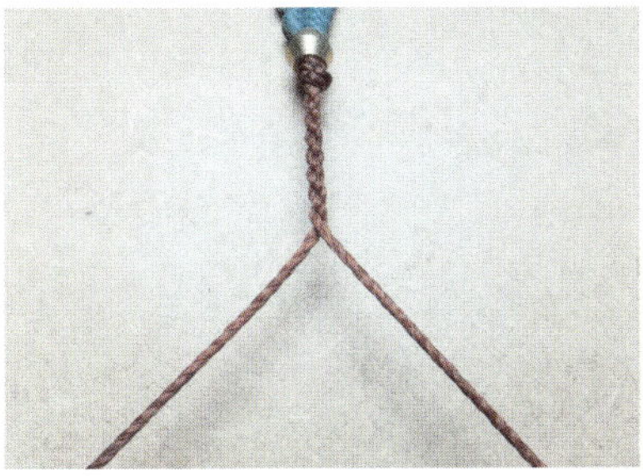

Schritt 33:
Verdrille die braunen Fäden auf beiden Seiten bis zu einer Länge von ca. 40cm.

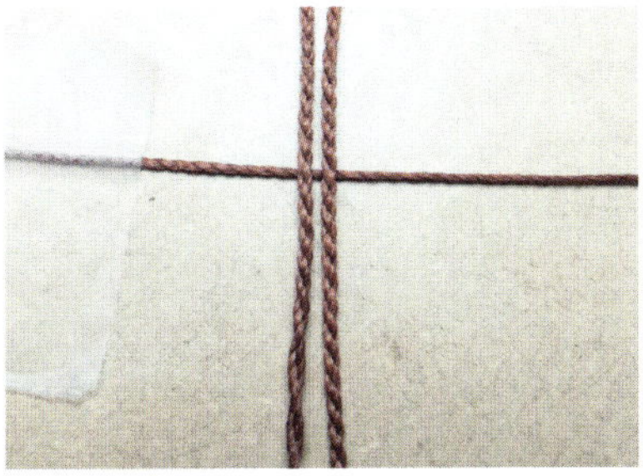

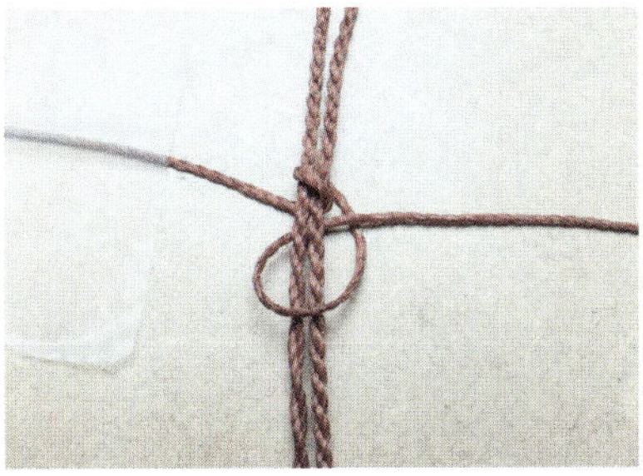

Schritt 34:
Befestige einen der 2 verbliebenen 40cm langen braunen Fäden mit einem vertikalen Rippenknoten um die beiden verdrillten Abschlussbänder, die dir nun als Haltefaden dienen. Auf die gleiche Weise befestigst du noch einen weiteren braunen Faden.

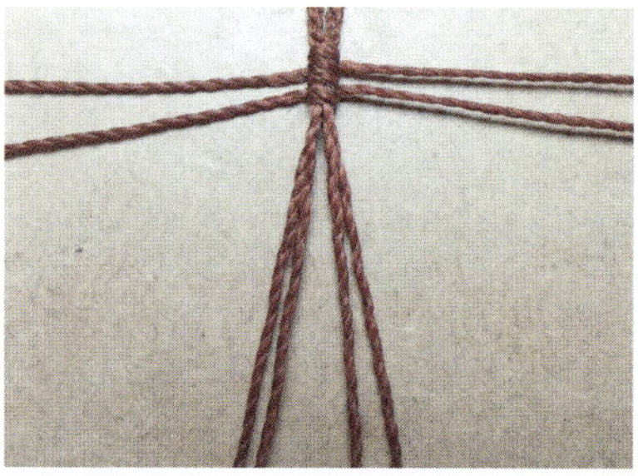
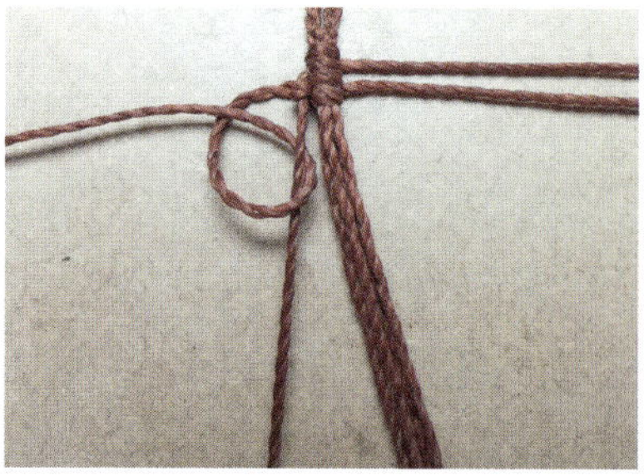

Schritt 35:

Löse nun die Verdrillung der Enden auf, sodass du wieder 4 einzelne Fäden hast, mit denen du arbeiten kannst. Führe auf der linken Seite mit dem oberen und dem darunter liegenden Faden einen vertikalen Rippenknoten aus.

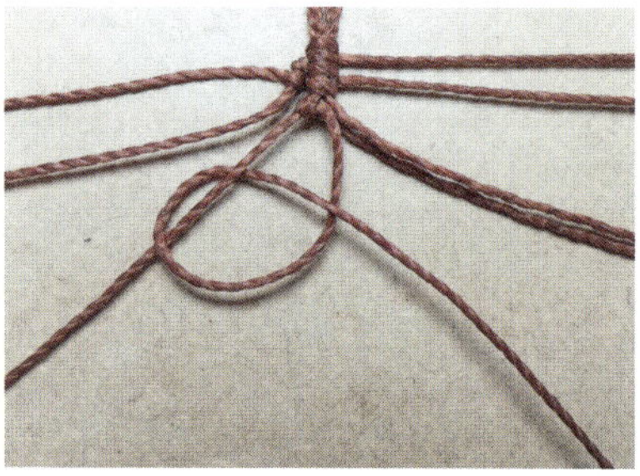
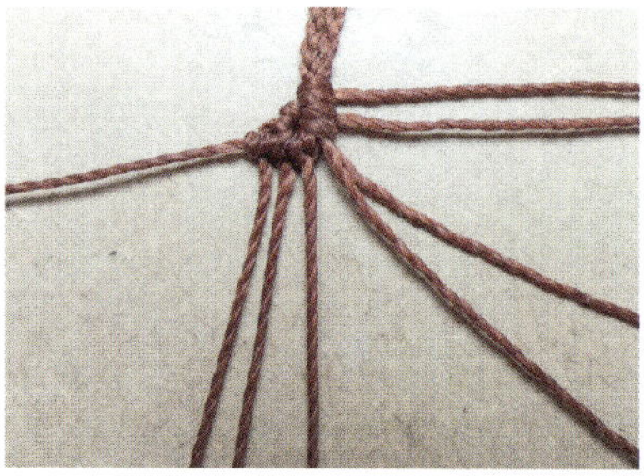

Schritt 36:

Führe den 4. Faden von links als Haltefaden nach links. Knote 3 Rippenknoten nach links.

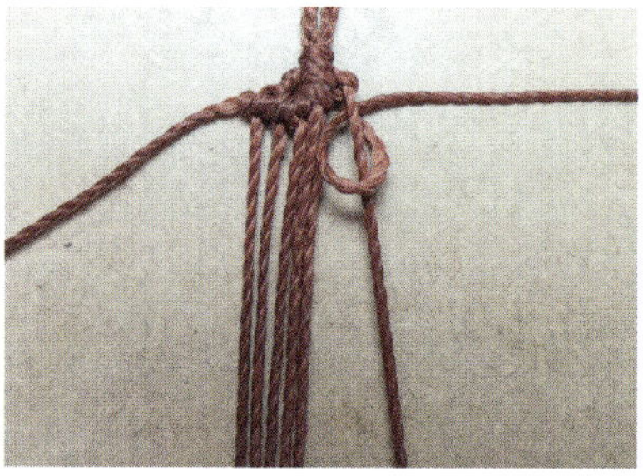

Schritt 37:

Führe auf der rechten Seite mit dem oberen und dem darunter liegenden Faden einen vertikalen Rippenknoten aus.

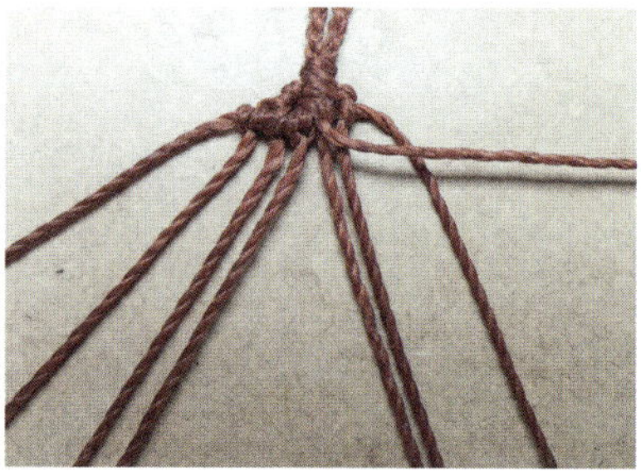

Schritt 38:

Führe den 4. Faden von rechts als Haltefaden nach rechts.

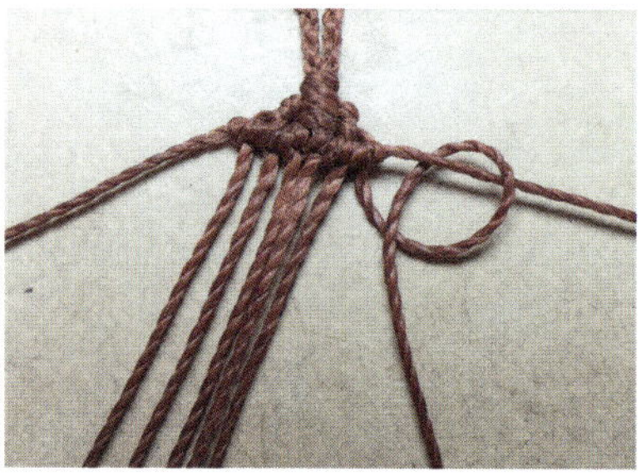

Schritt 39:

Knote 3 Rippenknoten nach rechts.

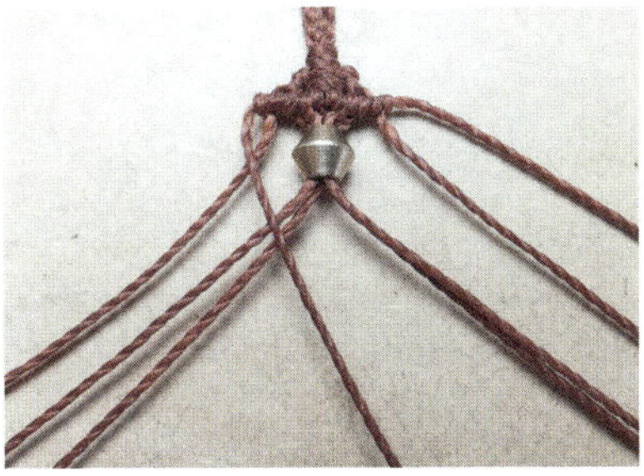

Schritt 40:

Fädle die 4 mittleren Fäden durch die große Doppelkegelperle (6mm) und lege den 1. Faden von links als Haltefaden nach rechts.

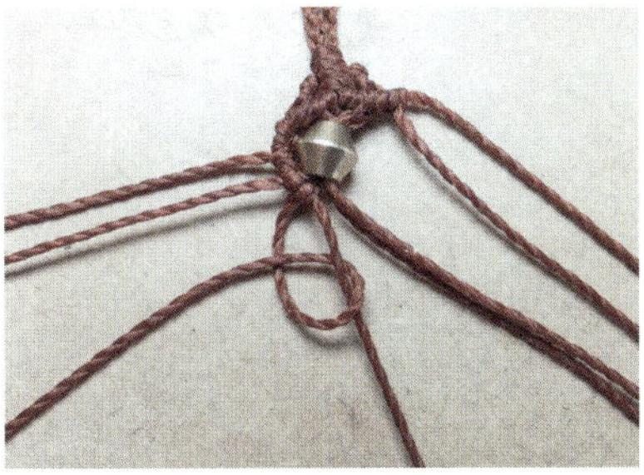

Schritt 41:

Knote 3 Rippenknoten nach rechts.

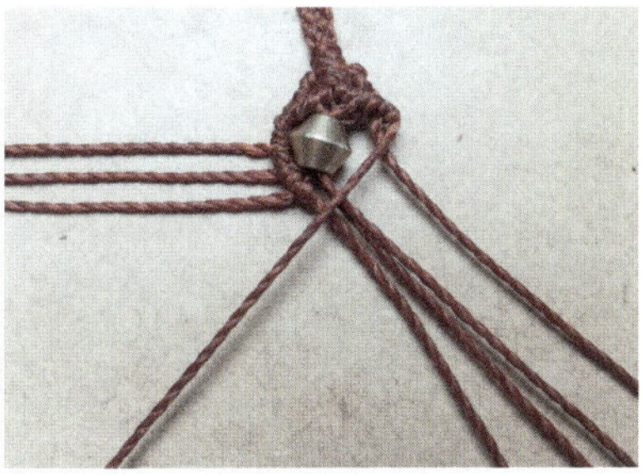

Schritt 42:

Lege den 1. Faden von rechts als Haltefaden nach links. Knote 4 Rippenknoten nach links.

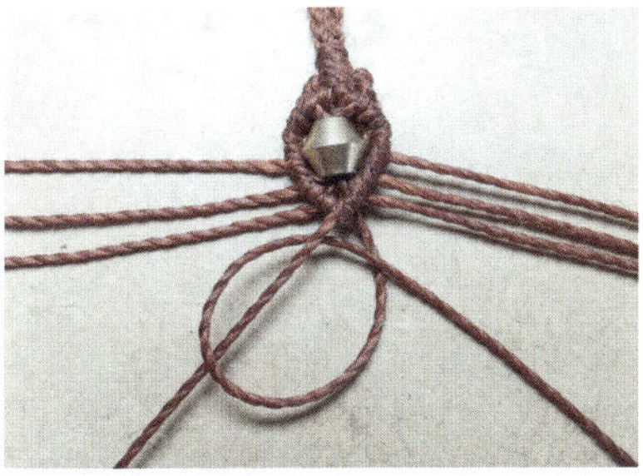

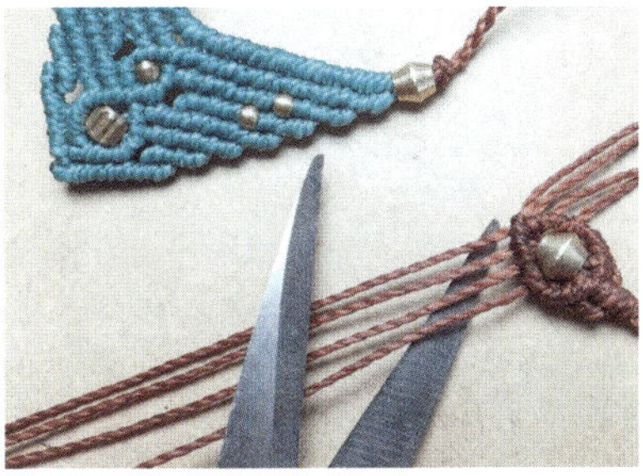

Schritt 43:

Schneide alle braunen Fäden knapp ab und brenne sie mit dem Feuerzeug fest.

Optional kannst du am Ende einen größenverstellbaren Schiebeverschluss hinzufügen (siehe S. 28).

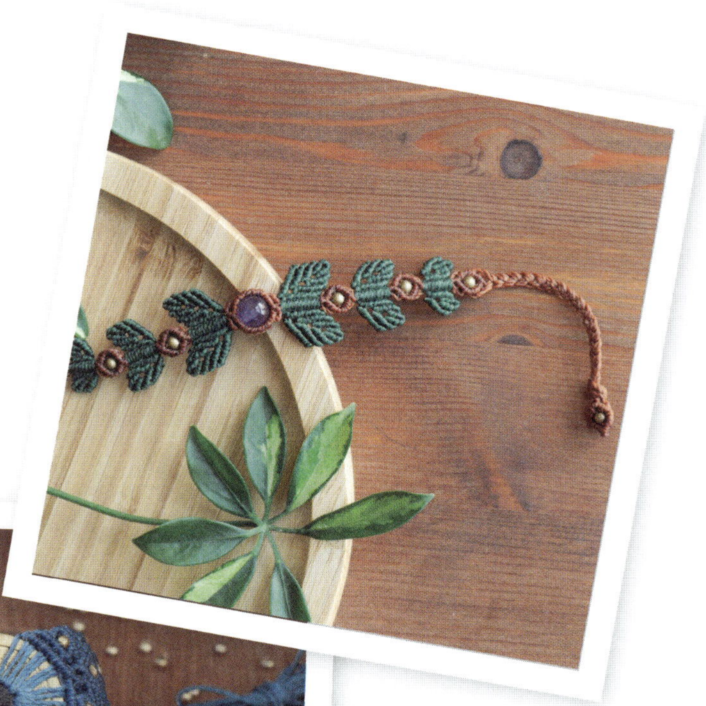

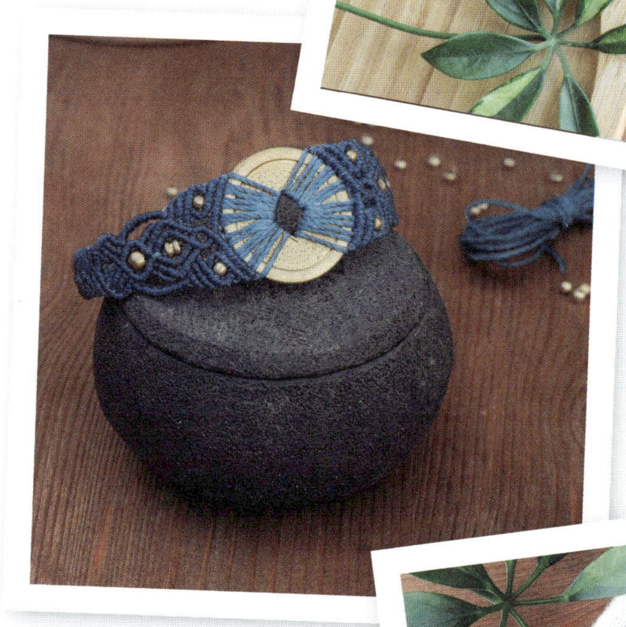

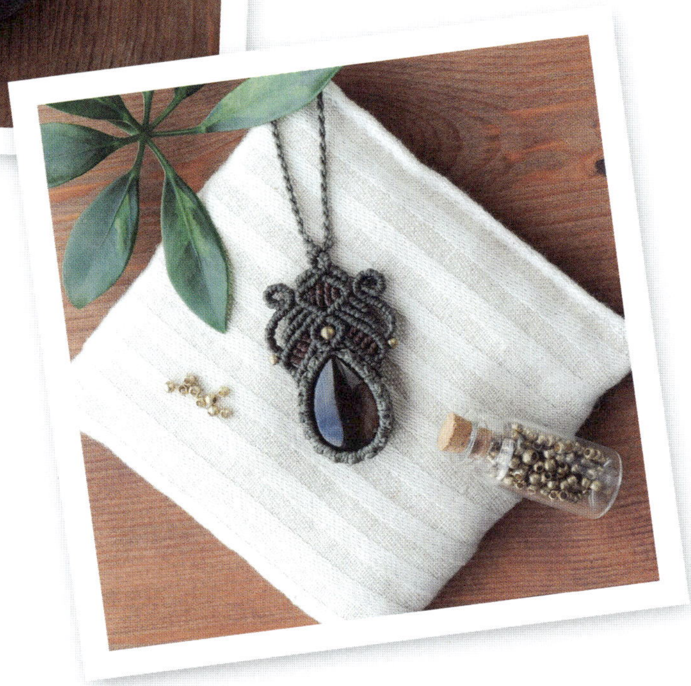

Projekte Teil 3 – Jetzt wirst du zum Profi!

Es ist soweit: Du verlässt nun langsam das Terrain der sich wiederholenden, gleichförmigen Muster und näherst dich der höheren Kunst des verschlungenen Knüpfens. Beim Umsetzen der Projekte aus Teil 1 und 2 konntest du schon ein wenig Knüpfroutine entwickeln, die dir die perfekte Grundlage für die nächsten Seiten geben wird.

Ich freue mich sehr darauf, dir jetzt ein paar meiner Lieblingsdesigns aus diesem Buch vorzustellen. Es erwarten dich Anleitungen, die dir viele wichtige fortgeschrittene Knüpfmuster zeigen. Von floral über rund bis verschnörkelt ist alles dabei. Die Grundtechnik zum Einfassen von flachen Steinen (Kette »Medusa«) oder zum Einarbeiten größerer Perlen mit Bohrung für nur 1 Faden (Armband »Waldelfe«) sind Kniffe, die du auch in Zukunft noch vielseitig einsetzen wirst. Auch das »Ausmalen« von Diamantformen mittels vertikalen Rippenknoten (Kette mit Donutstein) wird dir neue Möglichkeiten eröffnen, mit Farbakzenten zu spielen.

Allgemein wirst du merken, dass das Tempo ein wenig anzieht. Die Anleitungen bestehen aus vielen unterschiedlichen Schritten, und ich empfehle dir, besonders gut aufzupassen, dass du deine Fäden nicht durcheinander bringst. Schau dir dazu die jeweiligen Fotos vorher genau an und vergleiche sie regelmäßig mit deinem eigenen Prozess. Besser, du schaust einmal mehr, als dass du nachher mühsam die Knoten wieder auflösen musst.

Viel Freude beim Ausprobieren!

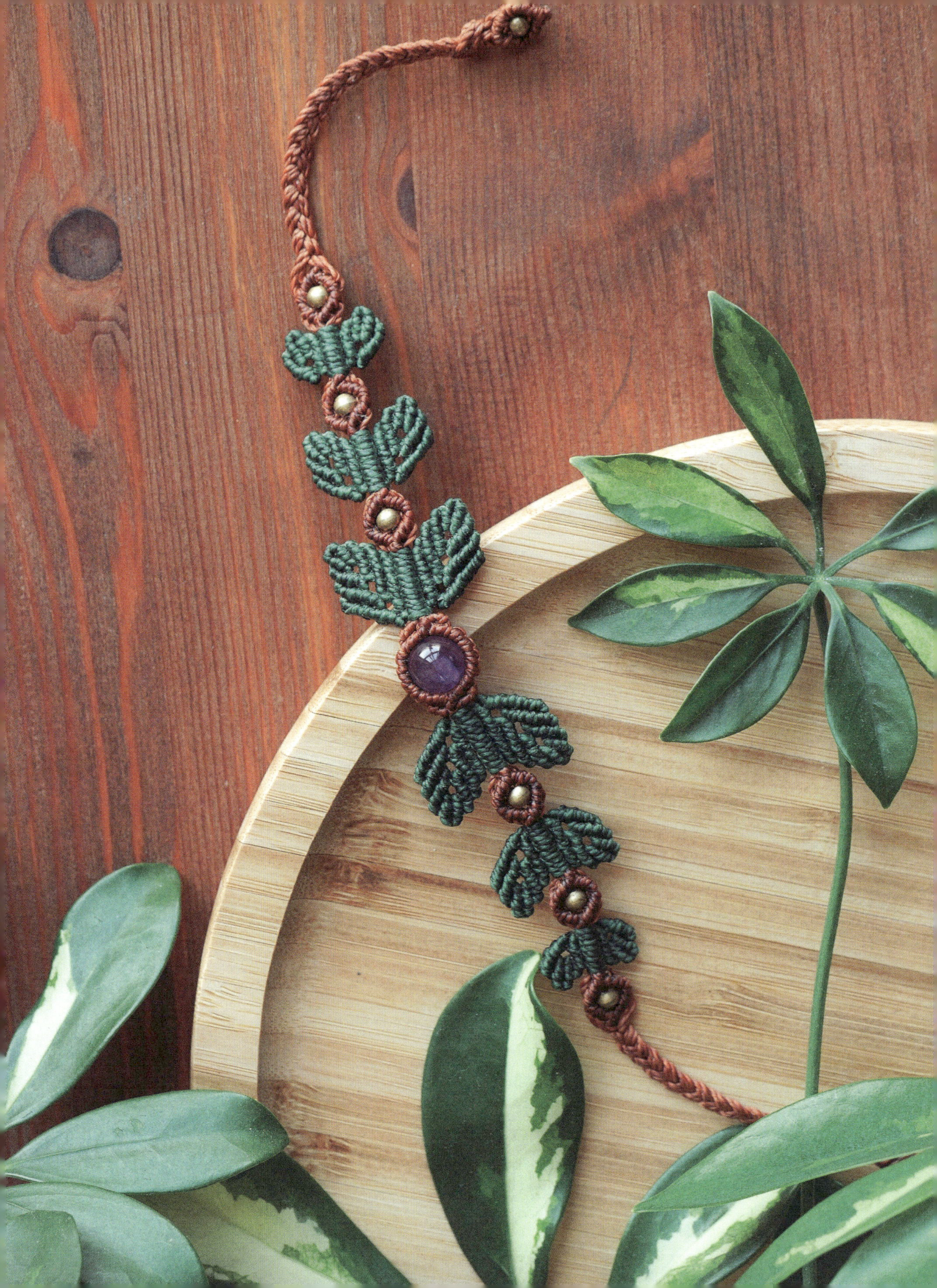

Armband Waldelfe

Florale Elemente sind beim Knüpfen von Makramee Schmuck sehr beliebt. In dieser Anleitung lernst du eine sehr klassische Variante, um mit stetig kleiner werdenden Reihen von Rippenknoten regelmäßige symmetrische Blätter zu erschaffen. Durch die Art und Weise wie die Blätter am »Stamm« des Armbandes befestigt sind, schimmern hier sehr schön die verschiedenen Farben durch. Es ist wichtig, dass du dein Schmuckstück im Klemmbrett regelmäßig umspannst, damit du stets in einem guten Winkel arbeiten kannst. Somit stellst du auch sicher, dass in deinen Blättern keine Lücken entstehen.

Knoten & Techniken:

- Wenderippenknoten
- vertikaler und horizontaler Rippenknoten
- Flechten mit 3 Fäden

Schwierigkeitsgrad:

- fortgeschrittener Knotenkünstler:innen

Maße des geknüpften Teils:

- 2,4cm x 13cm

Material Armband

- 6x 80cm Mittelbraun (Linhasita 25)
- 12x 50cm Tannengrün (Linhasita 367)
- 10x 40cm Tannengrün (Linhasita 367)
- 8x 30cm Tannengrün (Linhasita 367)
- 1x 8cm Amethyst Perle
- 8x Kugelperle groß (3,8 mm) für 2 Fäden

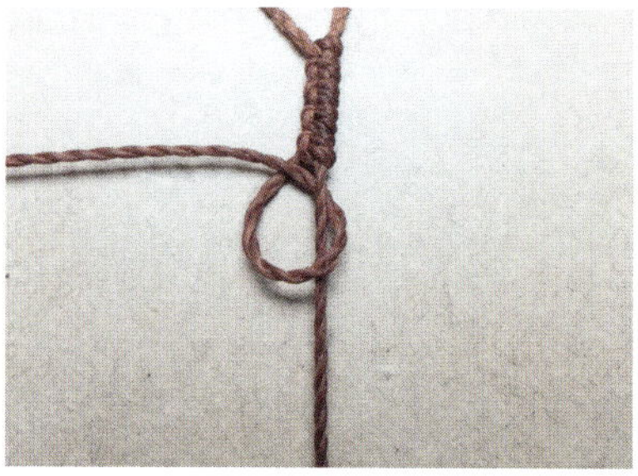
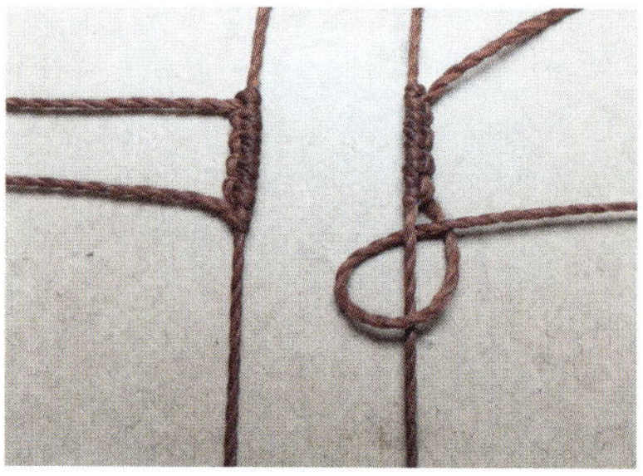

Schritt 1:

Spanne 2 der braunen Fäden etwas oberhalb der Mitte im Klemmbrett ein. Knüpfe dann 5 Wenderippenknoten von links (Arbeitsfaden zeigt am Ende wieder nach links). Wiederhole das ganze spiegelverkehrt mit 2 weiteren Fäden (5 Wenderippenknoten von rechts).

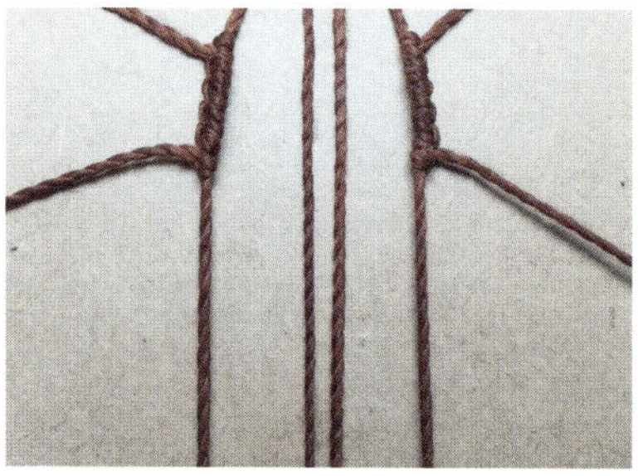
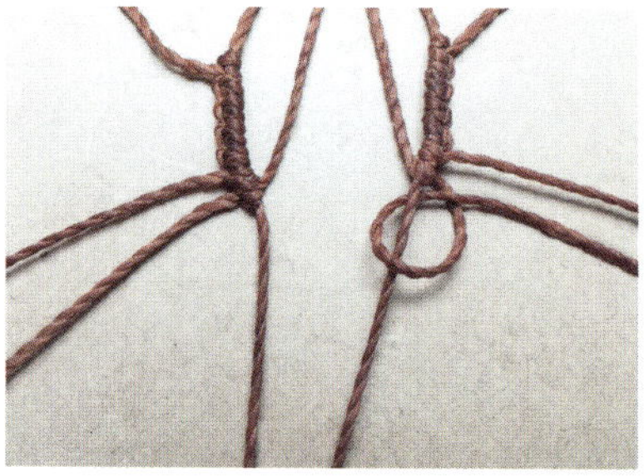

Schritt 2:

Spanne die 2 verbliebenen braunen Fäden bei halber Länge zwischen das linke und das rechte »Rahmenstück«. Befestige dann jeweils einen Faden rechts und einen links mit einem vertikalen Rippenknoten am Haltefaden, um die beiden Rahmen zu vergrößern.

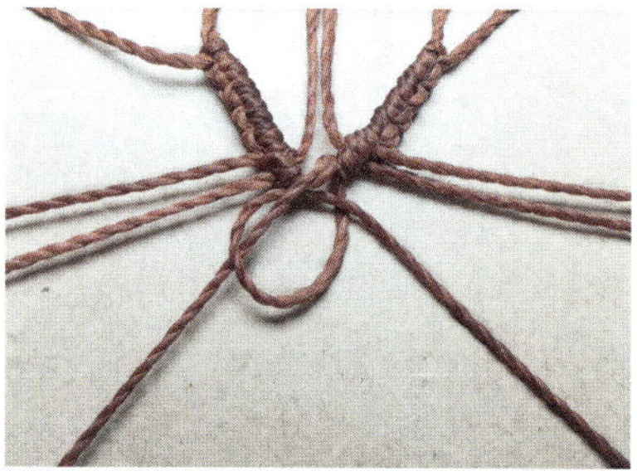
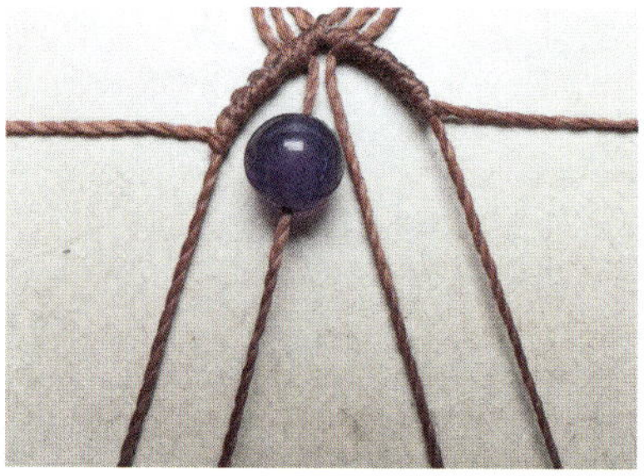

Schritt 3:

Verbinde nun die beiden Hälften mit einem horizontalen Rippenknoten nach links. Spanne dann das Ganze kopfüber ein und fädle die Steinperle auf den linken mittleren Faden.

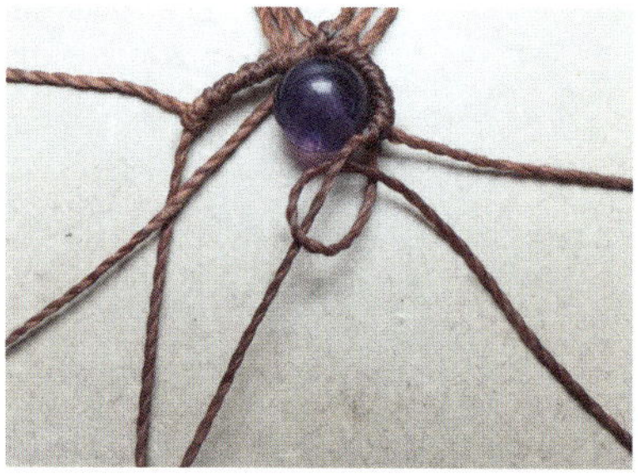
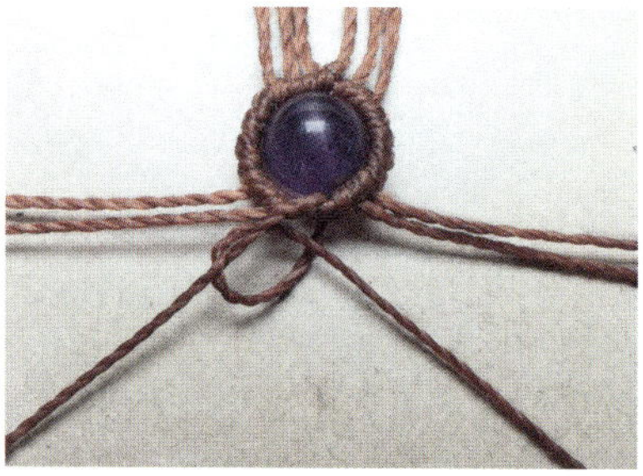
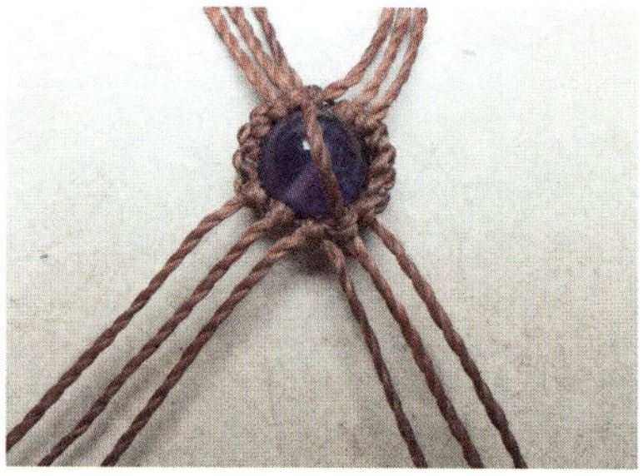

Schritt 4:

Führe den rechten mittleren Faden diagonal unter der Perle nach links und den Faden mit der Perle als Arbeitsfaden nach rechts. Befestige den Faden mit der Perle am rechten Rahmen (horizontaler Rippenknoten nach links) und den ohne Perle am linken Rahmen (horizontaler Rippenknoten nach rechts). Führe dann auch hier wie in Schritt 3 die beiden Hälften zusammen (horizontaler Rippenknoten nach links).
Drehe deine Knüpfarbeit zur Kontrolle auf die Rückseite. Hier sollte der eine Faden diagonal über der Perle entlangführen. Du knotest danach wieder auf der Vorderseite weiter.

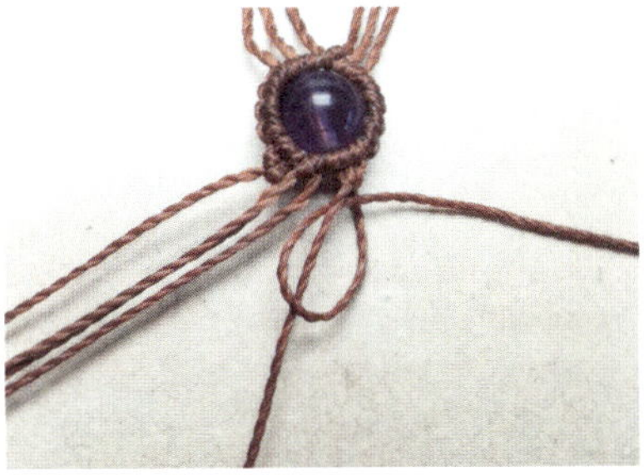

Schritt 5:
Führe jeweils den ganz linken und den ganz rechten Faden (als Haltefäden) mit 1 Rippenknoten in Richtung Mitte (2. Faden von links bzw. 2. Faden von rechts sind deine Arbeitsfäden).

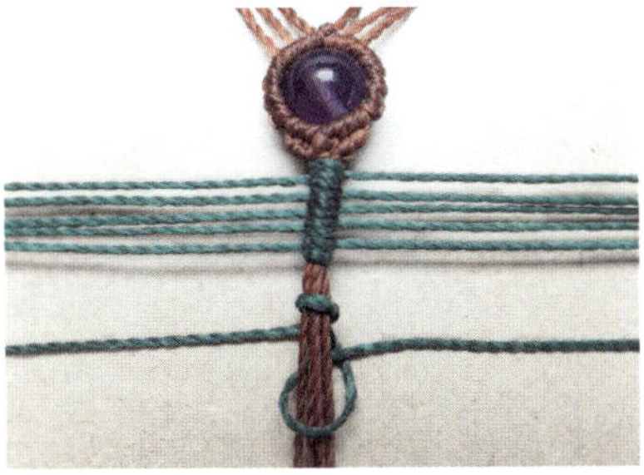

Schritt 6:
Befestige 6 grüne Fäden (50cm) symmetrisch mittels vertikalem Rippenknoten an den 6 braunen Fäden.

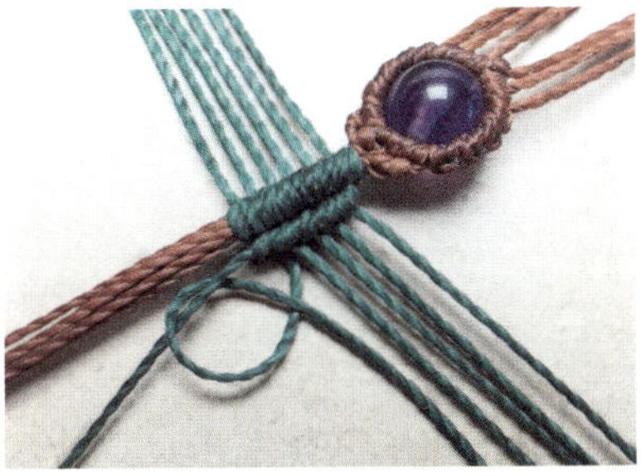

Schritt 7:
Spanne die linke Seite der grünen Fäden am Klemmbrett fest. Der 1. grüne Faden von rechts ist jetzt dein Haltefaden. Knüpfe eine Reihe von 5 horizontalen Rippenknoten nach links.

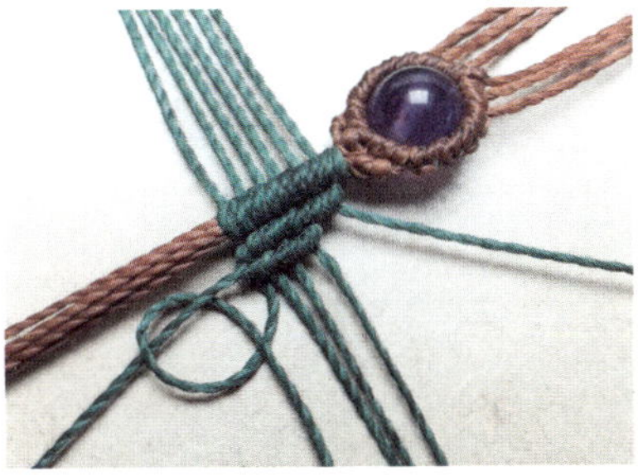

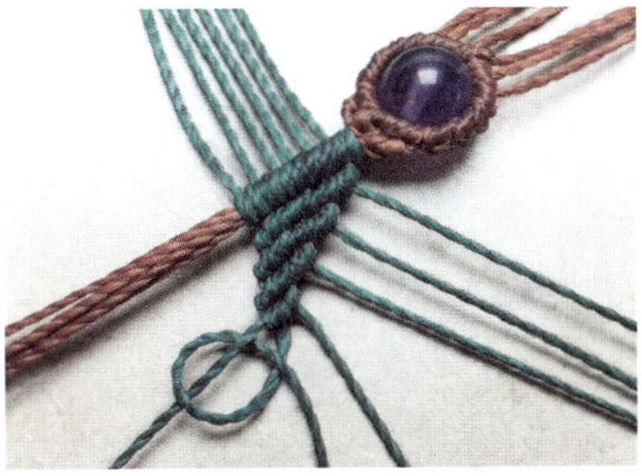

Schritt 8:
Knüpfe weitere parallele Reihen mit 4, 3 und 2 Rippenknoten, indem du für jede neue Reihe vorher den jeweils ganz rechten Faden zur Seite legst.

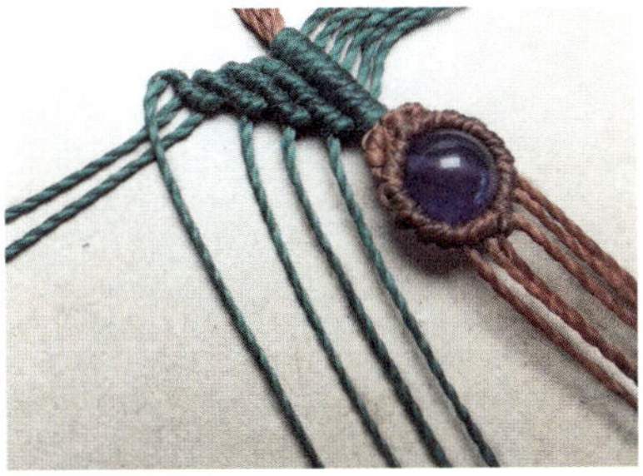

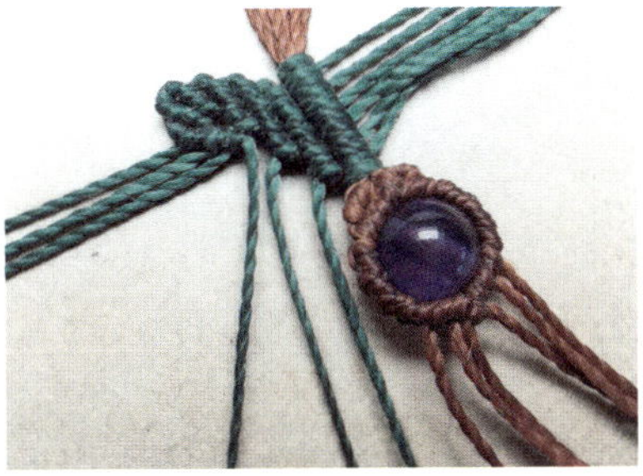

Schritt 9:
Spanne das Armband um und lege den letzte Haltefaden (1. von links) wieder nach rechts. Knüpfe nun aufsteigende Reihen mit 2, 3, 4 und 5 Rippenknoten nach rechts, indem du immer zum Schluss einen der Fäden hinzunimmst, die du zuvor weggelegt hast.

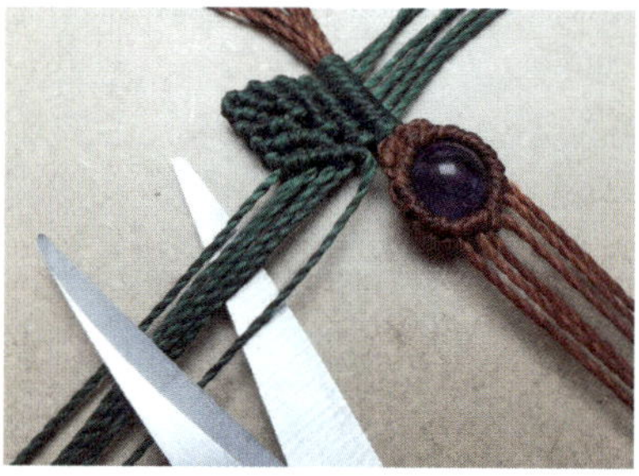

Schritt 10:
Wenn dein Blatt symmetrisch ist, kannst du die grünen Fadenreste auf dieser Seite abschneiden und mit dem Feuerzeug festbrennen.

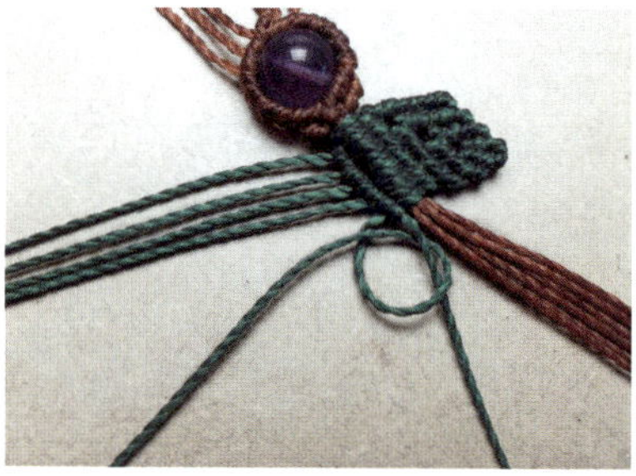

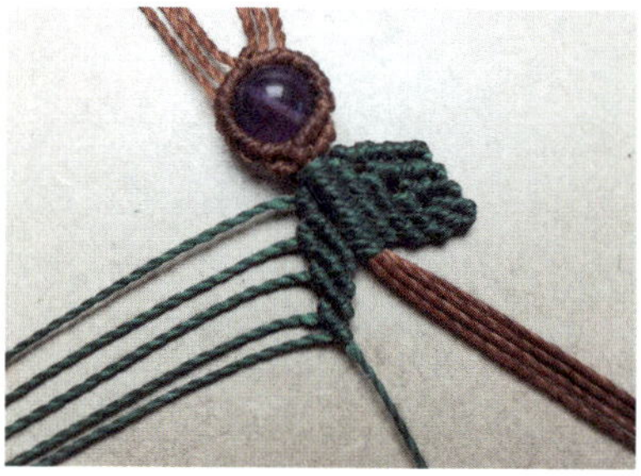

Schritt 11:
Für die linke Seite musst du die Schritte 7 bis 10 spiegelverkehrt ausführen. Starte also mit einer Reihe von 5 Rippenknoten nach rechts.
Die folgenden Reihen werden dann immer kürzer mit nur 4, 3 und 2 Rippenknoten nach rechts.

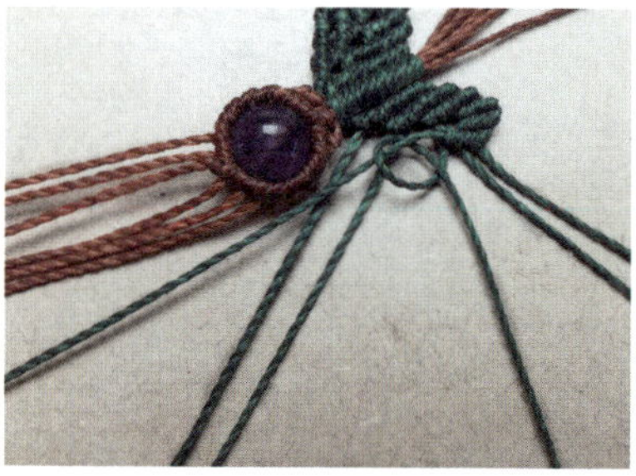

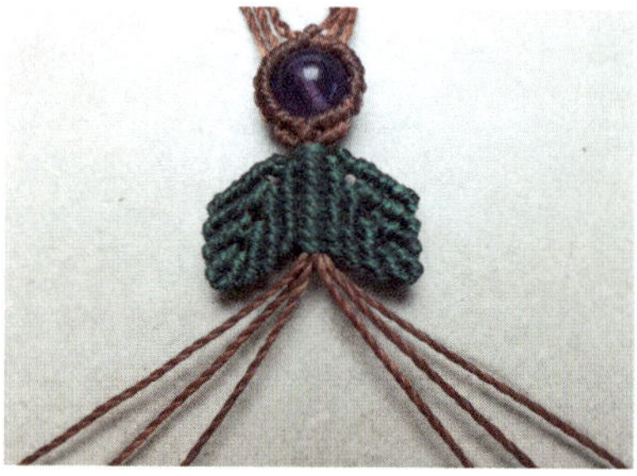

Schritt 12:
Auf dem »Rückweg« startest du wieder erst mit 2 Rippenknoten und verlängerst jede neue Reihe um 1 Knoten. Schneide auch auf dieser Seite die grünen Fadenreste ab und brenne sie mit dem Feuerzeug fest. Spanne dann das Knüpfstück mittig ein und sortiere jeweils 3 braune Fäden nach links und rechts.

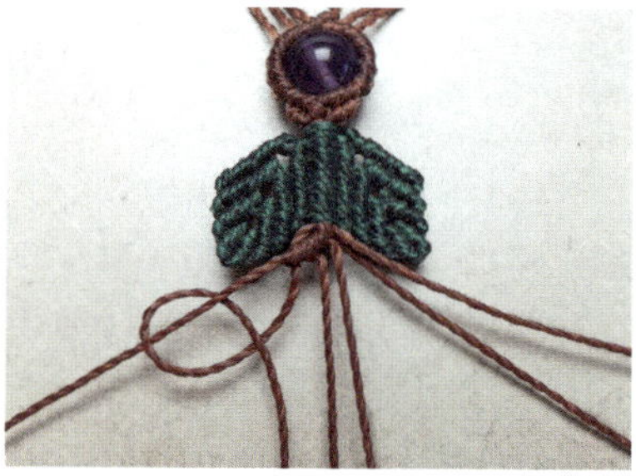

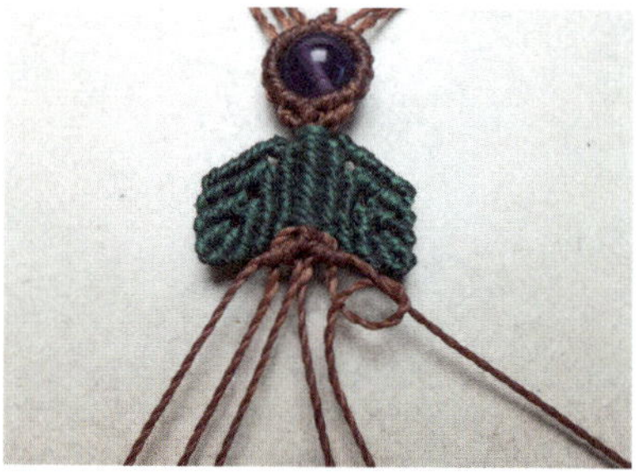

Schritt 13:
Lege den 3. Faden von rechts als Haltefaden nach links und knüpfe 3 Rippenknoten nach links. Füge dann auch auf der rechten Seite 2 Rippenknoten nach rechts hinzu (der neue 3. Faden von rechts ist nun dein Haltefaden).

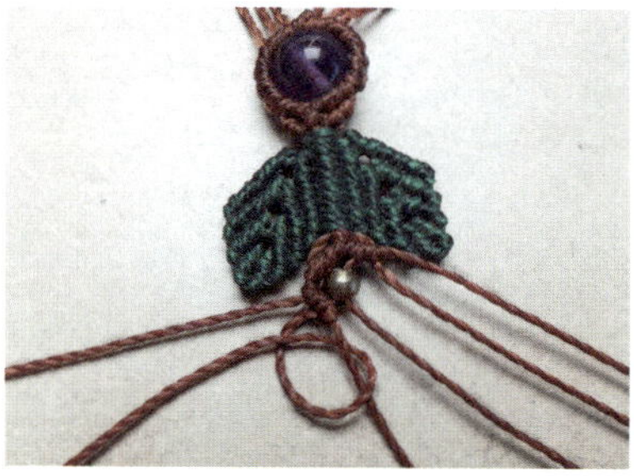

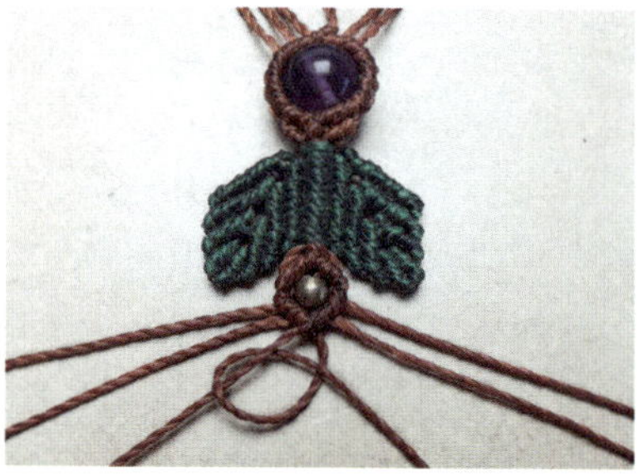

Schritt 14:
Fädle die beiden mittleren Fäden gemeinsam durch eine der Messingperlen. Wechsle dann jeweils mit dem Haltefaden von links und rechts die Richtung und führe jeweils 2 Rippenknoten Richtung Mitte aus. Schließe am Ende die Diamantform mit einem Rippenknoten nach links.

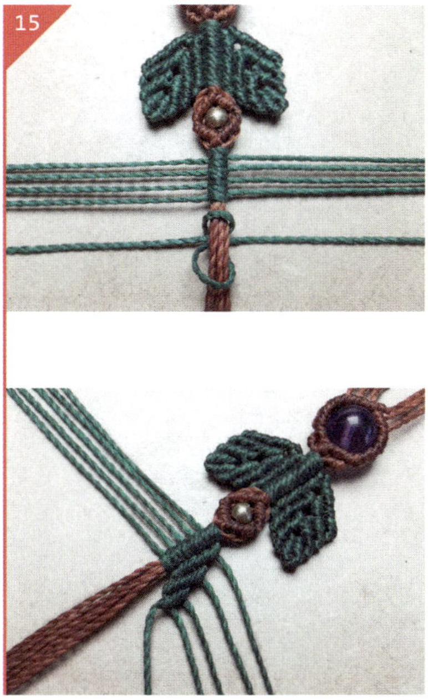

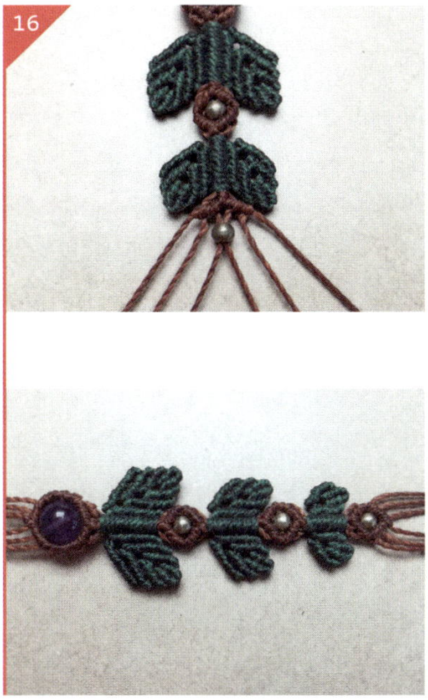

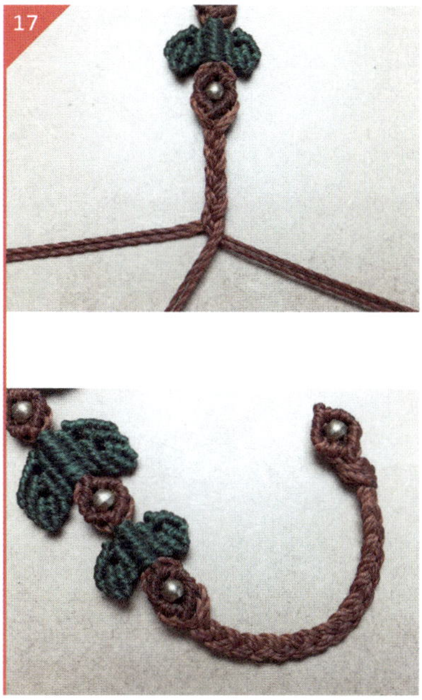

Schritt 15:

Wiederhole die Schritte 6 bis 14 zunächst mit 5 grünen Fäden (Länge 40cm) und dann mit 4 grünen Fäden (Länge 30cm).

Schritt 16:

Die Blätter sollten sich nun also verkleinern, die Diamantform dazwischen bleibt allerdings gleich.

Schritt 17:

Flechte dir zum Abschluss einen ca. 6cm langen Zopf, indem du immer 2 Fäden zusammenfasst. Fixiere den Zopf mit einem Überhandknoten und führe ein letztes Mal die Diamantform aus den Schritten 13 und 14 durch, bevor du alle Fäden knapp abschneidest und festbrennst. Spanne dein Armband um und wiederhole die Schritte 6-18 auf der anderen Seite.

Optional kannst du am Ende einen größenverstellbaren Schiebeverschluss hinzufügen (siehe S. 28).

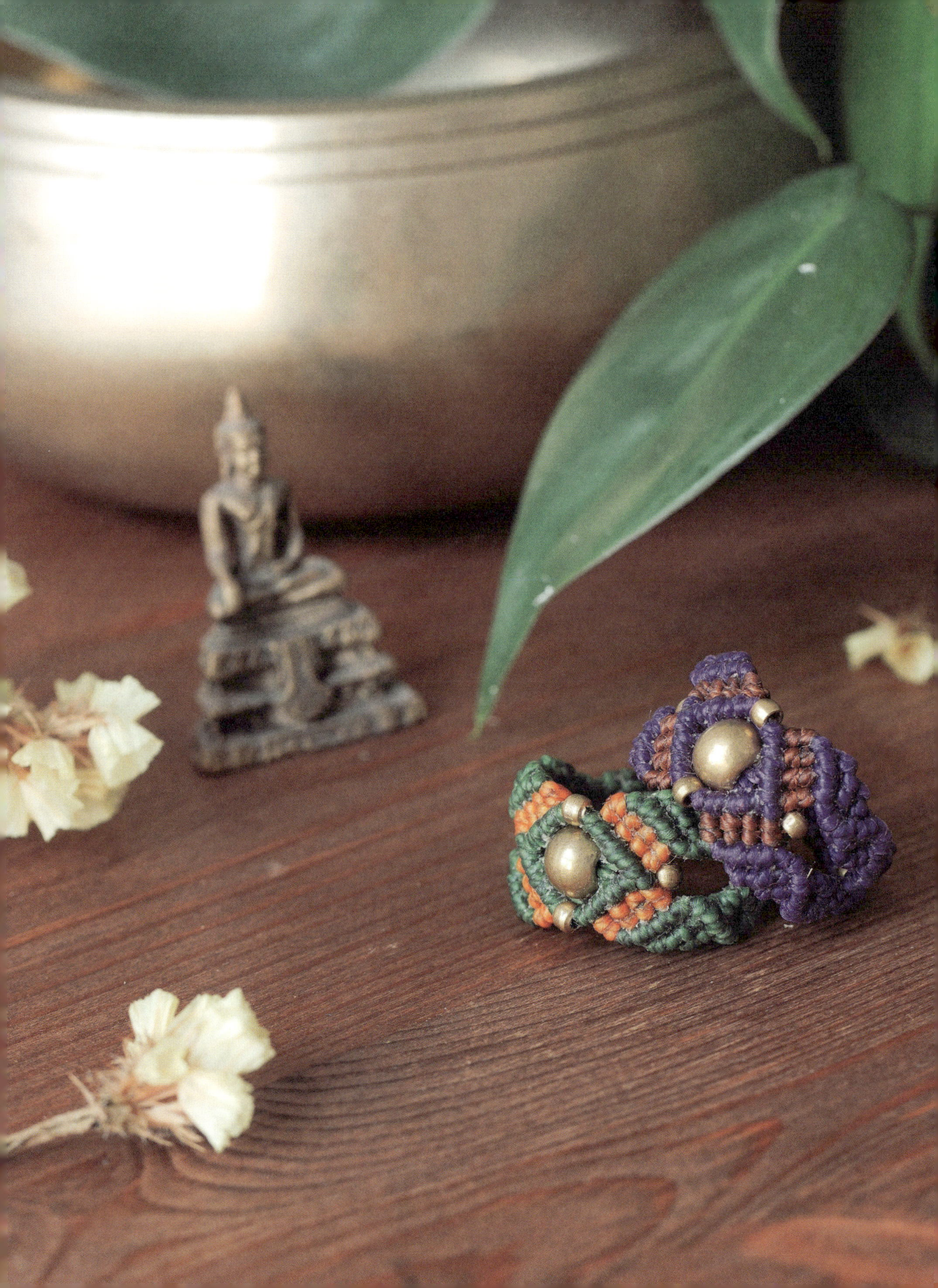

Boho Ring mit Perlen

Ein Ring ist ein Schmuckstück, bei dem du auf kleinem Raum viel Erfahrung über das Kombinieren verschiedener Knoten und Perlen sammelst. Beim Knüpfen gibt es zwei besondere Herausforderungen: Zum einen musst du beim Schließen am Ende sehr sorgfältig arbeiten und zum anderen hast du durch den fehlenden Schiebeverschluss nicht so viel Spielraum, was die Größeneinstellung angeht. Ein paar Tricks und Tipps zum Knüpfen der richtigen Größe findest du unten. Außerdem zeige ich dir, wie du das Design ganz einfach in ein Armband abändern kannst (siehe Schritt 26).

Knoten & Techniken:

- horizontale und vertikale Rippenknoten (bei Variante Armband zusätzlich: Überhandknoten, Verdrillen mit 2 Fäden)

Schwierigkeitsgrad:

- fortgeschrittener Knotenkünstler

Maße: Breite

- 1,3 cm, Ø 2cm

Material Ring

- 1x 50cm Orange (Linhasita 30); Variante in Braun 212
- 8x 50cm Grün (Linhasita 1045); Variante in Lila 369
- 1x 6mm Kugelperle für 4 Fäden
- 2x Kugelperle groß für 2 Fäden (3,8mm)
- 4x Kugelperle klein für 1 Faden (2,5mm)

Hinweise zur Größenanpassung:

- Bei diesem Design kannst du den **Durchmesser vergrößern,** indem du die Schritte 22 und 23 zweimal ausführst.
- Sollte der Ring hingegen zu groß sein, kannst du beim nächsten Mal versuchen deutlich straffer zu knüpfen oder auch statt mit Garn in 1mm Stärke auf **0,75mm** wechseln. Dann fällt der Ring deutlich kleiner aus.

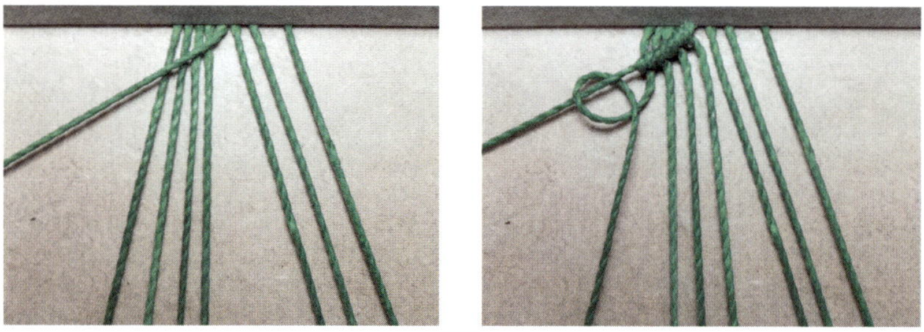

Schritt 1:

Spanne die 8 grünen Fäden bei 20cm im Klemmbrett nebeneinander ein. Knüpfe 4 horizontale Rippenknoten nach links. Der 4. Faden von rechts ist hierbei dein Haltefaden.

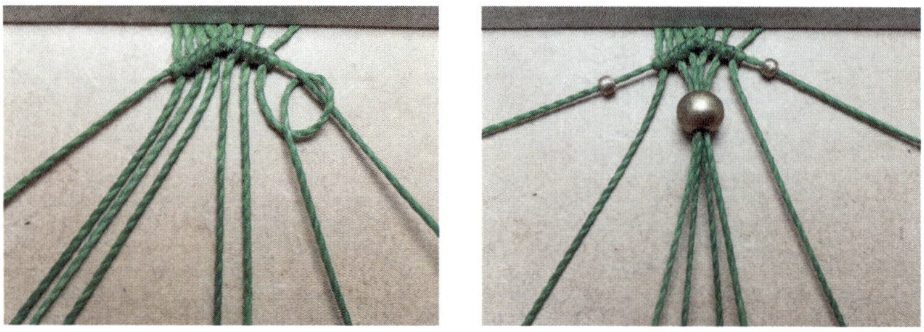

Schritt 2:

Füge nun auch 3 Rippenknoten nach rechts hinzu (der 4. Faden von rechts ist Haltefaden). Fädle dann auf die beiden äußersten Fäden jeweils eine kleine Messingperle (2,5mm) und auf die 4 mittleren zusammen eine große Perle (6mm).

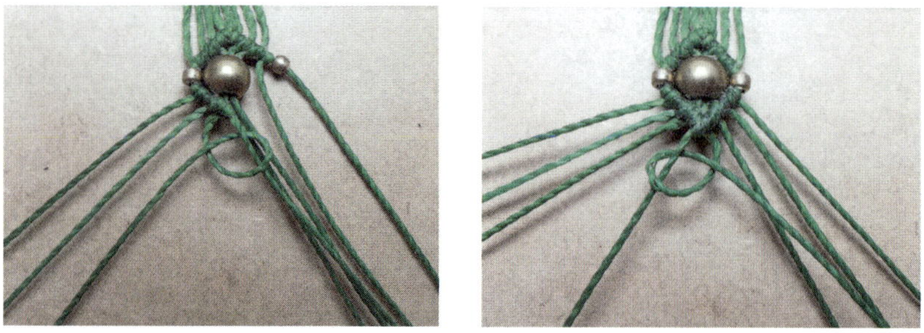

Schritt 3:

Lege den ganz linken Faden (mit Perle) als Haltefaden Richtung Mitte und knüpfe 3 horizontale Rippenknoten nach rechts. Wiederhole das Ganze spiegelverkehrt auch auf der rechten Seite (hier 4 Rippenknoten), um die Form zu schließen.

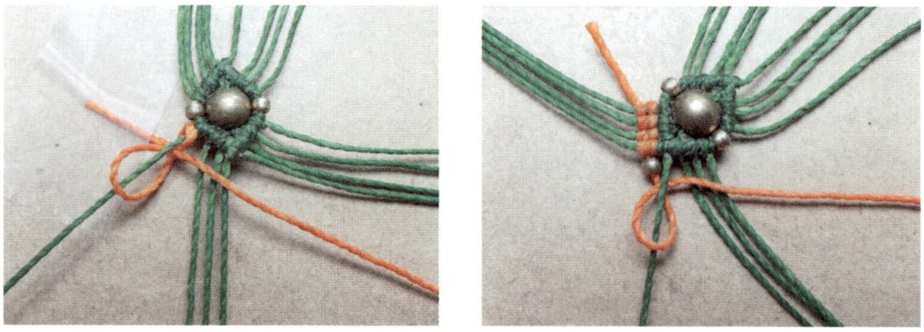

Schritt 4:

Füge nun den orangen Faden mit einem vertikalen Rippenknoten nach rechts hinzu. Knüpfe 3 weitere vertikale Knoten und fädle dann eine weitere Perle (2,5mm) auf den orangen Faden. Spanne den geknüpften Teil um 45° gedreht um und ummantele auch auf der rechten Seite die 4 grünen Fäden mit vertikalen Rippenknoten nach rechts.

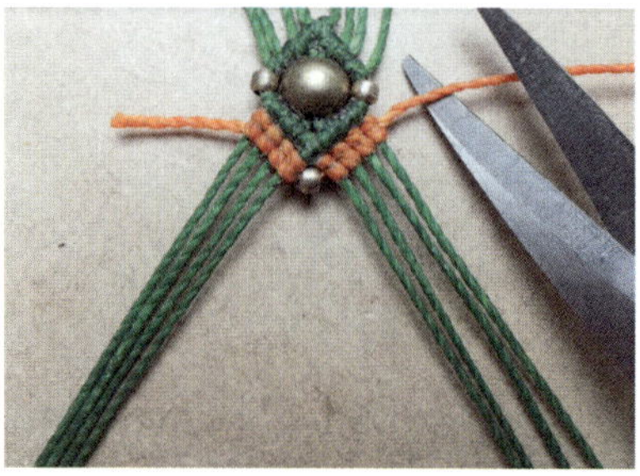

Schritt 5:

Schneide den orangen Faden an beiden Seiten knapp ab und brenne ihn fest. Den Rest des Fadens hebst du dir für die 2. Seite auf.

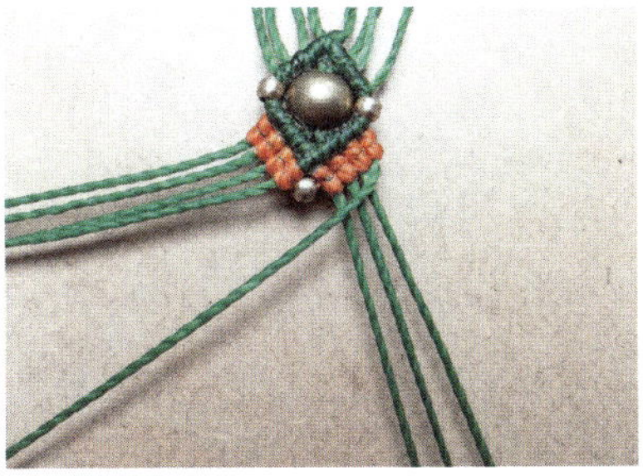

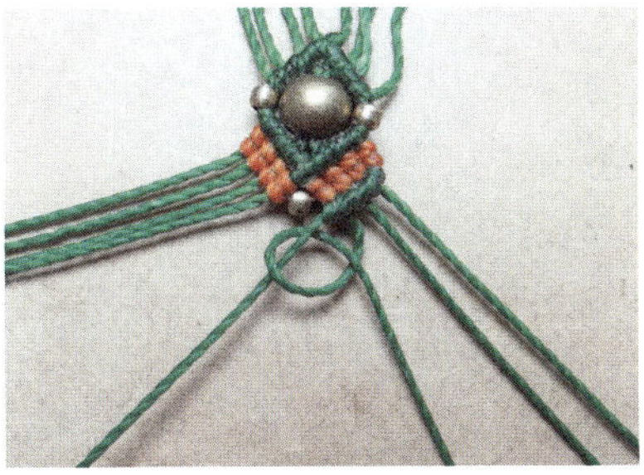

Schritt 6:

Lege den ganz rechten grünen Faden als Haltefaden Richtung Mitte und knüpfe 3 horizontale Rippenknoten nach links.

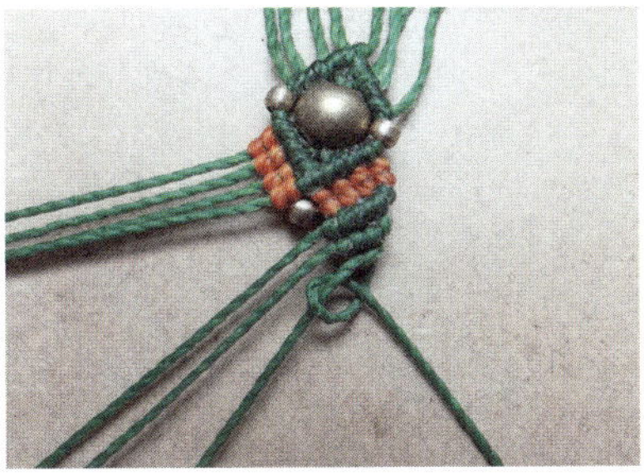

Schritt 7:

Füge parallel dazu eine weitere Reihe mit 2 Rippenknoten und eine letzte mit nur 1 Rippenknoten nach links hinzu.

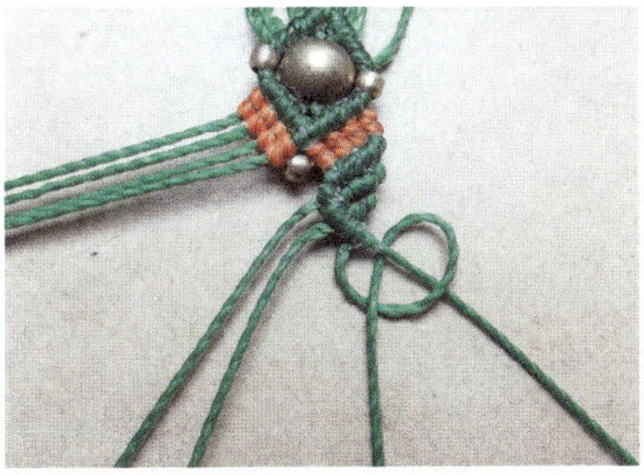

Schritt 8:

Jetzt ist der 4. Faden von rechts dein Haltefaden. Knüpfe eine Reihe mit 3 Rippenknoten nach rechts für den ersten »Flügel«.

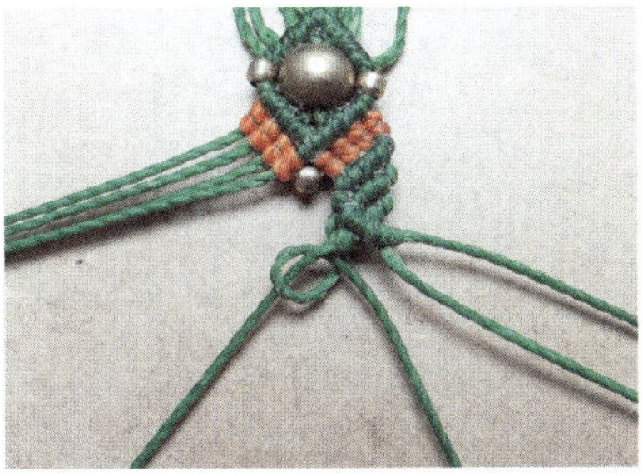

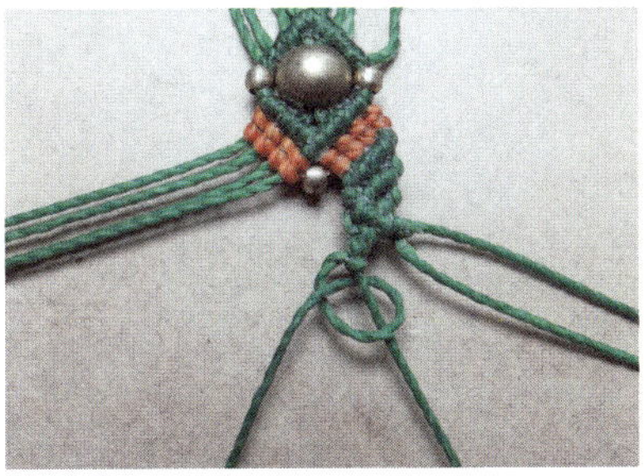

Schritt 9:

Knote 1 vertikalen Rippenknoten nach rechts (der 4. Faden von rechts ist dein Arbeitsfaden und der 3. von rechts dein Haltefaden). Füge direkt mit den gleichen beiden Fäden einen vertikalen Rippenknoten nach links hinzu, sodass dein Arbeitsfaden danach wieder nach links zeigt.

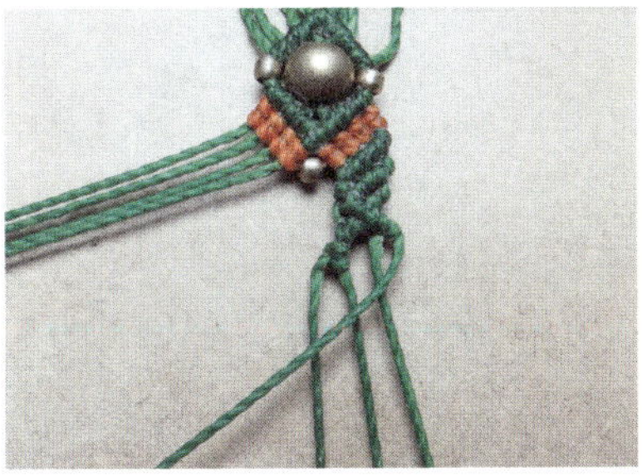

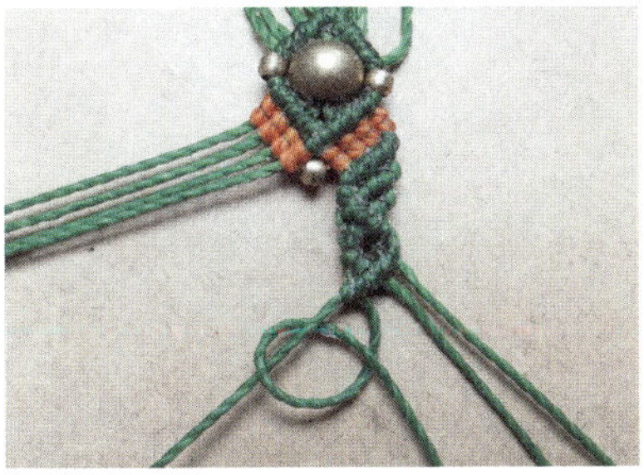

Schritt 10:

Lege den 1. Faden von rechts als Haltefaden nach links, um 3 horizontale Rippenknoten nach links zu knüpfen.

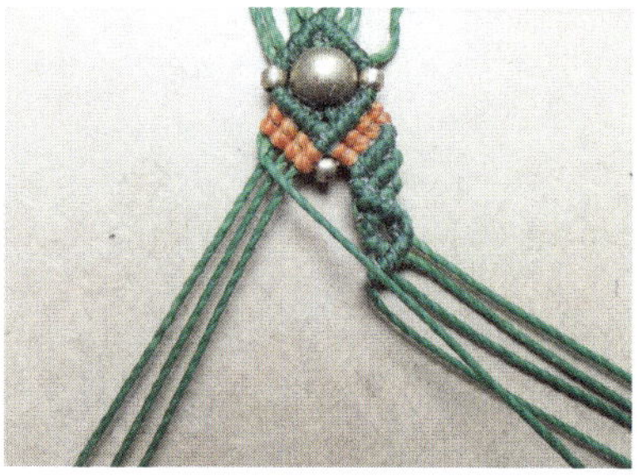
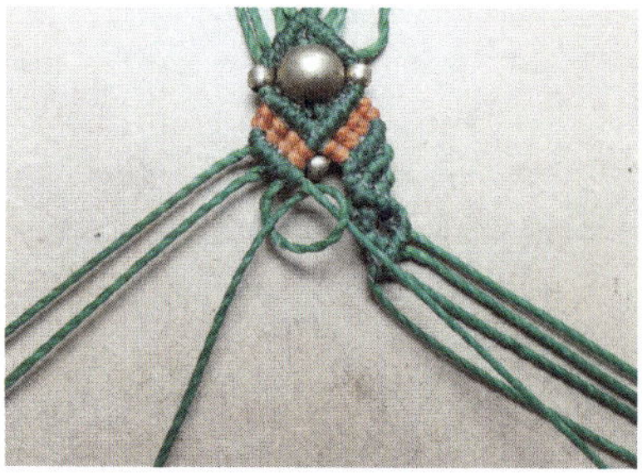

Schritt 11:

Nun ist der 1. Faden von links dein Haltefaden. Knote 3 horizontale Rippenknoten nach rechts.

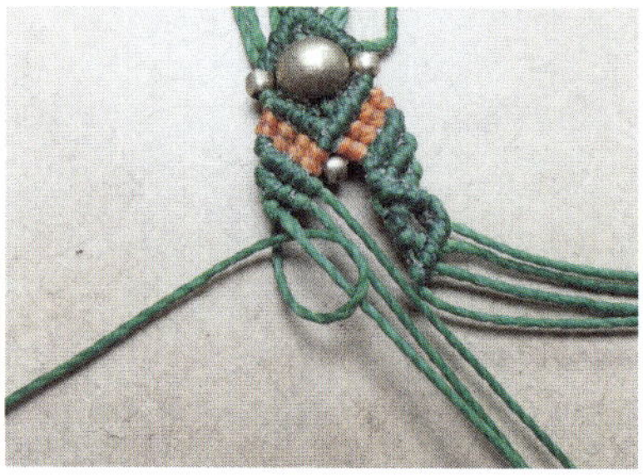

Schritt 12:

Analog zur rechten Seite fügst du 1 weitere Reihe mit 2 Rippenknoten und eine letzte mit 1 Rippenknoten hinzu.

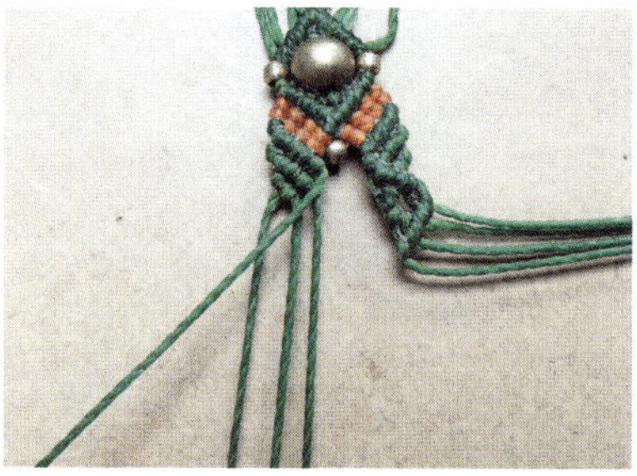
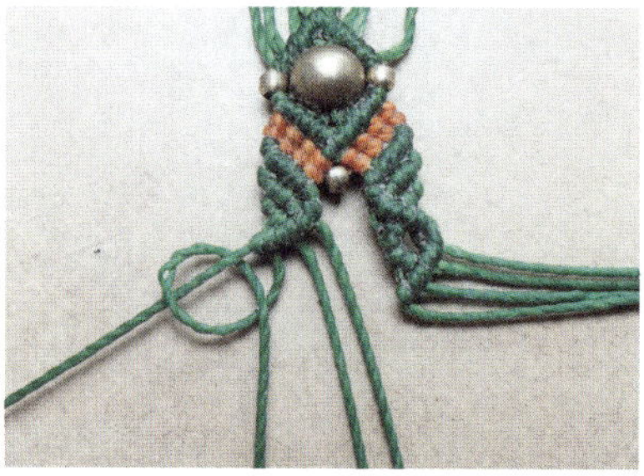

Schritt 13:

Nutze den 4. Faden von links als Haltefaden, um 3 Rippenknoten nach links zu knüpfen.

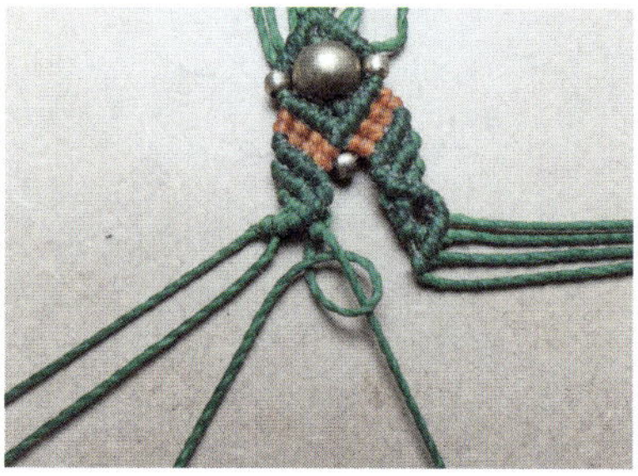
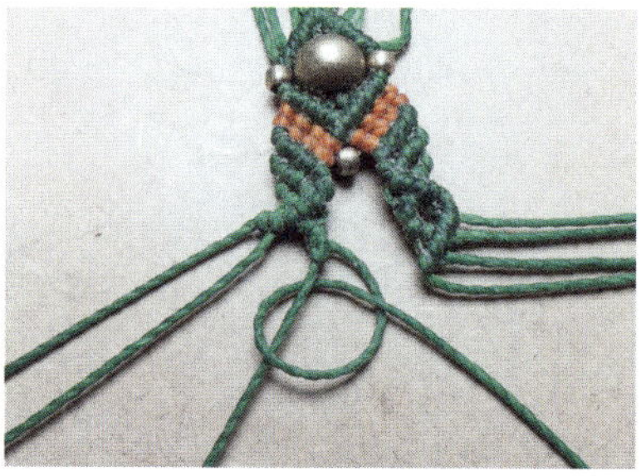

Schritt 14:

Knote 1 vertikalen Rippenknoten nach links (4. Faden von links ist dein Arbeitsfaden und 3. von links dein Haltefaden). Füge direkt mit den gleichen beiden Fäden einen vertikalen Rippenknoten nach rechts hinzu, sodass dein Arbeitsfaden danach wieder nach rechts zeigt.

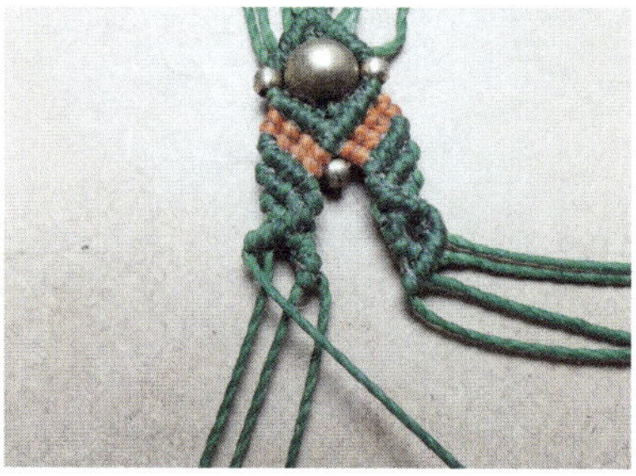
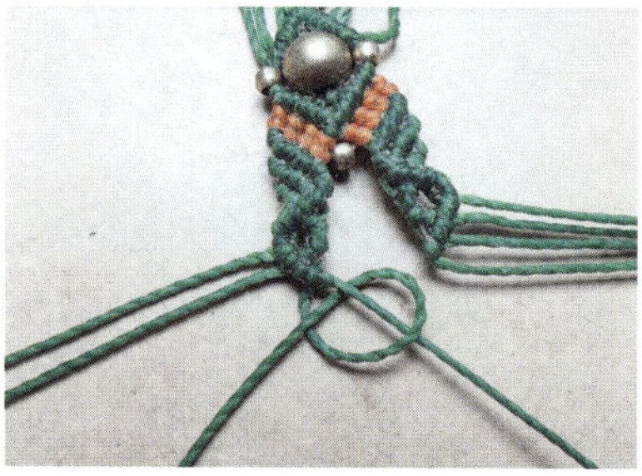

Schritt 15:

Nutze den 1. Faden von links als Haltefaden, um 3 horizontale Rippenknoten nach rechts zu knüpfen.

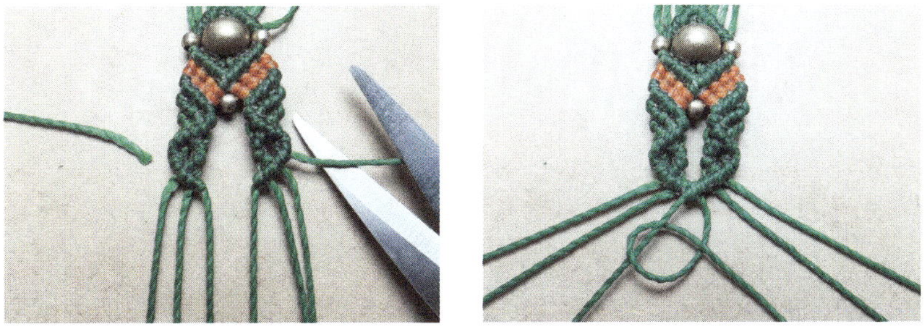

Schritt 16:

Schneide den 1. Faden von links und den 1. Faden von rechts knapp ab und brenne die Enden fest. Verbinde dann die beiden mittleren Fäden mit 1 Rippenknoten nach links.

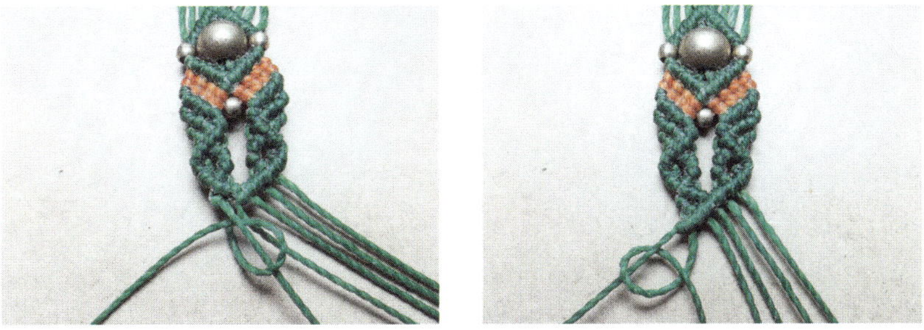

Schritt 17:

Knüpfe mit den beiden ganz linken Fäden 1 horizontalen Rippenknoten nach rechts (der ganz linke Faden ist dein Haltefaden). Erweitere dann die Reihe, die von rechts oben kommt, um 2 weitere Rippenknoten nach links.

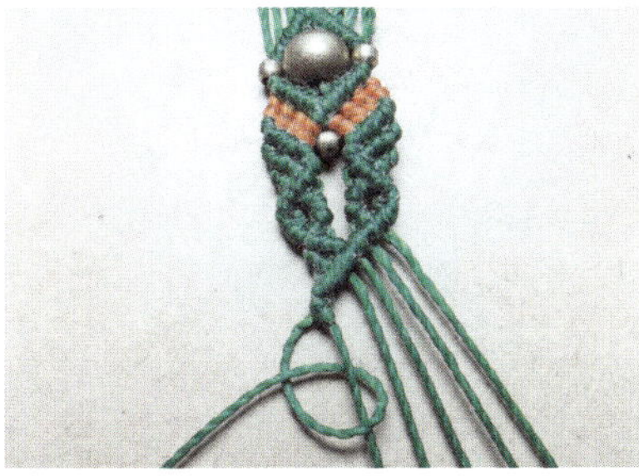

Schritt 18:

Wechsle mit den beiden ganz linken Fäden die Richtung, indem du einen Rippenknoten nach rechts ausführst.

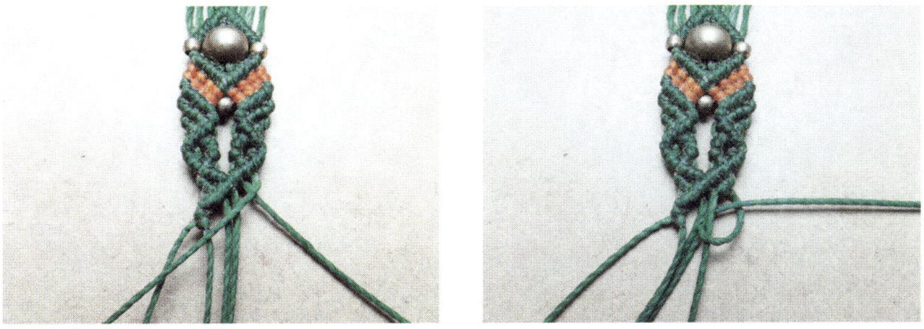

Schritt 19:

Nutze den ganz rechten Faden als Haltefaden und führe 1 horizontalen Rippenknoten nach links durch.

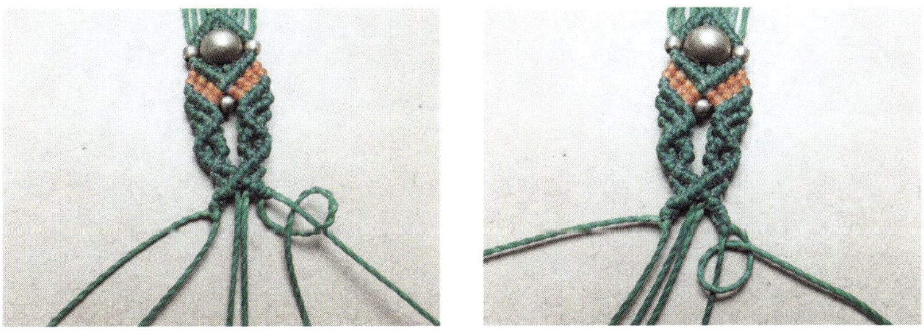

Schritt 20:

Nutze den 3. Faden von rechts als Haltefaden, um 2 Rippenknoten nach rechts zu knüpfen. Lege danach den gleichen Haltefaden nach links und knüpfe einen horizontalen Rippenknoten nach links.

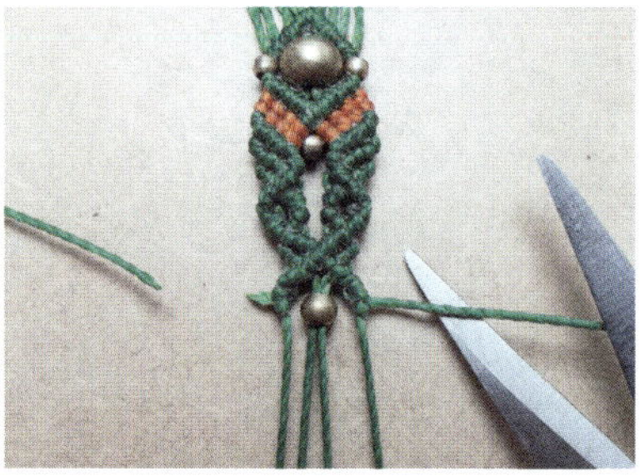
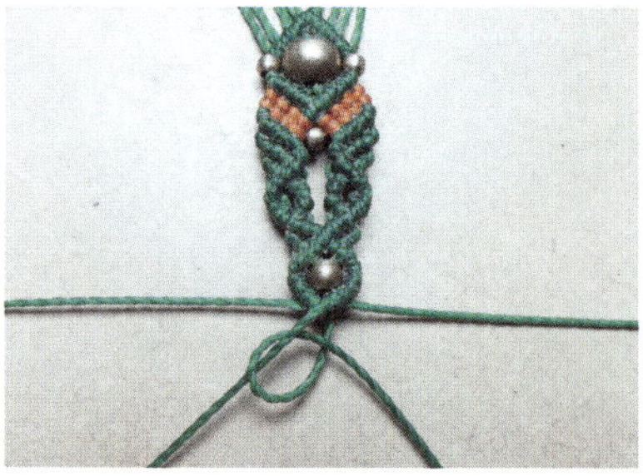

Schritt 21:

Schneide jeweils den äußersten Faden ab und brenne sie fest. Fädle eine der größeren Perlen mittig auf (3,8mm). Knüpfe den linken Faden aus der Perle mit einem Rippenknoten nach rechts am linken Haltefaden fest. Wiederhole dies rechts mit einem Rippenknoten nach links, schließe die Form mit einem weiteren Rippenknoten nach links.

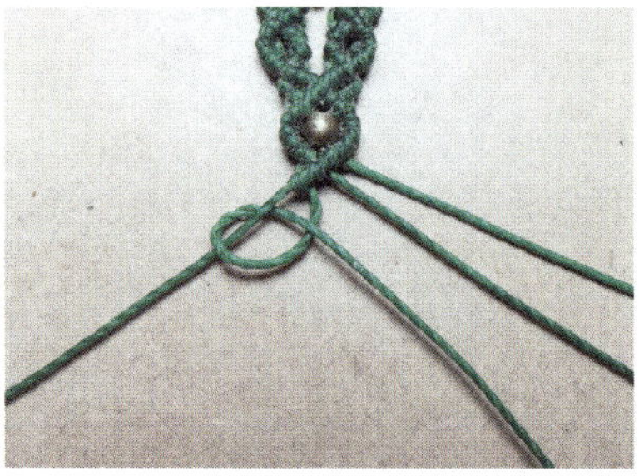
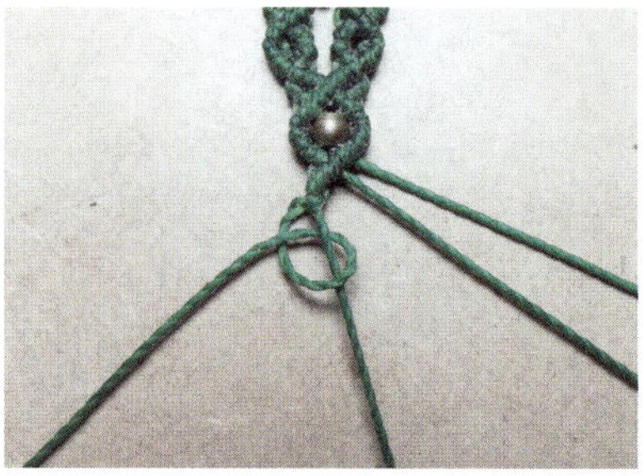

Schritt 22:

Knüpfe mit dem ganz linken Faden einen Rippenknoten nach links um den Haltefaden aus Schritt 21. Verlängere dann die Linie noch ein wenig weiter, indem du jetzt einen Rippenknoten nach rechts hinzufügst.

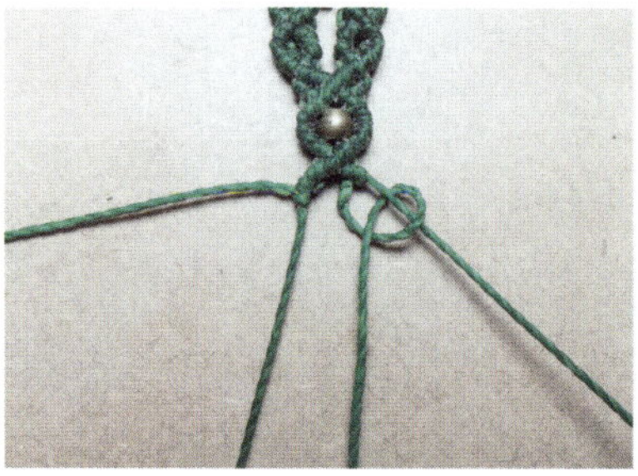
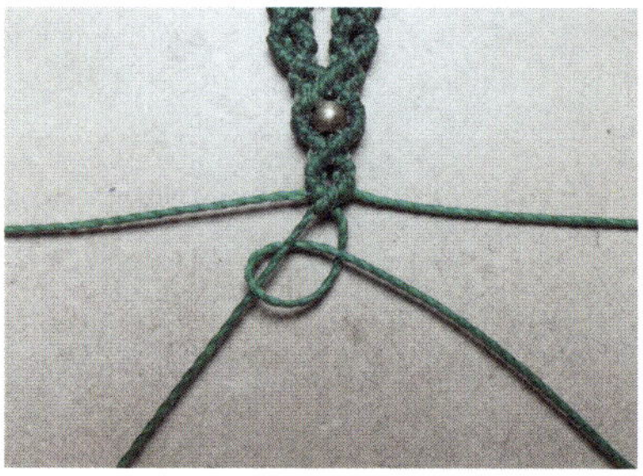

Schritt 23:

Führe mit dem 1. Faden von rechts als Arbeitsfaden und dem 2. von rechts als Haltefaden 1 horizontalen Rippenknoten nach rechts. Lege dann den gleichen Haltefaden nach links und knüpfe 2 Rippenknoten nach links mit dem 2. und 3. Faden von rechts als Arbeitsfäden.

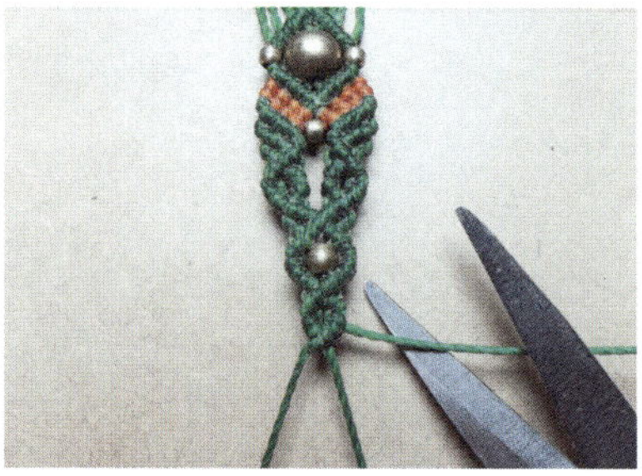

Schritt 24:

Schneide den ganz rechten und ganz linken Faden knapp ab und brenne sie fest, sodass nur noch 2 grüne Fäden übrig sind.

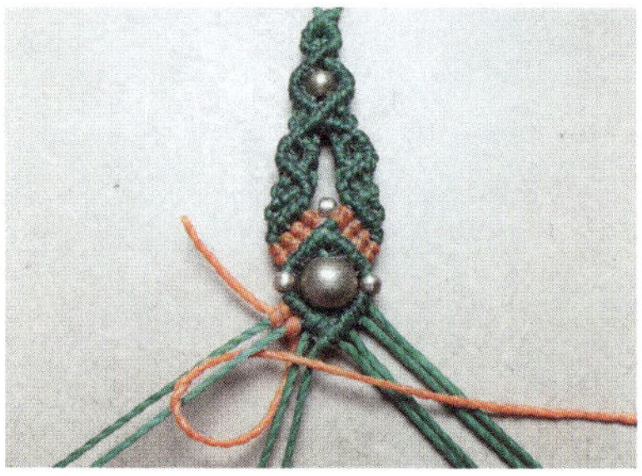

Schritt 25:

Wiederhole die Schritte 4 bis 24 auf der anderen Seite.

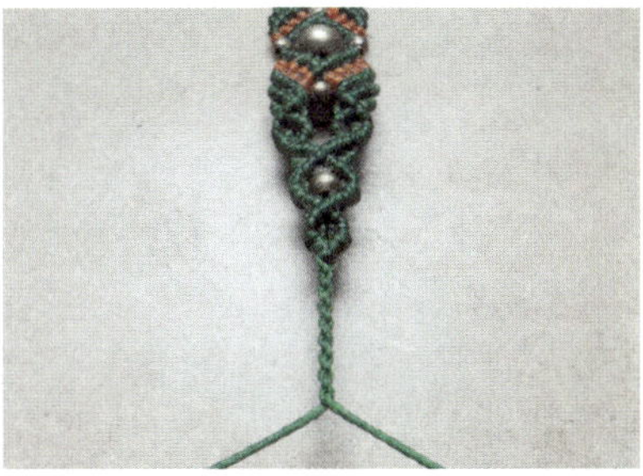

Schritt 26 (NUR für die Variante als ARMBAND):

Verdrille die beiden verbliebenen Fäden auf beiden Seiten und schließe das Armband mit je einem Überhandknoten ab.

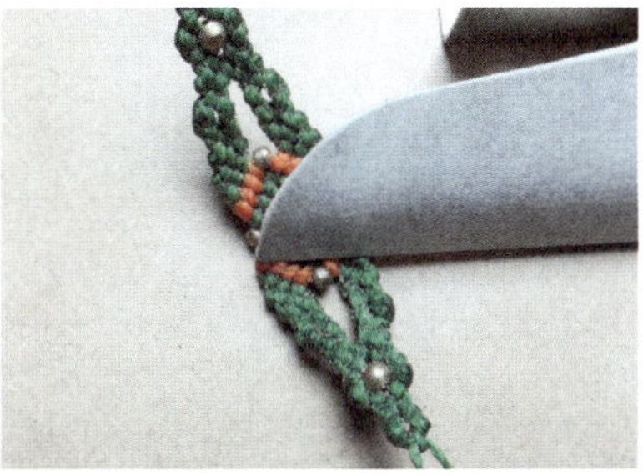

Schritt 27 (Fortsetzung RING):

Spanne nun den Ring mit der ***Oberseite nach unten*** an der linken Kante des Klemmbretts ein. Führe dann beiden Enden nach oben zusammen.

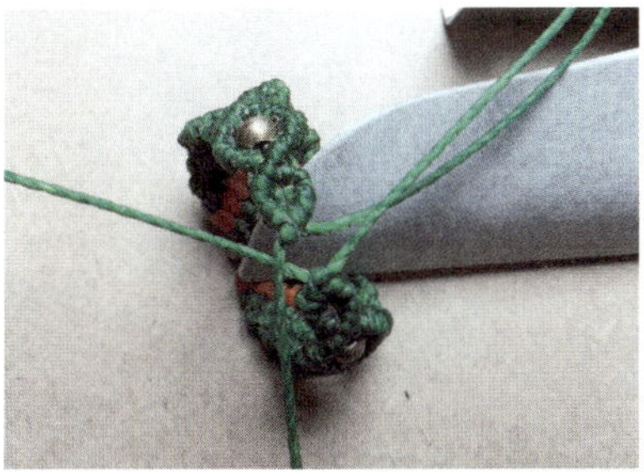

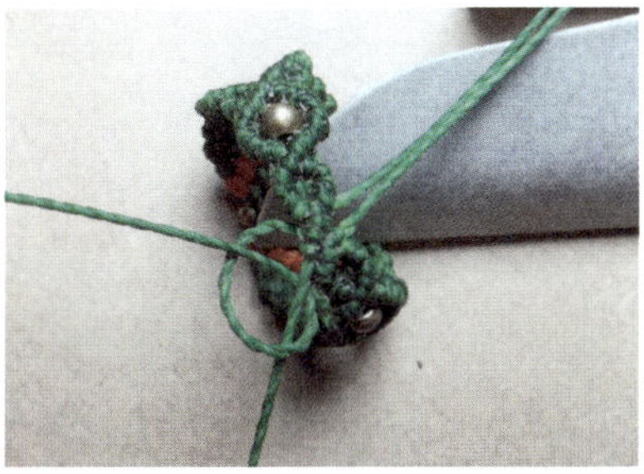

Schritt 28:

Der obere linke Faden ist jetzt dein Haltefaden und der untere dein Arbeitsfaden für 1 vertikalen Rippenknoten nach links.

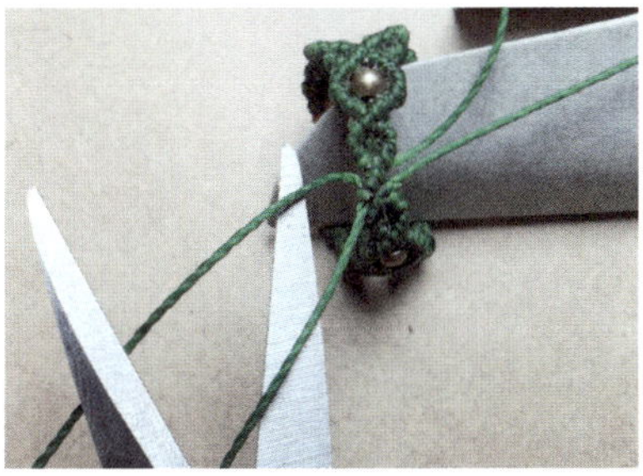

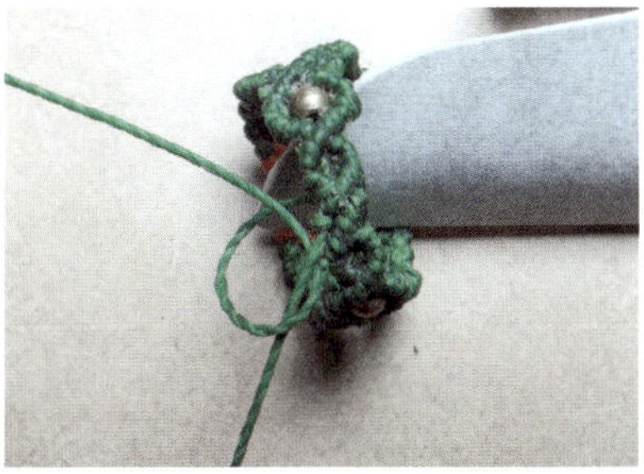

Schritt 29:

Schneide die beiden Fäden ab und brenne sie fest. Drehe den Ring um 180° und wiederhole Schritt 28.

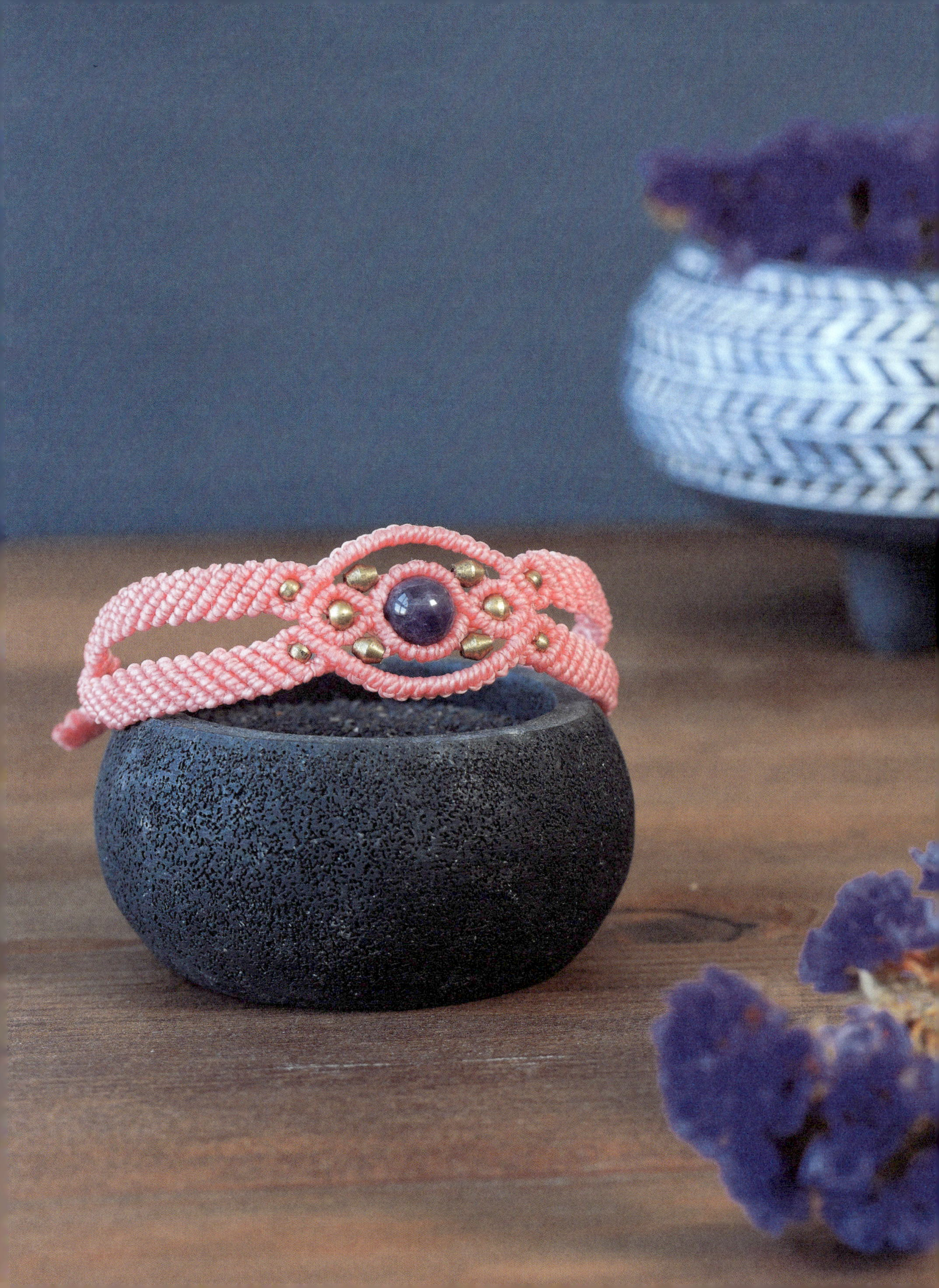

Armband Pharao

Durch das aufwendig gestaltete »Auge« in der Mitte hat dieses Armband die Aura eines Talismans oder Amuletts. Der Rest des Designs ist mit den parallelen Reihen von Rippenknoten sehr schlicht gehalten, wodurch das Zentrum noch mehr zur Geltung bekommt. Das Muster spielt bewusst mit dem Kontrast zwischen eng geknüpften geometrischen Flächen und luftigen Zwischenräumen. Obwohl das Armband relativ breit ist, lassen die Lücken zwischen den beiden »Armen« so dennoch einen sehr zierlichen Eindruck entstehen. Auf dem Bild links siehst du das Armband in rosa, die Anleitungsbilder zeigen dir eine Variante in blau.

Knoten & Techniken:

- Wenderippenknoten
- horizontale Rippenknoten (horizontal und vertikal)
- Flechten mit 3 Fäden
- Überhandknoten

Schwierigkeitsgrad:

- Anspruchsvoll

Maße des geknüpften Teils:

- 2cm x 13cm

Material Armband

- 2x 110cm Blau (Linhasita 70) ODER Rosa (Linhasita 915)
- 8x 90cm Blau (Linhasita 70) ODER Rosa (Linhasita 915)
- 1x 8cm Tigerauge Perle ODER Amethyst
- 4x Kugelperle groß für 2 Fäden (3,8 mm)
- 4x Kugelperle klein für 1 Faden (2,5 mm)
- 4x Doppelkegelperle klein für 1 Faden
- 2x Würfelperle groß für 3 Fäden

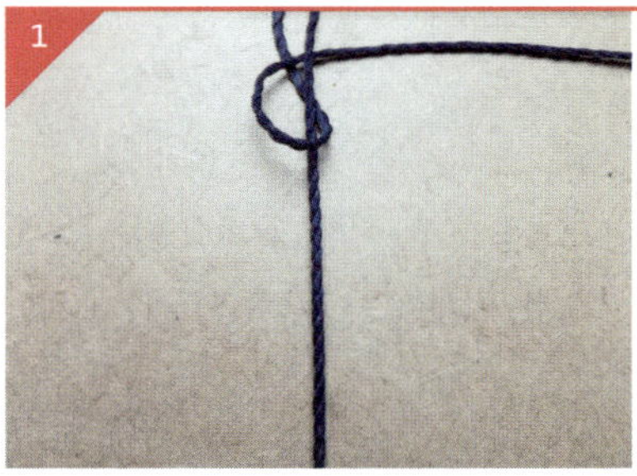

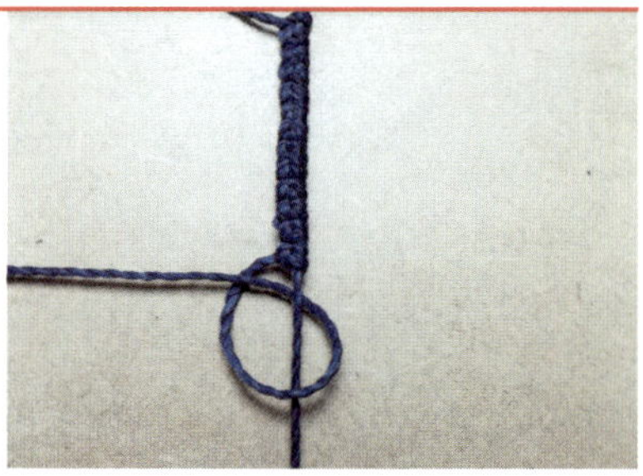

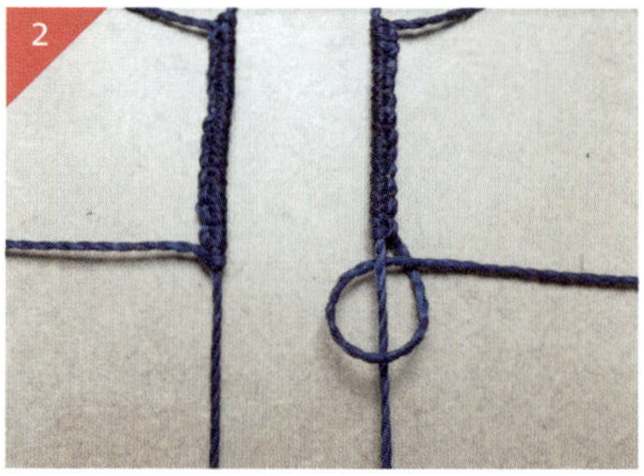

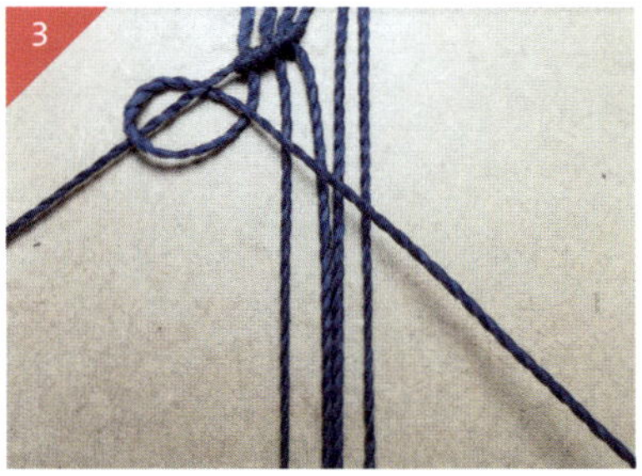

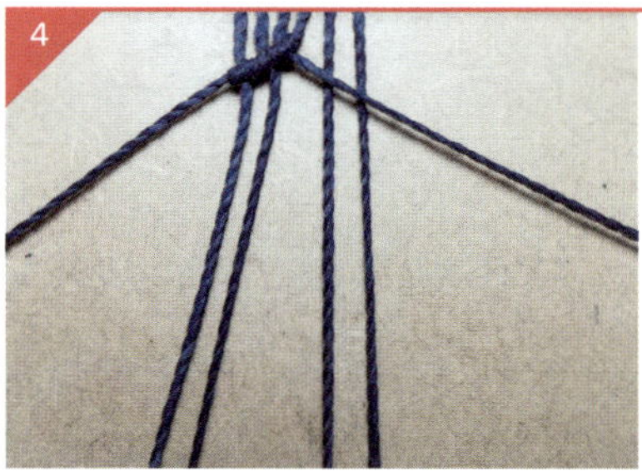

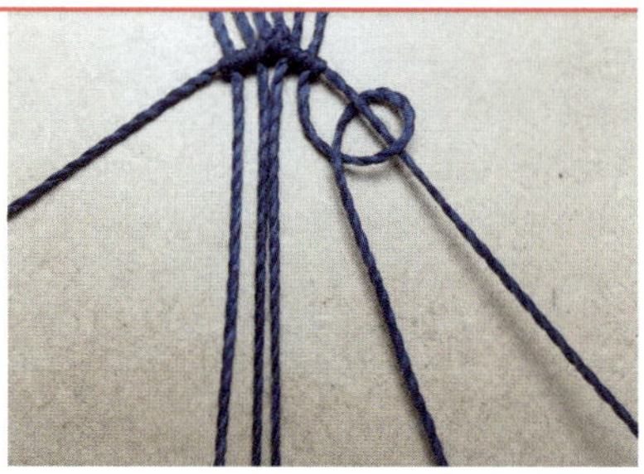

Schritt 1:

Spanne einen Arbeitsfaden mit 110cm links im Klemmbrett ein, und rechts daneben einen Haltefaden mit 90cm (beide eingeklemmt bei 40cm). Führe dann 13 Wenderippenknoten von links durch, um den linken Rahmen des Auges zu knüpfen.

Schritt 2:

Spanne nun gespiegelt einen Arbeitsfaden mit 110cm rechts ein, und links daneben einen Haltefaden mit 90cm (beide bei 40cm eingeklemmt). Führe dann 13 Wenderippenknoten von rechts durch, um den rechten Rahmen des Auges zu knüpfen. Lege dann beide Rahmen zur Seite und spanne stattdessen die 6 verbliebenen Fäden (Länge 90cm) bei 40cm nebeneinander ein.

Schritt 3:

Lege den 3. Faden von rechts als Haltefaden nach links und knüpfe 3 horizontale Rippenknoten nach links.

Schritt 4:

Lege nun den 3. Faden von rechts als Haltefaden über die beiden noch losen Fäden auf der rechten Seite und führe 2 Rippenknoten nach rechts durch.

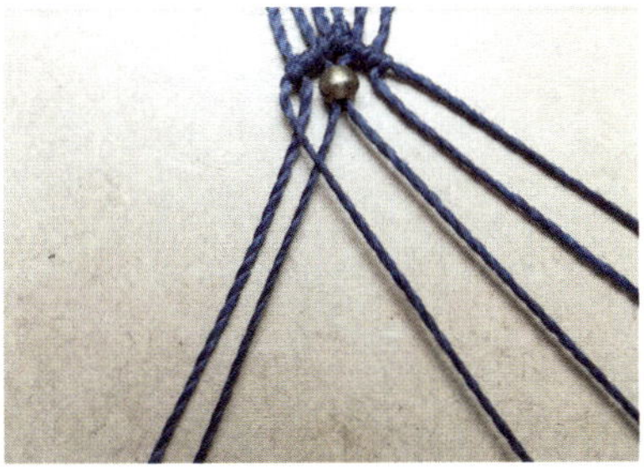

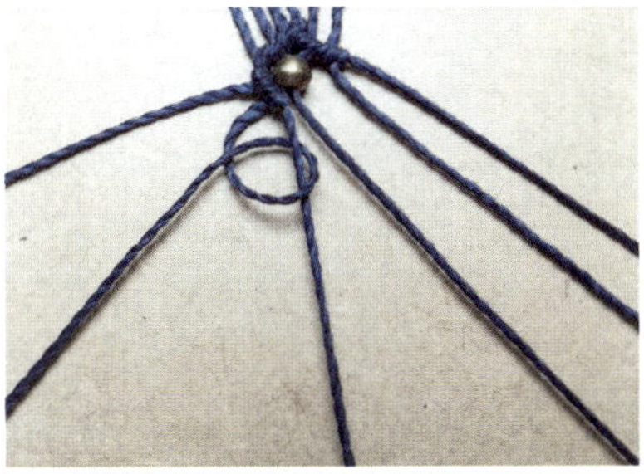

Schritt 5:
Fädle eine Perle (3,8mm) auf die beiden mittleren Fäden. Lege den ganz linken Haltefaden wieder über die nächsten beiden Fäden nach rechts und knüpfe 2 Rippenknoten nach rechts.

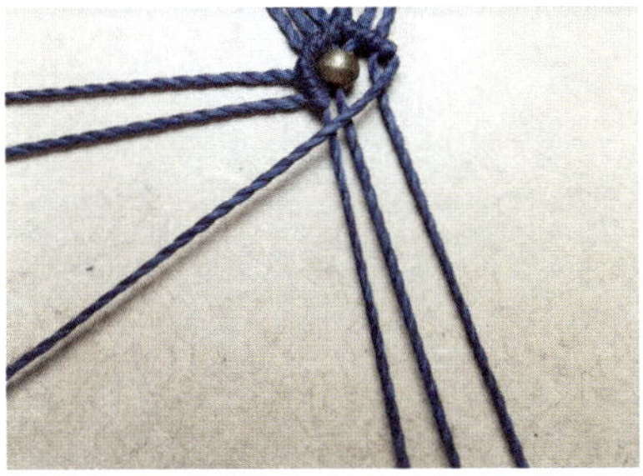

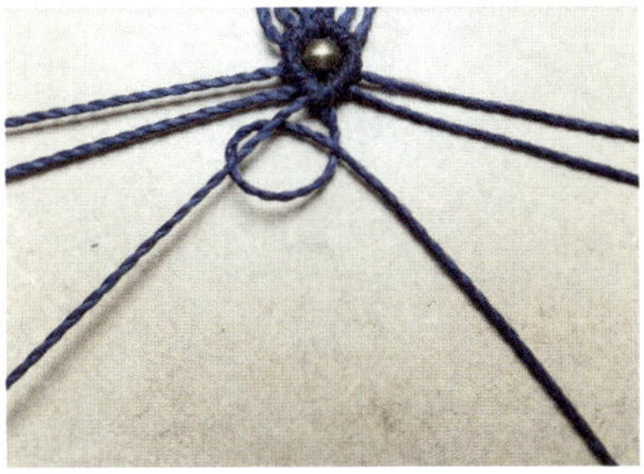

Schritt 6:
Lege nun den ganz rechten Haltefaden nach links Richtung Mitte. Führe 3 Rippenknoten nach links durch, um die Diamantform zu schließen.

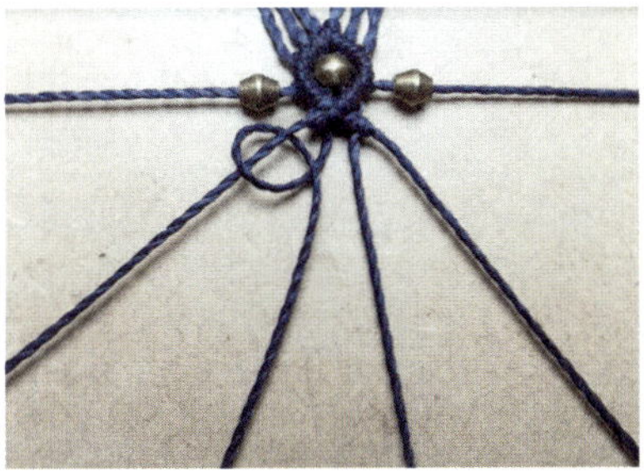

Schritt 7:
Fädle je eine Doppelkegelperle auf den ganz rechten und ganz linken Faden. Knüpfe einen Rippenknoten nach links mit dem 3. und 2. Faden von links. Knüpfe nun auf der anderen Seite einen Rippenknoten nach rechts. Jeweils der 2. Faden von links bzw. rechts sind dabei deine Arbeitsfäden.

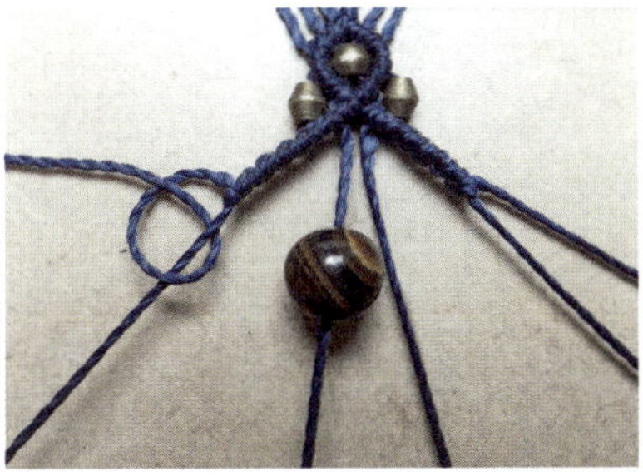

Schritt 8:
Die beiden Fäden mit der Doppelkegelperle sind nun deine Arbeitsfäden. Führe auf beiden Seiten jeweils
5 Wenderippenknoten von rechts bzw. von links durch. Fädle auf den linken mittleren Faden die Steinperle. Lege dann den rechten mittleren Faden diagonal unter der Perle nach links.

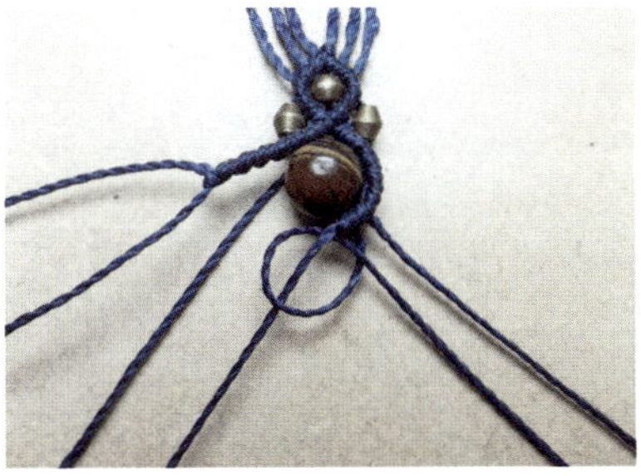

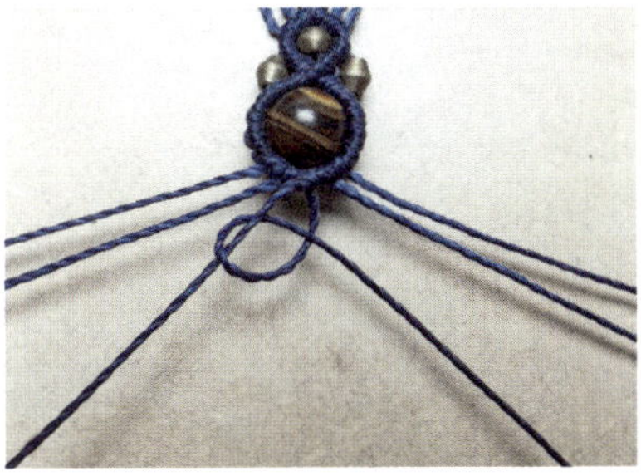

Schritt 9:
Knüpfe den Faden mit der Steinperle mit einem horizontalen Rippenknoten nach links am rechten Haltefaden fest. Knüpfe analog dazu auf der linken Seite den Faden, der unter der Perle entlangführt, am linken Haltefaden fest (horizontaler Rippenknoten nach rechts). Führe abschließend die beiden Haltefäden mit einem Rippenknoten nach rechts zusammen.

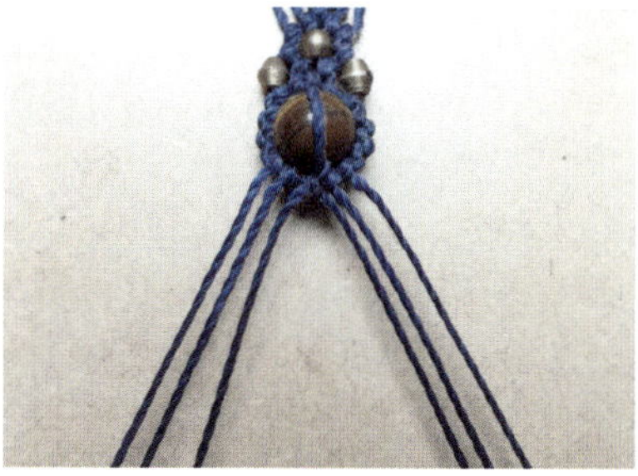

Schritt 10:
Wenn du alles richtig gemacht hast, läuft der Faden auf der Unterseite diagonal über die große Steinperle.

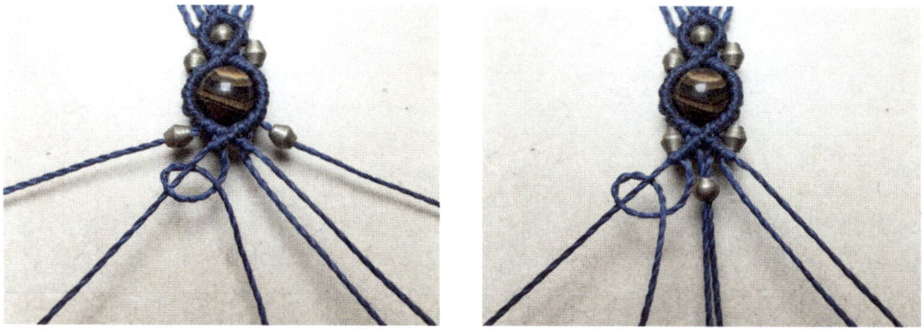

Schritt 11:
Fädle je eine Perle rechts und links außen auf. Führe mit dem 3. und 2. Faden von links einen Rippenknoten nach links durch und mit dem 3. und 2. Faden von rechts einen Rippenknoten nach rechts. Befestige dann die beiden Arbeitsfäden an der gleichen Reihe. Fädle eine Perle mittig auf und schließe wie in Schritten 5 und 6 ab.

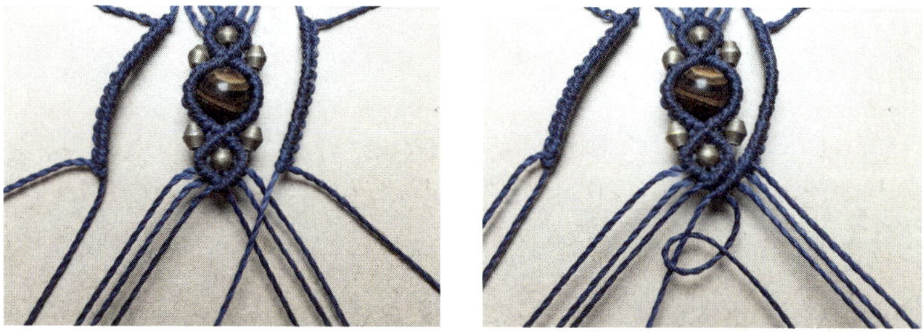

Schritt 12:
Spanne die beiden Rahmenstücke, die du in Schritt 1 und 2 geknüpft hast, links und rechts neben dem Mittelteil ein. Verlängere und befestige zunächst den rechten Rahmen mit 3 weiteren Rippenknoten nach links.

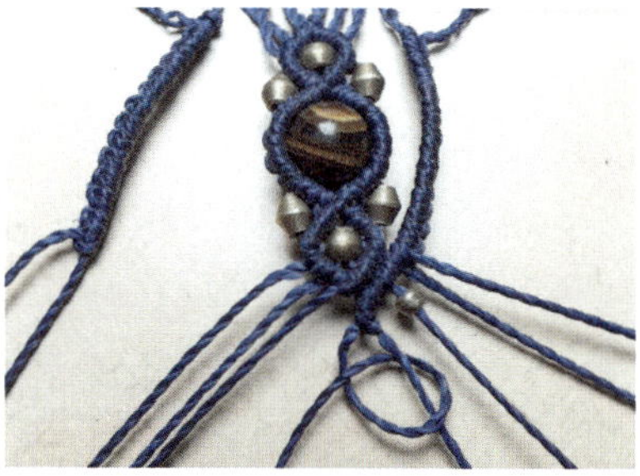

Schritt 13:
Wechsle mit dem Haltefaden aus Schritt 12 und dem letzten Arbeitsfaden die Richtung, indem du einen Rippenknoten nach rechts durchführst. Fädle dann eine kleine Perle (2,5mm) auf den 3. Faden von rechts.

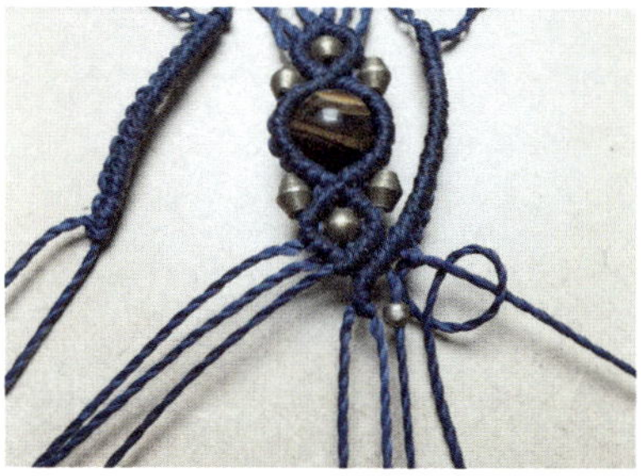

Schritt 14:
Knüpfe mit dem 1. und 2. Faden von rechts einen vertikalen Rippenknoten nach links.

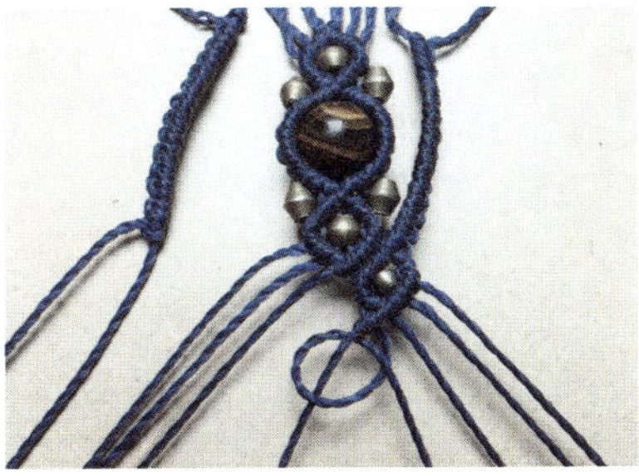

Schritt 15:

Dein Haltefaden aus Schritt 14 bleibt gleich und legt sich nach links. Führe 4 horizontale Rippenknoten nach links durch.

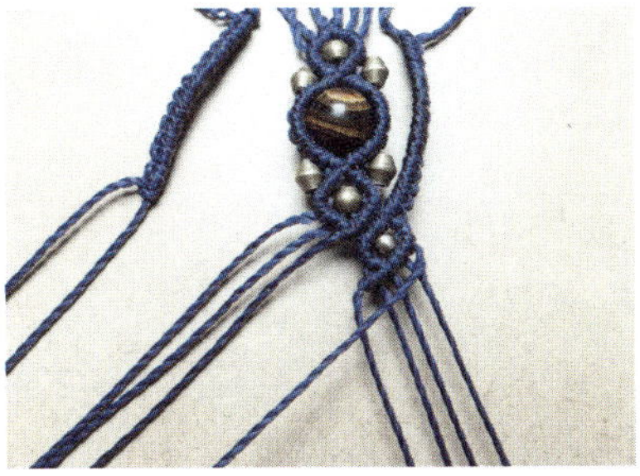

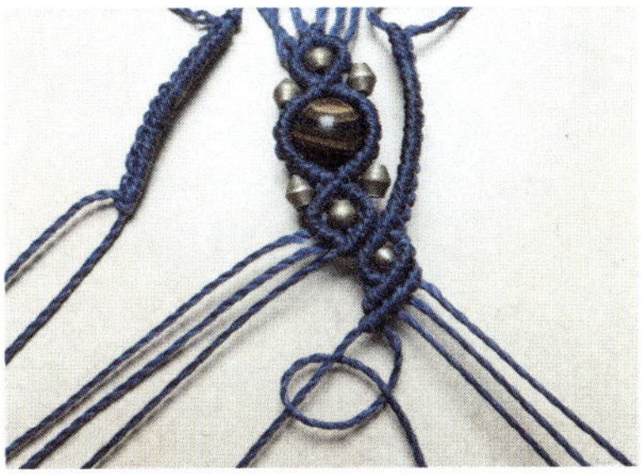

Schritt 16:

Lege nun immer wieder den ganz rechten Faden als Haltefaden nach links und knüpfe 13 parallele Reihen von 4 horizontalen Rippenknoten nach links.

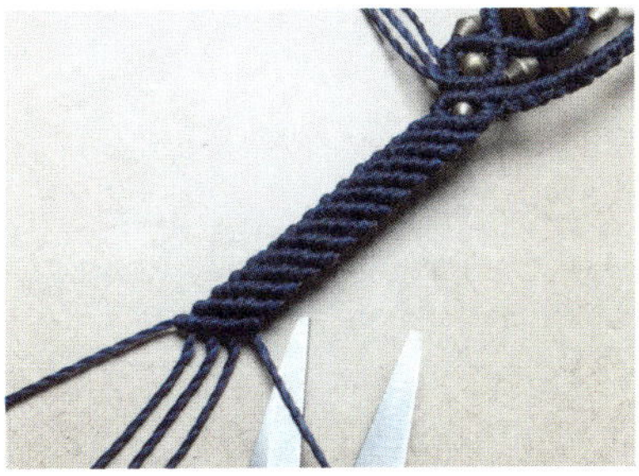

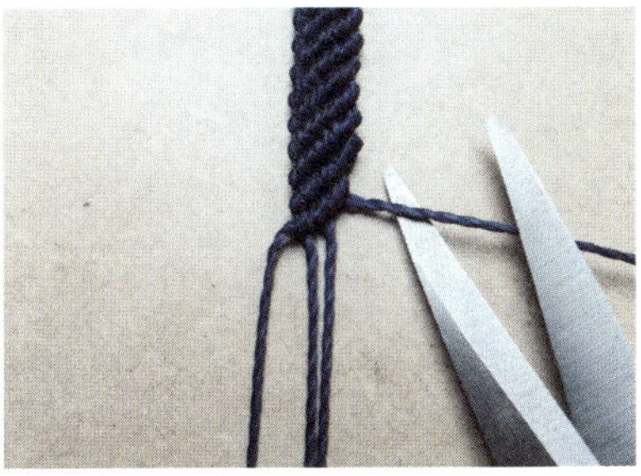

Schritt 17:

Schneide nach der 13. Reihe den äußersten rechten Faden ab und brenne ihn fest. Knüpfe dann eine kürzere Reihe mit 3 Rippenknoten. Schneide danach ebenfalls den äußersten Faden ab und brenne ihn fest. Am Ende sollten nun noch 3 Fäden übrig sein.

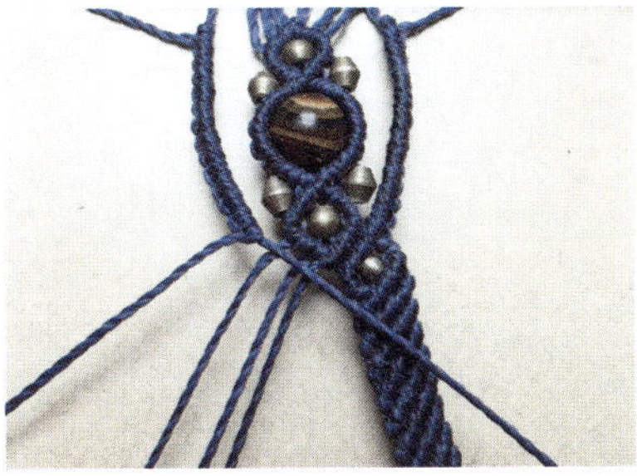

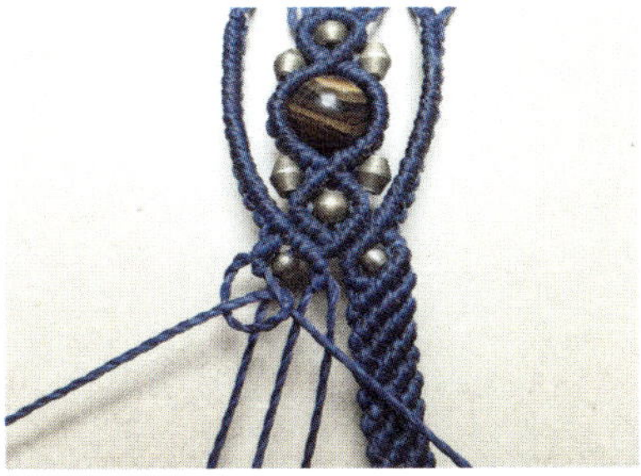

Schritt 18:

Wiederhole nun die Schritte 12 bis 15 gespiegelt auf der linken Seite, um den Rahmen des Auges zu befestigen und den schrägen Diamanten mit der kleinen Perle hinzuzufügen.

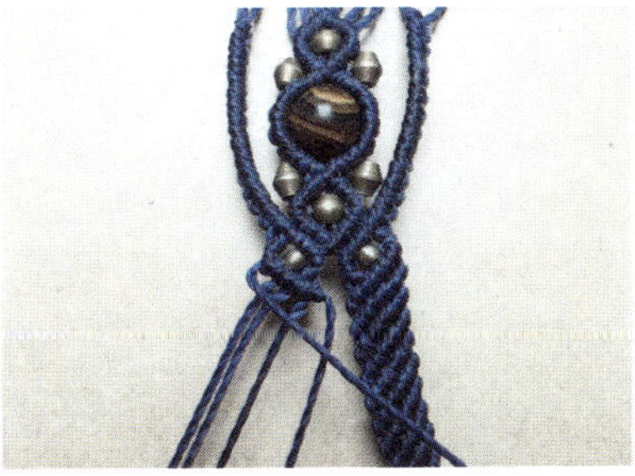

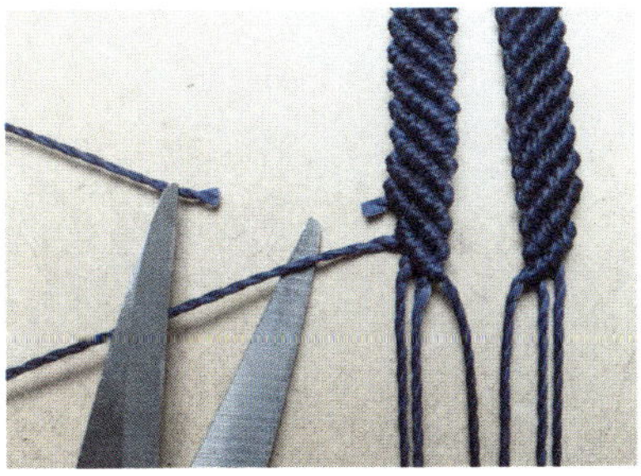

Schritt 19:

Knüpfe analog zur rechten Seite 13 Reihen mit je 4 Rippenknoten nach rechts. Schneide dann den äußersten linken Faden ab, füge eine weitere Reihe mit 3 Knoten hinzu und schneide erneut den äußersten linken Faden ab.

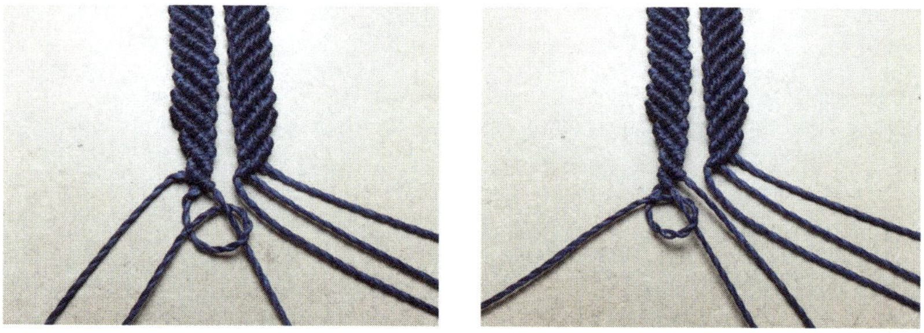

Schritt 20:

Führe links die Reihen weiter, ohne die Fäden abzuschneiden (1 Reihe mit 2 und dann 1 Reihe mit nur 1 horizontalen Rippenknoten).

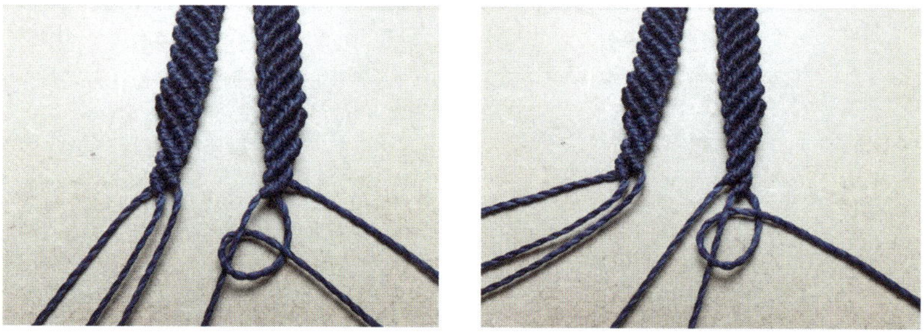

Schritt 21:

Wiederhole dies auch auf der rechten Seite: 1. Reihe mit 2 Rippenknoten nach links und 2. Reihe mit nur 1 Rippenknoten.

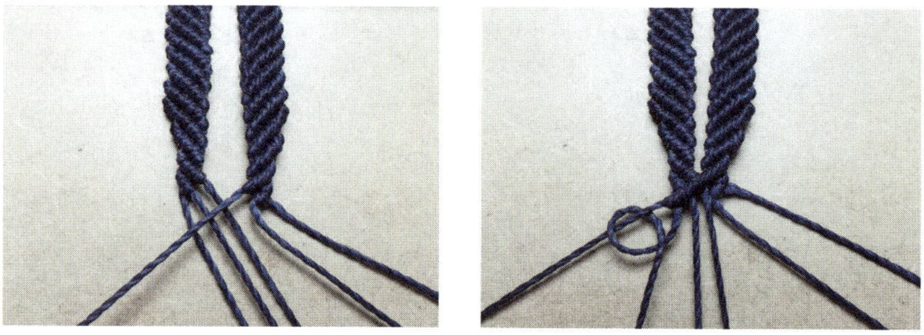

Schritt 22:

Lege den 3. Faden von rechts als Haltefaden nach links. Knüpfe 3 horizontale Rippenknoten nach links.

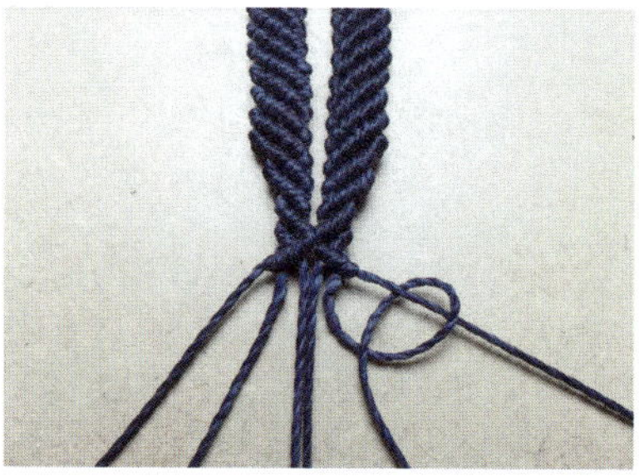

Schritt 23:

Lege nun den 3. Faden von rechts als Haltefaden nach rechts und knüpfe 2 horizontale Rippenknoten nach rechts.

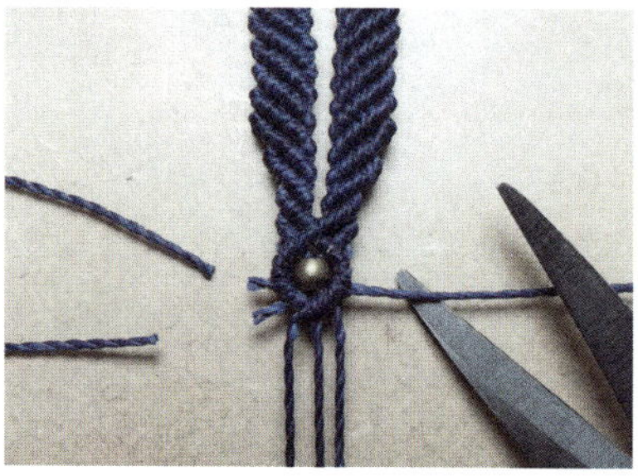

Schritt 24:

Schließe die Diamantform wie in den Schritten 5 und 6. Schneide dann 3 der äußeren Fäden ab und brenne sie fest.

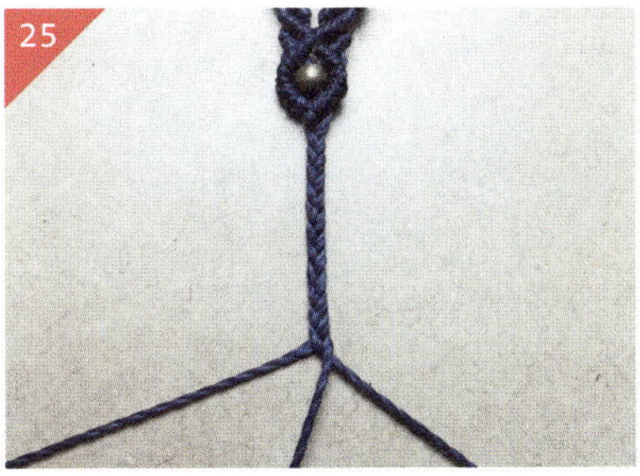

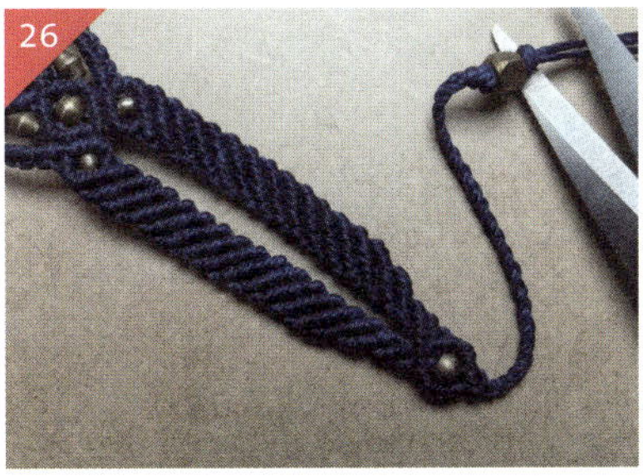

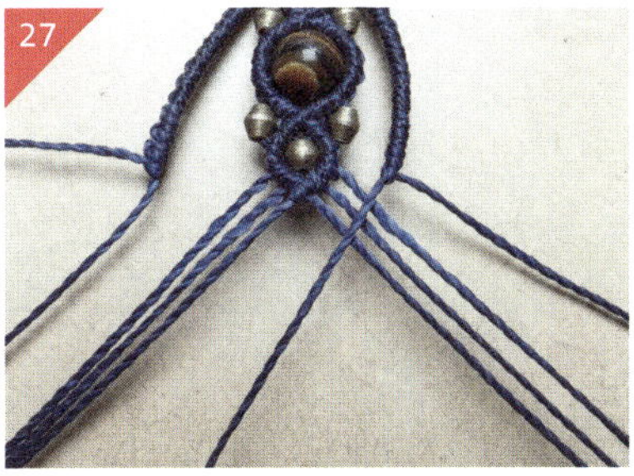

Schritt 25:

Flechte mit den verbleibenden 3 Fäden einen ca. 5cm langen Zopf und fixiere das Ende mit einem Überhandknoten.

Schritt 26:

Fädle eine Würfelperle auf die 3 Enden und schließe diese mit einem weiteren Überhandknoten ein. Schneide die Enden knapp ab und brenne sie fest.

Schritt 27:

Spanne das Armband um und wiederhole die Schritte 12 bis 26 auch auf der anderen Seite.

Optional kannst du am Ende einen größenverstellbaren Schiebeverschluss hinzufügen (siehe S. 28).

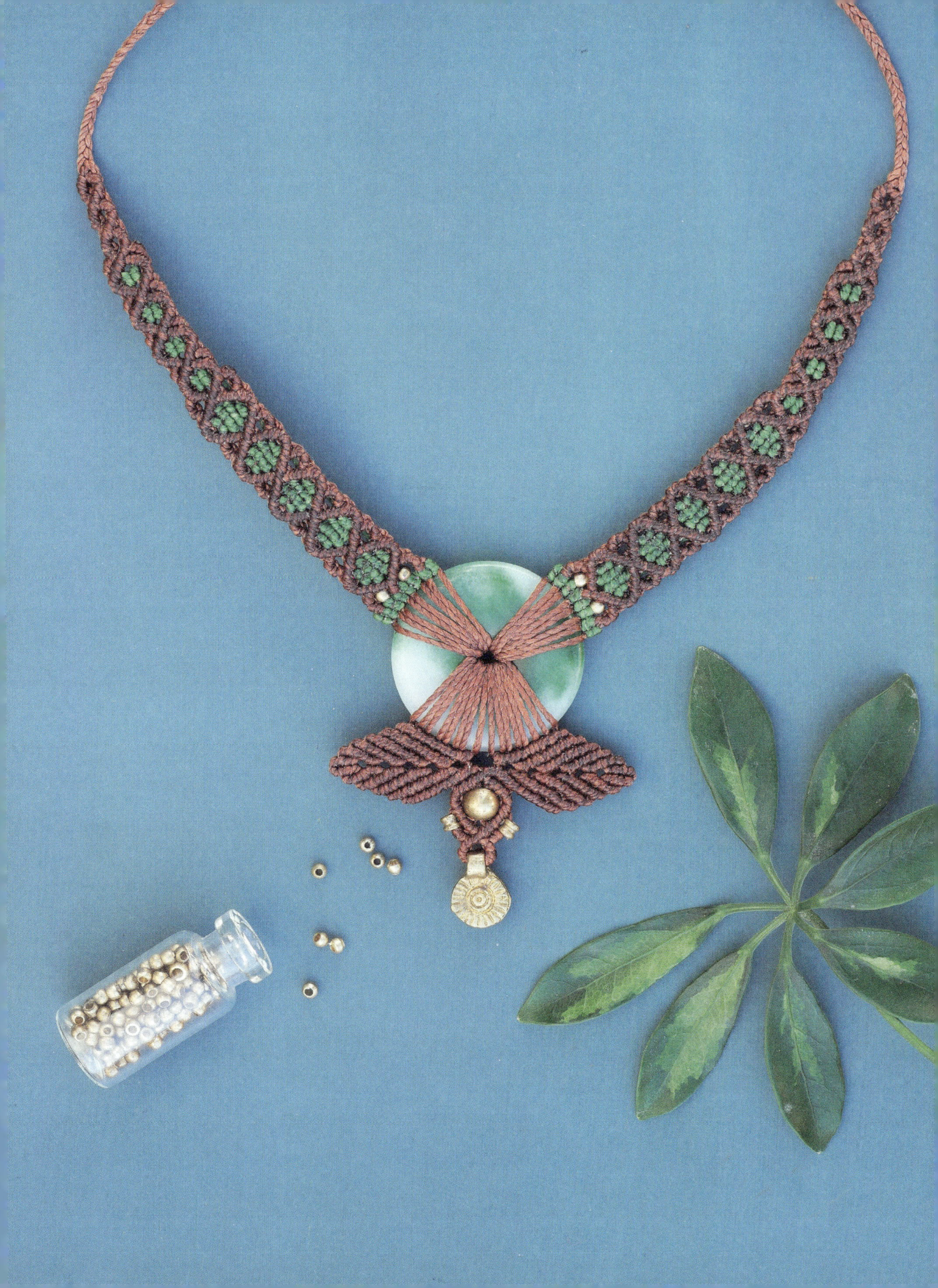

Kette mit Donutstein

Das Integrieren von Donutsteinen ist der perfekte Einstieg in die Kunst des Einfassens von Steinen. Mittels Ankerstich kannst du sehr schnell und einfach Fäden befestigen und musst dir keine Sorgen machen, dass dein Stein aus der Einfassung rutscht. Die ausladende Kette in dieser Anleitung verbindet florale Elemente in der Mitte mit geometrischen Rautenmustern an den Seiten. Beim Design der Kettenarme setzt du mit vertikalen Rippenknoten zum Verzieren regelmäßige Farbakzente. Das ist auch eine schöne Möglichkeit, um schlichte Armbänder ohne Perlen zu knüpfen.

Knoten & Techniken:

- horizontale und vertikale Rippenknoten
- Ankerstich
- Überhandknoten
- Flechten mit 3 Fäden

Schwierigkeitsgrad:

- Anspruchsvoll

Maße des geknüpften Teils:

- Mittelteil 6,5cm x 5,2cm (von Blatt zu Blatt), die grünen Arme sind je 10cm lang

Material Kette

- 4x 150cm Braun (Linhasita 212)
- 4x 100cm Braun (Linhasita 212)
- 8x 80cm Braun (Linhasita 212)
- 2x 90cm Grün (Linhasita 1045)
- 1x Anhänger Sonne (1cm)
- 1x 3cm Donutstein (Bohrung ca. 5mm)
- 1x Kugelperle groß für 4 Fäden (6 mm)
- 4x Kugelperle klein für 1 Faden (2,5 mm)
- 2x Perle mit Rille für 1 Faden
- 2x Doppelkegelperle groß für 3 Fäden (5mm)

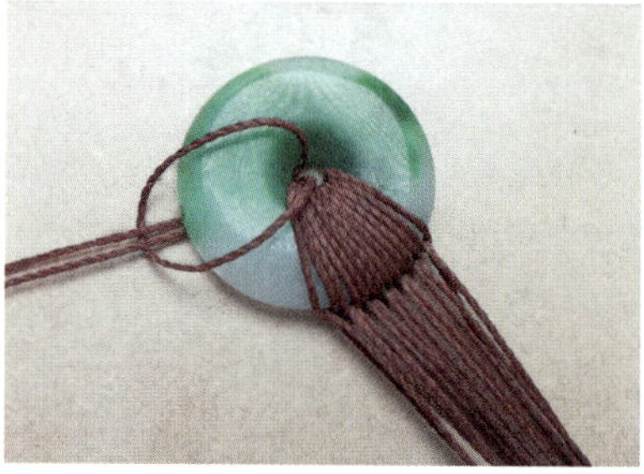

Schritt 1:

Befestige die 8 braunen Fäden (80cm) mittels einfachem Ankerstich an deinem Donutstein. Am Ende sollten alle 16 Enden gleich lang sein.

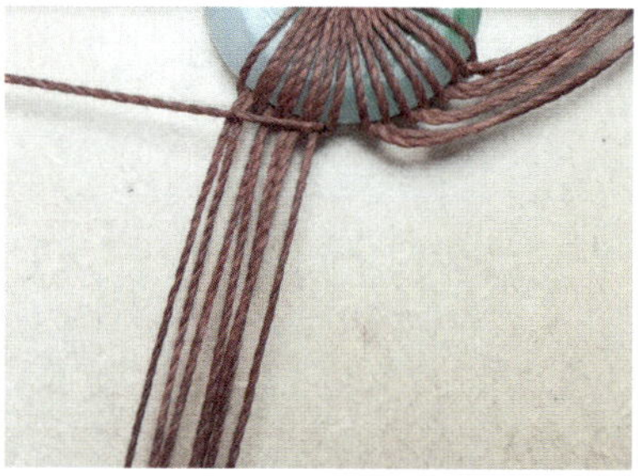

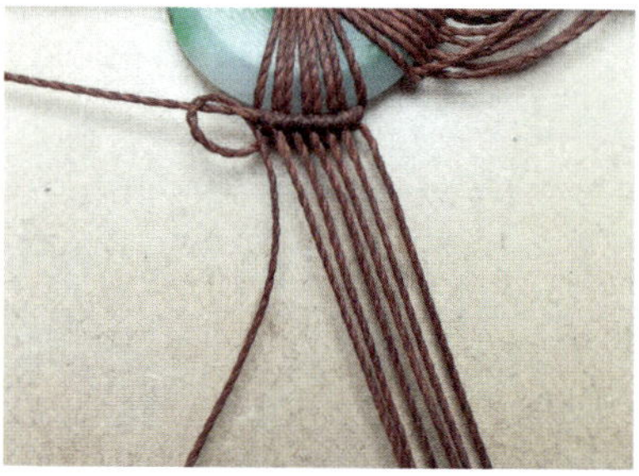

Schritt 2:

Sortiere dann die rechte Hälfte zur Seite und lege den 8. Faden von links als Haltefaden nach links, um eine Reihe mit 7 horizontalen Rippenknoten nach links zu knüpfen.

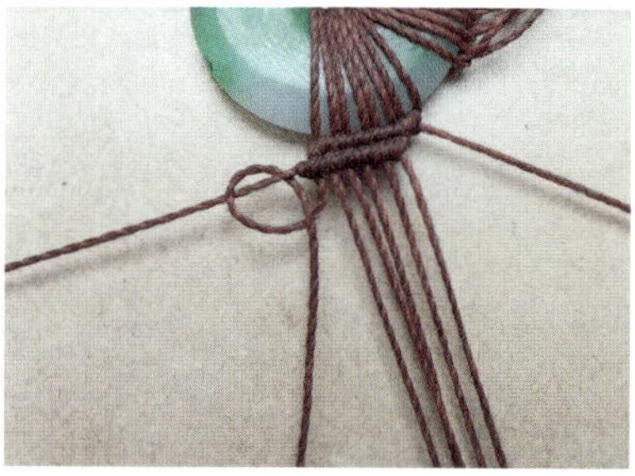

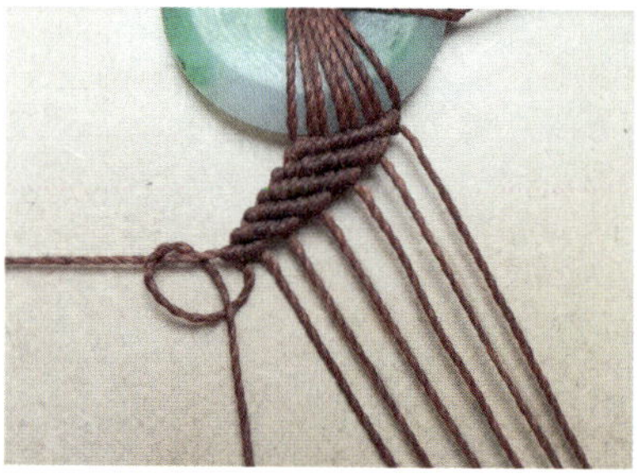

Schritt 3:

Lege den ganz rechten Faden zur Seite und knüpfe eine parallele Reihe mit 6 Rippenknoten nach links. Knüpfe immer kürzer werdenden parallele Reihen, indem du jeweils den äußersten rechten Faden beiseitelegst. Die letzte Reihe wird mit 3 Fäden geknüpft (2 Rippenknoten).

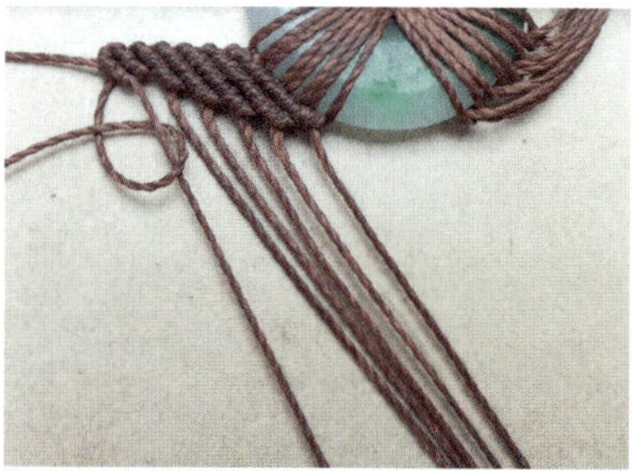

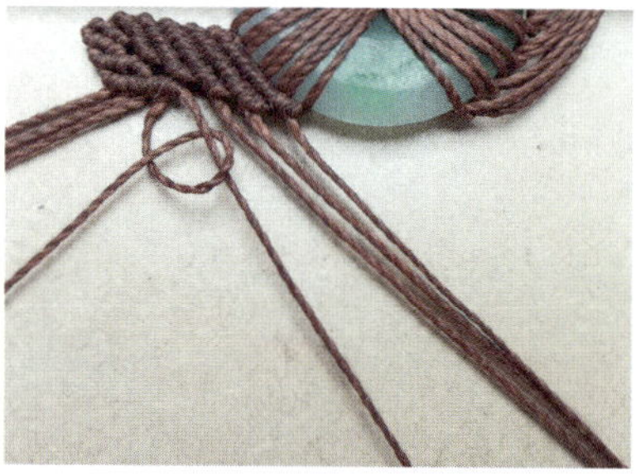

Schritt 4:

Nun drehen sich die Schritte 2 und 3 um. Du startest mit einer Reihe von 2 Rippenknoten und nimmst dann für jede folgende Reihe einen weiteren Faden dazu, um die Reihen stetig zu verlängern.

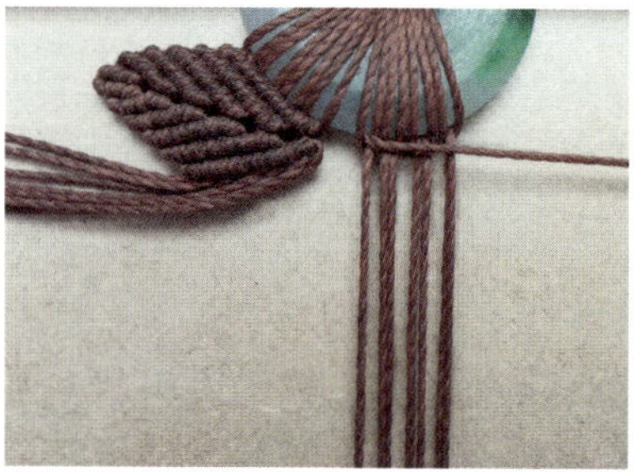

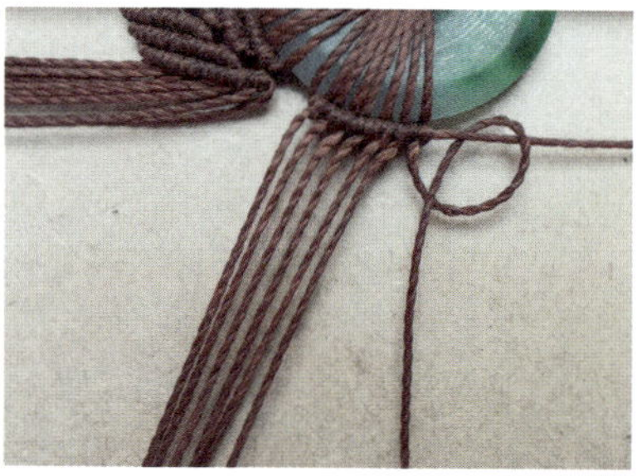

Schritt 5:

Um das 2. Blatt zu knüpfen, spiegelst du die Schritte 2 und 3 auf der rechten Seite. Starte also mit dem 8. Faden von rechts als Haltefaden. Diesmal legst du vor jeder neuen Reihe jeweils den ganz linken Faden zur Seite.

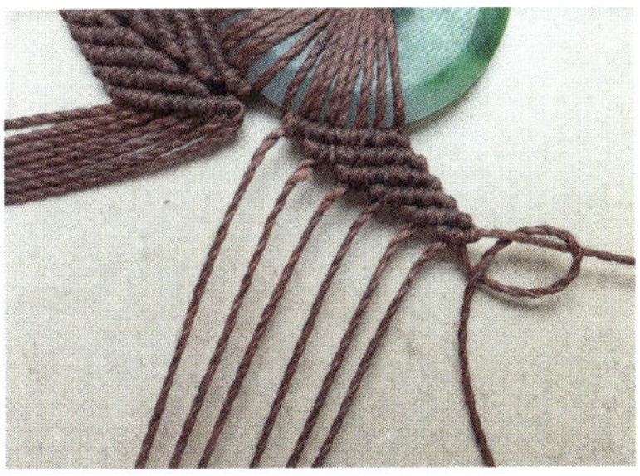
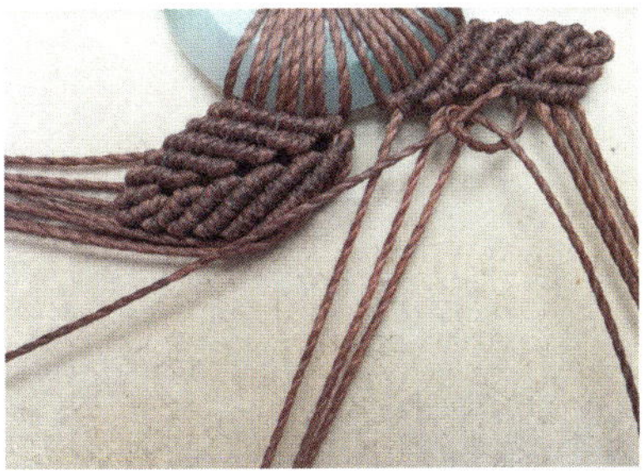

Schritt 6:

Wie in Schritt 4 wechselst du nun wieder die Richtung und kehrst mit langsam größer werdenden Reihen Richtung Mitte zurück. Schneide dann links und rechts die äußersten 4 Fäden knapp ab und brenne sie fest. Danach sollten noch 8 Fäden in der Mitte übrig sein.

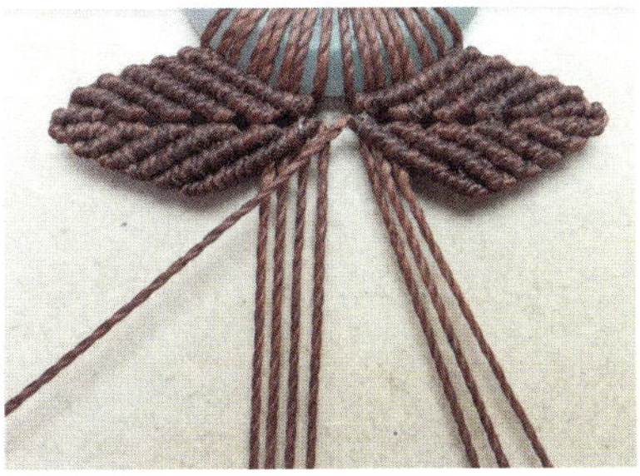
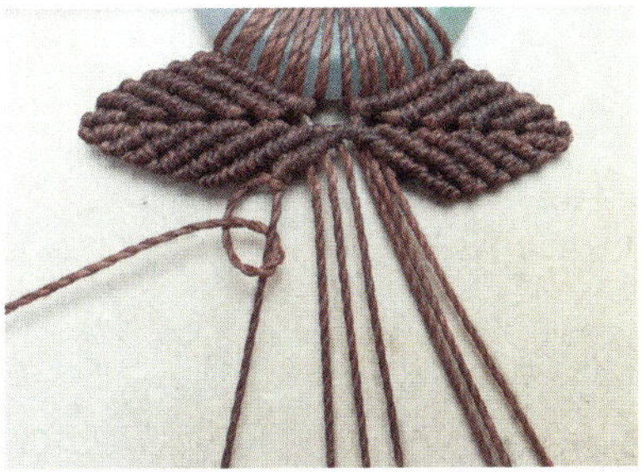

Schritt 7:

Führe den 4. Faden von rechts als Haltefaden nach links und knüpfe 4 horizontale Rippenknoten nach links. Umknote danach den gleichen Haltefaden direkt mit dem letzten Arbeitsfaden von der anderen Seite (1 horizontaler Rippenknoten nach rechts).

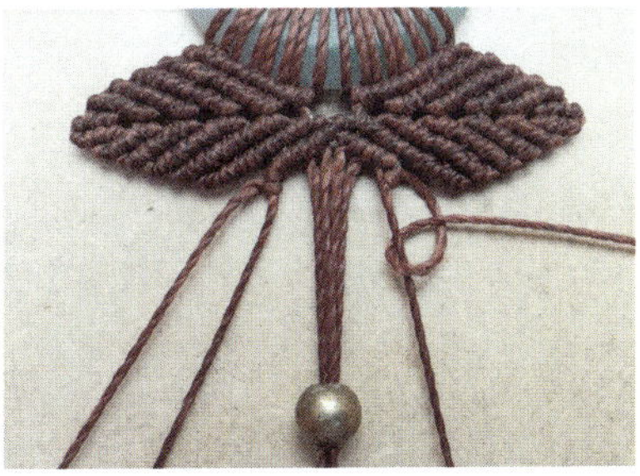
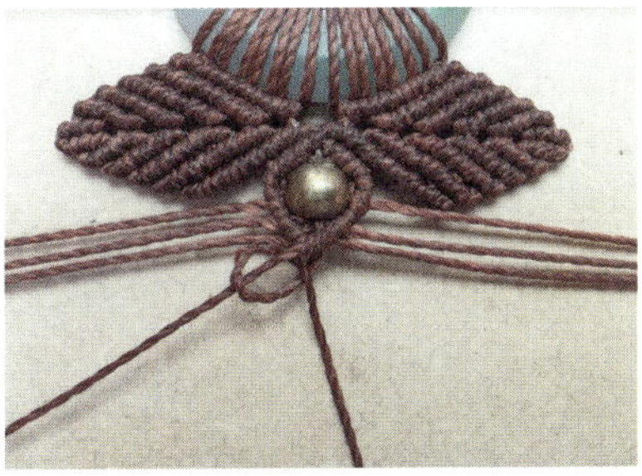

Schritt 8:

Wiederhole Schritt 7 gespiegelt auf der rechten Seite: Lege den 4. Faden von rechts als Haltefaden nach rechts und knüpfe 3 horizontale Rippenknoten, dann auch hier mit dem letzten Arbeitsfaden den Haltefaden von der Gegenrichtung umknoten. Fädle dann die 4 mittleren Fäden gemeinsam durch die große Messingperle (6mm). Befestige jeweils 2 Fäden aus der Perle an den beiden Haltefäden (je 2 horizontale Rippenknoten). Schließe die Diamantform in der Mitte mit einem weiteren horizontalen Rippenknoten nach links.

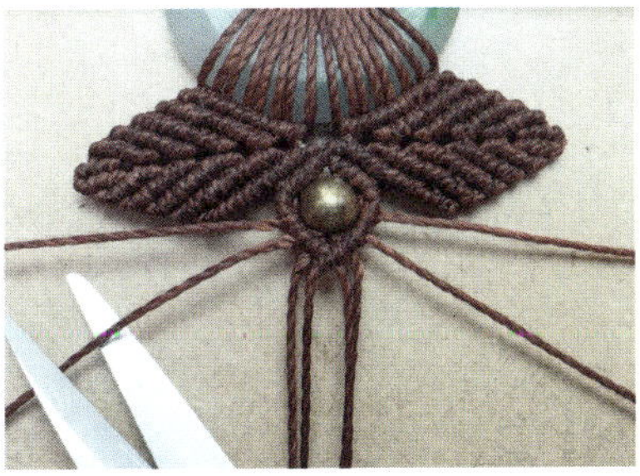
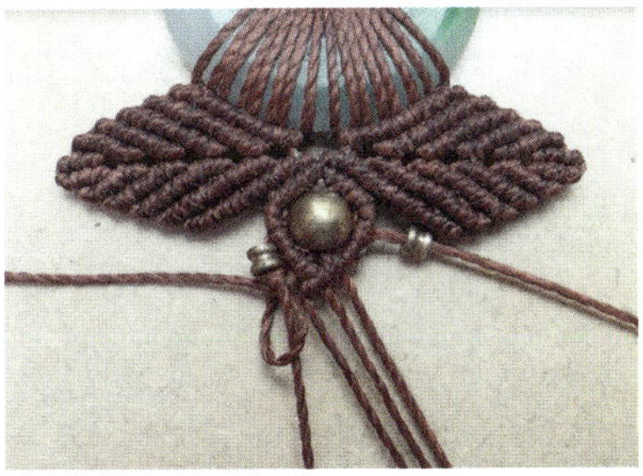

Schritt 9:

Schneide den 2. Faden von links und rechts ab und brenne die Enden fest. Fädle auf die beiden äußersten Fäden zunächst eine Perle mit Rille auf, um die Lücken zu füllen. Der ganz linke Faden ist nun dein Haltefaden. Knüpfe 1 horizontalen Rippenknoten nach rechts.

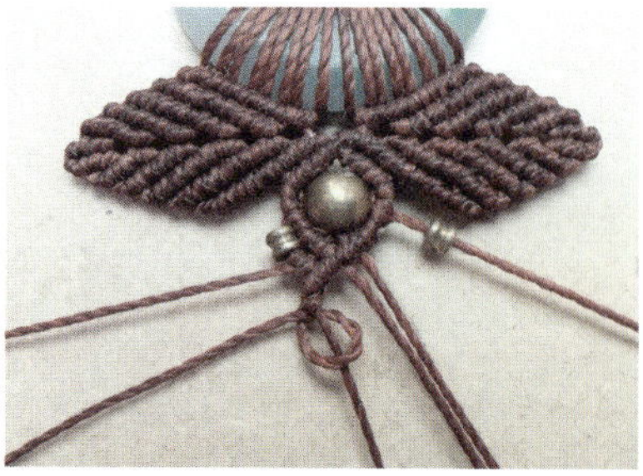

Schritt 10:

Der Haltefaden aus Schritt 9 wird jetzt zum Arbeitsfaden. Knüpfe einen Rippenknoten nach links um den 3. Faden von links und dann direkt einen weiteren nach rechts.

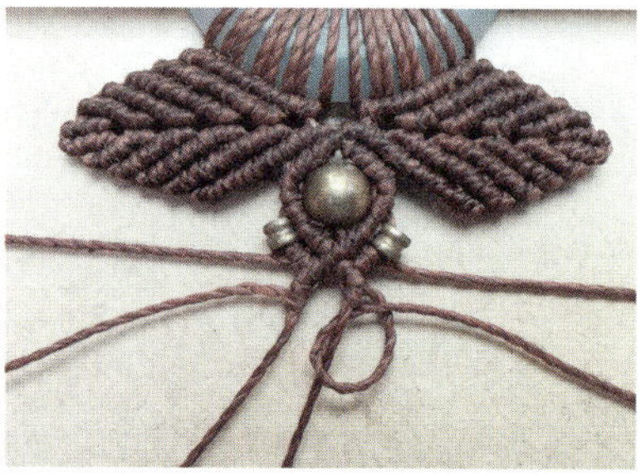

Schritt 11:

Führe auf der rechten Seite die Schritte 9 und 10 spiegelverkehrt aus. Schneide die beiden äußersten Fäden links und rechts ab und brenne sie fest.

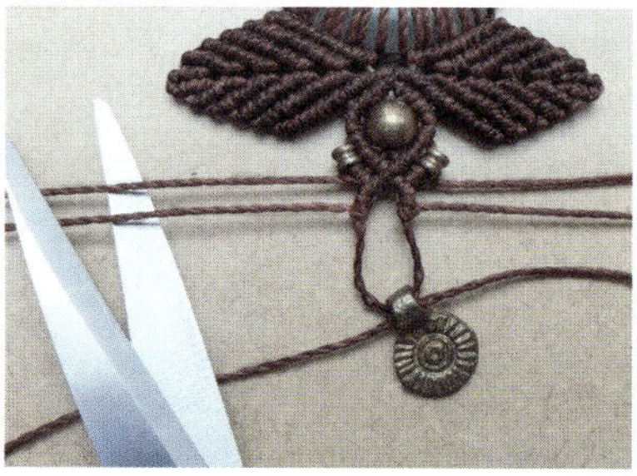

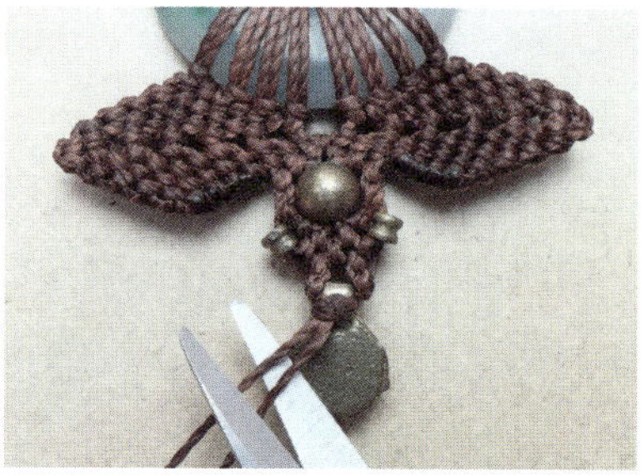

Schritt 12:

Führe die beiden mittleren Fäden durch den Anhänger. Fädle dazu das rechte Ende von rechts und das linke von links durchs Loch und ziehe kräftig, damit der Anhänger fest sitzt. Fasse die beiden Fäden auf der Rückseite in einem Überhandknoten zusammen schneide sie ab und brenne sie fest.

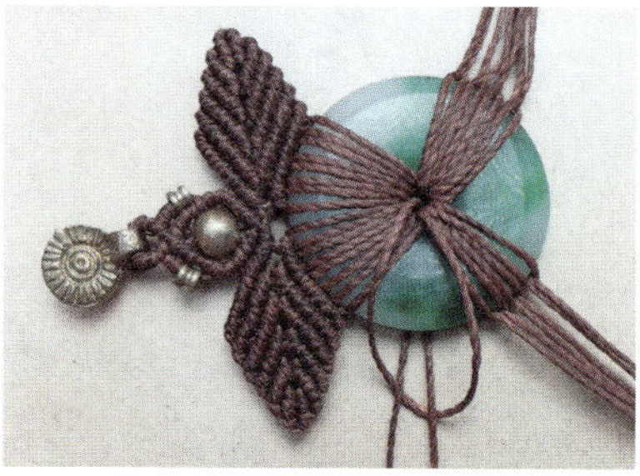

Schritt 13:

Befestige nun die restlichen 8 braunen Fäden mittels Ankerstich. Dabei musst du auf beiden Seiten 2 lange Fäden (150cm) in der Mitte anbringen und links und rechts davon die beiden kürzeren (100cm).

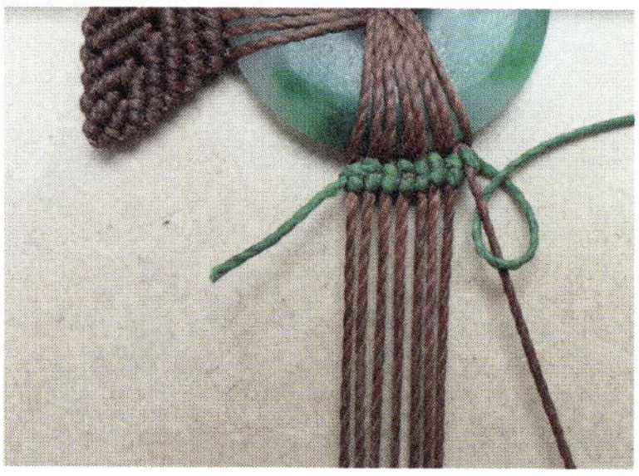

Schritt 14:

Setze mit einem der grünen Fäden eine Akzentreihe, indem du 8 vertikale Rippenknoten nach rechts um die braunen Fäden knüpfst. Schneide den Rest knapp ab und hebe ihn auf. Brenne die grünen Enden fest.

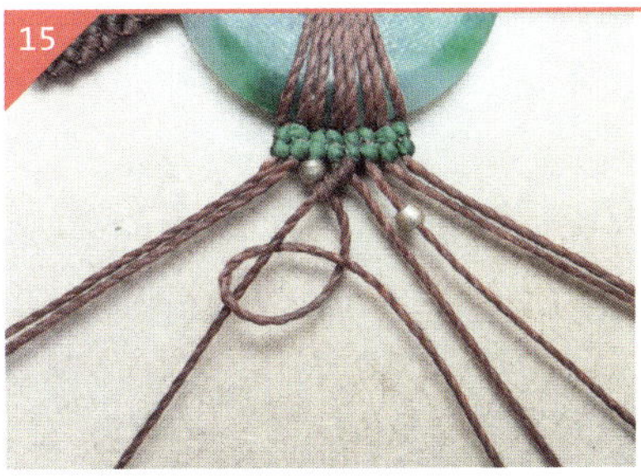

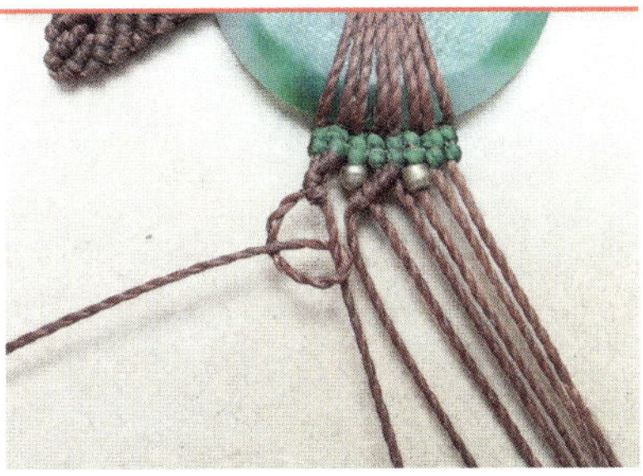

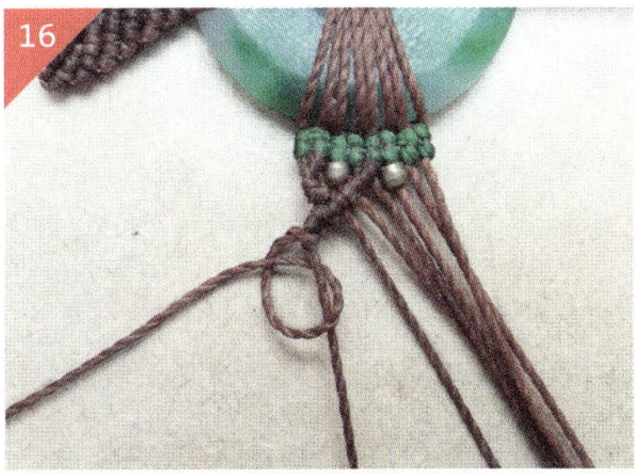

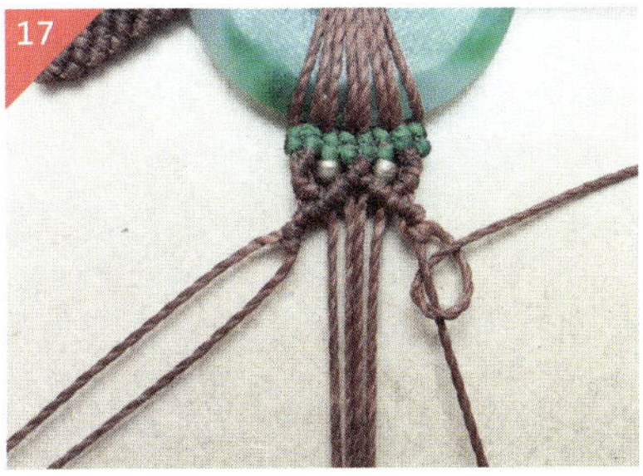

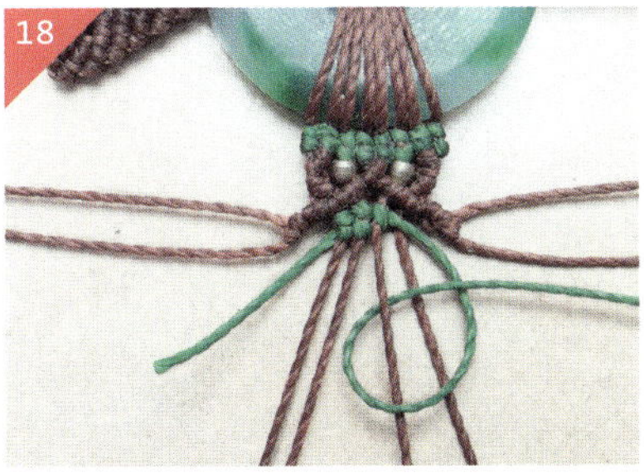

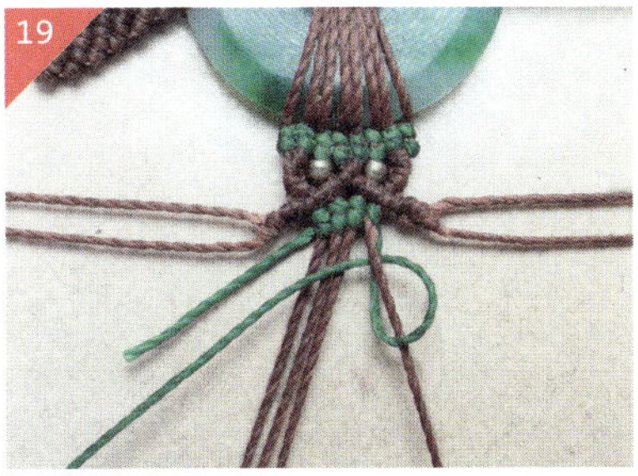

Schritt 15:

Fädle auf den 3. Faden von rechts (jetzt dein Arbeitsfaden) und von links eine kleine Perle (2,5mm). Knüpfe um den 4. Faden von rechts 2 horizontale Rippenknoten nach links. Führe dann mit den beiden ganz linken Fäden zunächst einen horizontalen Rippenknoten nach links und dann gleich wieder nach rechts.

Schritt 16:

Verlängere die Linie, die aus der Mitte kommt, indem du 2 horizontale Rippenknoten nach links knüpfst (die beiden ganz linken Fäden sind Arbeitsfäden). Füge dann direkt einen Rippenknoten nach rechts um den gleichen Haltefaden hinzu.

Schritt 17:

Lege den 4. Faden von rechts als Haltefaden nach rechts und knüpfe 3 horizontale Rippenknoten nach rechts. Füge direkt einen weiteren Rippenknoten nach links hinzu (gleicher Haltefaden).

Schritt 18:

Knüpfe 3 vertikale Rippenknoten mit dem grünen Garn um den 3., 4. und 5. Faden von links.

Schritt 19:

Umknote den nächsten Faden (3. von rechts) mit einem Wenderippenknoten von links. Am Ende muss dein grüner Faden wieder nach links zeigen.

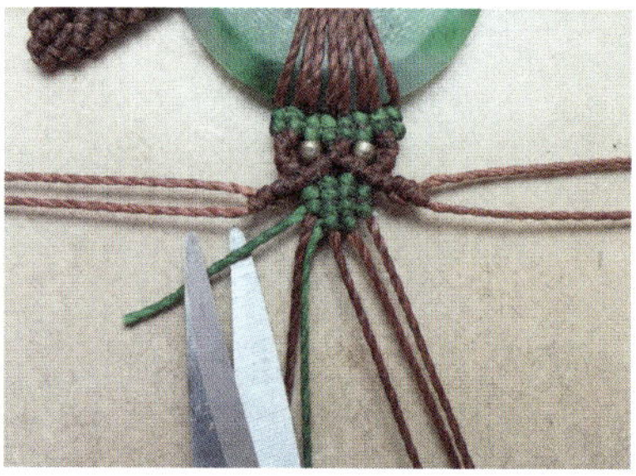

Schritt 20:

Umknote die beiden mittleren Fäden erneut, indem du jeweils einen weiteren vertikalen Rippenknoten zurück nach links führst. Schneide dann das kurze Ende des grünen Fadens ab und brenne das Ende fest. Das lange Ende legst du dir für später zur Seite, ohne es abzuschneiden.

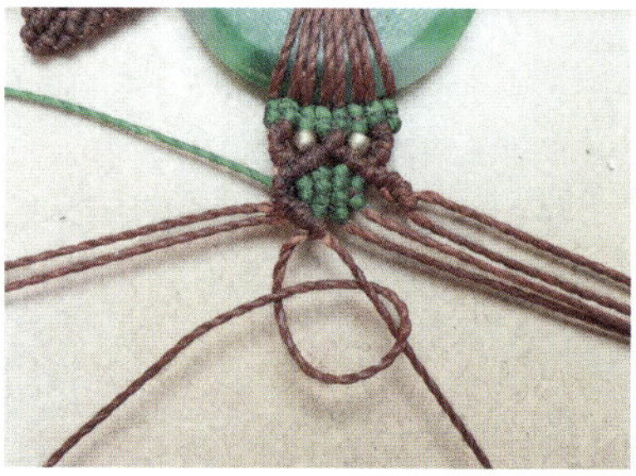

Schritt 21:

Knüpfe mit dem 2. braunen Faden von links als Haltefaden und dem 3. und 4. Faden von links als Arbeitsfäden 2 horizontale Rippenknoten nach rechts (die beiden linken braunen Fäden, die aus der grünen Fläche herausschauen, sind deine Arbeitsfäden).

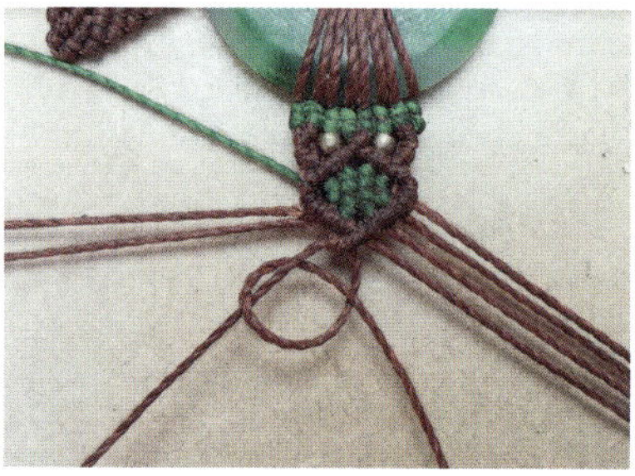

Schritt 22:

Lege nun auch den 2. Faden von rechts als Haltefaden nach links und führe 4 Rippenknoten nach links aus.

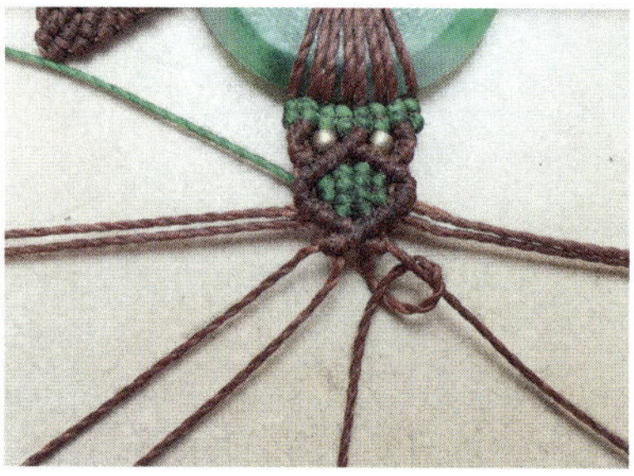

Schritt 23:

Knüpfe mit dem 4. Faden von rechts als Haltefaden und dem 3. Faden von rechts als Arbeitsfaden einen Rippenknoten nach rechts.

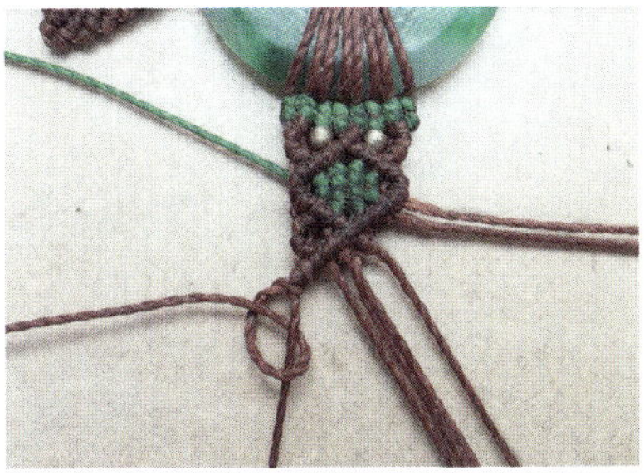

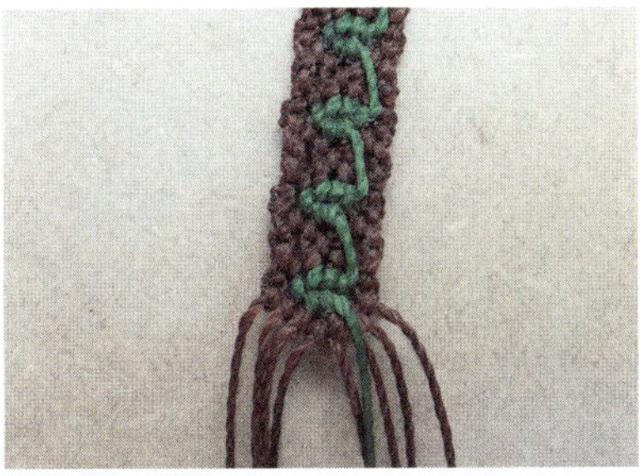

Schritt 24:

Führe wie in Schritt 15 mit den beiden ganz linken Fäden zunächst einen horizontalen Rippenknoten nach links und dann gleich wieder nach rechts aus und fahre ansonsten fort wie ab Schritt 16. Das Muster wiederholt sich insgesamt 5 Mal (das Bild zeigt die Unterseite nach 5 Durchgängen).

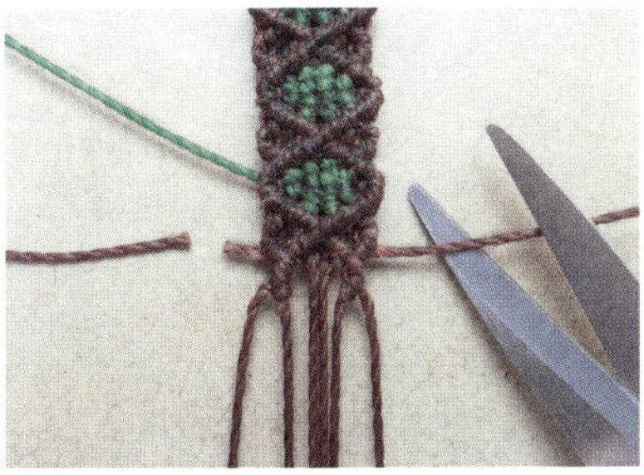

Schritt 25:

Nun werden die Diamantformen kleiner. Du beginnst das Muster wie gewohnt , aber nutzt dann bei Schritt 16 nur den ersten Arbeitsfaden. Die beiden äußersten braunen Fäden kannst du abschneiden und festbrennen.

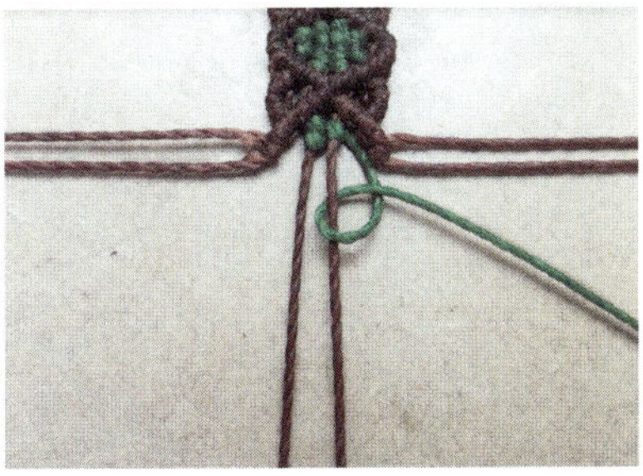

Schritt 26:

Umschließe die beiden inneren braunen Fäden mit je 1 vertikalen Rippenknoten durch den grünen Faden.

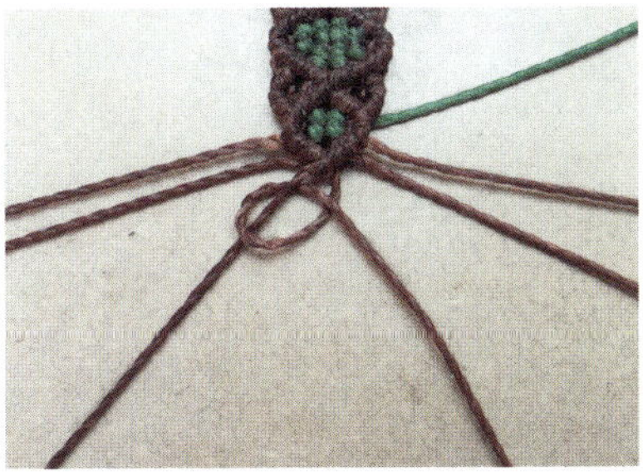

Schritt 27:

Lege den 2. Faden von links als Haltefaden Richtung Mitte und führe mit dem linken grün umwickelten Faden einen horizontalen Rippenknoten nach rechts aus. Lege dann auch den 2. Faden von links als Haltefaden Richtung Mitte und schließe die Form mit 2 weiteren horizontalen Rippenknoten nach links ab.

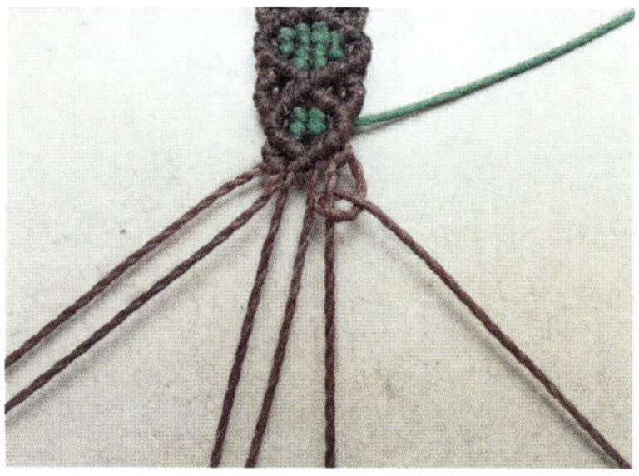

Schritt 28:

Knüpfe links außen einen Rippenknoten nach rechts und rechts außen einen Rippenknoten nach links (jeweils der 1. braune Faden von rechts bzw. links ist hier dein Haltefaden).

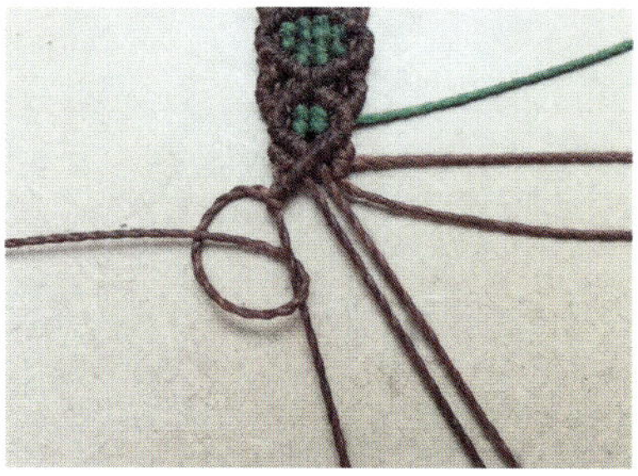

Schritt 29:

Nutze nun den 3. Faden von links als Haltefaden für 2 Rippenknoten nach links. Lege dann auch den 3. Faden von rechts als Haltefaden nach rechts für 2 weitere Rippenknoten nach rechts. Fahre fort wie in Schritt 26, bis du insgesamt 4 kleinere Diamantformen fertig hast.

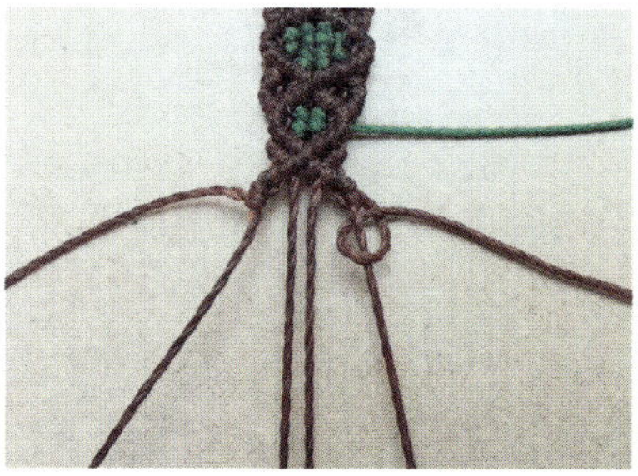

Schritt 30:

Ähnlich wie in Schritt 25 werden die Diamantformen nun nochmals kleiner. Benutze also auch hier den äußersten linken und rechten Faden nicht als Arbeitsfäden, sondern schneide sie ab. Die Haltefäden bleiben die gleichen wie in den vorherigen Schritten. Knüpfe auf der linken Seite einen Rippenknoten nach links und dann direkt nach rechts und auf der anderen Seite spiegelverkehrt. Schließe dann die Form wie gewohnt mit einem Rippenknoten nach links. Du kannst jetzt auch den grünen Faden abschneiden und festbrennen.

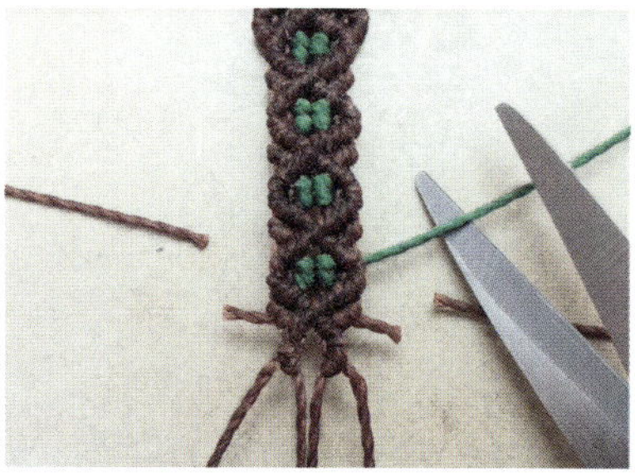

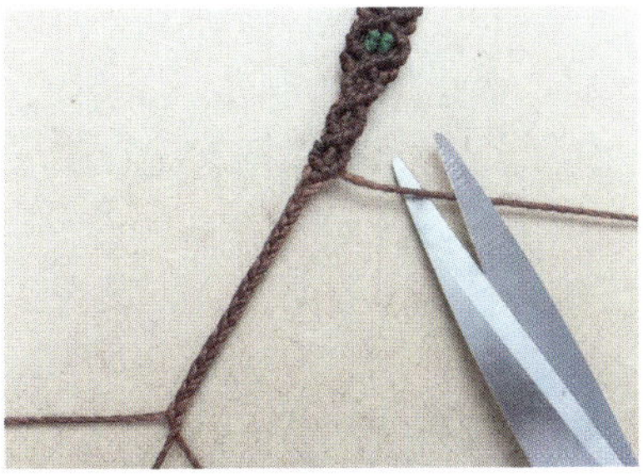

Schritt 31:

Wiederhole das letzte Muster noch 2 weitere Male und flechte dann mit 3 der übrigen Fäden einen ca. 20cm langen Zopf. Den Faden, den du nicht zum Flechten benutzt, kannst du abschneiden und festbrennen.

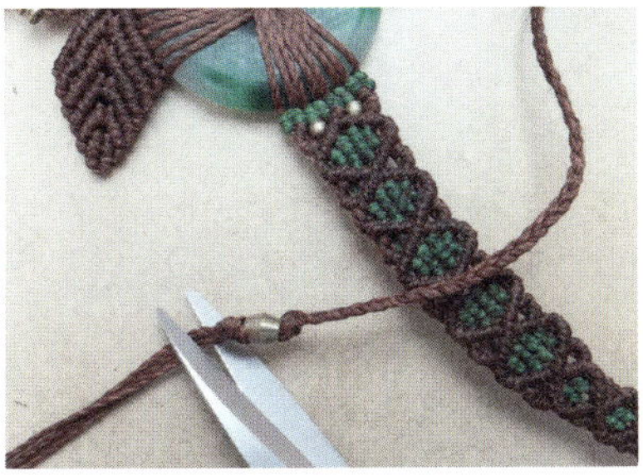

Schritt 32:

Fasse den geflochtenen Zopf in einem Überhandknoten zusammen. Fädle dann eine der Doppelkegelperlen auf die 3 Fäden und fixiere diese mit einem weiteren Überhandknoten. Die Enden kannst du nun abschneiden und festbrennen.

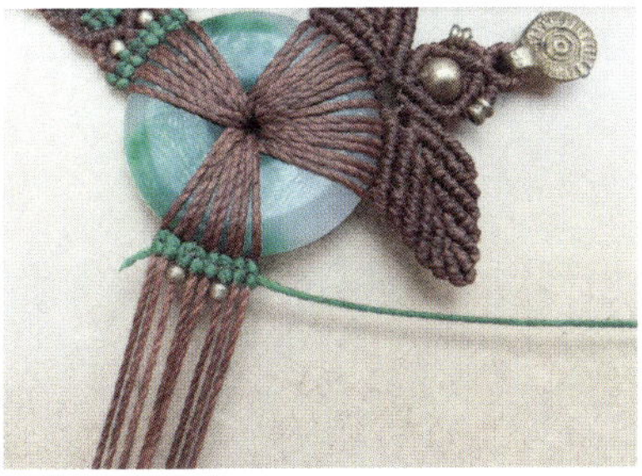

Schritt 33:

Auf der anderen Seite gehst du exakt genauso vor und befolgst erneut die Schritte 13 bis 32.

Optional kannst du am Ende einen größenverstellbaren Schiebeverschluss hinzufügen (siehe S. 28).

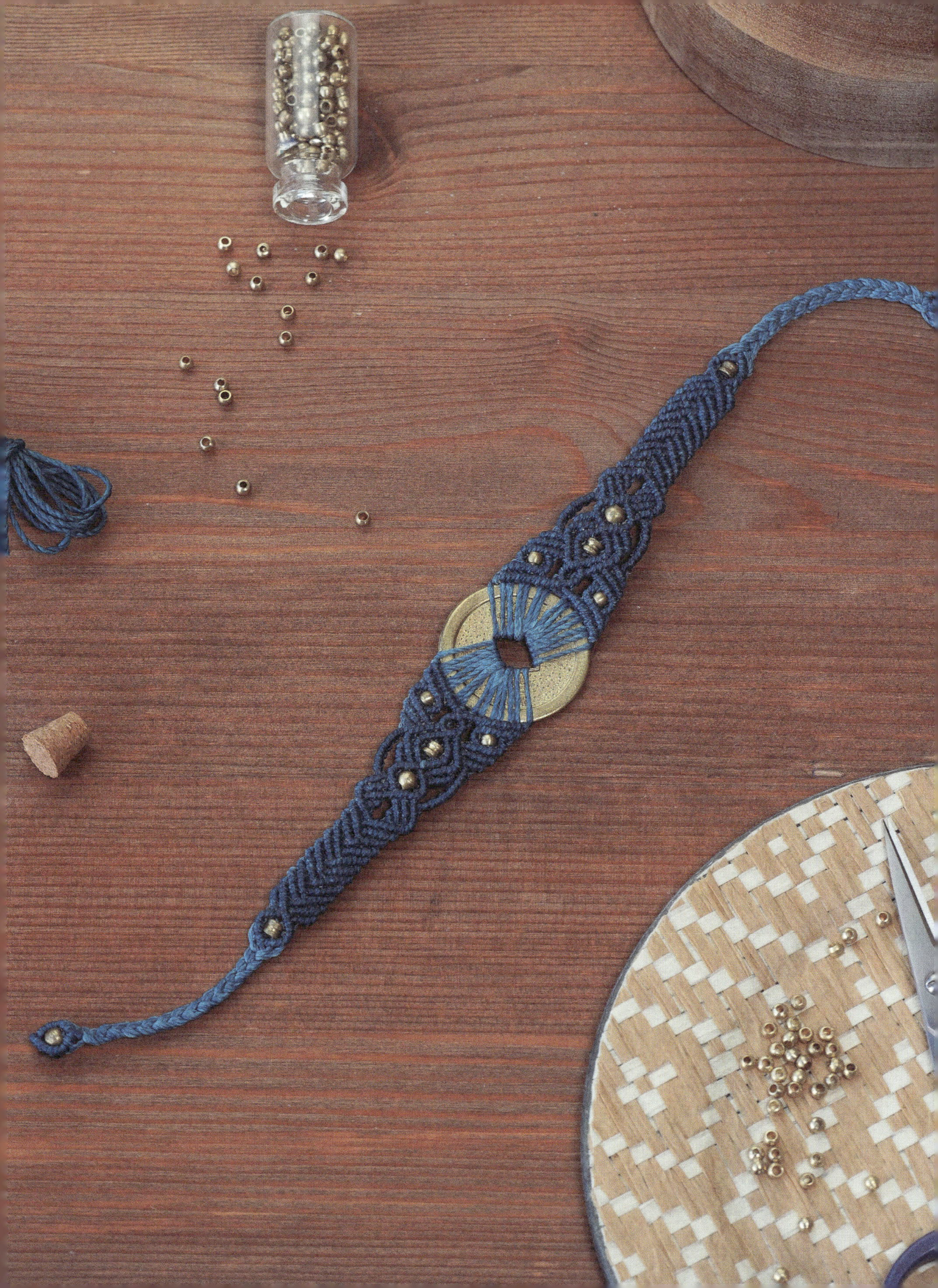

Armband mit Glücksmünze

Genau wie Donutsteine eignen sich auch Münzen mit Loch sehr gut für Makramee Schmuckstücke. Für dieses Armband habe ich eine typische chinesische Glücksmünze verwendet. Das sehr verschlungene und zierliche Muster wird durch die Verwendung von Garn in der Stärke von 0,75mm noch einmal unterstrichen. Es ist zwar ein echter Hingucker, aber auch eine der kniffeligsten Anleitungen in diesem Buch. Vor allem zu Beginn wechseln Haltefaden und Arbeitsfaden sehr häufig, also schau dir die Prozessfotos besonders gut an, bevor du loslegst.

Knoten & Techniken:

- vertikale und horizontale Rippenknoten
- Flechten mit 3 Fäden
- Ankerstich
- Wenderippenknoten

Schwierigkeitsgrad:

- Profi

Maße des geknüpften Teils:

- 2,5cm x 13,5cm (bei Garnstärke 0,75mm)

Material Armband

- 8x 120cm Teal (Linhasita 228) in **0,75mm**
- 6x 70cm Teal (Linhasita 228) in **0,75mm**
- 1x 2,5cm Glücksmünze
- 4x Kugelperle groß für 2 Fäden (3,8 mm)
- 4x Kugelperle klein für 1 Faden (2,5 mm)
- 4x Doppelkegelperle für 2 Fäden

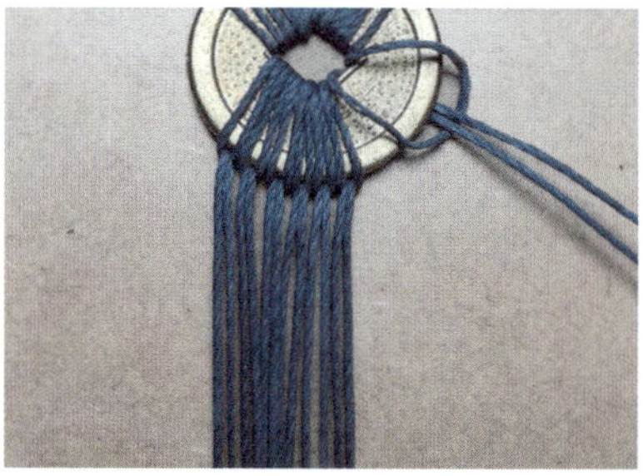

Schritt 1:

Befestige mittels Ankerstich 4 lange (L) und 3 kurze (K) Fäden an der Münze. Starte links außen mit lang und wechsle dann immer ab (L K L K L K L). Insgesamt sollten es 14 Fäden sein. Spanne die Münze um und wiederhole das Ganze mit den übrigen 7 Bänder auf die gleiche Weise.

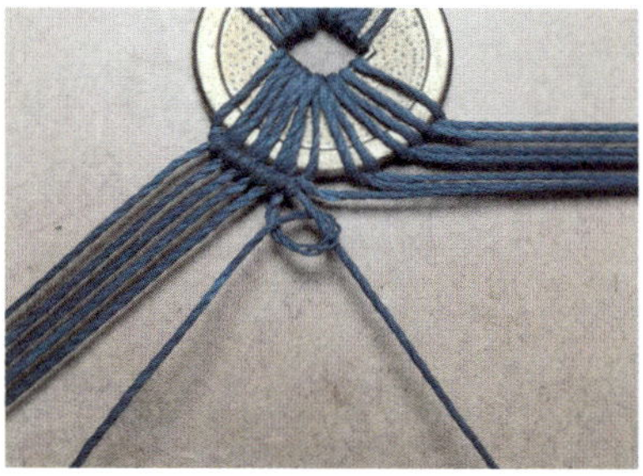

Schritt 2:

Lege den ganz linken Faden als Haltefaden nach rechts und führe 6 Rippenknoten nach rechts in Richtung Mitte aus.

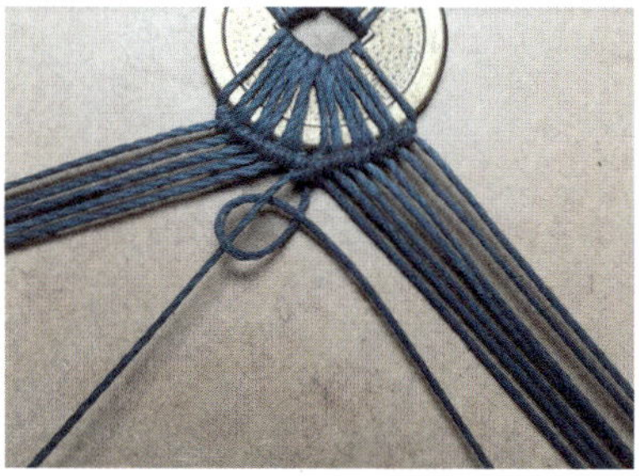

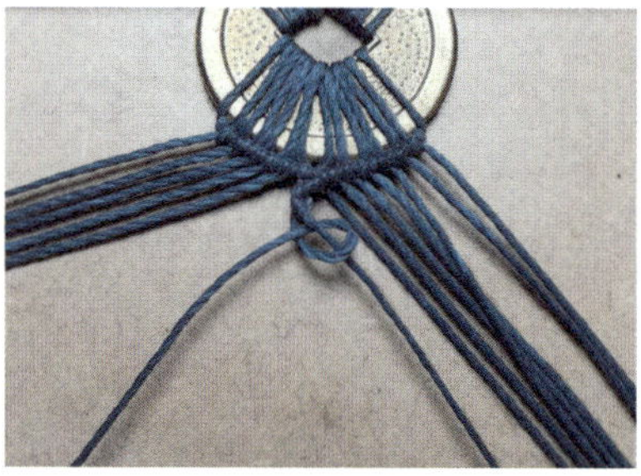

Schritt 3:

Knüpfe auf der rechten Seite eine Reihe mit 8 Rippenknoten nach links (der äußerste rechte Faden ist dein Haltefaden). Füge am Ende direkt einen Rippenknoten nach rechts hinzu (gleicher Arbeits- und Haltefaden).

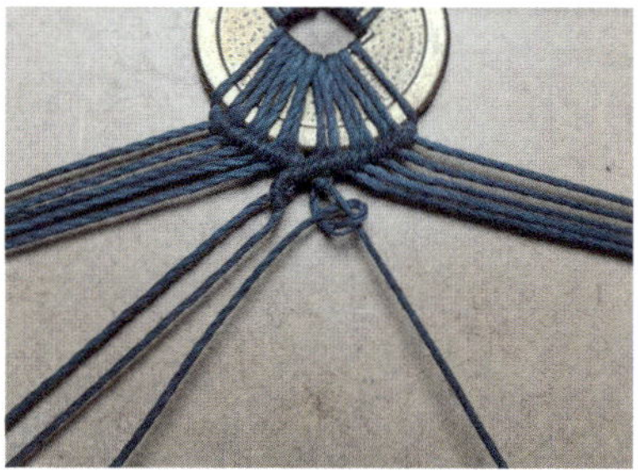

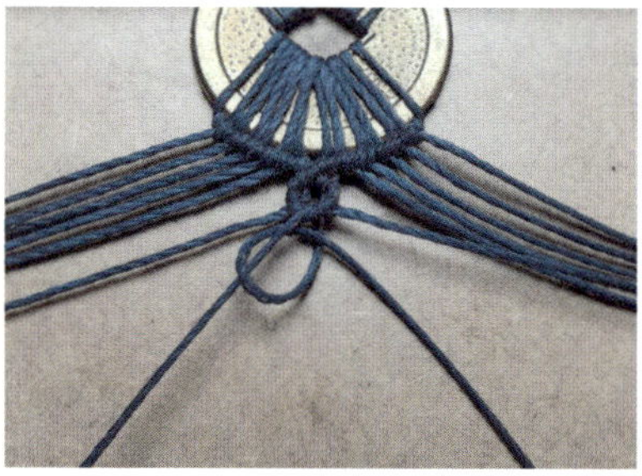

Schritt 4:

Führe einen horizontalen Rippenknoten nach rechts aus (der 6. Faden von rechts ist dein Arbeitsfaden und der 7. dein Haltefaden). Knote dann 2 horizontale Rippenknoten nach links um den gleichen Haltefaden, um die Diamantform zu schließen.

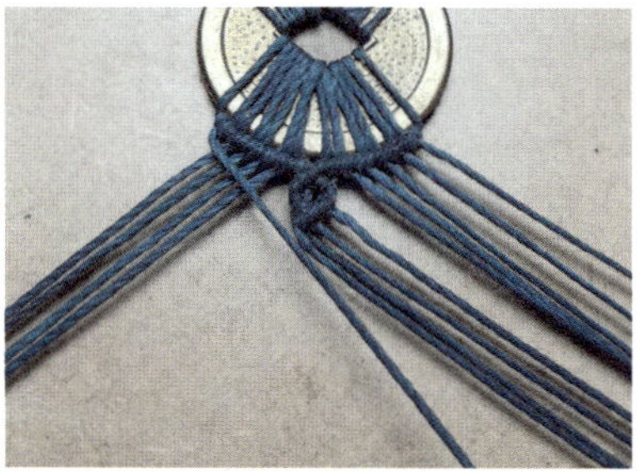

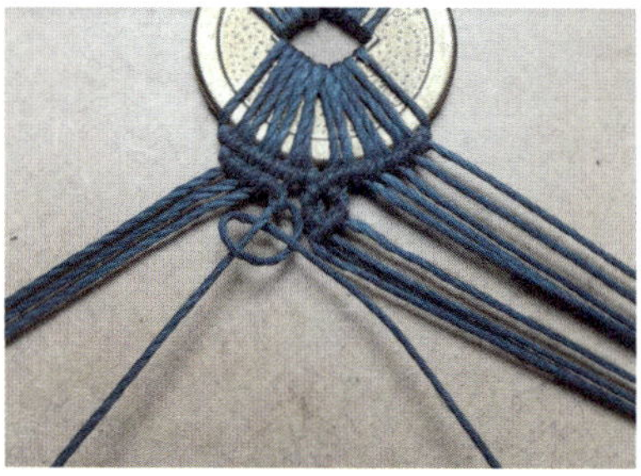

Schritt 5:

Knüpfe mit dem 1. Faden von links als Haltefaden eine Reihe von 4 Rippenknoten. Knote dann mit dem letzten Arbeitsfaden direkt nochmal einen Rippenknoten nach links um den gleichen Haltefaden.

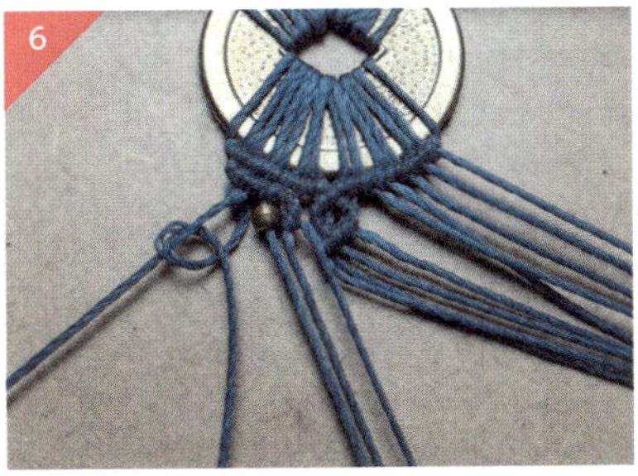

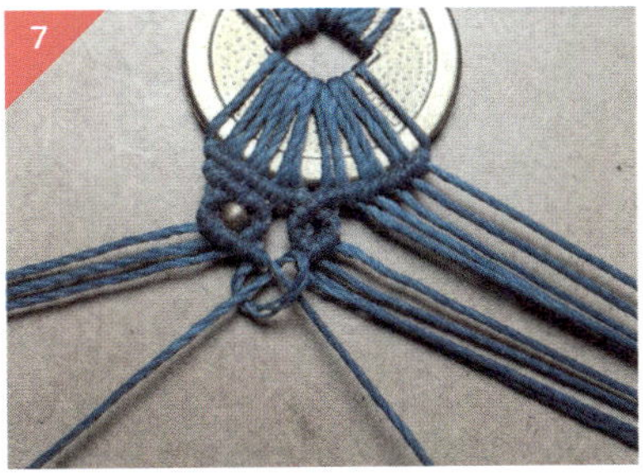

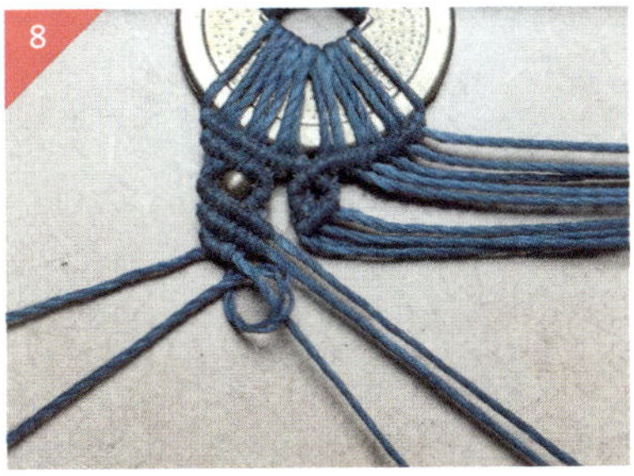

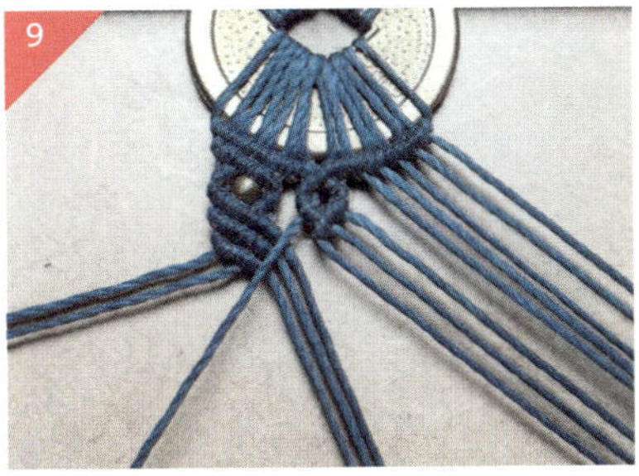

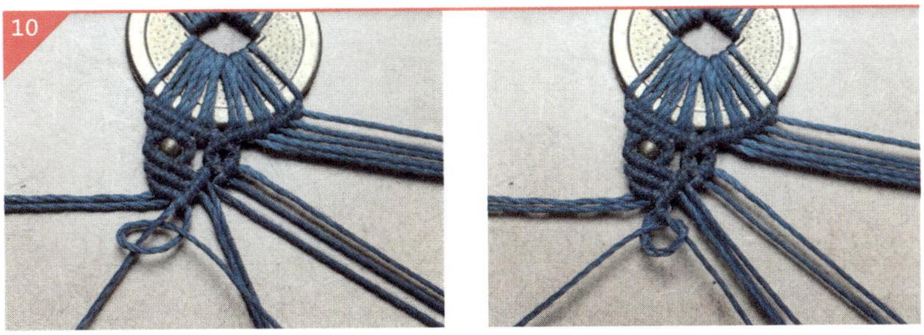

Schritt 6:

Fädle eine Messingperle (2,5mm) auf den 3. Faden von links und knüpfe einen vertikalen Rippenknoten nach rechts mit dem 1. Faden von links um den 2. Faden (Haltefaden).

Schritt 7:

Du schließt nun die Form, indem du 4 Rippenknoten nach rechts knüpfst. Der 1. Faden von links ist hierbei dein Haltefaden.

Schritt 8:

Füge 2 parallele Reihen hinzu. Die erste mit 3 und die zweite mit 2 Rippenknoten. Verwende dabei die Haltefäden aus der jeweils darüber liegenden Reihe also nicht, sodass die Reihen kürzer werden.

Schritt 9:

Der 6. Faden von links ist jetzt dein Haltefaden. Lege diesen über den 5.,4. und 3. Faden von links.

Schritt 10:

Knüpfe nun hier eine Reihe mit 3 horizontalen Rippenknoten nach links. Füge dann direkt einen weiteren Rippenknoten nach rechts hinzu (gleicher Haltefaden).

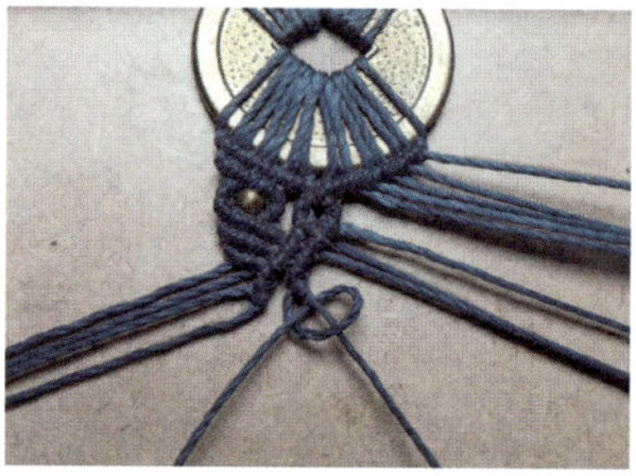

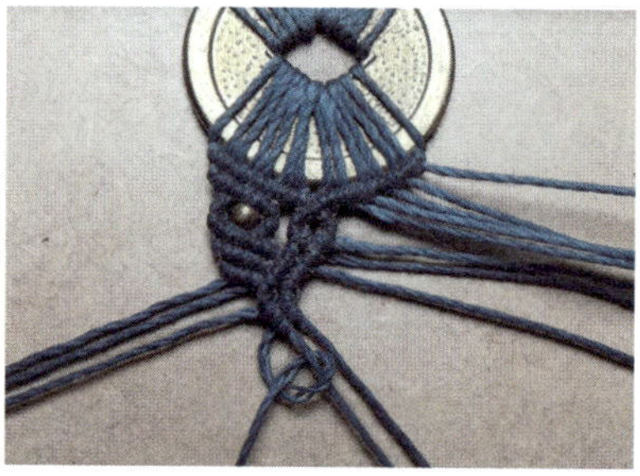

Schritt 11:
Führe mit dem 7. Faden von links als Haltefaden eine Reihe mit 2 Rippenknoten nach links. Füge direkt einen weiteren Rippenknoten nach rechts hinzu (gleicher Haltefaden). Verbinde die beiden Reihen, indem du den letzten Arbeitsfaden an dem Haltefaden aus Schritt 9 festknüpfst.

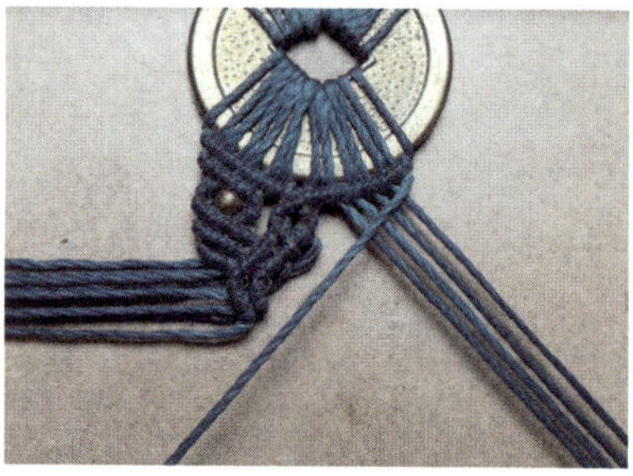

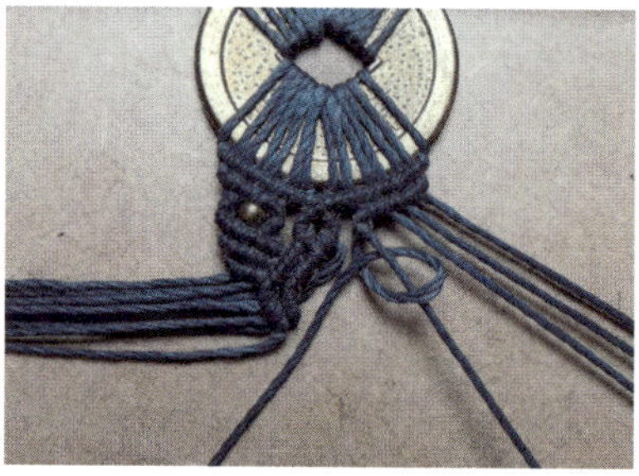

Schritt 12:
Knüpfe analog zu Schritt 5 nun auch auf der rechten Seite eine weitere Reihe mit 4 Rippenknoten nach links. Knote dann mit dem letzten Arbeitsfaden direkt nochmal einen Rippenknoten nach rechts um den gleichen Haltefaden.

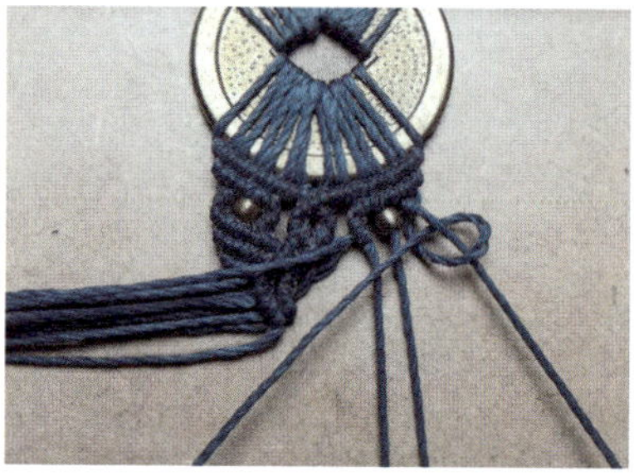

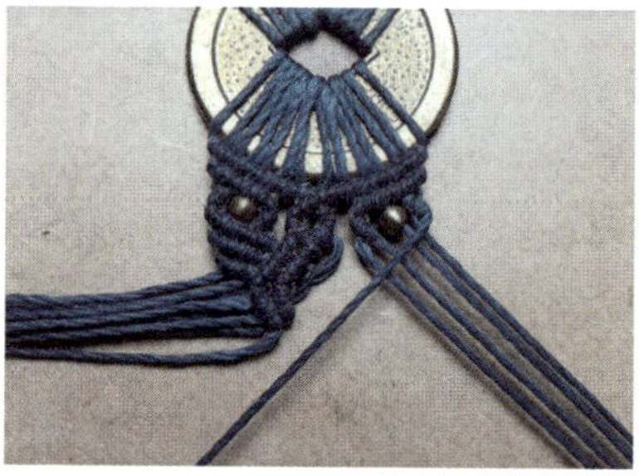

Schritt 13:
Knüpfe analog zu Schritt 6 mit den beiden ganz rechten Fäden einen vertikalen Rippenknoten nach links. Führe dann gespiegelt zu Schritt 7 auch hier 4 horizontale Rippenknoten nach links.

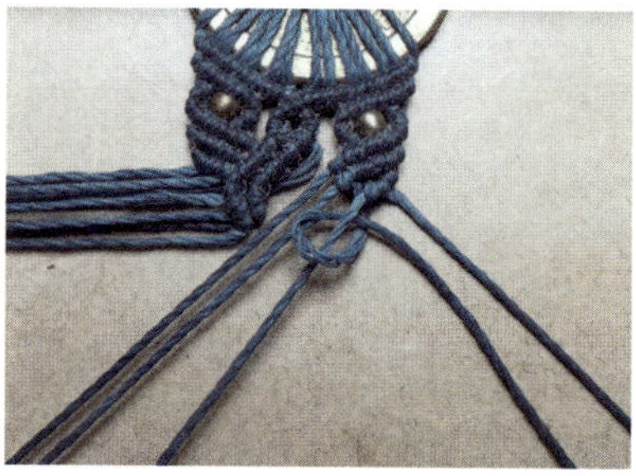

Schritt 14:
Füge 2 kürzere parallele Reihen hinzu, die erste mit 3 und die zweite mit 2 Rippenknoten.

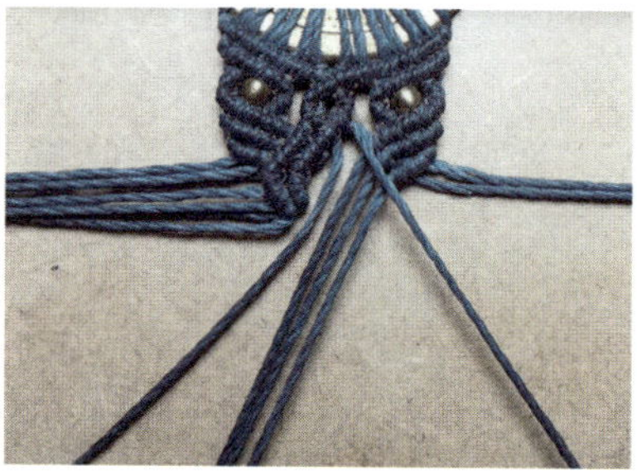

Schritt 15:
Der 6. Faden von rechts ist nun dein Haltefaden.

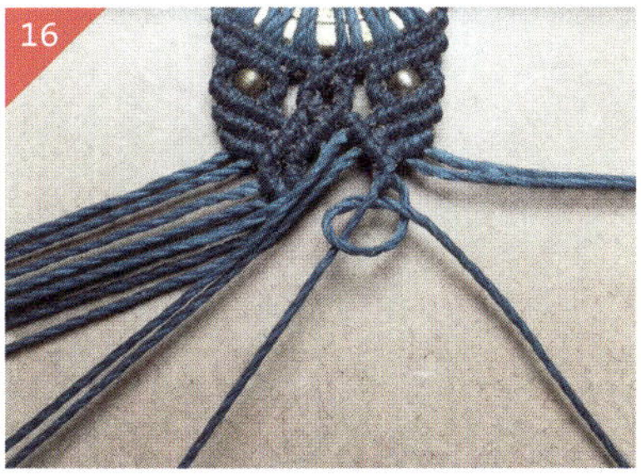

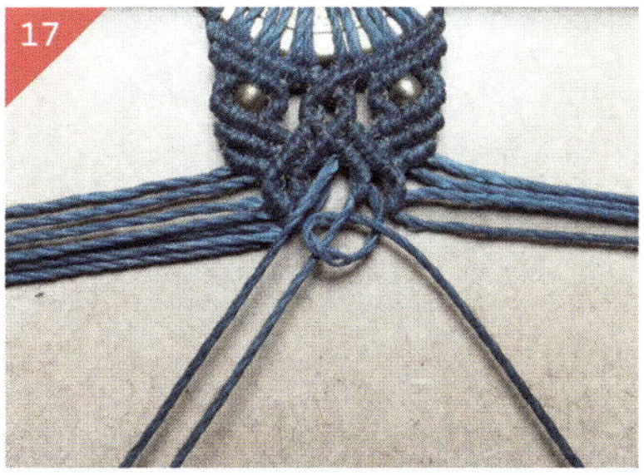

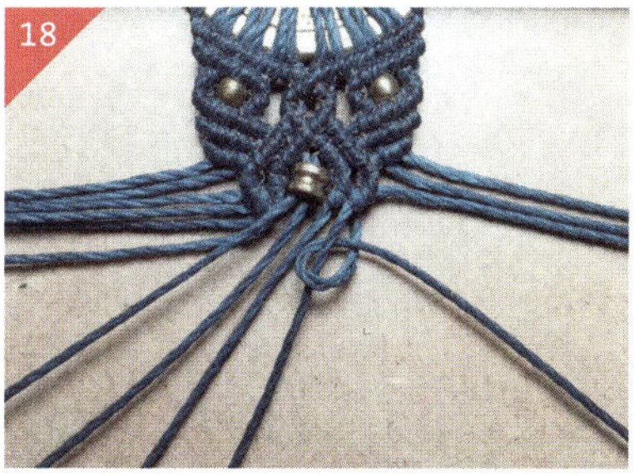

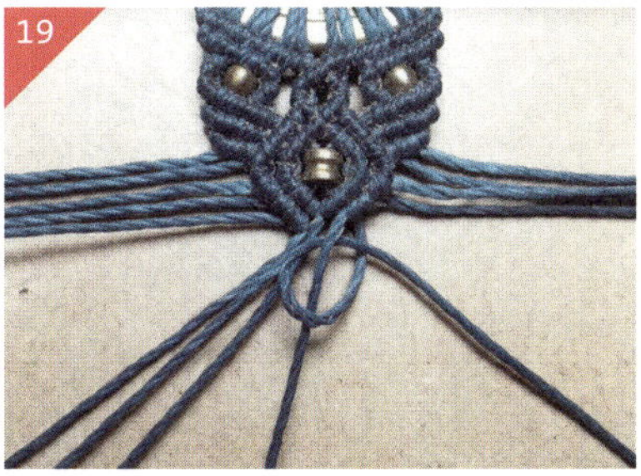

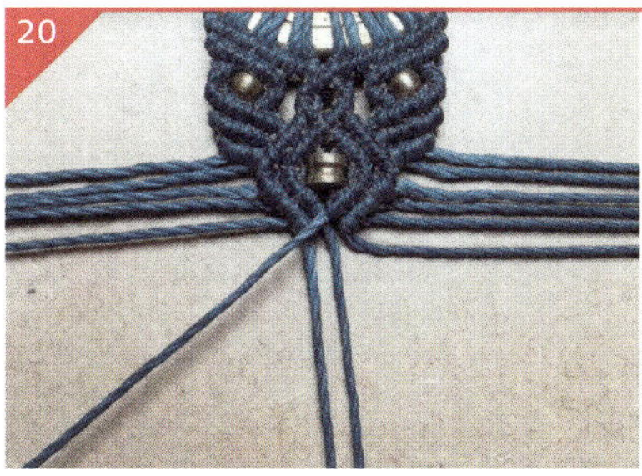

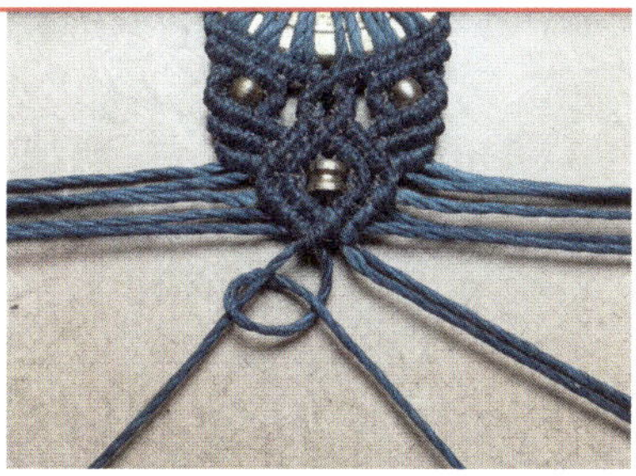

Schritt 16:

Knüpfe 3 horizontale Rippenknoten nach rechts und danach direkt einen weiteren nach links mit dem letzten Arbeitsfaden um den gleichen Haltefaden.

Schritt 17:

Knüpfe symmetrisch zu Schritt 11 auch hier 2 horizontale Rippenknoten nach rechts und danach direkt einen weiteren nach links (mit 7. Faden von rechts als Haltefaden). Fädle dann auf die beiden mittleren Fäden eine Perle mit Rille.

Schritt 18:

Verbinde nun auch auf der rechten Seite die beiden Reihen des Diamanten, indem du den letzten Arbeitsfaden aus Schritt 17 an dem Haltefaden aus Schritt 16 festknüpfst (horizontaler Rippenknoten nach links).

Schritt 19:

Knüpfe mit einem der Fäden, die aus der Perle schauen, 2 vertikale Rippenknoten nach links um die beiden linken Haltefäden. Wiederhole dies auf der rechten Seite gespiegelt.

Schritt 20:

Lege den 7. Faden von rechts als Haltefaden über die nächsten beiden linken Fäden und knüpfe 2 Rippenknoten nach links.

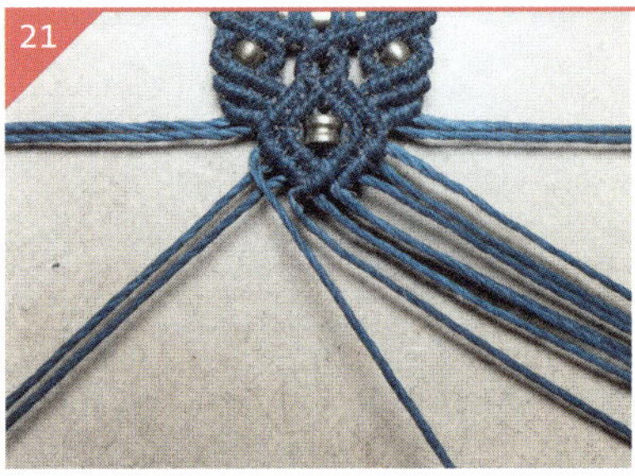

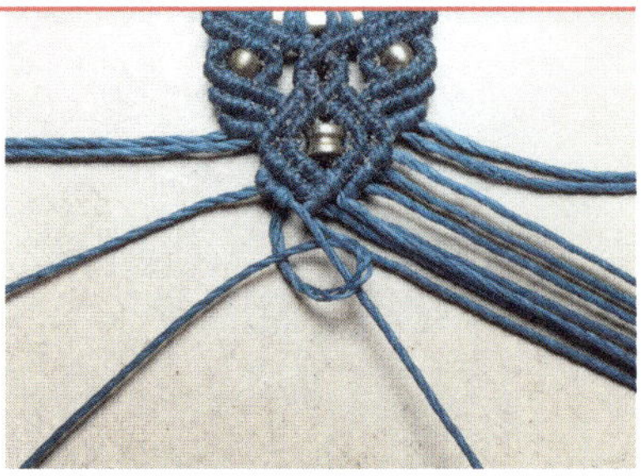

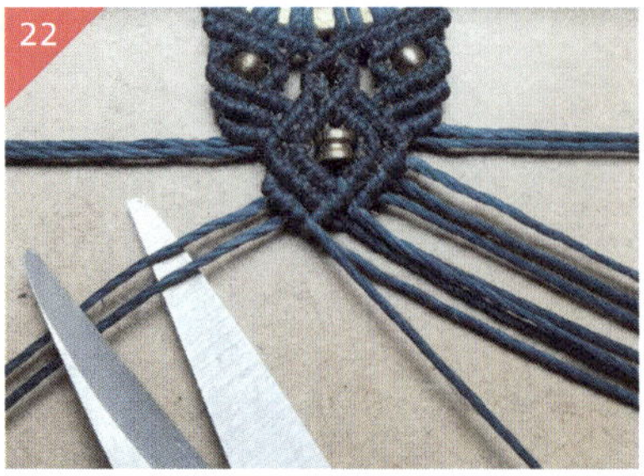

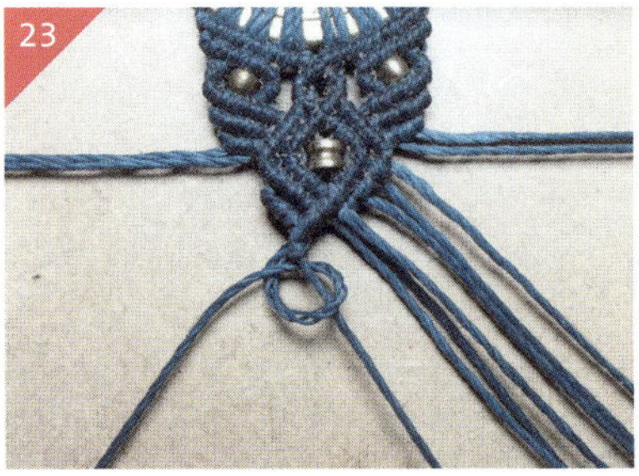

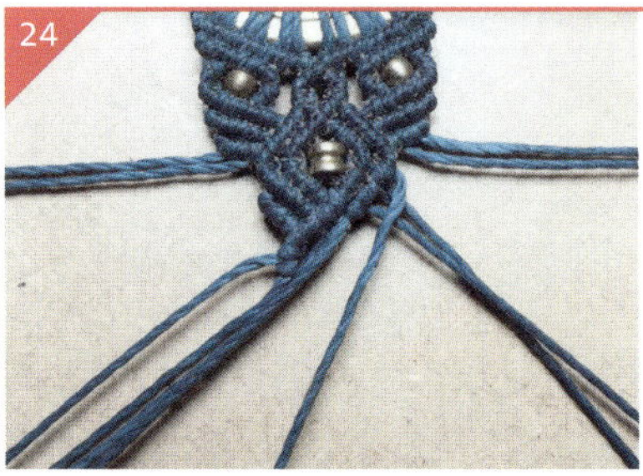

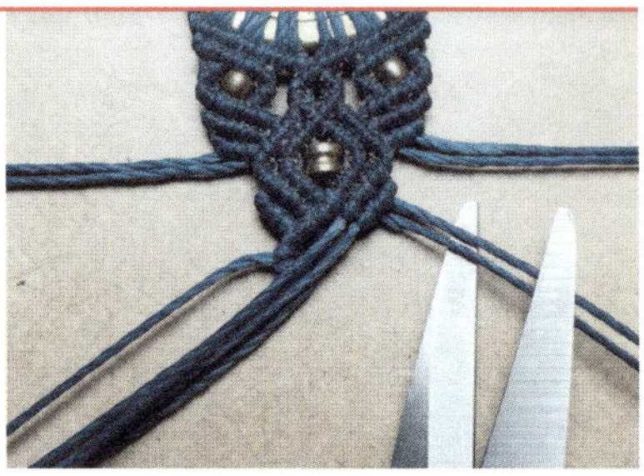

Schritt 21:

Lege den 3. Faden von links als Haltefaden über die nächsten beiden rechten Fäden und knüpfe 2 Rippenknoten nach rechts.

Schritt 22:

Schneide die beiden Arbeitsfäden aus Schritt 21 ab (3. und 4. Faden von links) und brenne die Enden fest.

Schritt 23:

Der Haltefaden aus Schritt 21 (jetzt 3. von links) ist nun dein Arbeitsfaden. Knüpfe einen Rippenknoten nach links um den 4. Faden von links und dann direkt einen weiteren nach rechts.

Schritt 24:

Lege analog zu Schritt 21 den 3. Faden von rechts als Haltefaden über die nächsten beiden linken Fäden und knüpfe 2 Rippenknoten nach links. Schneide auch hier die beiden Arbeitsfäden (3. und 4. Faden von rechts) ab und brenne sie fest.

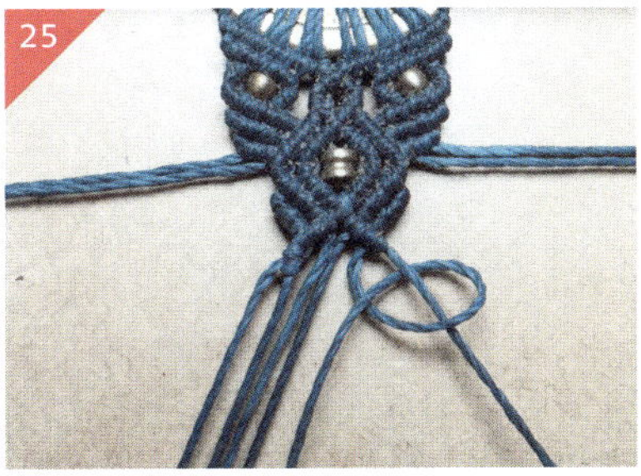

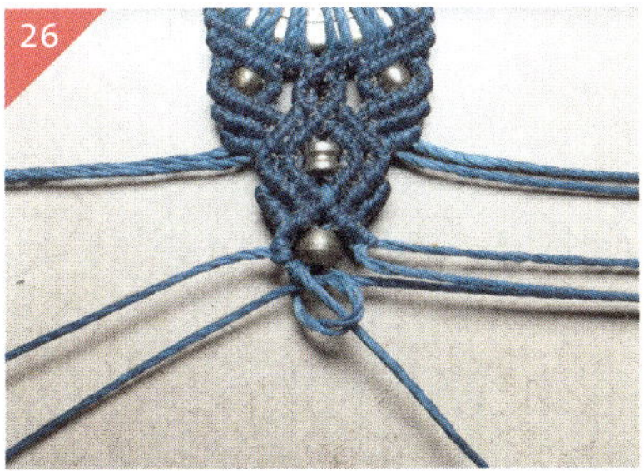

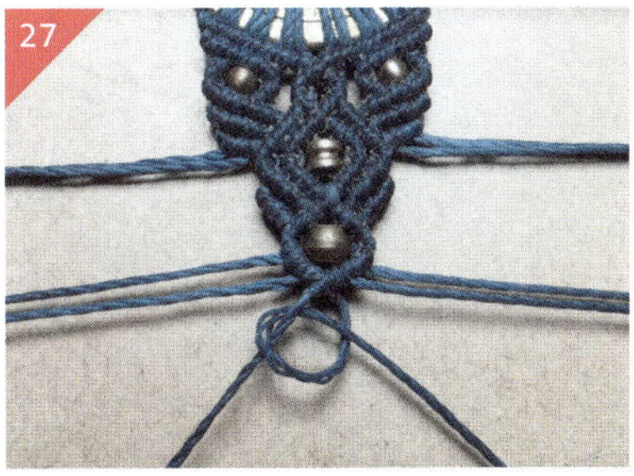

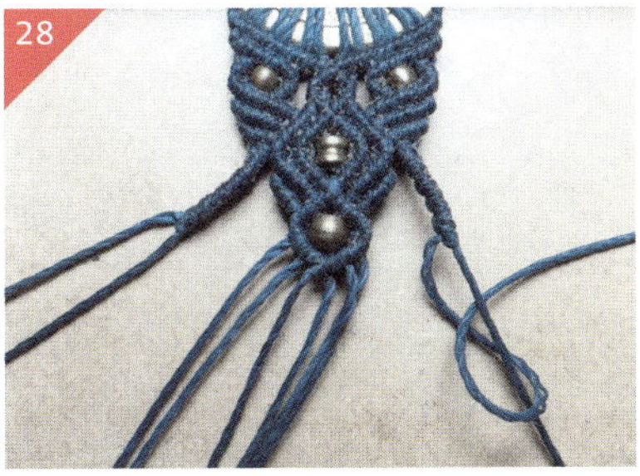

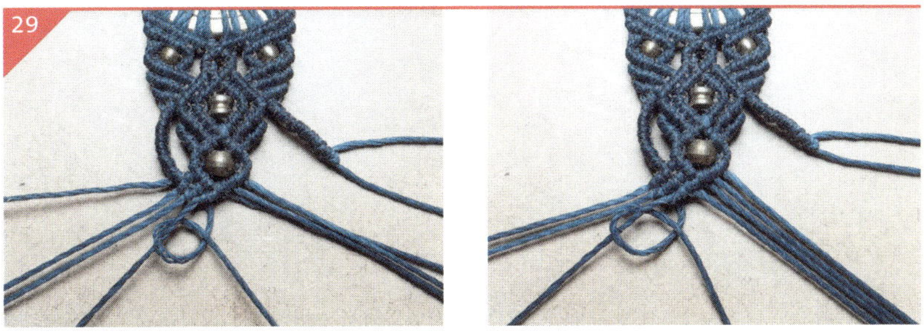

Schritt 25:
Lege den 5. Faden von links als Haltefaden nach rechts und knüpfe 2 Rippenknoten nach rechts.

Schritt 26:
Schiebe eine große Messingperle (3,8mm) auf die beiden mittleren Fäden. Befestige dann zunächst den linken Faden aus der Perle mit 1 Rippenknoten nach rechts am linken Haltefaden.

Schritt 27:
Schließe dann die Diamantform von rechts mit 3 horizontalen Rippenknoten nach links (3. Faden von rechts ist dein Haltefaden).

Schritt 28:
Knüpfe auf beiden Seiten mit den beiden äußersten Fäden einen Rahmen aus je 6 Wenderippenknoten. Der 1. Faden von rechts bzw. der 1. Faden von links sind dabei deine Arbeitsfäden.

Schritt 29:
Dein linker Haltefaden aus Schritt 28 wird nun dein Arbeitsfaden. Führe insgesamt 3 vertikale Rippenknoten nach rechts durch. Wiederhole dies auch mit dem 1. Faden von links (Arbeitsfaden aus Schritt 28).

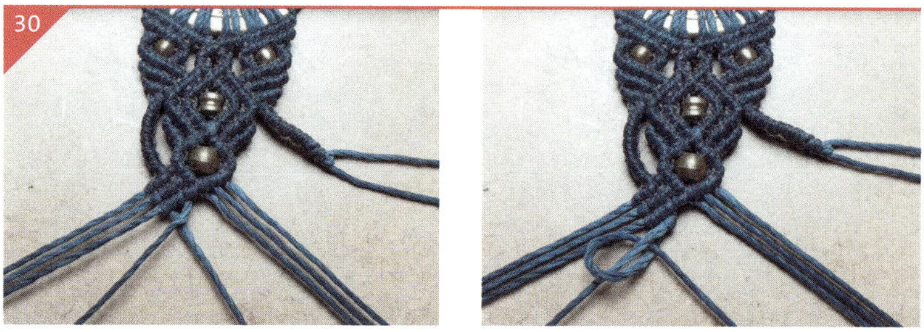

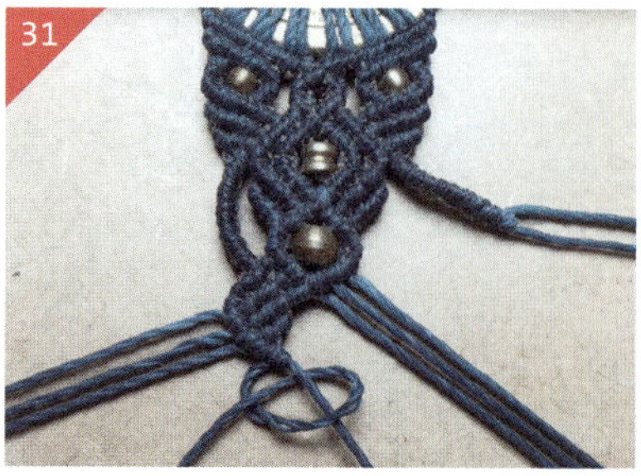

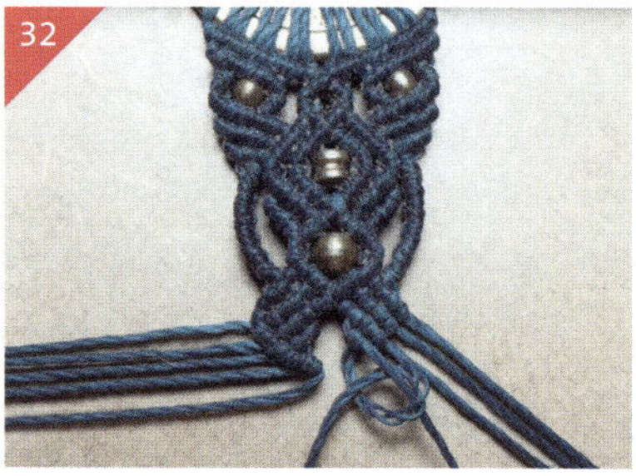

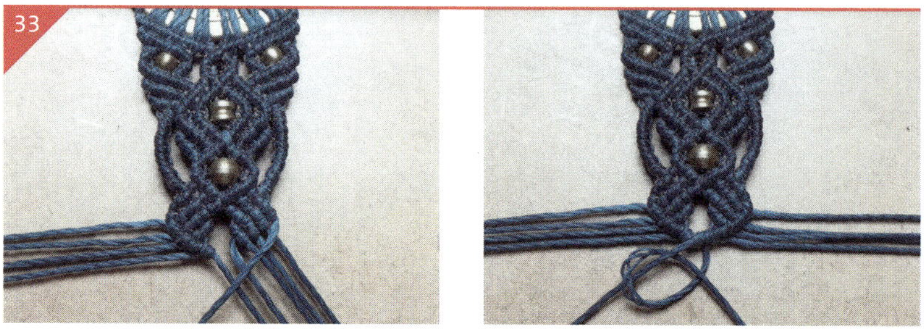

Schritt 30:

Lege nun den 5. Faden von links über den 4. und knüpfe einen weiteren Rippenknoten nach links.

Schritt 31:

Jetzt ist dein 1. Faden von links dein Haltefaden. Knüpfe eine Reihe mit 4 horizontalen Rippenknoten nach rechts.

Schritt 32:

Wiederhole nun die Schritte 29 und 30 gespiegelt auch auf der rechten Seite.

Schritt 33:

Der 1. Faden von rechts wird nun zum Haltefaden. Knüpfe eine Reihe mit 5 horizontalen Rippenknoten nach links, um die beiden Hälften zusammenzuführen. Schneide den äußersten linken und rechten Faden ab und brenne die Enden fest.

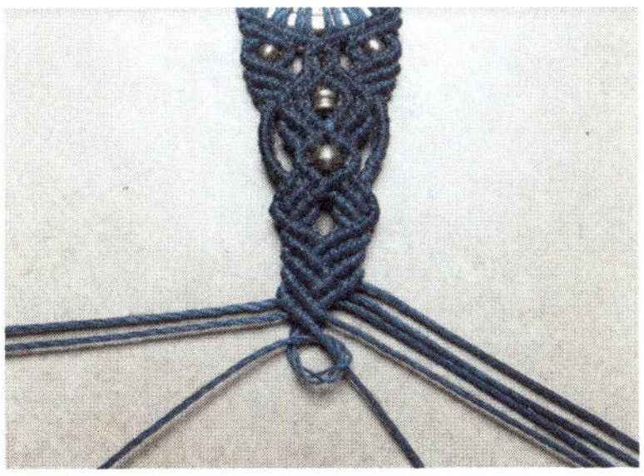

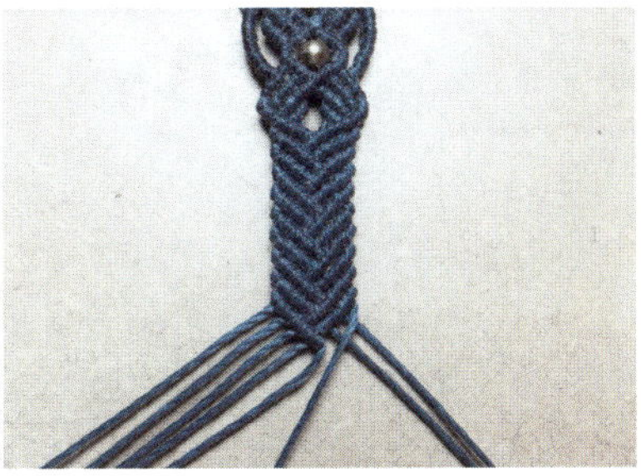

Schritt 34:

Knüpfe nun von rechts außen 3 Rippenknoten Richtung Mitte und dann von links 4 Rippenknoten. Danach beginnst du von links mit 3 und danach von rechts mit 4 Rippenknoten. Wechsle auf diese Weise in jeder weitere Reihe die Seite, auf der du das Muster beginnst, um regelmäßige abwechselnde Reihen zu bilden.

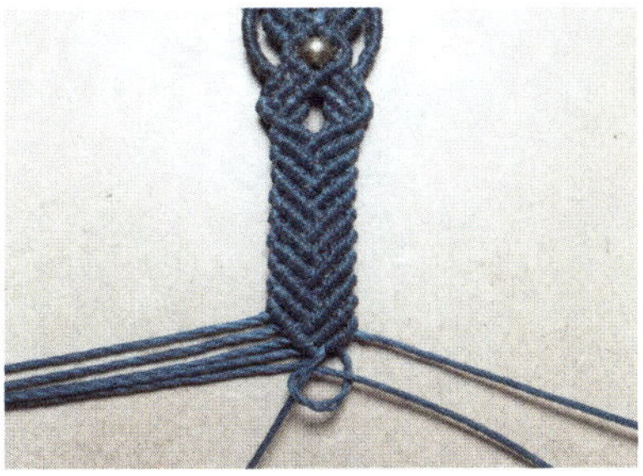

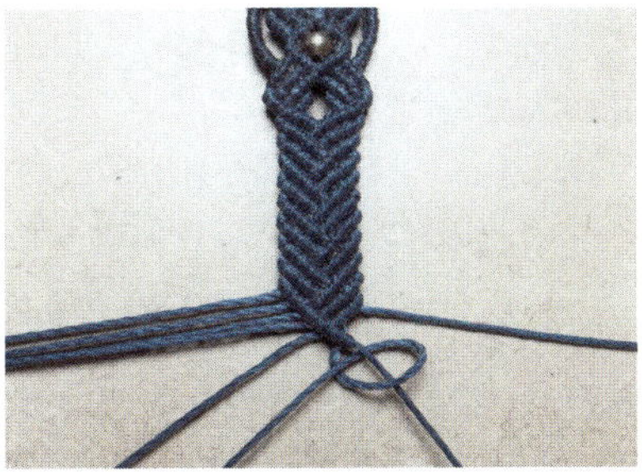

Schritt 35:

Wenn du 10 Reihen geknüpft hast, kannst du von rechts eine 11. Reihe starten, jedoch hier schon nach 2 Rippenknoten aufhören. Der Haltefaden, den du dabei verwendest, wird nun direkt zum Arbeitsfaden, um die Linie, die von links kommt, zu verlängern. Befestige auch den 2. Faden von rechts an der gleichen Reihe.

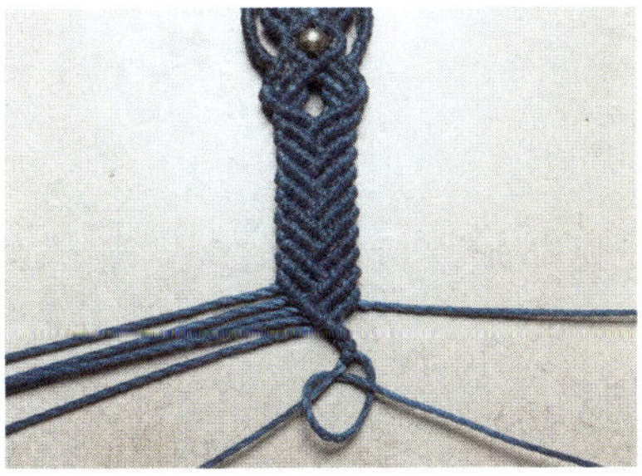

Schritt 36:

Füge mit dem gleichen Arbeits- und Haltefaden direkt einen Rippenknoten nach links hinzu.

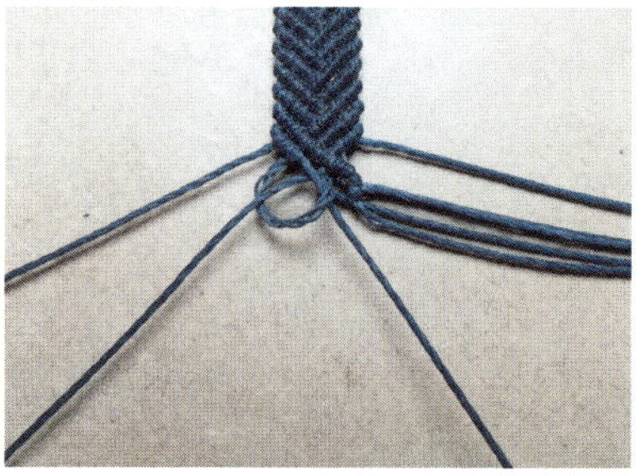

Schritt 37:
Lege den 1. Faden von links als Haltefaden nach rechts und führe 2 Rippenknoten nach rechts aus.

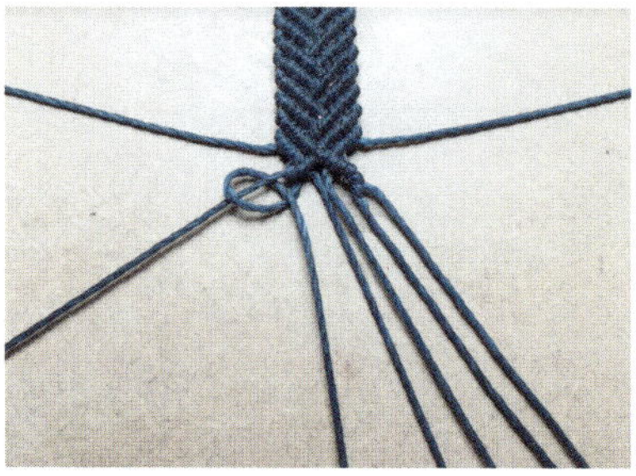

Schritt 38:
Der Haltefaden aus Schritt 37 wird jetzt zum Arbeitsfaden. Knüpfe einen Rippenknoten nach links. Verlängere die Reihe, indem du auch den 2. Faden von links daran festknüpfst.

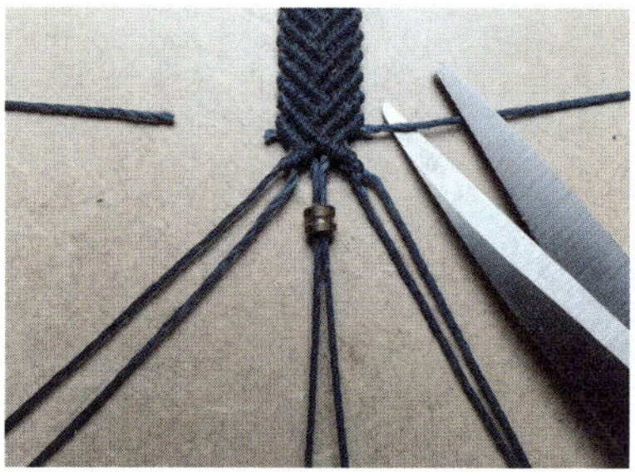

Schritt 39:
Entferne nun den ganz linken und ganz rechten Faden und brenne die Enden fest. Auf die beiden mittleren Fäden fädelst du eine weitere Perle mit Rille.

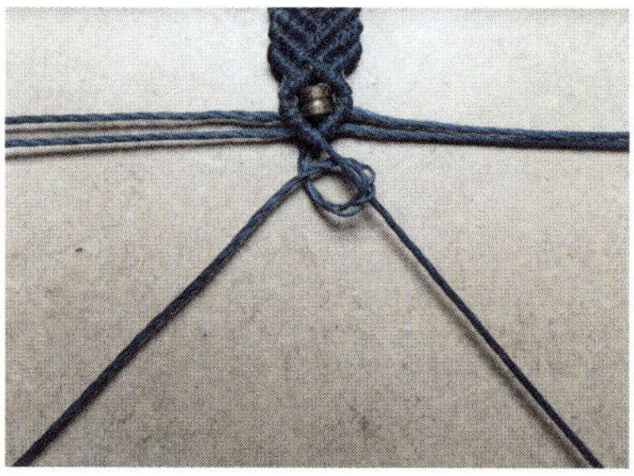

Schritt 40:
Knüpfe mit dem ganz linken Faden als Haltefaden 2 Rippenknoten nach rechts und dann auch gespiegelt auf der rechten Seite nach links, um die Diamantform abschließen.

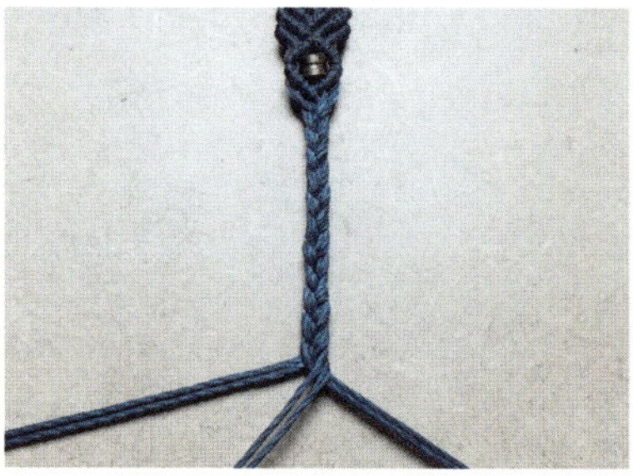

Schritt 41:
Fasse jeweils 2 der 6 Fäden paarweise zusammen und flechte einen 5cm langen Zopf.

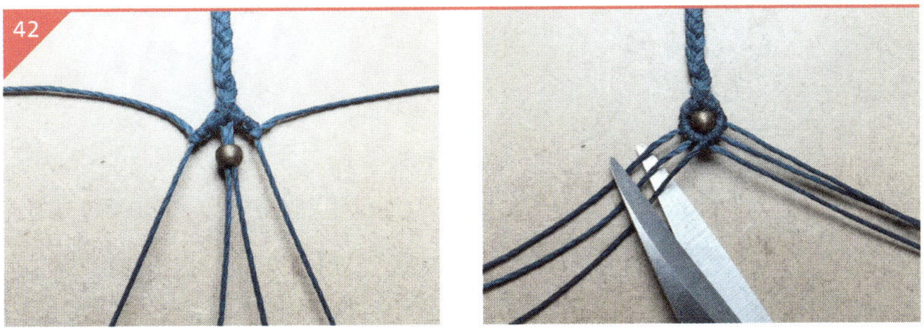

Schritt 42:
Wenn der geflochtene Teil ausreichend lang ist, kannst du am Ende noch eine weitere Diamantform mit Perle hinzufügen. Alternativ kannst du den Zopf stattdessen mit einem Überhandknoten abschließen. Schneide alle Fadenenden ab und brenne sie fest. Drehe das Armband nun um 180° und beginne erneut ab Schritt 2, um auf der anderen Seite das gleiche Muster zu knüpfen.

Optional kannst du am Ende einen größenverstellbaren Schiebeverschluss hinzufügen (siehe S. 28).

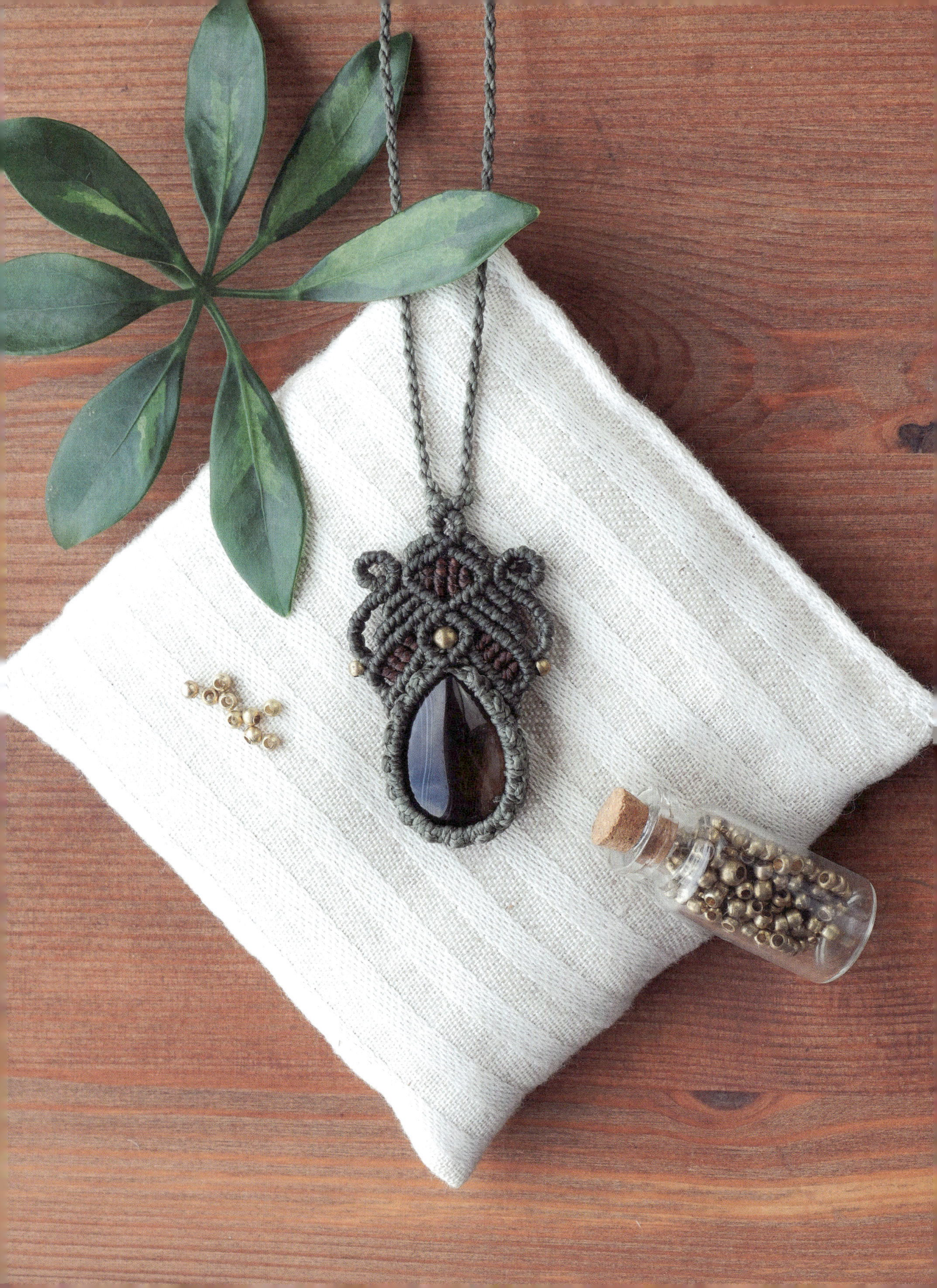

Kette Medusa

Das Einfassen von flachen Steinen mit Makrameeknoten ist eine sehr anspruchsvolle Technik, die ein wenig Übung und Fingerspitzengefühl braucht. Sobald du sie jedoch einmal drauf hast, steht dir eine völlig neue Dimension offen. In dieser komplexen Anleitung zeige ich dir zunächst eine Grundtechnik zum Einfassen. Im Anschluss lernst du, wie du die Fassung mit dem Anbringen weiterer Fäden in ein Amulett verwandelst. Bei der Arbeit mit einem Klemmbrett empfiehlt sich hier besonders die Verwendung eines Kantenschutzes, um deinen Stein vor Kratzern zu schützen.

Knoten & Techniken:

- vertikale und horizontale Rippenknoten
- Flechten mit 3 Fäden
- Ankerstich
- Wenderippenknoten

Hier findest du ein Video zur Technik des Stein Einfassens:

Schwierigkeitsgrad:

- Profi

Maße des geknüpften Teils:

- 4,5cm x 2,8cm

Material Kette

- 1 Nadel mit Öse für 1mm Faden
  (ideal ist eine Stopfnadel mit stumpfer Spitze)
- 2x 150cm Khaki Grün (Linhasita 64)
- 2x 120cm Khaki Grün (Linhasita 64)
- 6x 60cm Khaki Grün (Linhasita 64)
- 1x 50cm Sandbraun (Linhasita 214)
- 1x flacher Stein in Tropfenform (2cm x 2,5cm)
- 3x Kugelperle groß für 2 Fäden (3,8 mm)
- 2x Kugelperle klein für 1 Faden (2,5 mm)

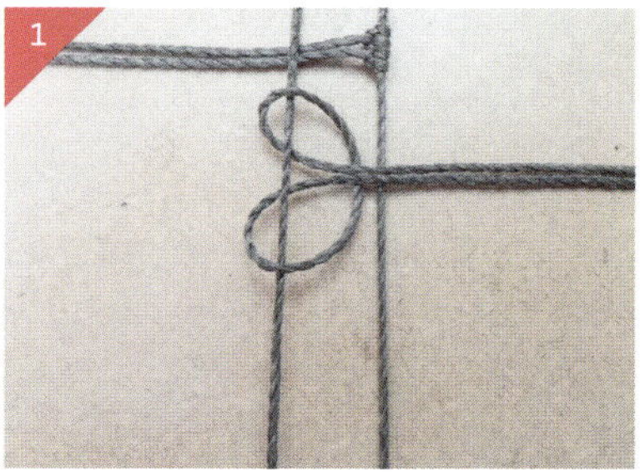

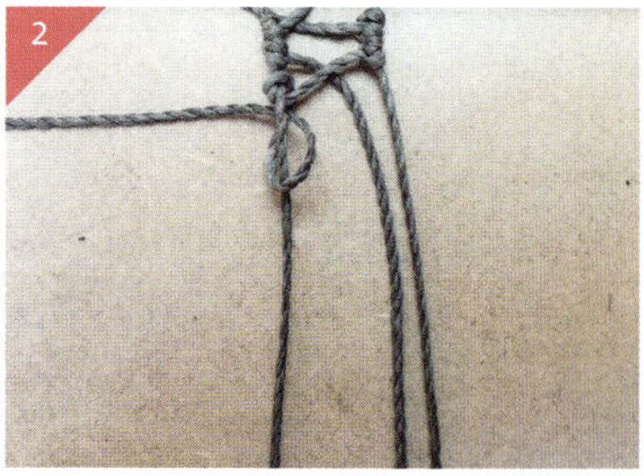

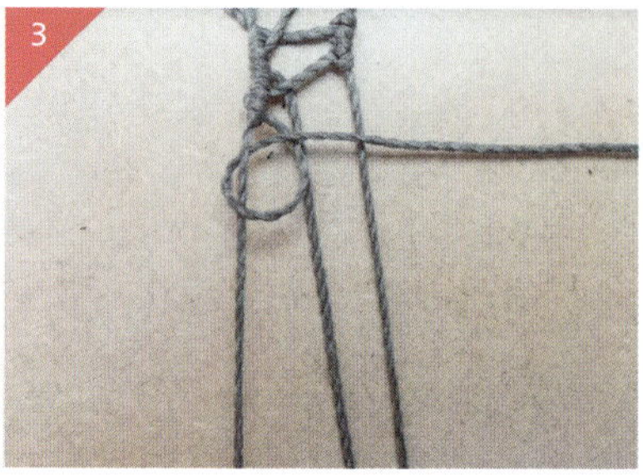

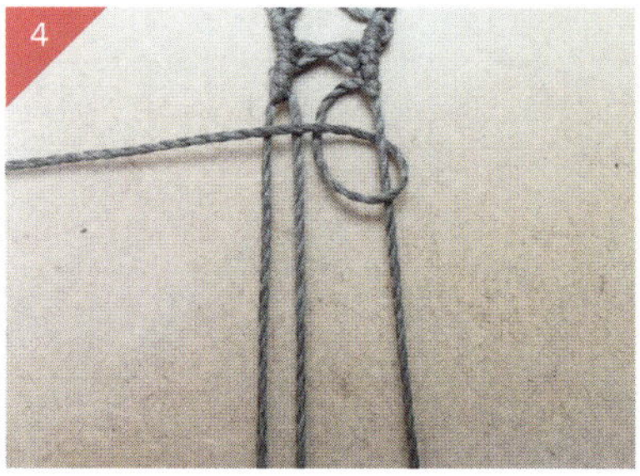

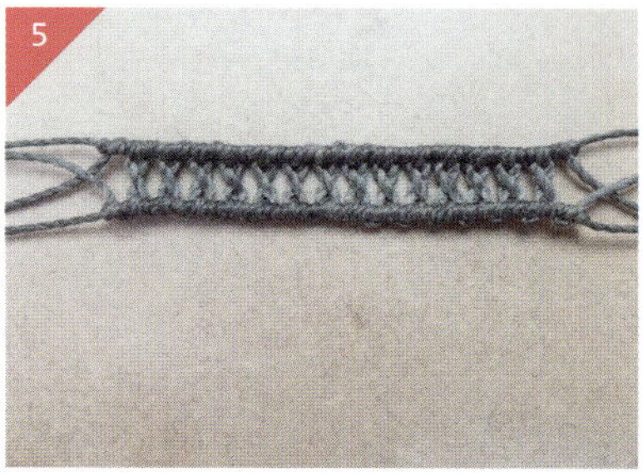

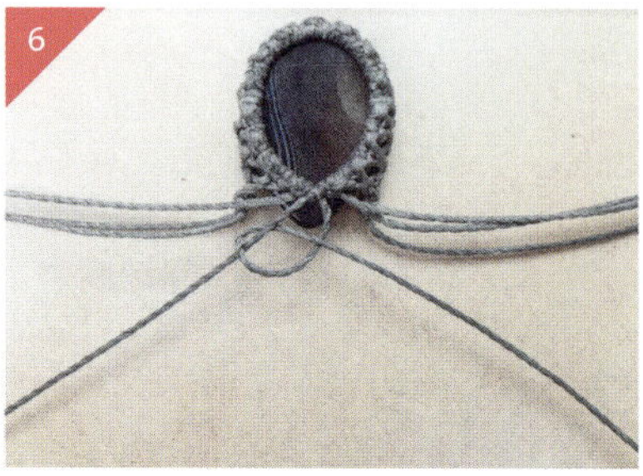

Schritt 1:

Spanne die beiden längsten grünen Fäden (150cm) als Haltefäden bei halber Länge im Klemmbrett nebeneinander (Abstand je nach Stein ca. 1cm). Befestige am rechten Faden einen Arbeitsfaden der Länge 120cm mit einem erweiterten Ankerstich von links und am linken Faden mit einem Ankerstich von rechts. Danach kannst du den jeweils oberen Faden auf beiden Seiten mit einspannen, du arbeitest zunächst nur mit den beiden unteren Fäden.

Schritt 2:

Lege deinen rechten Arbeitsfaden über den linken und führe einen vertikalen Rippenknoten nach links um den linken Haltefaden.

Schritt 3:

Führe den gleichen Arbeitsfaden wieder nach rechts, indem du direkt einen vertikalen Rippenknoten nach rechts hinzufügst.

Schritt 4:

Nun machst du spiegelverkehrt das gleiche auf der linken Seite. Knüpfe also einen vertikalen Rippenknoten nach rechts (mit dem oberen linken Arbeitsfaden) und dann direkt wieder nach links um den rechten Haltefaden.

Schritt 5:

Führe dieses Muster insgesamt 7 Mal durch, spanne dann den geknüpften Teil um und führe das gleiche Muster auch auf der anderen Seite aus, bis du ein Netz mit insgesamt 14 Kreuzungen hast. Hinweis: Wenn dein Stein größer oder kleiner ist als angegeben, brauchst du natürlich mehr oder weniger als 14 Kreuzungen.

Schritt 6:

Um den Stein einzufassen, muss die Vorderseite des Netzes, die du eben beim Knüpfen angeschaut hast, direkt am Steinrand anliegen (also innen sein). Ziehe das Netz fest um deinen Stein und schaue, ob du evtl. doch noch einen Knoten mehr brauchst. Wenn die Größe deines Netzes passt, drehst du den Stein samt Netz so, dass du die Unterseite des Steins (meist die flachere Seite) siehst. Nun kannst du die beiden ersten Haltefäden aus den Schritten 1 bis 4 in einem Rippenknoten nach links zusammenfassen.

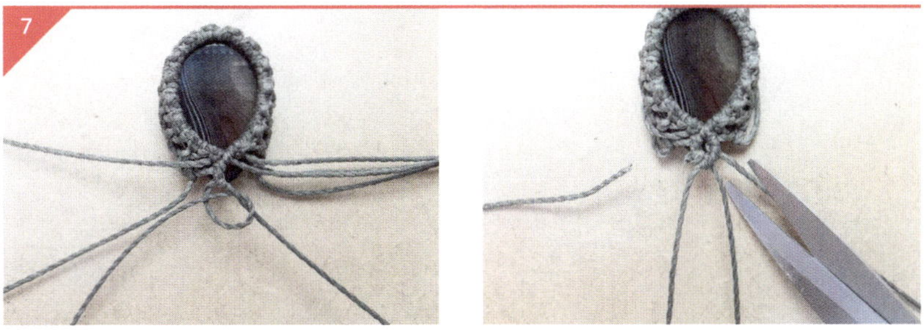

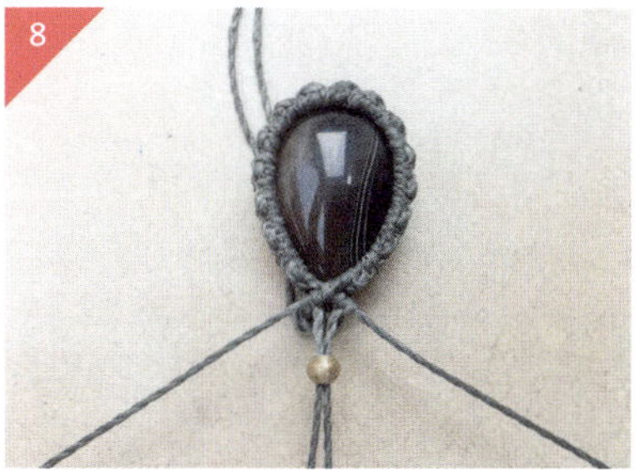

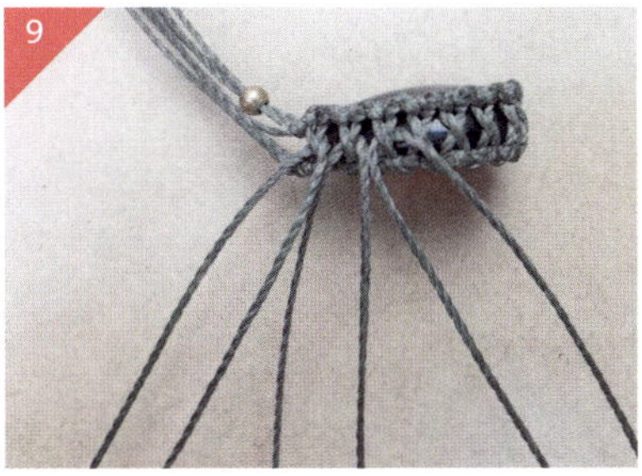

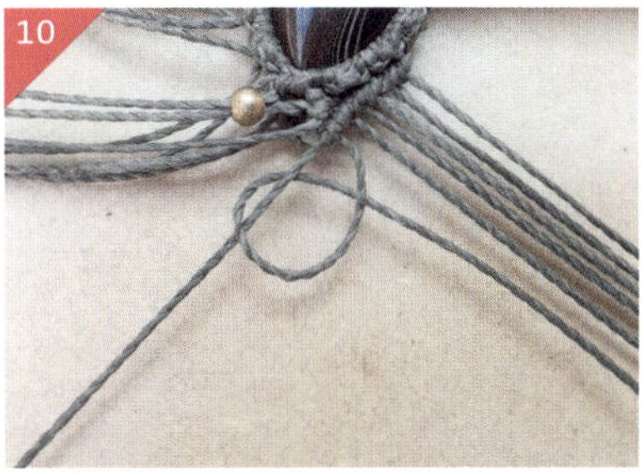

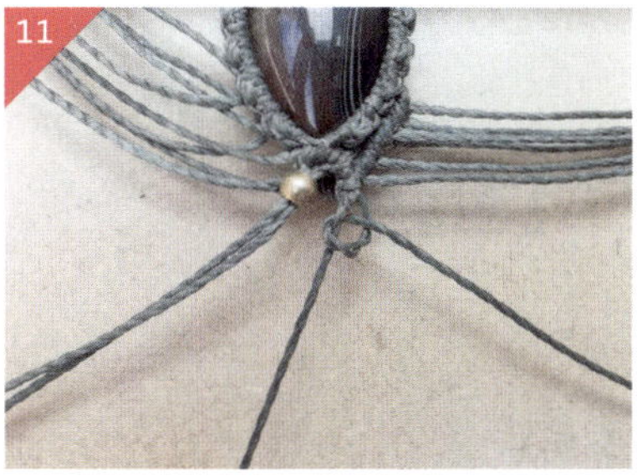

Schritt 7:

Halte den Haltefaden aus Schritt 6 weiterhin straff und nutze den Arbeitsfaden, der unten links herausschaut, um einen Rippenknoten nach links zu knüpfen (nicht aus Versehen den unteren Haltefaden benutzen!). Knote dann direkt einen Rippenknoten nach rechts. Führe das Gleiche nun auch gespiegelt auf der rechten Seite aus und schließe die Diamantform mit einem Rippenknoten nach links. Danach kannst du die beiden kürzeren Arbeitsfäden abschneiden und festbrennen.

Schritt 8:

Drehe nun das Ganze so, dass du die Vorderseite des Steins anschaust und fasse auch hier die beiden langen Haltefäden in einem Rippenknoten nach links zusammen. Führe wie in Schritt 7 auch hier auf jeder Seite einen Rippenknoten mit dem Arbeitsfaden »von unten« um die beiden langen Fäden. Wechsle hier aber nicht die Richtung (die Diamantform wird noch größer), sondern fädle eine der Messingperlen (3,8mm) auf die Arbeitsfäden.

Schritt 9:

Als nächstes befestigst du auf jeder Seite 3 grüne Fäden (60cm) an den obersten 3 Kreuzungen. Fädle diese dazu nacheinander auf eine Nadel, um die Fäden zwischen Steinrand und Fadenkreuzung durchzuführen.

Schritt 10:

Spanne den Stein vorsichtig im Klemmbrett ein. Führe nun den 1. Faden von rechts als Haltefaden nach links und knote eine Reihe von 6 horizontalen Rippenknoten. Die ersten 5 Arbeitsfäden sind dabei die kurzen Fäden, die du in Schritt 9 befestigt hast, der 6. Arbeitsfaden ist der lange Faden, der von unten herausschaut.

Schritt 11:

Nun wird die Diamantform auf der Oberseite größer. Verwende dazu den Haltefaden aus Schritt 10 als Arbeitsfaden und knüpfe einen Rippenknoten um den Haltefaden aus Schritt 8. Füge mit den gleichen beiden Fäden direkt einen Rippenknoten nach links hinzu. Führe die Schritte 10 und 11 spiegelverkehrt auch auf der linken Seite aus.

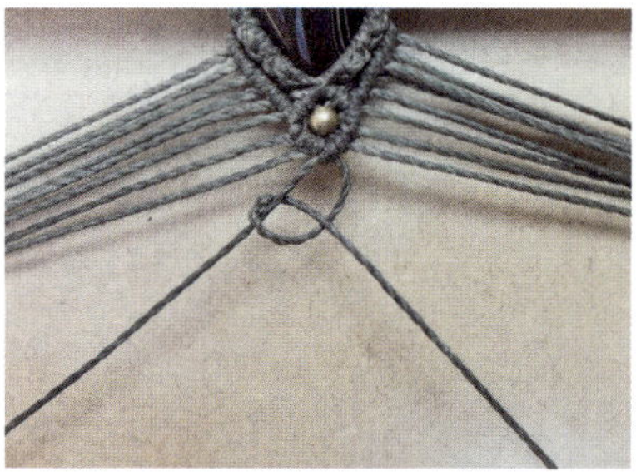

Schritt 12:

Um die Diamantform zu schließen, verbindest du die beiden langen Fäden in der Mitte mit einem Rippenknoten nach links.

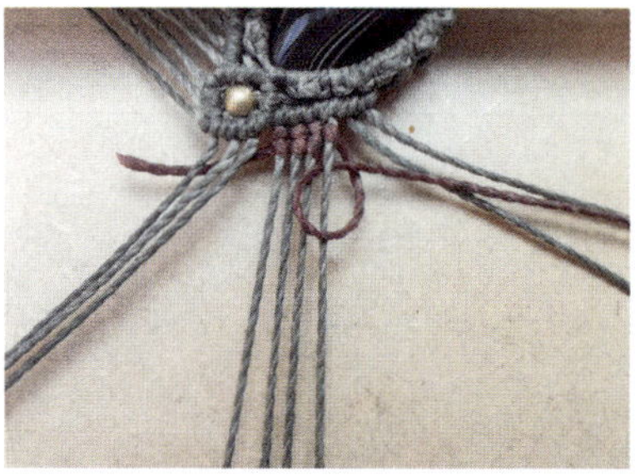

Schritt 13:

Nun kommt der braune Arbeitsfaden ins Spiel, um einen Farbakzent zu setzen. Beginne am 6. Faden von rechts als Haltefaden und füge eine Reihe von 4 vertikalen Rippenknoten hinzu. Schneide dann den braunen Faden knapp ab und brenne die Enden fest. Den Rest des Fadens brauchst du später noch. Zur Orientierung: Der besagte 6. Faden von rechts, bei dem du anfängst, sollte einer der 4 langen Fäden sein, die du bis zum Abschluss brauchen wirst.

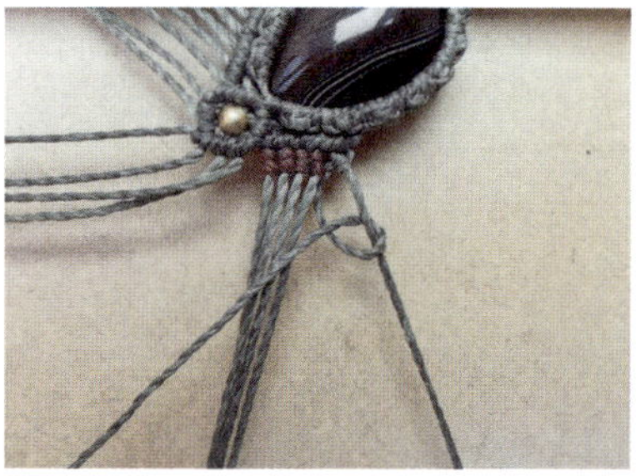

Schritt 14:

Knüpfe mit dem 1. Faden von rechts (Arbeitsfaden) einen vertikalen Rippenknoten um den 2. Faden von rechts (Haltefaden). Führe die Reihe in Richtung Mitte fort,
indem du insgesamt 7 horizontale Rippenknoten nach links um den gleichen Haltefaden ausführst. ACHTUNG: Bitte nicht aus Versehen 8 Rippenknoten machen. Die beiden Fäden ganz in der Mitte brauchst du später.

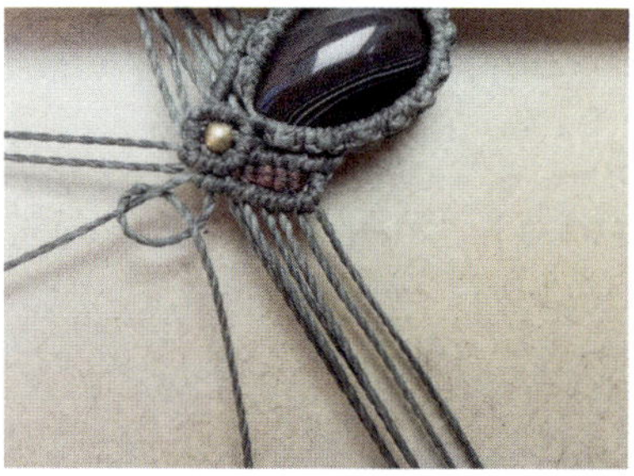

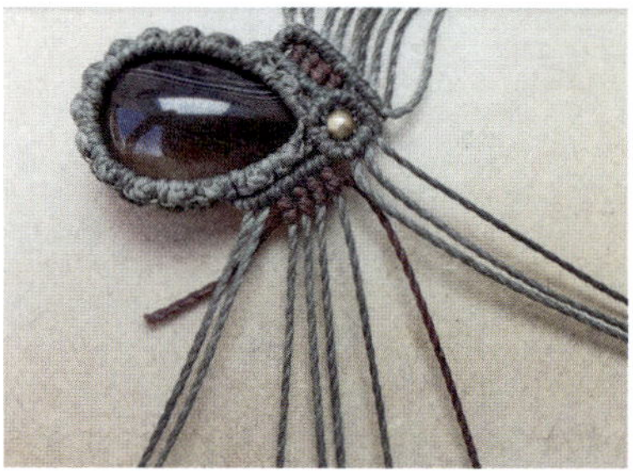

Schritt 15:

Führe die Schritte 13 und 14 gespiegelt auch auf der linken Seite aus.

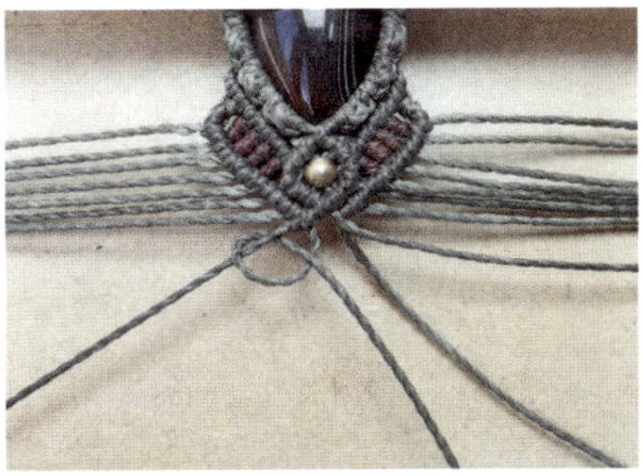

Schritt 16:

Verwende nun die beiden Haltefäden aus den Schritten 14 und 15 als Arbeitsfäden und die beiden langen Fäden in der Mitte als Haltefäden, um je einen horizontalen Rippenknoten nach außen zu knüpfen.

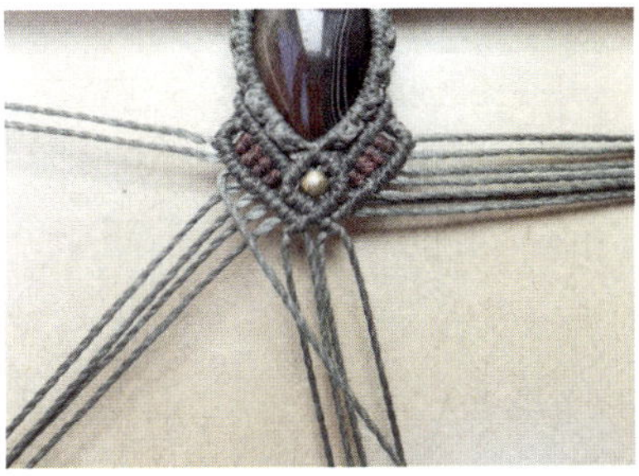

Schritt 17:

Lege den 1. und 2. Faden von links beiseite. Führe den 3. Faden von links als Haltefaden Richtung Mitte und knüpfe insgesamt 4 horizontale Rippenknoten nach rechts.

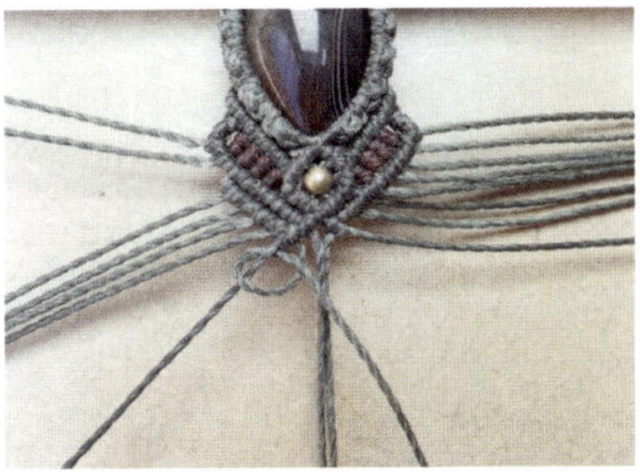

Schritt 18:

Benutze den 7. Faden von links nun als Arbeitsfaden, um die Reihe um den 8. Faden von links um einen weiteren Rippenknoten nach links zu verlängern.

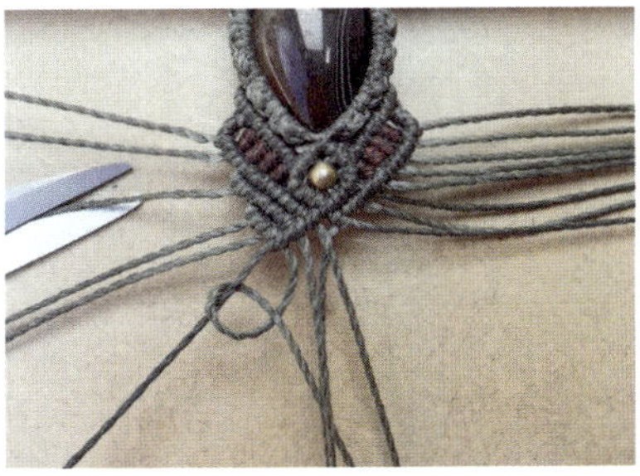

Schritt 19:

Nutze zunächst den 4. Faden von links als Haltefaden und knüpfe 2 Rippenknoten nach rechts. Der Haltefaden wird danach direkt zum Arbeitsfaden. Knüpfe einen Rippenknoten nach links um den 7. Faden von links. Schneide dann den 3. Faden von rechts ab und brenne ihn fest.

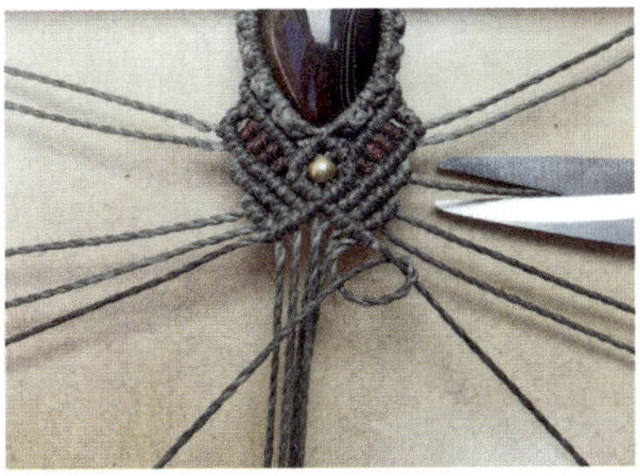

Schritt 20:

Führe die Schritte 17 bis 19 gespiegelt auch auf der rechten Seite durch, bis alles symmetrisch ist.

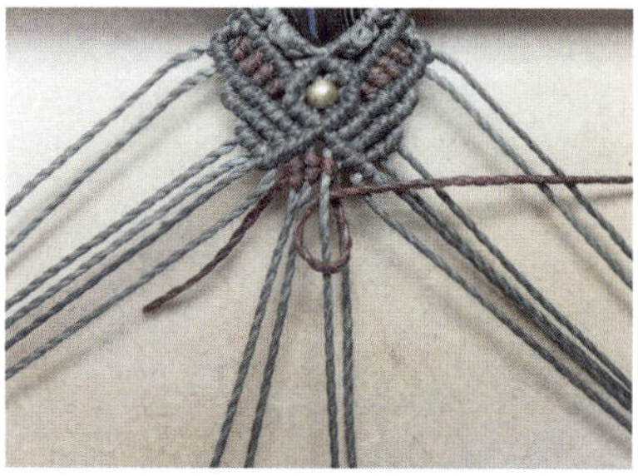

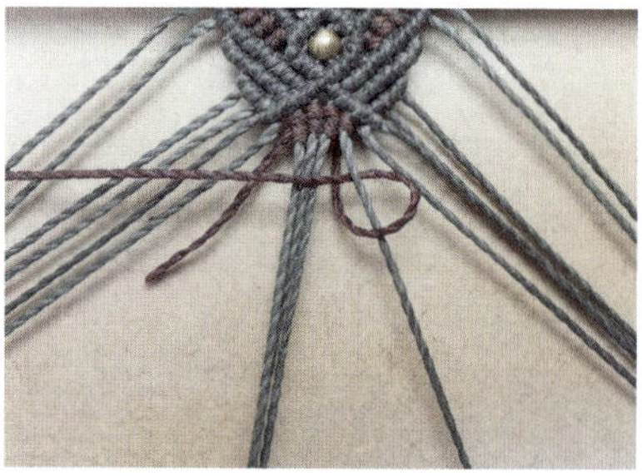

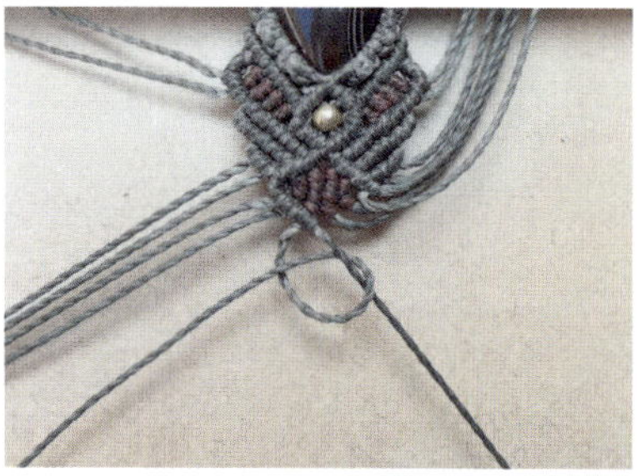

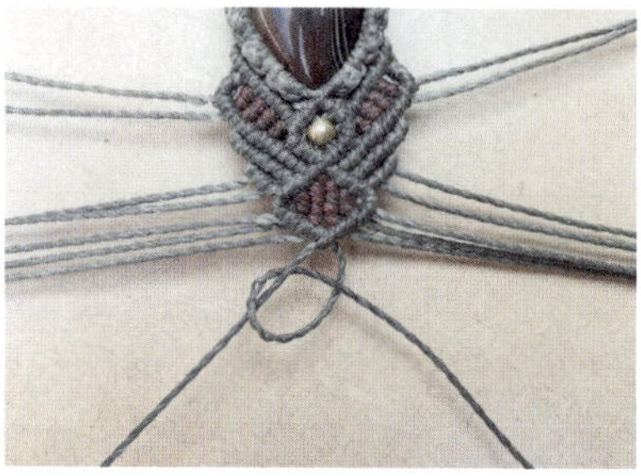

Schritt 21:

Umknote den 7., 8. und 9. grünen Faden von links mit je einem vertikalen Rippenknoten nach rechts. ACHTUNG: Der 10. Faden von links wird mit einem Wenderippenknoten umknotet, der Arbeitsfaden zeigt wieder nach links. Knote weitere 2 vertikale Rippenknoten nach links um die beiden mittleren grünen Fäden. Schneide die braunen Enden ab und brenne sie fest. Der 5. Faden von links ist nun der Haltefaden. Knüpfe eine Reihe mit 3 Rippenknoten nach rechts. Wiederhole dies spiegelverkehrt auf der rechten Seite mit dem 5. Faden von links als Haltefaden und knüpfe 4 Rippenknoten nach links.

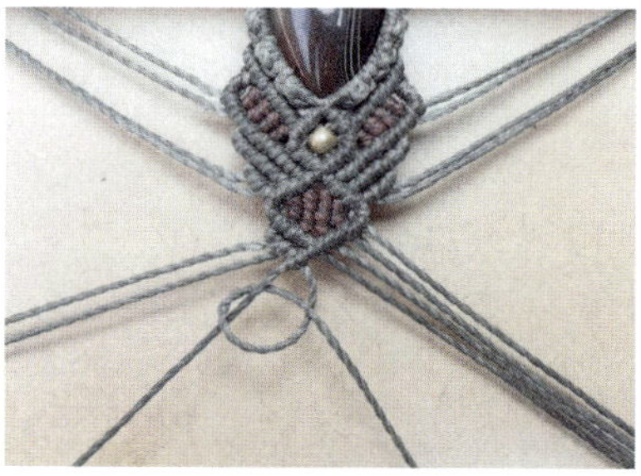

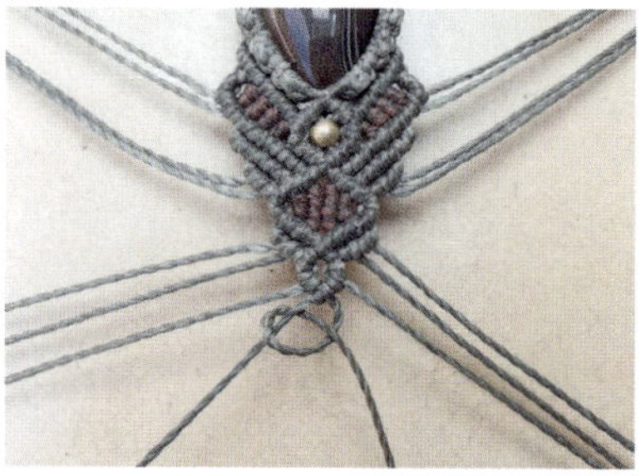

Schritt 22:

Verwende den 5. Faden von links als Haltefaden (zur Kontrolle: es sollte einer der ganz langen Fäden sein) und knote 2 Rippenknoten nach rechts. Dein Haltefaden wird danach zum Arbeitsfaden. Knüpfe um den 8. Faden von links einen Rippenknoten nach links. Wiederhole dies spiegelverkehrt auf der rechten Seite und schließe am Ende die kleine Diamantform, indem du links noch 1 Rippenknoten nach rechts und rechts noch 2 Rippenknoten nach links ausführst. Zur Kontrolle: Wenn alles gut gelaufen ist, sollten nun die 4 mittleren Fäden die längsten sein. Schneide jeweils links und rechts den 5. und 6. (kürzeren) Faden ab und brenne die Enden fest.

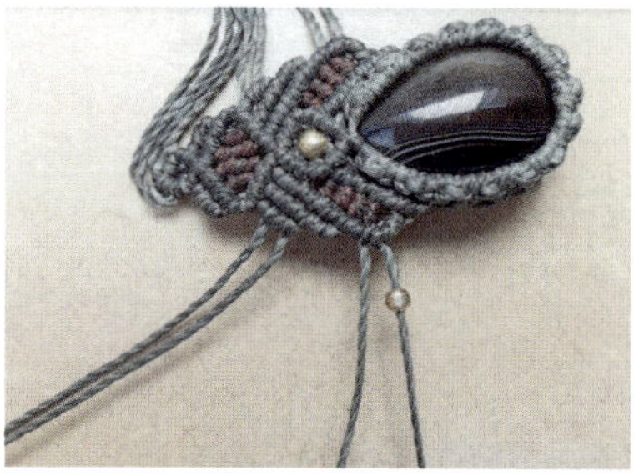

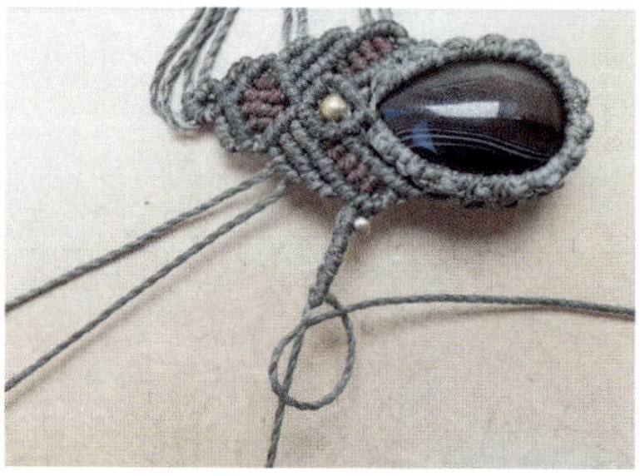

Schritt 23:

Spanne deine Kette so um, dass die Fäden der linke Seite nach unten schauen und nur noch die 4 äußersten Fäden zu sehen sind. Fädle nun auf den ganz rechten Faden eine kleine Messingperle (2,5mm). Dies ist nun dein Arbeitsfaden. Knüpfe insgesamt 5 Wenderippenknoten um den 2. Faden von rechts. Den danach sehr kurzen Arbeitsfaden kannst du direkt abschneiden und festbrennen.

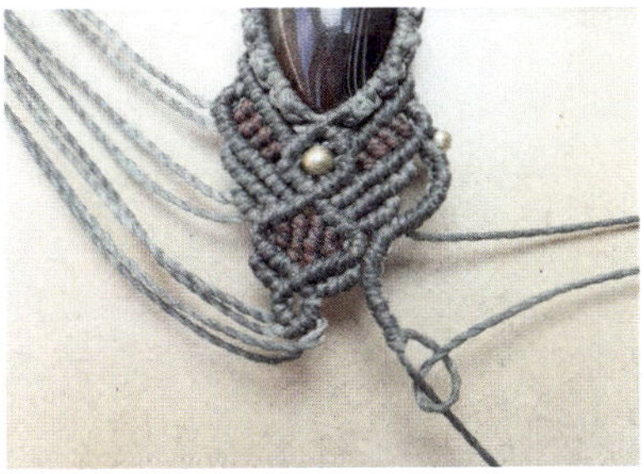

Schritt 24:

Biege die entstandene Reihe so, dass der Haltefaden an dem 2. und 3 Faden von rechts anliegt. Die beiden sind deine Arbeitsfäden, mit denen du 2 Rippenknoten durchführst. Verwende dann den letzten Arbeitsfaden erneut, um 5 Wenderippenknoten zu knüpfen. Schneide den nun sehr kurzen Arbeitsfaden ab und brenne ihn fest. Knüpfe nun eine kleine Spirale. Führe dazu den Haltefaden über den verbliebenen Arbeitsfaden rechts und knüpfe einen Rippenknoten nach links. Führe die beiden Enden durch das entstandene Loch nach unten, schneide sie ab und brenne fest.

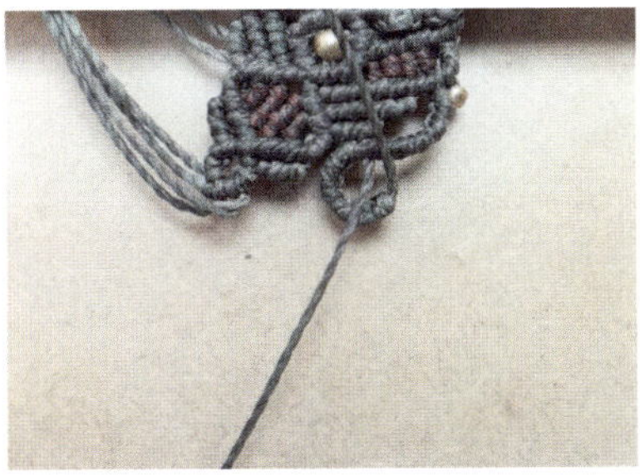

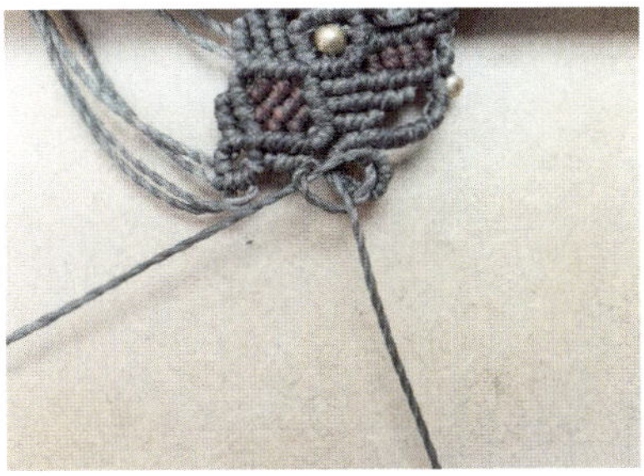

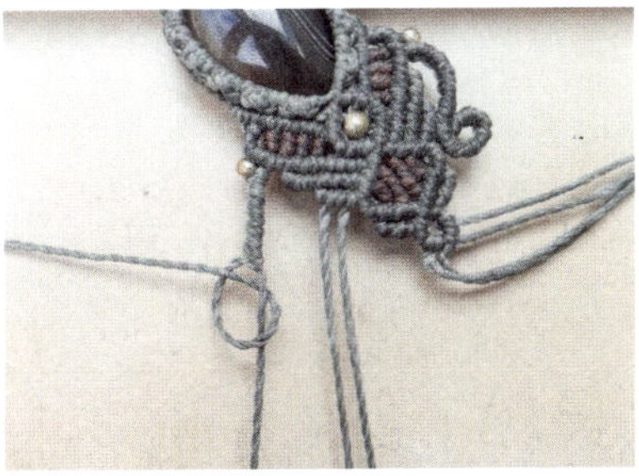

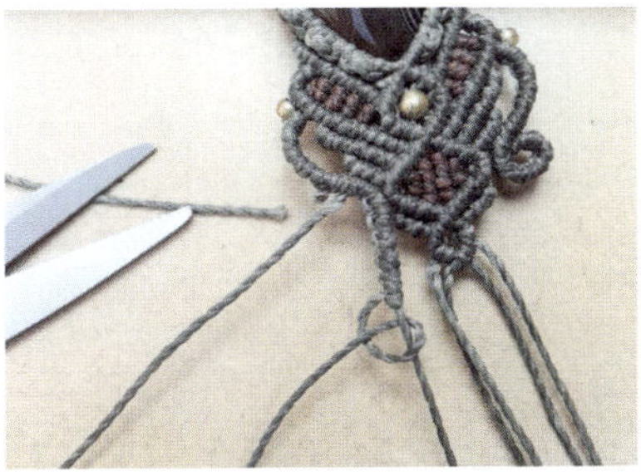

Schritt 25:

Fädle analog zu Schritt 23 auch auf den 1. Faden von links eine Perle und knote damit 5 Wenderippenknoten um den 2. Faden von links. Wiederhole dann Schritt 24 spiegelverkehrt.

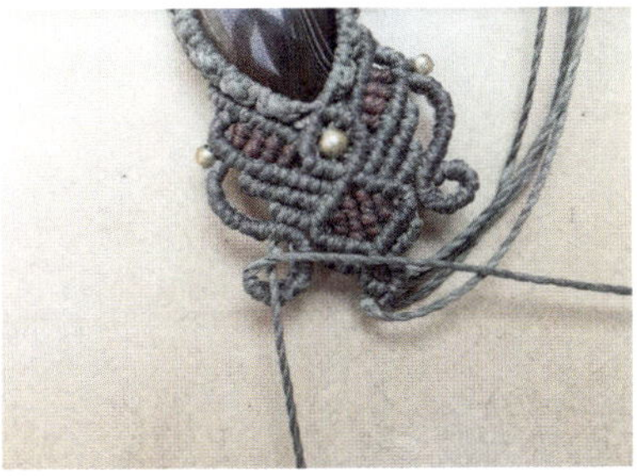

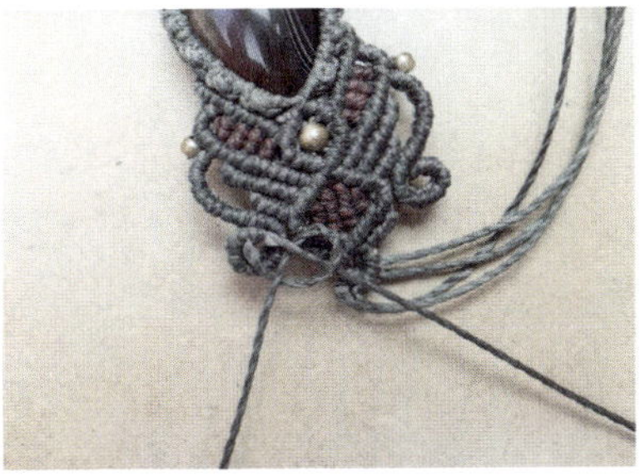

Schritt 26:

Schließe nun wie in Schritt 24 auch auf der linken Seite die Spirale.

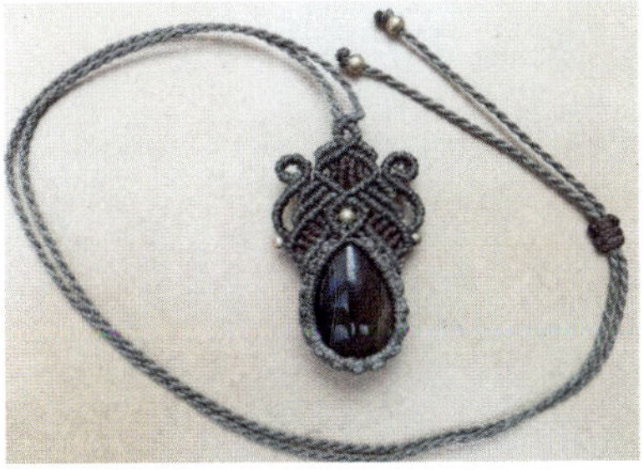

Schritt 27:

Verdrille zum Abschluss die 4 langen Fäden in der Mitte paarweise miteinander, bis du eine Länge von 35cm erreicht hast. Fädle dann jeweils eine Perle (3,8mm) auf die verdrillten Fäden und schließe sie mit einem Überhandknoten ab. Schneide die Enden knapp ab und brenne sie fest.

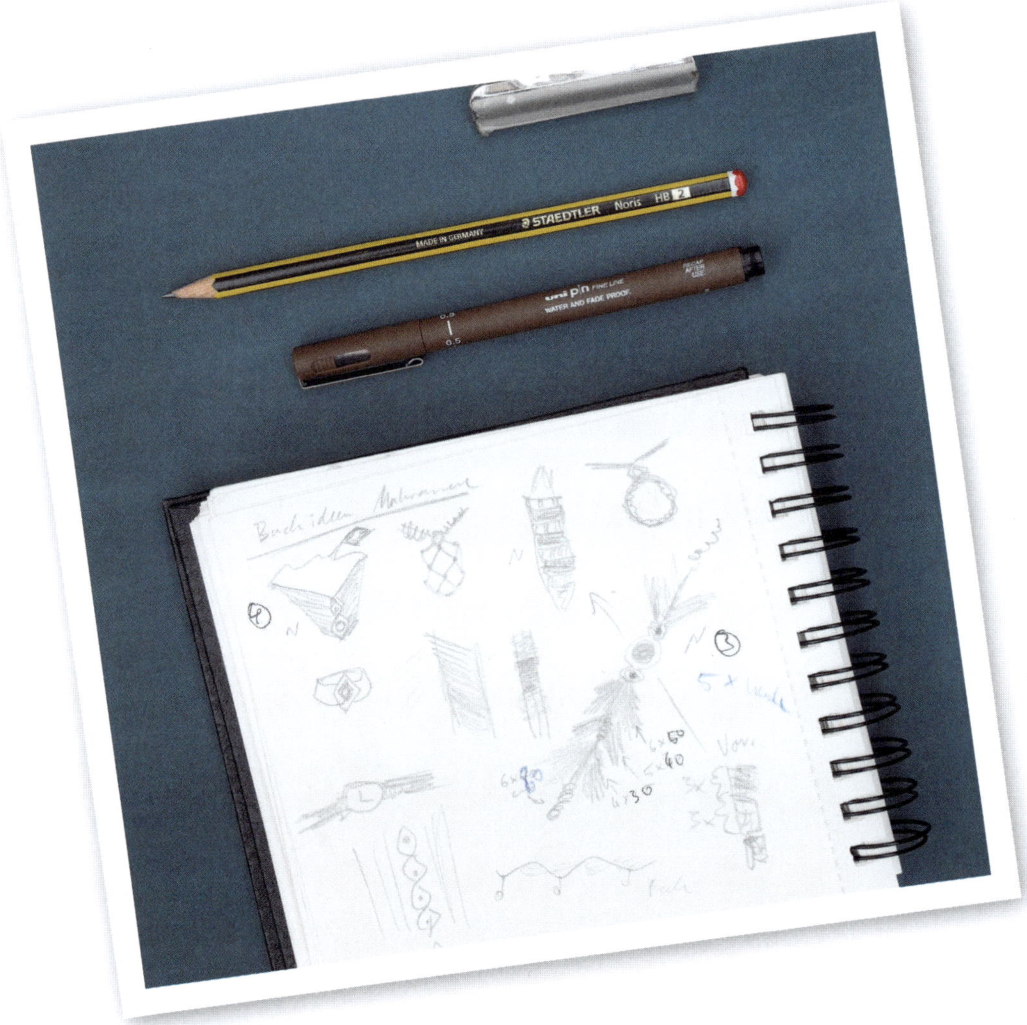
STAEDTLER Noris HB 2
MADE IN GERMANY
uni pin FINE LINE
WATER AND FADE PROOF.

Deine eigenen Projekte entwerfen

Nun bist du schon fast am Ende dieses Buches angelangt. Ich hoffe sehr, dass du viel Neues mitnehmen konntest und mindestens genauso viel Spaß beim Nachknoten hattest wie ich dabei, die Designs für dich zu entwerfen. Zum Schluss bleibt nur noch eine Frage: Wie kannst du deine neu erlernten Makramee-Fähigkeiten in eigenen kreativen Projekten umsetzen?

Auf den nächsten Seiten möchte ich dir abschließend ein paar Ideen mit auf den Weg geben, die dir dabei helfen können.

Die Schwierigkeit anzufangen

Vielleicht kennst du das: Wenn es um Kreativität und das Schaffen von etwas Neuem und Einzigartigem geht, vernebeln einem manchmal sehr hohe Ansprüche und Unsicherheiten die Sicht. Die Leere, die da ist, bevor etwas entsteht, lässt sich nur schwer fassen und bekommt dadurch fast schon etwas Bedrohliches.

Mein Tipp für den Anfang:

Fange nicht sofort bei null an, sondern stelle dich immer wieder kleineren Herausforderungen, bei denen du nach und nach eigene Entscheidungen triffst und dich ausprobierst. Denke dir zum Beipiel eine eigene Variation für eine der Anleitungen in diesem Buch aus. Oder kombiniere verschiedene Elemente aus zwei, drei Anleitungen und füge sie zu einem neuen Schmuckstück zusammen.

Meiner Erfahrung nach kommt Inspiration sehr selten auf Abruf. Wenn ich mich an meinen Schreibtisch setze, die Stirn in Falten lege und grübele, blockiert mich das oftmals mehr, als dass es mir hilft. Meine kreativsten Momente und besten Inspirationen habe ich meist, wenn ich ganz entspannt bin, nichts bewusst probiere oder etwas völlig anderes mache.

Damit du plötzliche Inspirationsschübe am besten für dich nutzen kannst, empfehle ich dir ein kleines Skizzenbuch, das du nur für deine Makramee Ideen verwendest. Du kannst so Ideen kurz festhalten, um sie dann bei späterer Gelegenheit auszuprobieren. Das mag banal klingen, aber ich habe schon mehr als einmal Teile meiner Ideen verloren, weil ich mir nicht sofort eine Skizze gemacht habe.

Eigentlich kann alles deine Inspiration und Kreativität entfachen. Ich möchte dich gern dazu einladen, im Alltag aufmerksam zu sein und mit einem Teil deiner Wahrnehmung nach kreativer Resonanz Ausschau zu halten. Sei es die Farbkombination in einem Blumenbeet, ein Fliesenmuster in deinem Lieblingscafé oder die Verschnörkelungen eines gusseisernen Tores. Auch Kunsthandwerkermärkte und Schmucksteinläden lassen meine Ideen jedes Mal übersprudeln und ich bekomme sofort Lust, etwas Neues auszuprobieren.

Dein kreativer Flow

»Ausprobieren« ist das Zauberwort und ein wichtiger erster Schritt im kreativen Prozess! Deine Ideen nachher anzupassen oder zu verwerfen, ist ganz normal und wichtig bei der kreativen Suche. Auch das ist letztlich alles Teil deines individuellen Ausdrucks.

Wenn ein neues Design noch nicht voll zu dir spricht, dann lass dich davon nicht entmutigen. Lege es vielleicht mal für ein paar Tage beiseite. Entweder findet sich dann ein neuer Weg, oder du merkst, wo du beim nächsten Versuch ansetzen möchtest. Auf ein Schmuckstück, mit dem ich wirklich zufrieden bin, kommen auch mal eine Handvoll sehr unterschiedlicher Versuche, die später im Papierkorb landen. Trotzdem sind solche Erfahrungen enorm wichtig, um zu lernen.

Das heißt aber nicht, dass du deine unliebsamen Versuche wegschmeißen solltest. Hebe sie unbedingt auf! An ihnen kannst du später am besten sehen, wie sehr sich deine Technik verbessert hat und welche Lösungen du später für ähnliche Probleme gefunden hast.

Je mehr du ausprobierst und je mehr du von dem Gedanken an Perfektion ablässt, desto mehr arbeitest du aus dem Bauch heraus und findest intuitiv deinen eigenen kreativen Flow.

Wie du die nötigen Garnmengen bestimmst

Einer der Vorteile einer Makramee Anleitung: Du musst dir keine Gedanken um die benötigte Garnlänge machen. Gerade zu Beginn, fiel es mir unglaublich schwer, damit richtig zu liegen. Leider bin ich ein notorischer Garn-Sparfuchs und habe ständig zu wenig Garn abgemetert. Das Resultat: Eine Sammlung an Mini-Armbändern, die mich noch heute zum Schmunzeln bringen.

Damit du dir nun aber auf der anderen Seite nicht unnötig viel Extralänge abmisst, habe ich ein paar Richtlängen zusammengetragen, die ich häufig für das Ausprobieren neuer Schmuckstücke verwende:

- Armbänder: Fäden mit 100cm Länge
- Ketten: 2 bis 3 Abschlussfäden mit 150cm Länge (zum Verdrillen oder Flechten), die anderen Fäden 70cm
- Ohrringe und Ringe: Fäden mit 50cm Länge

Meist halte ich meine verwendete Fadenlänge auch in meinem Skizzenbuch fest. So kann ich sie ggf. später besser anpassen.

Wenn ich sehr exakt arbeiten möchte und eine genaue Vorstellung davon habe, wie mein Schmuckstück am Ende aussehen soll, dann knüpfe ich mir hin und wieder einen Prototypen, bevor ich mit der eigentlichen Arbeit anfange. Das mache ich insbesondere dann, wenn ich mit einem neuen Garn arbeite, welches vielleicht dünner oder dicker ist als mein übliches. Um einen Prototypen zu knüpfen, misst du dir deine Probebänder genau ab (z.B. 50cm) und führst anschließend eine Reihe mit den Knoten aus, die du für dein Schmuckstück benutzen möchtest. Danach misst du, wie lang deine ursprünglichen 50cm langen Bänder nun noch sind. Das wiederholst du mit jeder Knotenart, die in deiner Arbeit vorkommen soll. Dann rechnest du alles zusammen. Ein sehr akribischer, aber auch genauer Weg zum Ziel.

Hier findest du ein kurzes Video mit Tipps zum Bestimmen der Garnlänge:

Und hier erkläre ich dir, was du tun kannst, wenn die Bänder zu kurz geraten sind:

Finde deinen eigenen Stil

In meinen Anfänger-Workshops bin ich jedes Mal begeistert davon, wie sehr sich die fertigen Makramee Schmuckstücke aller Teilnehmer:innen voneinander unterscheiden, obwohl sie alle denselben Anweisungen gefolgt sind. Und würdest du drei Ketten von drei unterschiedlichen Makramee Künstlern nebeneinander legen, könntest du auf den ersten Blick sagen, wer welche geknüpft hat. Du siehst, ein eigener Stil zeigt sich oftmals in ganz kleinen Details wie einer bestimmten Knotentechnik, den verwendeten Materialien oder einer persönlichen »Farbpalette«.

Mit jedem neuen Knoten und jeder neuen Idee, die du ausprobierst, wird sich dein persönlicher Stil immer mehr zeigen. Das gleiche Design kann in verschiedenen Farben völlig anders wirken. Bestimmte verschlungene Formen wirken zum Beispiel nur, wenn sie einfarbig sind, weil der Farbverlauf die Form überstrahlt. In anderen Fällen hingegen ist die Zwei- oder Mehrfarbigkeit entscheidend für das Setzen von Akzenten.

Um dich kreativ austoben zu können, empfehle ich dir, einen Fundus von mindestens 10 Farben, die dir Freude bereiten und die sich untereinander kombinieren lassen. Auch ein Grundstock an verschiedenen Perlen und Anhängern ist dafür ideal, da sie wieder das gesamte Erscheinungsbild deines Schmuckstücks verändern. Zudem helfen sie dir natürlich auch dabei, unvorhergesehene »Lücken« während des Probierens zu füllen.

Generell gilt: Probiere dich einfach aus. Experimentiere, habe Spaß und brich gern auch mal die Regeln!

Teile deine Leidenschaft mit anderen

Als ich 2017 meine Liebe zu Makramee entdeckt habe, gab es für mich nichts Schöneres, als den Austausch mit anderen Menschen über Garn, Knoten und besondere Kniffe. All die Gespräche mit unterschiedlichen Menschen aus der ganzen Welt, die meine Leidenschaft geteilt haben, haben mich jedes Mal mit so viel Freude erfüllt. Ich bin sicher, dass das einen großen Teil dazu beigetragen hat, dass mich Makramee immer noch so sehr in seinem Bann hält.

Wenn dich das Makramee-Fieber genauso gepackt hat wie mich, dann suche dir unbedingt ein paar Gleichgesinnte. Sprich mit anderen Makramee Künstler:innen, besuche Workshops, veranstalte ein Knüpftreffen oder stecke deine Freunde an! Vernetze dich mit der Makramee Community auf Instagram und lasse mich unbedingt wissen, wo dich deine Makramee-Reise hinführt. Ich freue mich jetzt schon auf alle Schmuckstücke, die du unter dem Hashtag #makrameemitflo auf Instagram mit mir teilst!

Bezugsquellen

Mein Garne beziehe ich zumeist über den Makramee Shop: makramee-shop.com.

Zu Beginn des Kapitels **Materialien & Werkzeuge** findest du außerdem einen QR-Code zu meiner Webseite (makramee-anleitung.de), der dich zu den genauen Materiallisten für die Projekte in diesem Buch leitet.

Nachwort

Ich hoffe sehr, dass du Spaß an diesem Buch hattest und ganz viele Ideen und Inspiration mitnehmen konntest. Mein Ziel war es, ein gut sortiertes und systematisches Buch über Makramee Schmuck zu schreiben, das möglichst viele verschiedene Techniken in Form von ansprechenden Designs abdeckt. Ich hoffe sehr, dass mir dies gelungen ist und wünsche dir entspannte und schöne Momente mit Klemmbrett und Garn. Auf dass du dir immer genug Zeit für dich selber nehmen und dich im Knüpfen verlieren kannst. Makramee ist ein Hobby, dass dich buchstäblich nicht mehr loslassen wird :-)

Abschließend möchte ich sehr gerne noch ein paar Dankesworte aussprechen:

Liebe Dany, ohne deine Wortgewandtheit und dein Auge fürs Detail wäre dieses Buch nicht halb so schön geworden. Danke, dass du mir auch in schwierigen Phasen immer Halt gegeben und mir geholfen hast, den Kopf nicht zu verlieren.

Bedanken möchte ich mich auch bei Ainoa und Iñaki, zwei Künstler:innen aus El Hierro, von denen ich viel lernen durfte und die meine Liebe und mein Interesse für Makramee auf ein neues Level gehoben haben. Euer großer Erfahrungsschatz zum Knüpfen hat mir ganz neue Welten aufgezeigt.

Zuletzt noch mein Dank an Melanie Stiebner und ihr Team, die uns beim Entstehungsprozess dieses Buches mit Rat und Tat zur Seite standen.

Weitere Anleitungen im Videoformat findest du auf meinem YouTube Kanal »Makramee Anleitung«

Liebe Leser:innen,
wir freuen uns, dass wir euch mit diesem Buch inspirieren und Teil eurer kreativen Reise sein dürfen. Noch mehr Inspiration, originelle Ideen und besondere Themen findet ihr auf unserer Verlagsseite www.stiebner.com.

Lasst uns zusammen kreativ werden!

Wir sind immer offen für eure Anregungen, Wünsche und Kritik – schreibt uns gerne unter verlag@stiebner.com.
Da geteilte Freude bekanntlich doppelte Freude ist: Zeigt uns eure kreativen Ideen und fertigen Projekte auf Social Media!
Markiert uns mit @stiebnerverlag und den Autor mit @makramee_anleitung oder nutzt die folgenden Hashtags:
#StiebnerVerlag #StiebnerKreativ #MakrameeSchmuck

3., durchgesehene Nachauflage 2024

Anleitungen und Text: Florian Mörbitz
Fotografie und Kapiteltexte: Daniela Seiffert
Cover: Danai Afrati
Layout: Danai Afrati, Der Gute Punkt
Projektleitung und Lektorat: Melanie Stiebner
Gedruckt bei Neografia, Slowakei

ISBN 978-3-8307-2147-5

Bibliografische Information der Deutschen Nationalbibliothek:
Die Deutsche Nationalbibliothek verzeichnet diese Publikation in der Deutschen Nationalbibliografie; detaillierte bibliografische Daten sind im Internet über http://dnb.dnb.de abrufbar.

Wir produzieren unsere Bücher mit großer Sorgfalt und Genauigkeit. Trotzdem lässt es sich nicht ausschließen, dass uns in Einzelfällen Fehler passieren. Auf unserer Webseite finden sich bei dem jeweiligen Titel eventuelle Korrekturen (Errata). Solltet ihr in diesem Buch einen Fehler finden, so bitten wir um einen Hinweis an verlag@stiebner.com. Für solche Hinweise sind wir sehr dankbar, denn sie helfen uns, besser zu werden.
www.stiebner.com